Gerätturnen für Fortgeschrittene

WIDMUNG

Für Papa und Peter

DANKSAGUNG

Ich bedanke mich bei den Studenten und Studentinnen der Deutschen Sporthochschule Köln und zahlreichen Turnerinnen und Turnern, die sich für die Fotoaufnahmen engagiert zur Verfügung gestellt haben.

Stellvertretend für alle Ungenannten bedanke ich mich bei Prof. Dr. Thomas Heinen, bei den Diplomsportlehreren und -wissenschaftlern Jörg Schwaiger, Jochen Remark, Katharina Steinberg (geb. Röttger) und Anne Pörschmann. Ich bedanke mich bei Janina Prenzlau, Tina-Nadine Seifried, der Deutschen Meisterin im Achtkampf der Mehrkämpferinnen, bei Dr. Anna-Maria Liphardt, meinen Kollegen Stefan Kloock und der Diplomwissenschaftlerin Maria Becker.

Nicht zuletzt gilt mein großer Dank Stefanie Runde, die mich nicht nur engagiert mit ihren Turnerinnen aus Rodenkirchen (Köln) bei den zahlreichen Fotoaufnahmen unterstützte, sondern auch wertvolle Anregungen gab.

HINWEISE

Aus Gründen der besseren Lesbarkeit haben wir uns entschlossen, durchgängig die männliche (neutrale) Anredeform zu nutzen, die selbstverständlich die weibliche mit einschließt.

WO SPORT SPASS MACHT

Ilona E. Gerling

Gerätturnen für Fortgeschrittene

Band 2: Sprung-, Hang- und Stützgeräte

Meyer & Meyer Verlag

Papier aus nachweislich umweltverträglicher Forstwirtschaft.
Garantiert nicht aus abgeholzten Urwäldern!

Gerätturnen für Fortgeschrittene

Bibliografische Information der Deutschen Nationalbibliothek
Die Deutsche Nationalbibliothek verzeichnet diese Publikation in der Deutschen Nationalbibliografie; detaillierte bibliografische Details sind im Internet über <http://dnb.d-nb.de> abrufbar.

2. überarbeitete Auflage 2015
Auckland, Beirut, Dubai, Hägendorf, Hongkong, Indianapolis, Kairo, Kapstadt,
Manila, Maidenhead, Neu-Delhi, Singapur, Sydney, Teheran, Wien

 Member of the World Sport Publishers' Association (WSPA)

Gesamtherstellung: Print Consult GmbH, München

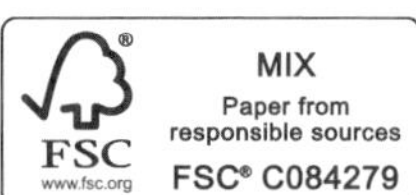

ISBN 978-3-89899-957-1
E-Mail: verlag@m-m-sports.com
www.dersportverlag.de

Inhalt

TEIL B

A I

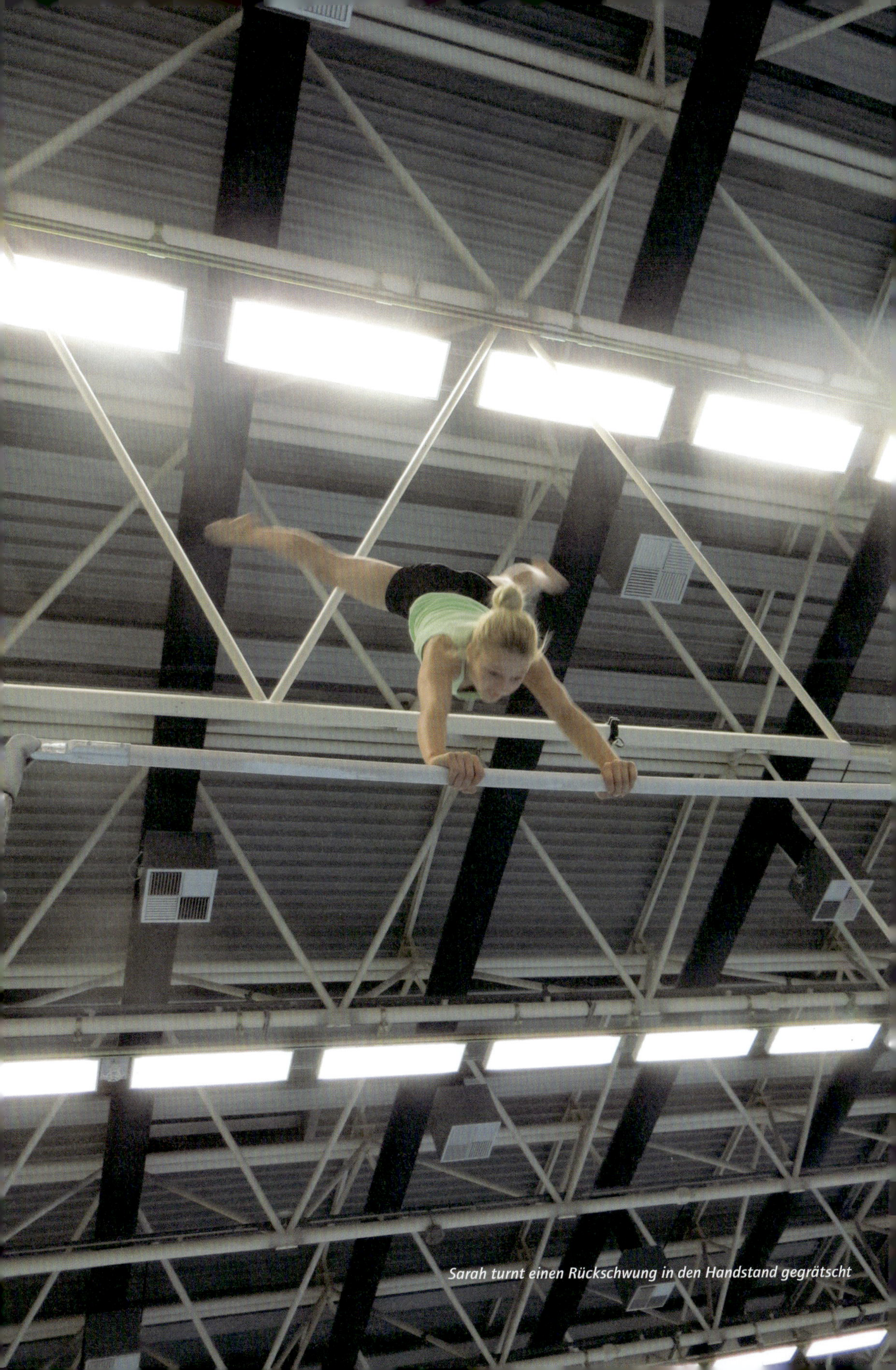

Sarah turnt einen Rückschwung in den Handstand gegrätscht

VORWORT

Mit den Erfolgen bei der Turnweltmeisterschaft 2007 in Stuttgart und dem Weltmeister Fabian Hambüchen an der Spitze wird eine neue Epoche in der Turngeschichte in Deutschland eingeleitet, die sich sowohl im Spitzensport als auch im Breitensport widerspiegeln wird. Durch seine „Kinderturnkampagne" und die Fertigstellung des neuen Wettkampf- und Wertungssystems pünktlich zur Weltmeisterschaft hat der Deutsche Turner-Bund Vorsorge getroffen, dass eine Nachhaltigkeit dieses Ereignisses möglich ist, und in Schul- und Vereinssporthallen wieder mehr an den Geräten geübt wird.

Ilona Gerling hat frühzeitig erkannt, dass Übungsleiter und Lehrer neues Schulungsmaterial für die Erarbeitungen im Gerätturnen – nicht nur der neuen Pflichtübungen, welche in den Überarbeitungen von 2015 von vielen tausend Turnerinnen und Turnern geturnt werden – benötigen, und mit ihrem Buch „Gerätturnen ... für Fortgeschrittene" auf den Bedarf reagiert.

Viele Wege führen zum Ziel, heißt eine alte Weisheit, die auch für das Erlernen turnerischer Elemente gilt. Die methodischen Wege, welche die Autorin anbietet, greifen auf ihre Erfahrung mit Studenten, der Arbeit in Vereinsgruppen und unzähligen Fortbildungsveranstaltungen, die sie als Referentin in ganz Deutschland betreut, zurück. Sie führen schnell und effektiv zu einem Erfolg mit einer hohen Bewegungsqualität und berücksichtigen gesundheitliche Aspekte.

Die Auswahl der Elemente passt zu den neuen Pflichtübungen P5-P9. Sie werden bei Gau- und Landesentscheiden im Gerätturnen gezeigt, finden sich bundesweit beim Schulwettbewerb *Jugend trainiert für Olympia* wieder und sind bei Internationalen Deutschen Turnfesten im Wahlwettkampf zu sehen. Wer sich mit dem Gerätturnabzeichen und den Bundesjugendspielen beschäftigt, wird den praktischen Grundlagen und methodischen Reihen dieses Buches viel abgewinnen können.

Für die Arbeit an den Geräten wünscht der Deutsche Turner-Bund allen Benutzern dieses Buches viel Freude und Erfolg. Bei Ilona Gerling bedanken wir uns für ihre Unterstützung, die sie uns bei der Erstellung neuer Übungen im Gerätturnen immer wieder gibt, für ihre Arbeit in der Lehre und insbesondere für ihre stets aufmunternden Worte, wenn es um das Turnen an den Geräten geht. Der Deutsche Turner-Bund dankt ihr dafür.

StD'in Sibylle Richter
Vizepräsidentin Sport im Deutschen Turner-Bund

Zu diesem Buch

Liebe Leserin, lieber Leser . . .

Ich freue mich, dass Sie sich für das Gerätturnen interessieren – und für dieses Buch!

Ich bin überzeugt, dass Sie mit dem vorliegenden Band eine wertvolle Hilfe für Ihre Praxisstunden im Verein und auch für die Schul*turn*stunden in Ihren Händen halten.

Auf Grund der Stofffülle ergab sich bei der Aufarbeitung der Methodik die Notwendigkeit, das Buch „Gerätturnen für Fortgeschrittene" in zwei Bänden zu veröffentlichen, um nicht durch eine drastische Kürzung des Textes methodisch an der Oberfläche bleiben zu müssen und durch Streichung von Abbildungen die Anschaulichkeit zu reduzieren.

Beinhaltet *Band I* das *Boden-* und *Schwebebalkenturnen*, so behandelt der vorliegende *zweite Band* die *Stütz- und Hanggeräte* Reck, Stufen- und Parallelbarren sowie den *Sprung*.

Die Technikbeschreibungen, die Trainingshinweise und Übungsvorschläge sind eine Dokumentation jahrelanger Erfahrungen mit den unterschiedlichsten Alters- und Leistungsstufen. Kinder, Jugendliche und Erwachsene, sogenannte „Nichtturner" als auch allgemeine und leistungsorientierte Turner haben die in diesem Buch aufgezeichneten Vorschläge erprobt. Auf unzähligen Workshops, deutschlandweiten Übungsleiterlehrgängen und Lehrerfortbildungen sowie auf internationalen Lizenzlehrgängen wurden die methodischen Schritte ausprobiert und zur Diskussion gestellt. Erfahrungen der „alten" Turnschule wurden ebenso eingearbeitet wie aktuellste Erkenntnisse aus der Sportwissenschaft und dem Hochleistungsturnen.

Wenn auch Trainerinnen und Trainer der talentierten Nachwuchsbereiche des wettkampforientierten Gerätturnens nützliche Informationen und Anregungen aus diesem Buch erhalten können, so richtet sich dieser Band, wie der erste, vor allem an die vielen Turninteressierten, die die turnerischen Basisfähigkeiten und -fertigkeiten – wie sie im „Basisbuch Gerätturnen . . . für alle" (Gerling, 2014) beschrieben sind – bereits kennen bzw. beherrschen und sich nun auf dieser Basis weiterentwickeln wollen. Der vorliegende Band knüpft somit nahtlos an das „Basisbuch Gerätturnen" an, „normalen" Turnenden werden damit neue Möglichkeiten geboten, Bewegungserfahrungen und -erfolge im fertigkeitsorientierten Turnen zu sammeln. Da die Zielgruppe der Autorin eher breitensportlich orientiert ist, diese Turnenden nur in normalen Turnhallen mit normalen Ausstattungen trainieren können, unterscheiden sich manchmal die Turntechniken, die Hilfegebungen und die Methoden des Technikerwerbs von denen des Hochleistungssports. Teilweise werden für beide Zielgruppen die unterschiedlichen Vorgehensweisen dargestellt. Bei der Hilfegebung zeigt sich dies deutlich: Im breitensportlichen Bereich helfen sich die gewichtsmäßig gleichschweren Turnenden untereinander im Team, im Leistungssport hält ein Trainer eine kleine Turnerin oder einen jungen Turner mit sehr guten Voraussetzungen. Helferpositionen, die Griffansätze bei der Hilfegebung sowie die Art und Anzahl der Vorübungen unterscheiden sich demnach oft. Das Buch zeigt für beide Zielgruppen Möglichkeiten auf.

Der deutsche Turner-Bund (DTB) gibt seit 1954 für seine Wettkämpfe Aufgabenbücher heraus. Mit Überarbeitung des Wettkampf- und Wertungssystems und der *Pflichtübungen* (P) der Schwierigkeitsstufen 1 bis 9 (kurz als „P1 – P9" bezeichnet) von 2008 gilt ab dem 01. Januar 2015 für das allgemeine Gerätturnen der Frauen und Männer der 20.000 DTB-Vereine ein *eigenes*, neues Aufgabenbuch. P1 ist die einfachste Stufe, P9 die schwierigste Übungsstufe.

Behandelt das „Basisbuch Gerätturnen" die Fertigkeiten bis zu den *Pflichtübungen „P5"* des DTB, so setzt der vorliegende Band bei Elementen der „P6" an und behandelt Elemente an den Hang-, Stütz- und Sprunggeräte bis zur Übungsstufe P9 für den Breiten- und allgemeinen Leistungssport. Dementsprechend werden die Fertigkeiten für die höchste Stufe des *Gerätturnabzeichens* (in diesem Band aktualisiert als Übersicht im Anhang beigefügt) ebenso mit diesem Buch abgedeckt.

Diese neuen Pflichtübungen für das allgemeine Turnen sind *nicht* bestimmten Altersstufen zugewiesen, wie das im kaderorientierten Leistungsturnen der Fall ist. Dort werden die Übungen als „AK" für Altersklasse + Altersangabe bezeichnet, zum Beispiel „Pflichtübung AK10". Diese Pflichtübungen richten sich streng nach internationalen Vorgaben. Im allgemeinen Gerätturnen kann der Veranstalter für bestimmte Wettkämpfe den Pflichtübungen eine Altersstufe zuweisen. Für nationale Wettkämpfe sind diese Zuordnungen im Aufgabenbuch in einer Tabelle nachzulesen (DTB 2015a, S. 9f). Bei den Wahlwettkämpfen auf einem Landesturnfest oder Deutschen Turnfest können zum Beispiel 16- bis 29-Jährige sich ihre Schwierigkeitsstufen pro Gerät aus den Schwierigkeitsstufen P5 bis P9-Bereichen selbst auswählen. Um den allgemeinen Gerätturnern auch ein Kürturnen zu ermöglichen, werden in dem Aufgabenbuch für vier Leistungsklassen (LK1 – 4) mit 5 Kompositionsanforderungen (KA) modifizierte Kürausschreibungen (Kür modifiziert = KM) angeboten. Diese gelten zum Beispiel für Deutsche Seniorenmeisterschaften (ab 30 Jahre) oder auch Deutsche Mehrkampfmeisterschaften. Die im vorliegenden Buch behandelten Turnelemente gelten für alle Wettkampfbereiche des allgemeinen Gerätturnens.

Das *Wertungssystem* hat sich ebenfalls im allgemeinen Gerätturnen geändert. Es gibt *zwei* Benotungsbereiche, die als Endnote die Turnwertung ergeben: Der erste Bereich gibt die Wertigkeit einer Übung durch die Elemente einer Pflichtübung vor. Eine P8 hat eine Wertigkeit von 8 Punkten. Im Aufgabenbuch ist nachzulesen, wann wieviel von dieser Wertigkeit einer Übung abgezogen werden kann. Dies wird als „*D-Note*" bezeichnet. Dazu gibt es grundsätzlich für die Ausführung maximal 10 Punkte dazu, wenn keine Technik- oder Haltungsfehler gezeigt werden. Dies wird als „*E-Note*" bezeichnet. Eine perfekt geturnte P9 kann somit maximal 19 Punkte erhalten (vgl. DTB, 2015a, S, 23ff).

Aber auch für das Turnen in der Schule kann der vorliegende Band Hilfen bieten. Er gibt nicht nur für turninteressierte Kurse der oberen Klassenstufen Übungsanregungen, sondern auch für das Einüben der Ü7-Elemente des Gerätturnwettkampfs der *Bundesjugendspiele* und des *Bundesfinales Turnen Jugend trainiert für Olympia*. Eine Übersicht über die Zuordnung der Fertigkeiten zu den verschiedenen Schwierigkeitsstufen der neuen Pflichtübungen wird in Übersichten am Ende des vorliegenden Bandes für Verein und Schule gegeben (vgl. S. 370 ff.).

Die Theorie ist bis auf wenige Ausnahmen aus Gründen des Umfangs zugunsten der praktischen Übungsvorschläge reduziert worden. So werden zu Beginn an die 150 Beispielübungen für das Grundlagentraining im Turnen gegeben. Übungen zur allgemeinen Rumpfkräftigung (zum Beispiel Rumpfhebebewegungen am Kasten) oder Übungen zur Spreizfähigkeit zur Verbesserung des Spagats oder Vorschläge für ein Kreistrainingsprogramm sind dem ersten Band „Gerätturnen für Fortgeschrittene" zu entnehmen.

Für die Darstellung der *Methodik* wurde eine gleiche *Strukturierung* wie im „Basisbuch Gerätturnen" und im Band 1 „Gerätturnen für Fortgeschrittene" gewählt, um der treuen Leserin und dem treuen Leser ein schnelleres Erfassen der Inhalte zu ermöglichen.

Die Fertigkeit wird zunächst jeweils in Reihenabbildung und mit Beschreibung der Bewegungsmerkmale vorgestellt, die konditionellen, koordinativen sowie bewegungstechnischen Lern- und Leistungsvoraussetzungen werden genannt. Danach erfolgen – in der Regel fünf – methodische Lernschritte, teilweise beinhalten diese noch Vorschläge zur Variation, um den Lernprozess auf der jeweiligen Stufe zu vertiefen. Vorschläge zu sinnvollen, lernprozessunterstützenden Bewegungsverbindungen schließen die Methodik ab.

Die Methodik berücksichtigt, wie oben bereits erwähnt, in besonderem Maße die *gegenseitige Hilfegebung*, da die Autorin hierin für das neue, moderne Gerätturnen eine wertvolle Bereicherung sieht. Darin unterscheidet sich das Buch auch von anderen Turnmethodikbüchern. Wenn die Turnenden systematisch – parallel zum Erlernen der Fertigkeiten – das gegenseitige Hilfegeben erlernen, hat dies für alle Beteiligten, ob Unterrichtende oder Aktive, einen hohen Gewinn in unterschiedlichsten Bereichen (vgl. Gerling, 2007). Es wird sehr viel intensiver gelernt, sowohl qualitativ als auch quantitativ, der Spaßfaktor über das Miteinanderlernen erhöht sich deutlich und der Unterrichtende ist für spezielle Aufgaben entlastet, um nur einige Aspekte aufzulisten. Schulisch von Interesse ist, dass das soziale Handlungsfeld im Gerätturnen unter anderem über das gegenseitige Helfen und Sichern erfahren wird. Dies wird in den Richtlinien aller Bundesländer derzeit verlangt.

Liebe Leserinnen und lieber Leser, ganz gleich, ob Sie Unterrichtende oder aktive Turnende sind, ich wünsche allen viel Spaß beim Ausprobieren und Lernen, beim Üben und Trainieren!

Ich hoffe, Sie werden es erleben: Turnen ist ein Abenteuer, ein Erlebnis, das tut gut, kurz: rundum ein Spaß!

Ihre

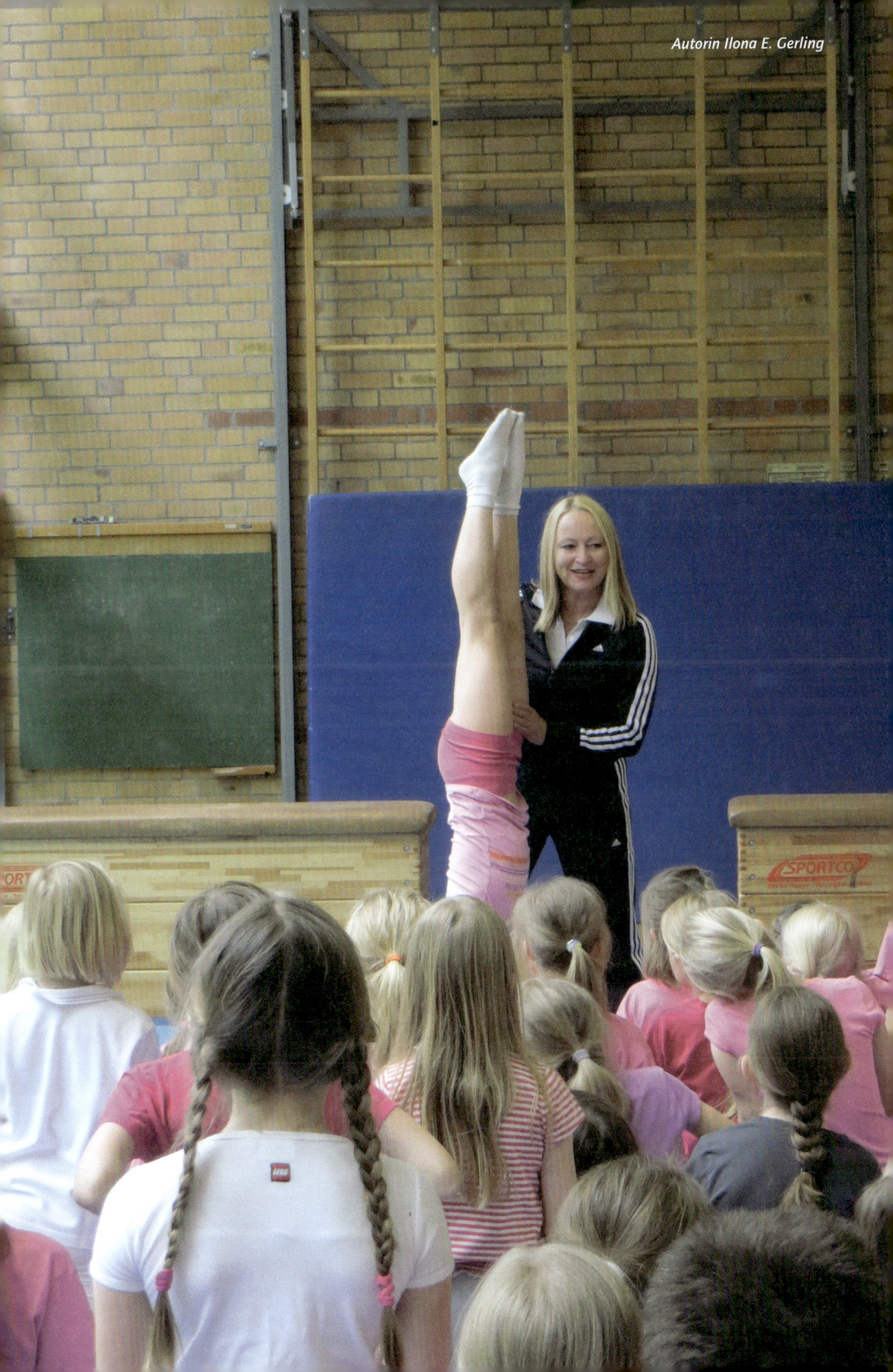

Autorin Ilona E. Gerling

EINLEITUNG

Turnen ist ein Bewegungserlebnis, es ist der Traum vom Beherrschen des Körpers in der dritten Dimension gegen die Schwerkraft, das Gefühl vom mühelosen Überschlagen und Fliegen im Raum, vom mühelosen Überwinden von Hindernissen.

Was braucht es, um dieses Gefühl mithilfe dieses Buches zu erfahren?

Wer den Handstand turnen kann, der kann fast alles – mit Hilfen natürlich – aus dem vorliegenden Buch *erleben*. Denn, wenn er damit zeigt, dass er stützen und Körperspannung halten kann, er weiß, was sein Körper macht, wenn er kopfüber steht und er vielleicht noch Turnfreunde als ein Helferteam hat, dann kann er die in diesem Band vorgestellten Elemente ausprobieren und erleben.

Und wer möchte nicht als sportlicher Mensch einmal eine Kippe ausprobieren, mit Körperbeherrschung um eine Stange vorwärts rotieren oder über ein Sprunggerät einen Überschlag turnen, vielleicht sogar einen Salto von der Stange machen?! Fliegen, Drehen, Überschlagen – diese als „Primärbedürfnisse (Nickel, 1990), als natürliche „Bewegungsabsichten" (Laging, 1990), als unverzichtbare „Erfahrungssituationen" (Baumann & Diener, 1999) formulierten Bewegungserlebnisse werden generell von den Menschen gesucht ohne dass es gleich so aussehen muss wie bei unserem Weltmeister am Reck, Fabian Hambüchen.

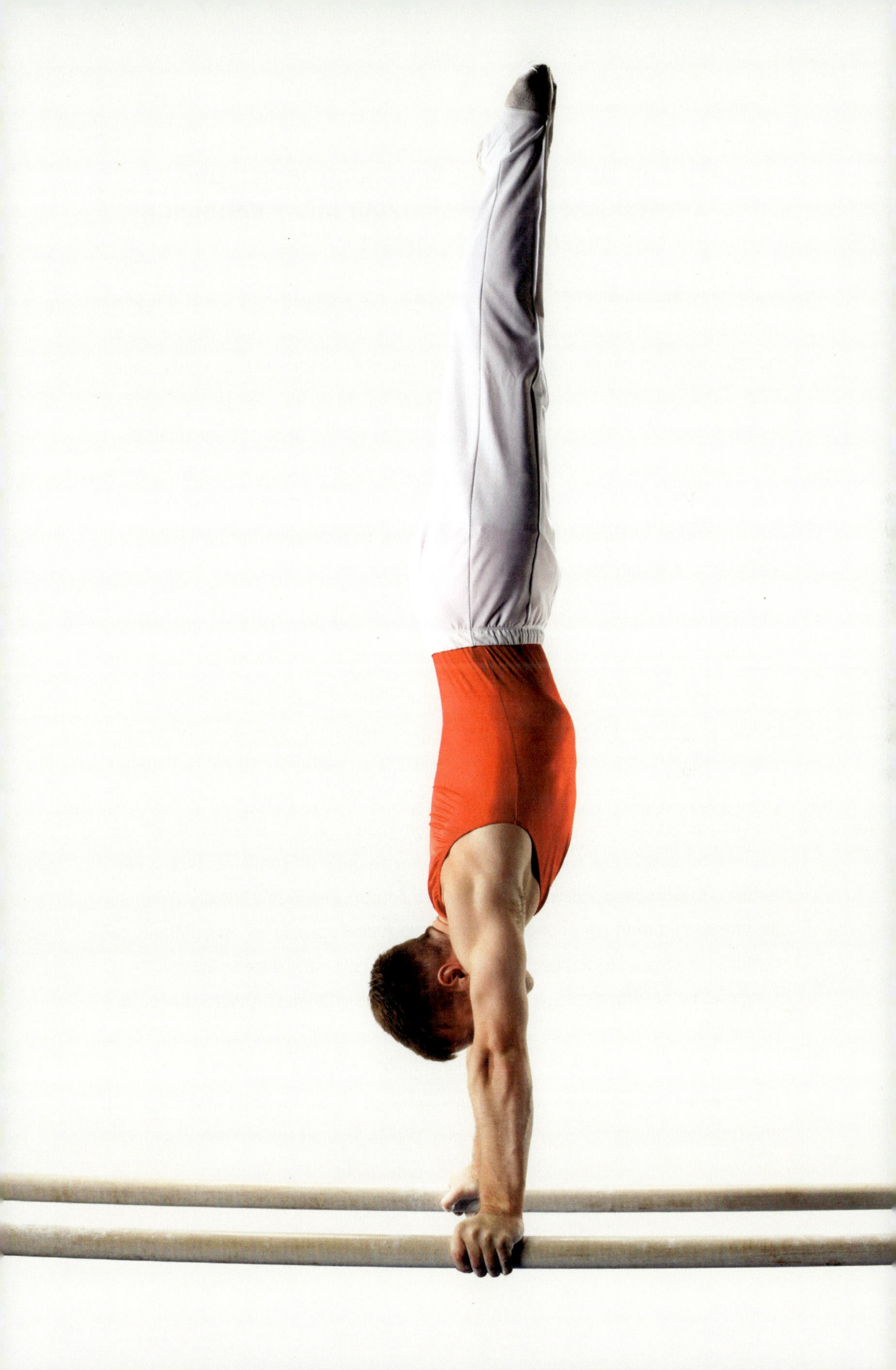

1 Turnen ist Freude am Bewegungslernen und Kunststücke einüben: Parkour und Freerunning als turnerische Trendsportart

Viele möchten turnerisches Bewegungen nicht nur *einmal* erleben, sondern diese attraktiven Kunststücke *erlernen*, um für sich selbst herauszufinden, ob man es erlernen kann oder um es vielleicht sogar vor einem Publikum – sei es vor Freunden oder auf Wettkämpfen – gekonnt vorzuführen. „Es gibt uns den Hinweis, daß in einem Bereich der Bewegungskultur, zu dem das Turnen gehört, besonderer Wert auf sinnliche Beeindruckung von sich selbst und vor anderen gelegt wird" (Funke-Wieneke, 1998, S. 20). Aktuell zeigt sich dies in einem neuen „turnsportlichen" Bewegungstrend: Parkour hat in Schule, Verein und vor allem in der Freizeit der Jugendlichen seinen Platz gefunden.

Mit dem französischen Le-Parkour-Film *Yamakasi* und den 2003 ins Internet gestellten Bildern verbreitete sich innerhalb weniger Monate weltweit das Laufen mit turnerischen Elementen im Outdoorbereich. Jugendliche laufen bei Le Parkour so schnell es geht auf dem kürzesten Weg eine Strecke von A nach B. Dabei müssen Hindernisse aus dem Lauf – zum Teil sehr kunstvoll ausgeführt – stützend überwunden werden. Zunehmend wurde Parkour akrobatischer und damit kristallisierte sich die Gruppierung der *Freerunner* heraus. In dem James-Bond-Film *Casino Royal* wurde die Eröffnungsszene nicht mit einem *Stuntman* gedreht, sondern mit dem *Freerunner und Gründer der Bewegung Sébastian Foucan*. Die Videoclips der Werbung, die privaten Internetvideos und zunehmend auch die Jugendlichen in den Parks der Großstädte zeigen eindrucksvoll, wie turnerisch diese neue Jugend*bewegung* ist. Da dieses turnerische Bewegen sich vorwiegend auf Straßen und Plätze der Städte konzentriert, könnte es auch als Straßenturnen oder als „Streetgym" bezeichnet werden. Das Überraschende ist, dass die Jugendlichen ihre Kunststücke aus dem Turnen holen. Sie trainieren weltweit in Turnhallen an Turngeräten und dann erst übertragen sie es auf Outdoorbedingungen. Dieses „Indoortraining" an Geräten sollen exemplarisch die nachfolgenden Fotos verdeutlichen. Hier werden vorbereitende Übungsformen für die abgesprungene *Kreishockwende* über die Stange und an der Wand gezeigt, die die Turner im Gerätturnen sonst nur aus dem Rückschwung

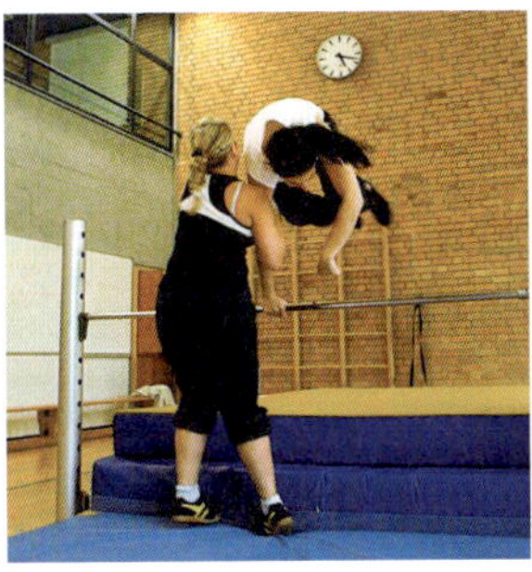
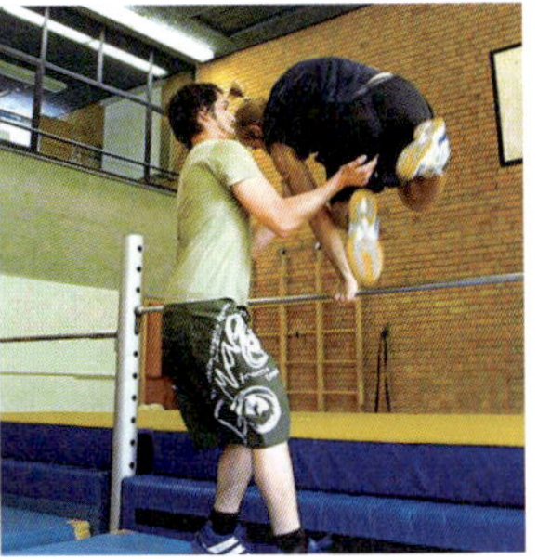
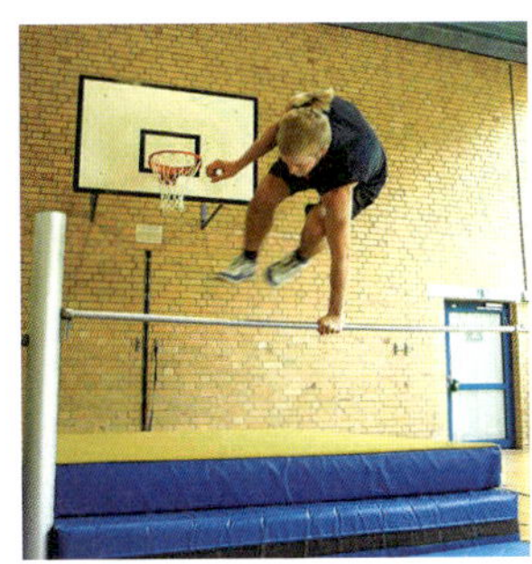

am Parallelbarren kennen (vgl. Seite 306 ff. in diesem Buch). Mit anderen Worten: Es wird dort nicht nur in horizontaler Ebene über die Stange (später über Geländer, Mauern, Kotflügel von Autos als *Turn Vault* oder *Palm Spin* vorkommend) „geturnt", sondern auch in der Vertikalen an der Wand als *Wall Spin* (siehe nachfolgende Fotos und im Parkour- und Freerunningbuch von Witfeld, Gerling & Pach 2015).

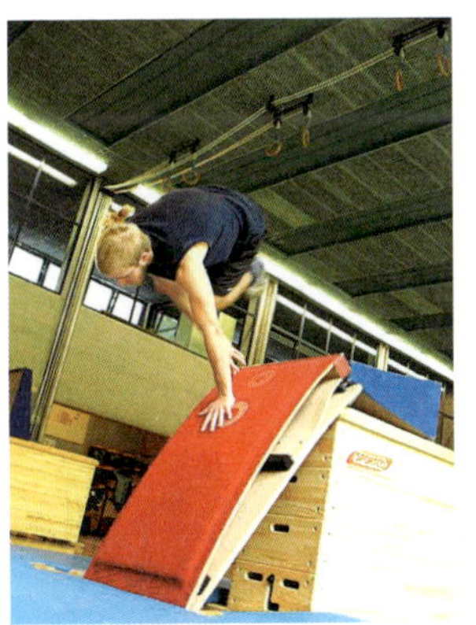
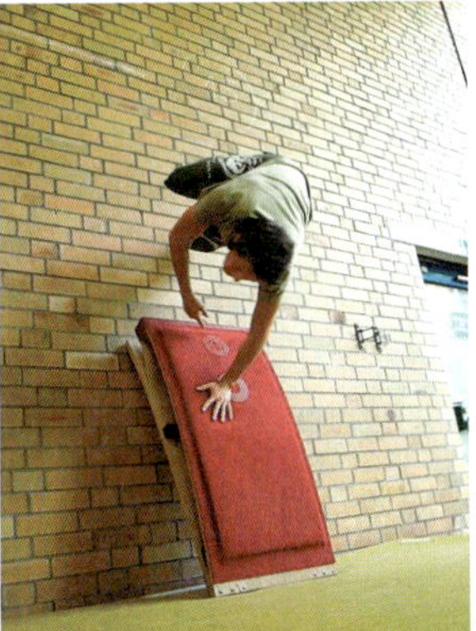
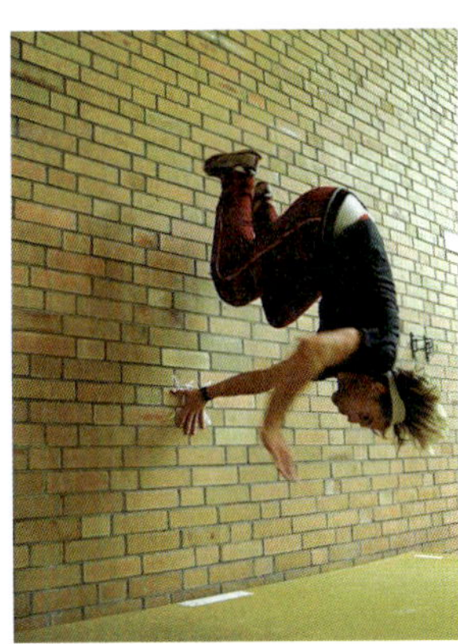

Ein *Freerunner* turnt! Neben der Kreishockwende, im Turnen auch Drehhocke genannt, zeigen sie Stützsprunghocken über Tische und bezeichnen sie als *Monkey Vault*, mit doppeltem Stütz wird daraus ein „King-Kong-Vault", der aussieht, wie schon 1920 in einem Handbuch von Gasch als Doppelstützsprung dargestellt (Abb. 1). Ein Unterschwung, auch aus dem Stütz geturnt, ist ein *Under Bar*. Auch Handstütz-Überschläge wer-

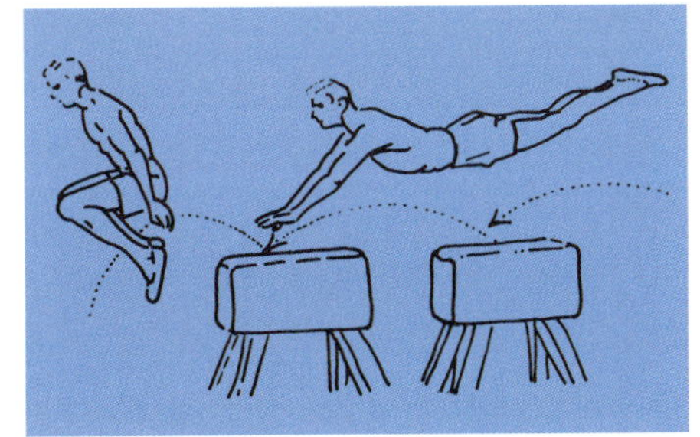

Abb. 1: Doppelstützsprung um 1920

den über Hindernisse vorgeführt, selbst Saltoabgänge von hohen Stangen – wie in diesem Band methodisch aufbereitet – werden von den Jugendlichen gezeigt. Hilfegebung, methodische Tipps und Hinweise zu Gerätehilfen wie technische Tipps können aus diesem Buch somit auch für diese Zielgruppe sehr hilfreich sein!

Wo zunehmend Le Parkour als Unterrichtsgegenstand aufgenommen wird, werden turnerische Bewegungen wieder modern und Elemente aus dem vorliegenden Methodikbuch für die Schule interessant.

2 Zur Entwicklung der Sprung-, Hang- und Stützgeräte

2.1 Von Stieren, Kästen, Pferden zu Sprungtischen

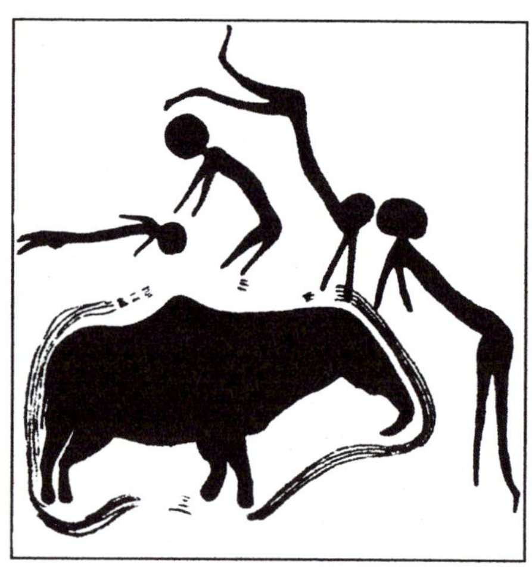

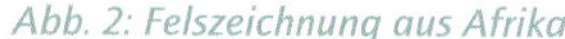

Abb. 2: Felszeichnung aus Afrika

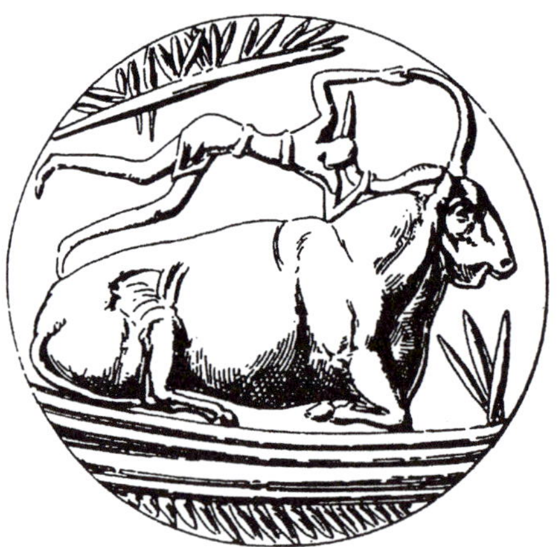

Abb. 3a: Kretischer Stiersprung, abgebildet auf einem Schmuckstein (Gemme)

Aus Afrika stammt ein Felsbild, auf dem ein Mensch über einen Elefanten springt (Abb. 2).

Auf Kreta sind zahlreiche Abbildungen (Abb. 3a-c) vom „Stierspringen" zu finden, eingraviert auf Schmucksteinen, auch als Gemme bezeichnet (Abb. 3a), zu sehen als Wandmalereien, wie im Palast von Knossos. Sie sind auch auf Türschlössern zu finden oder in Form von bronzenen Skulpturen. Wissenschaftler zeichneten nach

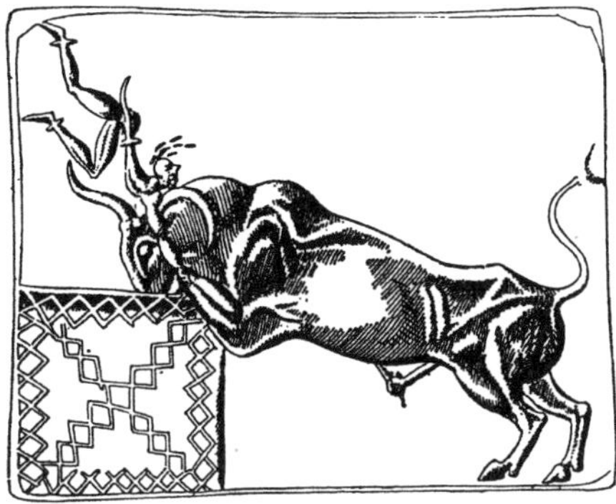

Abb. 3b: Auf einem Türschloss (Schuber)

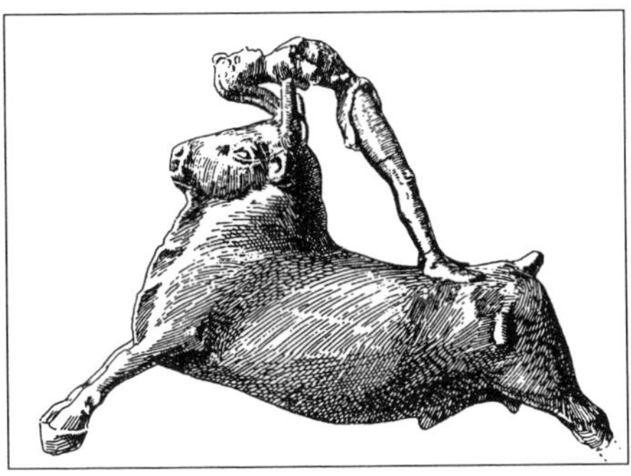

Abb. 3c: Als Bronzefigur

diesen Vorlagen modifiziert die Technik des Hand-Stützsprungüberschlags über den Stier nach, dargestellt mit Stütz der Hände an den Hörnern (Abb. 4a) (wobei sich der Springer dabei vom Stierkopf hochkatapultieren ließ) und mit Stütz am Rücken (Abb. 4b).

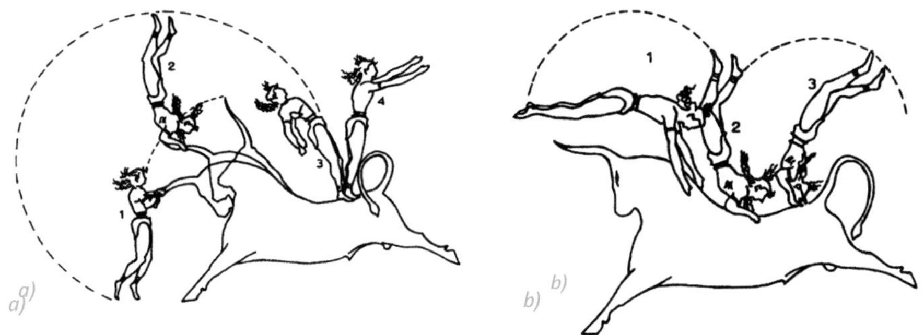

Abb. 4a/b: Kretischer Stiersprung modifiziert: a) mit Stütz an den Hörnern und Beschleunigung durch den Stierkopf und b) mit Stütz am Rücken des Stiers

Der älteste „Pferdsprung" scheint der des Teutonenkönigs Teutobod zu sein, als er um das 2. Jahrhundert v. Chr. über sechs nebeneinander gestellte Ponys gesprungen sein soll. Dieser Sprung ist als „Königssprung" in die germanische Mythologie eingegangen. Die Römer des klassischen Altertums benutzten bereits den Pferden nachgebildete hölzerne Gestelle, um an ihnen das Auf- und Absitzen zu üben. Diese Urform des Pferdturnens ist schriftlich für das Jahr 375 n. Chr. belegt. Damit scheint das Holzpferd das älteste „Turngerät" zu sein (vgl. Pahneke, 1967, S. 8).

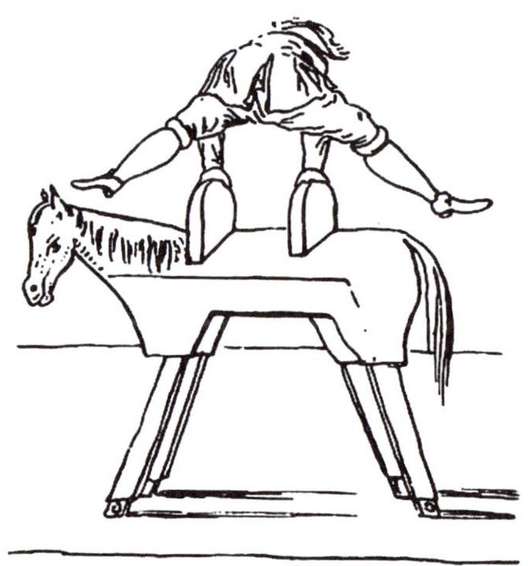

Abb. 5: Grätschsprung 1713 über ein Pferd

Mit den Kupfer- und Stahlstichen wurden gut erhaltene Dokumentationen möglich, wie ein Sprung über ein Pferd von 1713 (Abb. 5).

Das heutige Sprungpferd (Abb. 7), dass sich, wie zu sehen, aus dem Pauschenpferd entwickelt hat (Abb. 6), ist 80 Jahre später nur leicht in der Form, aber im Material weiterentwickelt worden. Dieses Pferd wird heute neben dem Kasten in der Schule und im allgemeinen

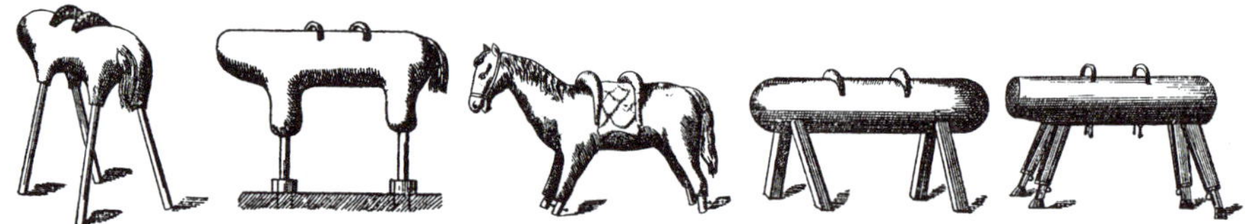

Abb. 6: Entwicklung der Pferdformen aus Gasch (1920): 1) Vieth 1795, 2) GuthsMuths 1804, 3) Jahn 1816, 5) Jahn 1913 und 6) Wettkampfgerät um 1920

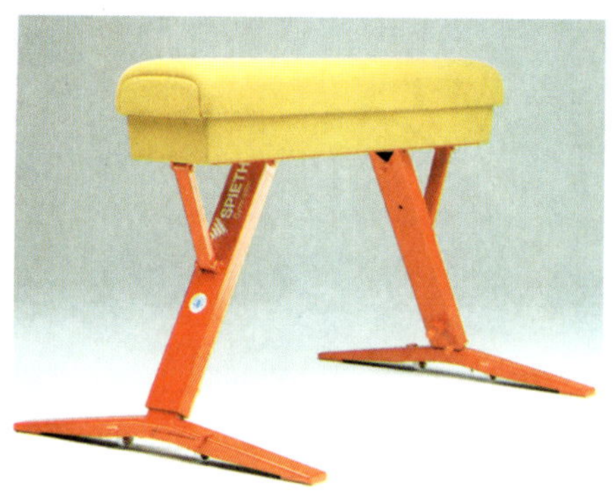

Abb. 7: Turnpferd 2000

Übungsbetrieb der Vereine für die Stützsprünge eingesetzt. Nach Beschluss des Turnweltverbandes FIG *(Fédération Internationale de Gymnastique)* vom 9. Oktober 2000 wurde mit Beginn des Jahres 2001 international nicht mehr bei den Frauen über das seitgestellte und bei den Männern über das längs gestellte Pferd gesprungen, sondern über den für beide Geschlechter geltenden Sprungtisch (Abb. 10). Die Wettkampfausschreibungen der Vereine in Deutschland zogen nach und so findet sich heute in den Vereinen, die ab Landesebene Wettkämpfe bestreiten, ein Sprungtisch.

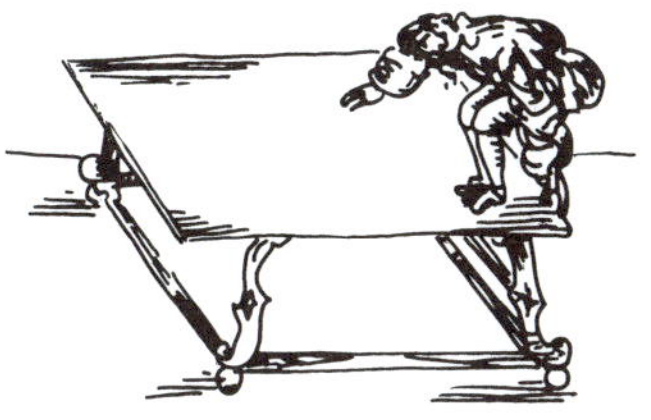

Abb. 8a: Erster abgebildeter sportlicher Tischsprung, der „Eckensprung" von 1661 aus „Paschens Voltigierbuch"

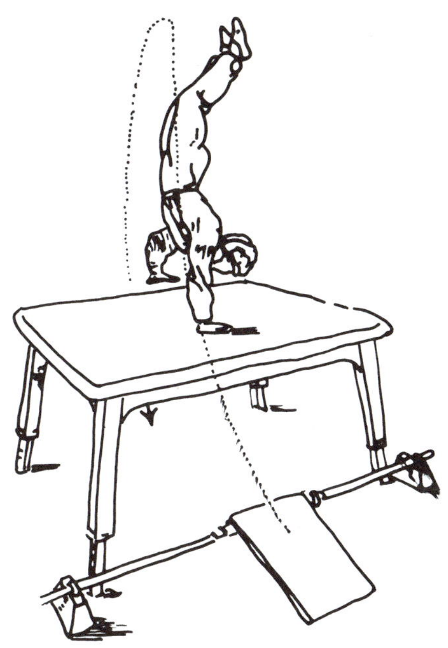

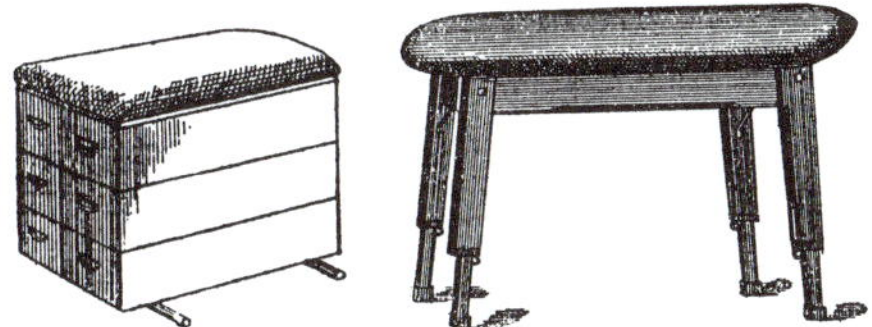

Abb. 9: Doppelkasten und Tisch von 1920

Abb. 8b: Tischsprung nach Lion, 1895

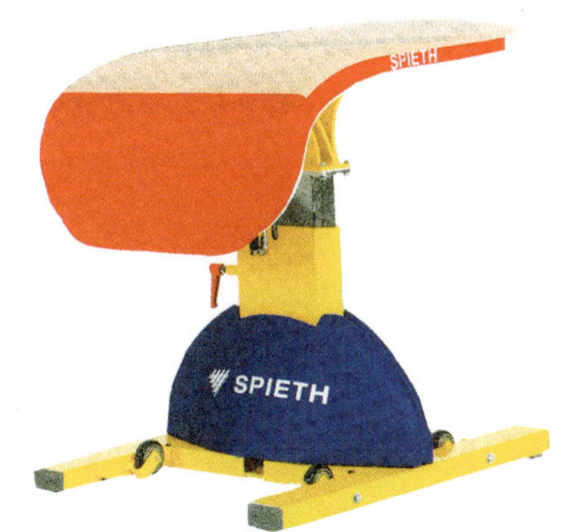

Abb. 10: Wettkampfgerät Sprungtisch ab 2001

Erstmals wurde der Sprungtisch als sportlicher Tischsprung in „Paschens Voltigierbuch" mit dem „Eckensprung" 1661 (Abb. 8) als zu „*beturnendes* Gerät" abgebildet. Als offizielles Turngerät ist der *Sprungtisch* schon fast 150 Jahre alt: Der „Springkasten" (mit *i* geschrieben) ist von Rothstein 1851, von Schweden kommend, in das deutsche Turnen eingebracht worden. Zwei Kästen bildeten anfänglich einen Tisch (Abb. 9a) und so wurde daraufhin als Weiterentwicklung das Turngerät „Tisch" gebaut, das 1863 auf dem 3. Deutschen Turnfest erstmals mit Turnübungen vorgeführt wurde. (vgl. Abb. 8b „Tischsprung nach Lion, 1895"). Es gibt noch heute Vereine, die solch einen Sprungtisch (Abb. 9b) in ihren Geräteraum stehen haben und für das Schauturnen einsetzen.

2.2 Absprunghilfe Sprungbrett

Im Mittelalter wurden schwierige akrobatische Übungen zunehmend von Leuten vorgeführt, die sich professionell und damit methodisch die Kunststücke aneigneten: den akrobatischen Gauklern. Diese Berufsakrobaten zeigten ihre Künste und ihr Können nicht nur auf Jahrmärkten, sondern auch an Königshöfen. Ein solcher war Archange Tuccaro, geboren 1536 in den Abruzzen Italiens. Als königlicher Hofspringmeister und "Turnlehrer des Königs" ab 1570 am Hofe Karls IX. von Frankreich, verfasste er das außergewöhnliche und erste schriftlich formulierte sowie mit 88 Holzschnitten illustrierte Methodikbuch der Welt zum Bodenturnen mit dem Titel: *„Trois dialogues de l'exercise de sauter et voltiger en l'air"*. Mit dem Buch „Drei Gespräche über die Kunst des Luftspringens", das er jedoch erst 1599 in Paris veröffentlichte, legte er ein dreibändiges, 400 Seiten umfassendes Werk vor.

Das „Brettspringen" wird bei Tuccaro 1599 als „Trampellin" bezeichnet. Die wohl beiden bekanntesten Abbildungen von Tuccaro zeigen den Sprung vom gepolsterten Sprungbrett über einen Partner und vom elastischen „Bretter-Sprungbrett" über zehn reifenhaltende Männer (vgl. Gerling, 2007, S. 20f.).

Bereits 1920 bildete *Gasch* in seinem Handbuch zahlreiche Variationen am Sprungbrett für unterschiedliche Zielsetzungen an. Unter den vielen Absprunghilfen sind für uns vor allem die drei verschiedenen Federbretter interessant, wobei die Federn sowohl längs als auch quer angebracht sind (Abb. 11).

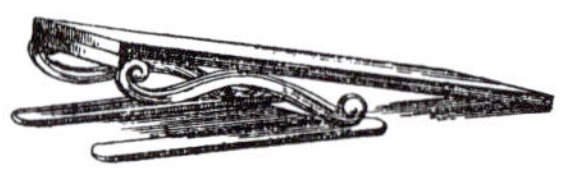
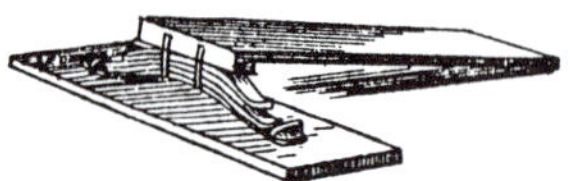
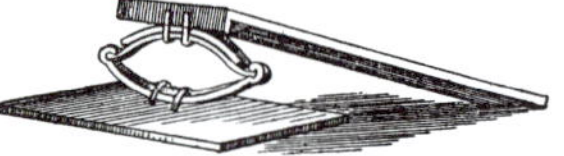

Abb. 11: Federbretter nach Gasch um 1920

a) 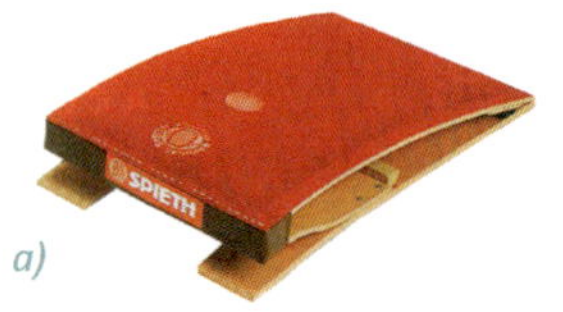

b) 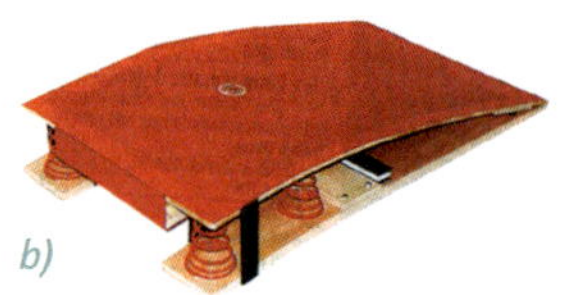

Abb. 12: Aktuelle Sprungbretter: a) Sprungbrett „Budapest", b) Sprungbrett mit Metallfedern

Wird in den Schulen und in vielen Vereinen noch vorwiegend von unbezogenen und gepolsterten „*Voll*holzbettern", wie dem Wettkampfbrett „Budapest" (Abb. 12a) gesprungen, so setzt sich im Wettkampfbereich *wieder* ein Brett mit Metallfedern (Abb. 12b) durch, das schon vor 20 Jahren in Amerika benutzt wurde. Diese bis zu acht Metallfedern können bei einigen Brettern ausgewechselt werden, um damit die Federeigenschaften auf das Gewicht und das Können von Turnern abzustimmen.

2.3 Vom Voltigiergerät zum Barren

Auf Jahns zweitem Turnplatz von 1812 waren drei Gerüste zu Vorübungen für das Voltigieren aufgestellt und Jahn selbst hatte auf einem Holm mit Bleistift die Worte „Der Barren" geschrieben (vgl. Gasch, 1928, Bd. I, S. 49). Aus seinen einfachen Übungen zum Stützen entwickelte sich schnell ein eigenständiges Barrenturnen, wie auch auf zahlreichen Abbildungen 1889 bei Eiselen zu sehen ist. Waren die Barren zunächst noch eingegraben (Abb. 13a/b), so setzte sich zunehmend für die Hallen der transportable Barren (Abb. 13 c/d) durch.

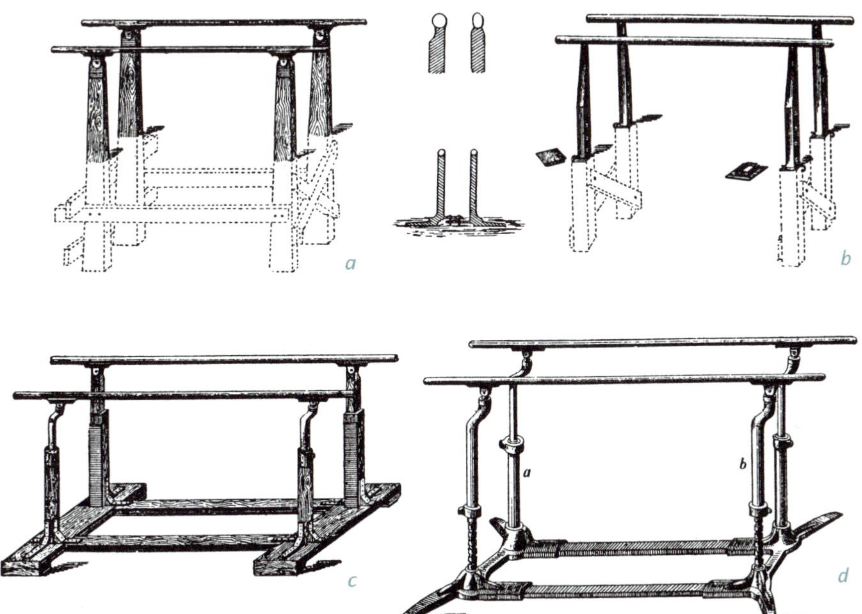

Abb. 13: Feststehende, eingegrabene und transportable Parallelbarren

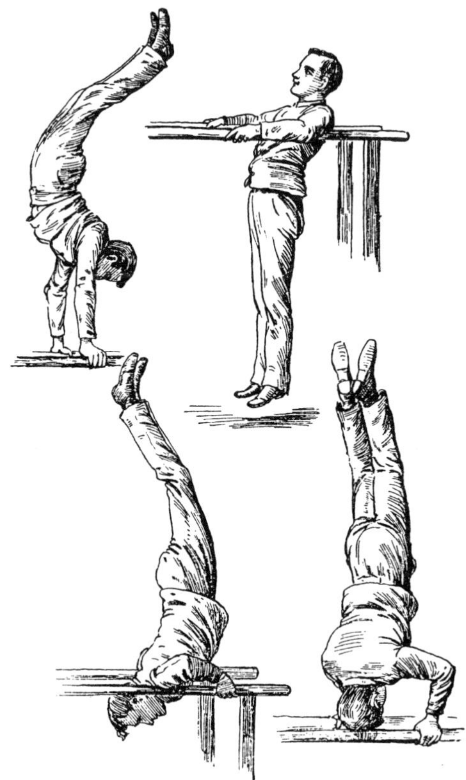

Abb. 14a: Barrenübungen nach Eiselen 1889

Dieser vor fast hundert Jahren übliche Barren hat sich, bis auf die federnden Eigenschaften der Holme, kaum verändert. Auch die Hinweise von 1920 zur Höhen- und Weiteneinstellung der Barrenholme können bis heute gelten:

„Die Entfernung der Holme voneinander, Barrenweite genannt, soll der Schulterbreite der männlichen, der Hüftbreite der weiblichen Turner entsprechen." Die Holmhöhe „. . . richtet sich nicht nur nach der Größe der Turner, sondern wird durch die Übungen bestimmt, welche an den Barren ausgeführt werden sollen. Für das Schulturnen ist die gewöhnliche Höhe nahezu Brusthöhe der Übenden. Vereinsturner stellen den Barren auch in Reichhöhe" (Gasch, 1928, S. 50).

Der **Stufenbarren** wurde zwar schon erstmals 1830 von dem Spanier Amoros et Odeno beschrieben, aber erst vor 65 Jahren setzte er sich als Wettkampfgerät durch. Als Frauen um 1900 zu turnen begannen, turnten sie noch wie die Männer am Parallelbarren. 1934 zeigten die Turnerinnen Kippen und die Schwungstämme in den Handstand. 1936 war es so weit, der Stufenbarren hatte seinen ersten Auftritt: Die Frauen mussten bei den Olympischen Spielen an diesem Gerät eine Pflicht turnen, in der Kür konnte noch zwischen Stufen- und Parallelbarren gewählt werden und nur zwei Turnerinnen wählten den Stufenbarren.

Danach wurde bis 1950 nicht mehr wettkampfmäßig am Stufenbarren geturnt, als dieser als Alternative zum Turnen an den Schaukelringen gewählt werden konnte. Die dann gezeigten, sehr schwungvollen Übungen am verstellten Männerbarren führten in der ersten Zeit zu vielen Holmbrüchen: Auf den Weltmeisterschaften zählte man noch 39 Holmbrüche! Danach machten Glasfibereinlagen die Holme sicherer und 1967 wurde der Spannbarren eingeführt. Dieses „Doppelreck" hat sich im Wettkampfturnen zunehmend zu einem wahren Doppelreck mit weit auseinanderliegenden Holmen entwickelt. Die gezeigten Übungen gleichen denen der Männer am Hochreck und es wird deshalb derzeit diskutiert, ob für das Frauenturnen statt am Stufenbarren nicht an einem sprunghohen Barrenholm geturnt werden sollte. Trainiert wird derzeit sowieso daran.

2.4 Vom Barren zum Reck

Den Begriff „Reck" wählte Jahn aus dem Niederdeutschen, was so viel wie Querstange hieß. 1812 ließ er in der Hasenheide solche zwischen jungen Eichen anbringen. Die Schüler Jahns turnten mit einer derartigen Begeisterung daran, dass die Zahl der Reckstangen erheblich erhöht wurde. Waren die Stangen zunächst noch aus Holz, so setzte sich Mitte des 19. Jahrhunderts die Eisenstange durch. Das Reck wurde schon immer in verschiedenen Höhen und verstellbar angeboten. Neben eingegrabenen Pfosten gab es Anfang des 20. Jahrhunderts in den Hallen neben unzähligen Variationen auch versenkbare Pfosten, Pfosten zum Einstecken in Bodenhülsen, Steckrecks und auch Spannrecks, Letztere haben sich seit hundert Jahren optisch kaum verändert.

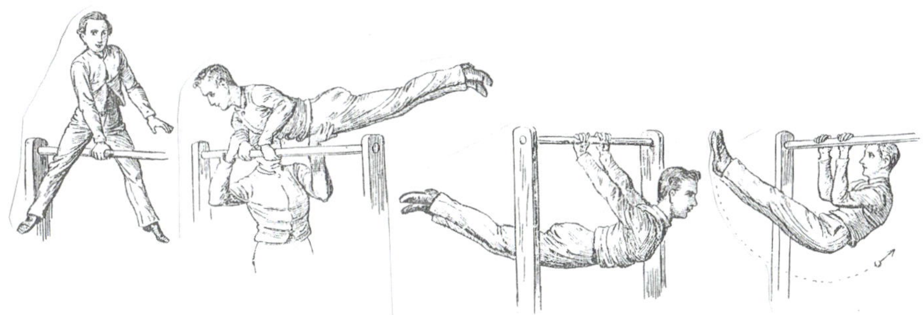

Abb. 14b: Reckübungen nach Eiselen 1889

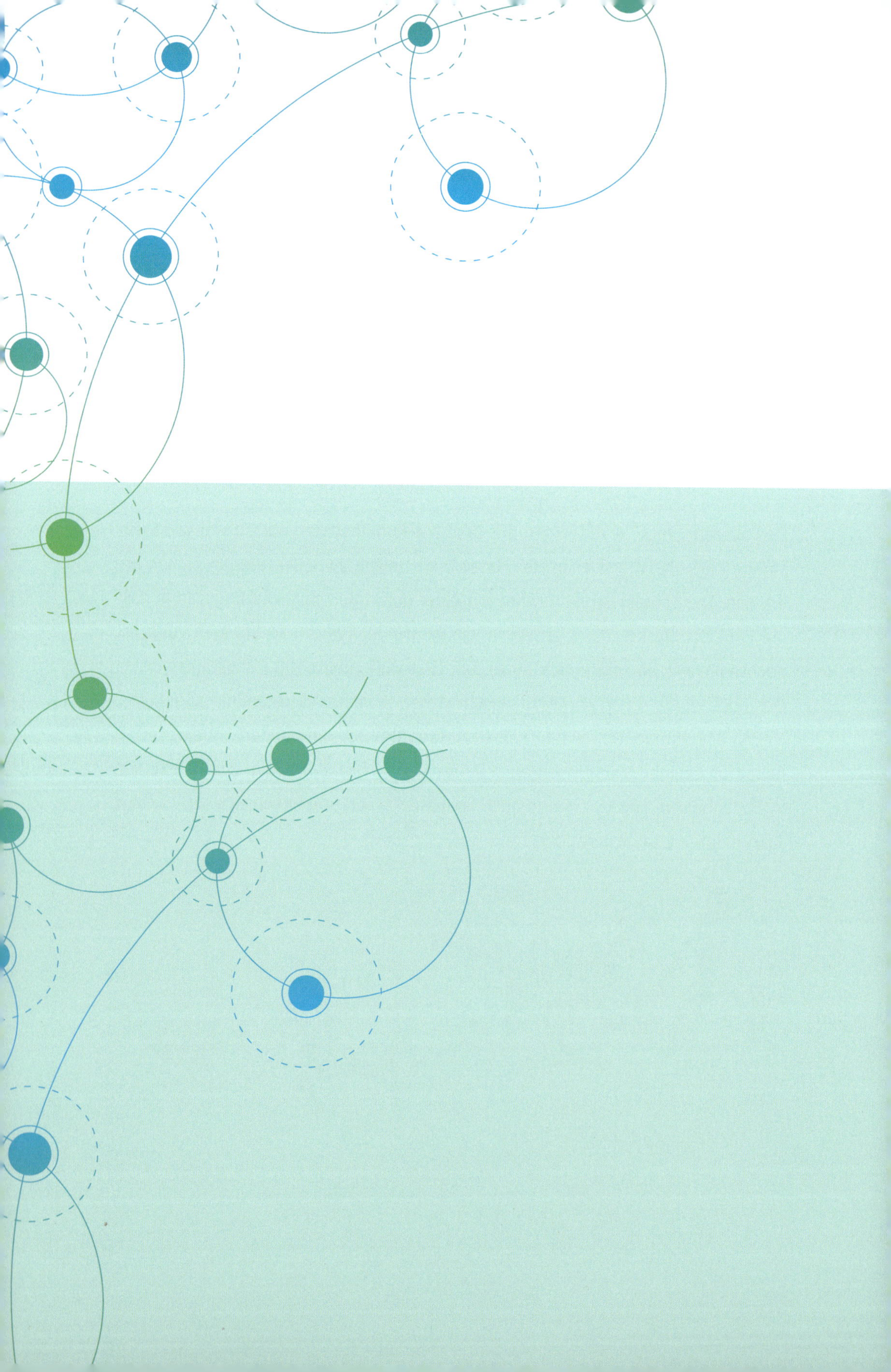

TEIL A

PRAKTISCHE GRUNDLAGEN ZUR METHODIK: SCHAFFUNG VON LERN- UND LEISTUNGSVORAUSSETZUNGEN

Teil A

Nachfolgend werden weit über hundert Übungsmöglichkeiten zur Verbesserung der Beweglichkeit und Kraft für das Turnen an den Sprunggeräten sowie Hang- und Stützgeräten angeboten. Sie sind in der Regel methodisch angeordnet. Der breitensportlich Übende findet somit in den ersten zwei Übungsangeboten seine Angebote, der Leistungsorientierte eher in den letzten zwei oder drei Aufgabenstellungen. Die Übungen zum Grundlagentraining sind dem modernen Leistungssport entnommen und zum Teil für den breitensportlichen Turnbereich „heruntergebrochen" worden.

Es kann nicht auf alle Übungsmöglichkeiten und Variationen eingegangen werden, da es den Rahmen dieses Buchs sprengen würde. Die Autorin bittet auch um Verständnis, dass ebenso wenig auch keine umfassenden Ausführungshinweise gegeben werden können.

1 VERBESSERUNG DES BEWEGUNGSAUSMASSES: BEWEGLICHKEIT UND DEHNUNG

Eine gute Beweglichkeit ist für die Realisierung verschiedenster Turnfertigkeiten eine notwendige Voraussetzung und oft für eine gesundheitlich unbedenkliche Bewegungsausführung unverzichtbar. Das Beweglichkeitstraining kann als eigenständige Trainingsart durchgeführt werden. Die Verbesserung der Beweglichkeit zielt vor allem auf eine *Verbesserung der Dehnfähigkeit der Muskulatur* ab. Bänder und Sehnen dienen der Stabilisierung der Gelenke und dürfen nicht gedehnt werden.

Im Turnen wird vor allem eine Beweglichkeit in den großen Gelenken benötigt. Das weite *Öffnenkönnen des Arm-Rumpf-Winkels* hängt nicht nur von der Beweglichkeit im Schultergelenk, sondern auch von der Beweglichkeit im Brustwirbelbereich und der Dehnfähigkeit im Schultergürtel ab. Das *tiefe Beugen im Hüftgelenk* geschieht über eine gut dehnbare Rückenmuskulatur und vor allem auch über die zu Verkürzungen neigende zweigelenkige Kniebeugemuskulatur (M. biceps femoris).

Grundsätzlich lassen sich zwei Formen der Beweglichkeit unterscheiden:

1 **Die passive** Beweglichkeit beruht vor allem auf der *Elastizität* (Dehnfähigkeit) der Muskulatur. Die *Hauptübungsform* besteht in Dehnübungen mit Partner- oder Trainerhilfe, mithilfe anderer großer Muskelgruppen (zum Beispiel ziehen die Arme ein Bein an den Körper) und mithilfe der Wirkung der Schwerkraft.
2 *Die aktive* Beweglichkeit beruht auf der *Kraftfähigkeit* der Agonisten und der *Dehnfähigkeit* der Antagonisten[1] (hemmender Gegenspieler).

Die *Hauptübungsmethoden* sind statische (d. h. im Dehnzustand haltende Übungen) und dynamische Kraftübungen (z. B. ein Bein hochschwingen).

Übungshinweise

- Passive Beweglichkeit ist Voraussetzung für aktive Beweglichkeit, diese muss zunächst verbessert werden.
- Es sollte angestrebt werden, den Unterschied zwischen passiver und aktiver Dehnfähigkeit gering zu halten.
- Es sollte nur so weit in eine Dehnposition gegangen werden, wie sie ohne Schmerzen oder Zittern der Muskulatur

1 Der Agonist ist einer von paarweise wirkenden Muskeln, der eine Bewegung bewirkt, die der des Antagonisten, dem hemmenden muskulären Gegenspieler, entgegengesetzt ist. *Duden – Das Fremdwörterbuch, 8. Aufl. Mannheim 2005 (CD-ROM).*

eingenommen werden kann. Dort sollte versucht werden, in einer relativ entspannten Muskelsituation mindestens 7-14 Sekunden zu verharren. Leichtes Weiterdehnen in dieser Dehnausgangslage ist danach möglich.

- Damit nach Dehnübungen die Spannungsfähigkeit und Elastizität nicht verloren geht, sollten im Anschluss an Dehnübungen die gedehnten Muskelgruppen durch Kraftübungsformen wieder angesprochen werden (z. B. nach Spagat mehrere Spreizsprünge am Ort).
- Intensive Dehnübungen sollten *nicht* einem Krafttraining oder intensivem Techniktraining vorangeschaltet werden. Es wird empfohlen, eigene Trainingseinheiten für Dehnübungen zu planen.

Es gibt verschiedene Dehnmethoden, wobei bis heute nicht eindeutig nachgewiesen werden konnte, welche am wirkungsvollsten ist. Abzulehnen ist auf jeden Fall ein dynamisches Dehnen bei einer nicht erwärmten Muskulatur. Die damit verbundene fehlende muskuläre Entspannungsfähigkeit für eine Muskeldehnung führt bei einer zerrenden Dehnübung leicht zu Muskelverletzungen.

Übersicht zu den Bereichen der Beweglichmachung und Dehnung

Schematisch vereinfacht wird nachfolgend eine Gliederung zu den Gelenkbereichen Schulter, Wirbelsäule, Hüfte, Hände und Füße gegeben, in denen Übungen erfolgen sollten. Die Auswahl der Übungen orientiert sich vorwiegend an Elementen, die für das Turnen am Sprung und an den Hang- und Stützgeräten von Bedeutung sind.

- Die Übungen können *passiv*, z. B. mit Hilfe der Schwerkraft (siehe Foto A – passive Dehnung) oder Partnerhilfe (siehe z. B. nachfolgendes Foto Ü3) oder
- *aktiv* mit eigener Muskelkraft (siehe Foto B – aktive Dehnung) ausgeführt werden.

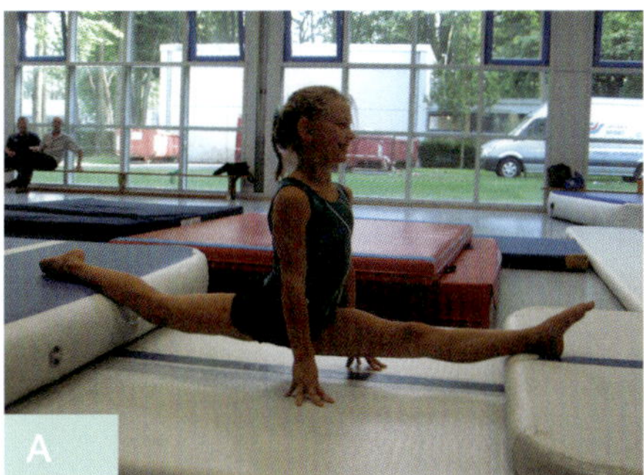
A

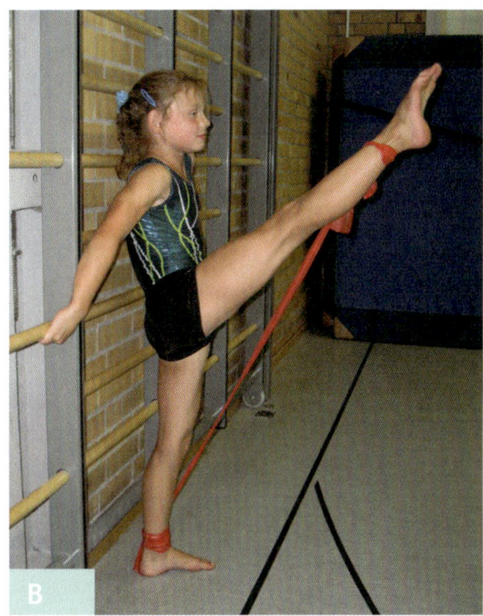
B

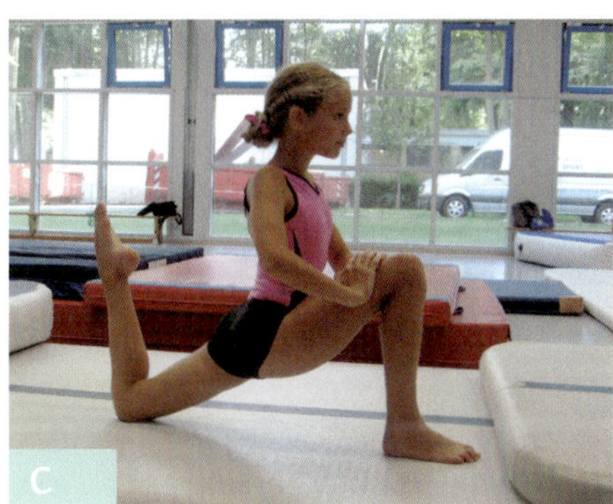
C

- *Aktiv und passiv als Kombination* in einer Übung (siehe Foto C).
- *Hilfsgeräte* wie Stab (z. B. Ü16), Seil oder elastische Band (Thera-Band® siehe Foto B) sowie *Klein- und Großgeräte* (Kasten, Sprossenwand, siehe Ü9 und Ü19) bieten Variationen in den Übungsdurchführungen.
- *Partnerhilfen* oder die des Trainers können Bewegungsamplituden unter kontrollierter und korrigierender Bewegungsführung erweitern.

Ausführlichere Übungsbeschreibungen und Abbildungen sind dem ersten Band *„Gerätturnen für Fortgeschrittene – Boden und Balken"* (Seite 34-40) zu entnehmen.

Nachfolgend werden vorwiegend *passive Übungen* und nur wenige aktive Dehnübungen, das heißt mit Kraftzug der eigenen muskulären Gegenspieler (Antagonistenzug) der zu dehnenden Muskulatur, dargestellt, da die *aktive* Dehnung auch den *Kraftübungen* zugeordnet werden kann.

Beispielübungen

1 Schultergelenke

1.1 Die Arme gehen in Verlängerung des Rumpfs (Hochhalte) oder sogar in Schrägrückhochhalte

a) Passive Dehnung mit geringem Antagonistenzug in der Rutschhalte/Oberkörperwaagerechten

Ü1: Rückenlage: Die Arme sind in Körperverlängerung am Boden und werden vom Partner gestreckt gegen den Boden gepresst.

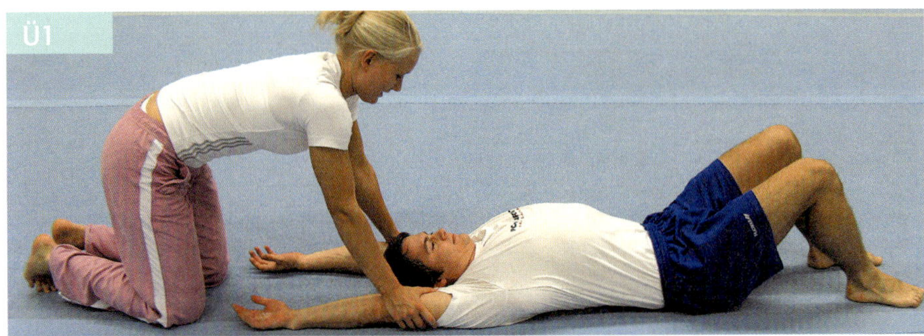
Ü1

Ü2: „Rutschhalte" am Boden: Die Oberschenkel sind senkrecht. Ein Partner kann bei Bedarf den Schultergürtel nach unten drücken.

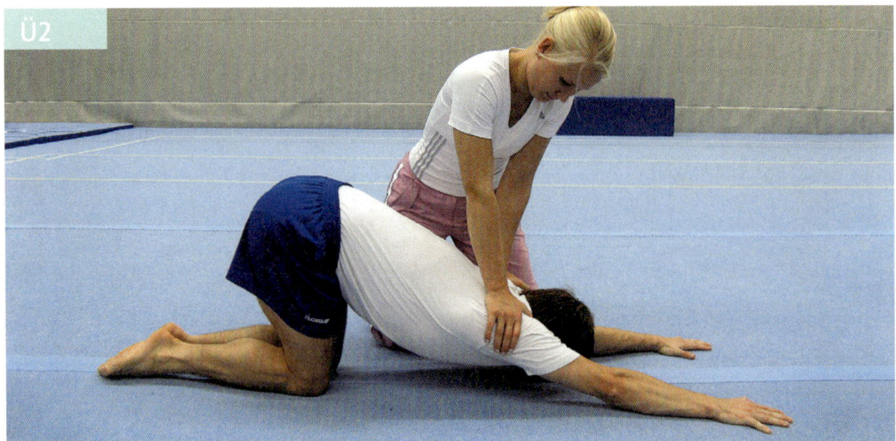
Ü2

Ü3: „Rutschhalte" mit erhöht aufgelegten Händen, zum Beispiel auf einem kleinen Kasten.

Ü4: „Klapptisch": Gewinkelter Stand, die Beine sind leicht gebeugt, die Hände liegen auf einer schulterhohen Erhöhung, wie zum Beispiel Schwebebalken, Kasten, Holm, Reck- oder Ballettstange, auf. Partner gibt mit ganzen Handflächen Druck auf den Brustkorb/Schultergürtel (vgl. Ü2 und Ü3).

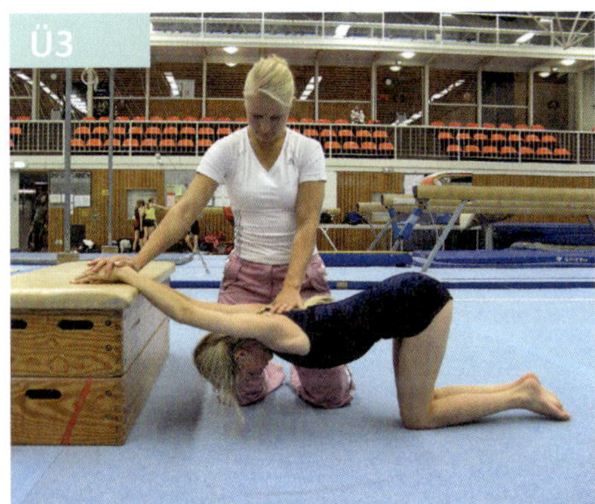

Ü3

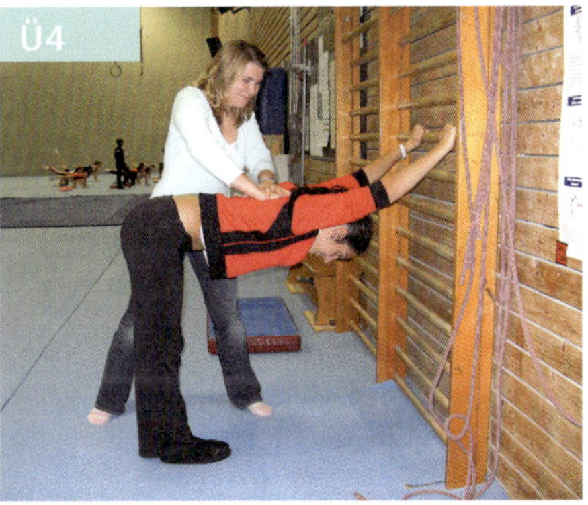

Ü4

Ü5: S. o., jedoch ohne Partnerunterstützung.

Ü6: Ein Polster, eine gepolsterte Halbtonne oder ein senkrecht gestelltes Sprungbrett dient als Krümmung für die Dehnung des Brustbereichs. Der Übende hängt sich an die Sprossenwand und hockt ggf. die Beine.

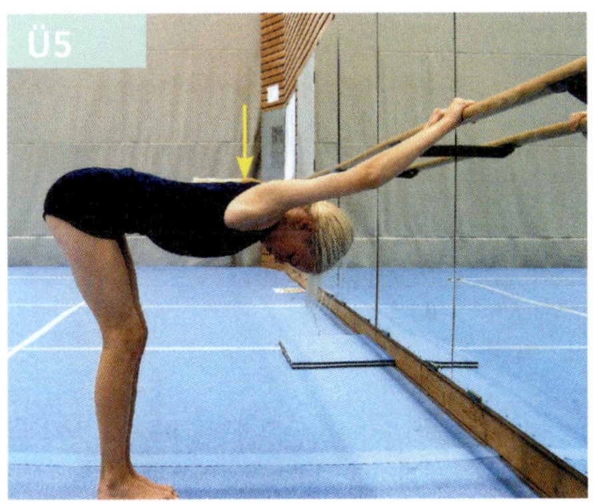

Ü5

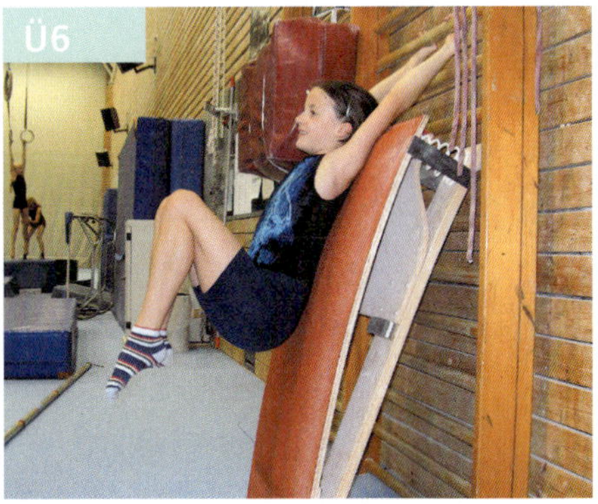

Ü6

b) Aktive Dehnung mit kraftvollem Antagonistenzug in der Oberkörperwaagerechten

Ü7: Bauchlage: Die Arme werden gestreckt vom Boden abgehoben.

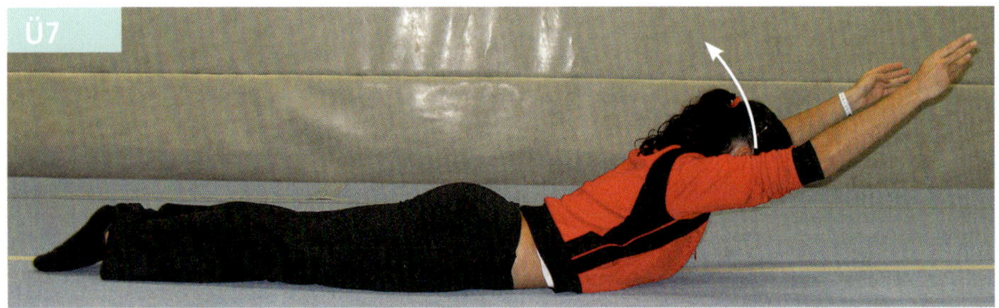

Ü8: Bauchlage: Die Arme werden gestreckt – ein Seil/Thera-Band® haltend – vom Boden abgehoben.

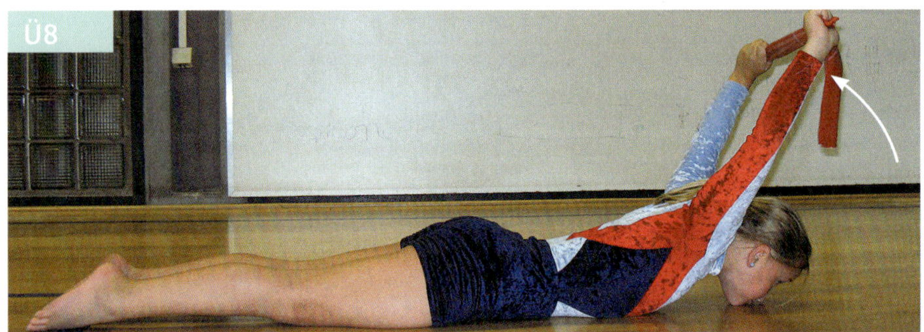

Ü9: „Rutschhalte" am kleinen Kasten: ein Arme abheben, halten, dann den anderen Arm abheben.

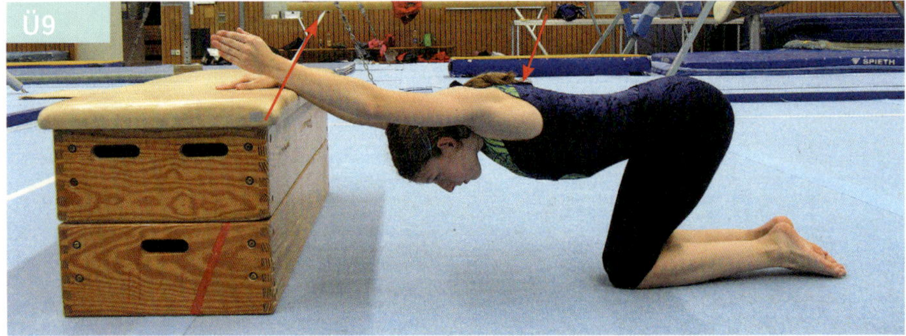

Ü10: „Klapptisch" am großen Kasten/Reck/Balken/Ballettstange: Die Arme werden auf das Gerät gelegt und dann beide von der Stützstelle abgehoben. Die Beine sind dabei leicht gebeugt.

Ü11: Lang- (vgl. Ü 13 und Ü14) oder Grätschsitz: Der Oberkörper wird absolut gestreckt so dicht wie möglich in Beinnähe gebracht, die Arme ziehen nach oben und strecken den Arm-Rumpf-Winkel.

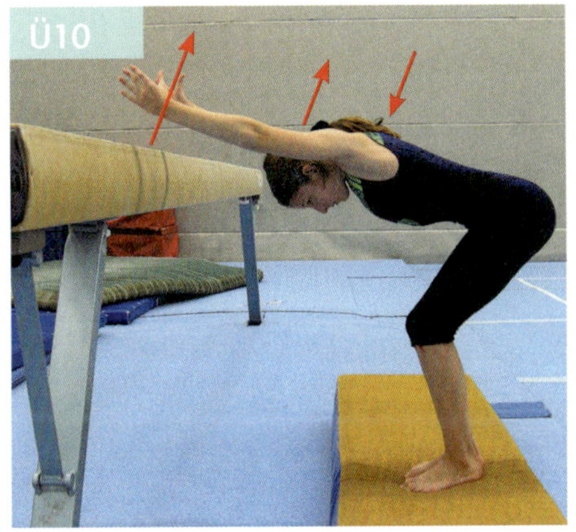
Ü10

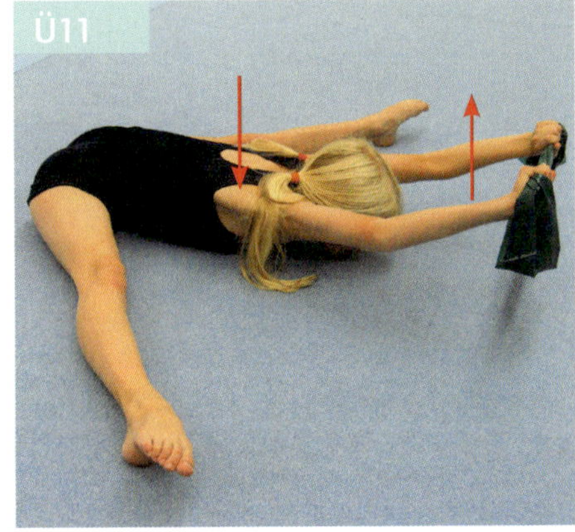
Ü11

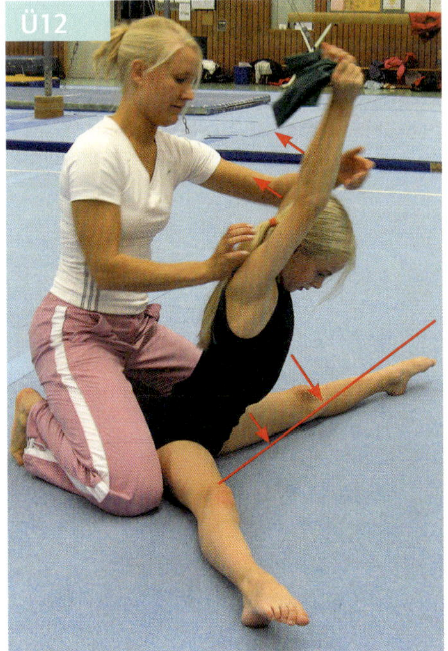
Ü12

Ü12: Plattfisch/Spitzwinkelgrätschsitz: Der Oberkörper wird so weit wie möglich in Bodennähe gebracht und die Arme ziehen vom Boden weg nach oben.

A I

c) Passive und aktive Dehnung im Sitz/Stand in der Oberkörpervertikalen

Ü13: Langsitz oder Stand mit gebeugten Knien und flachem Rücken rücklings zur Wand: Arme werden gestreckt an die Wand gedrückt, ggf. einen Stab oder ein Band in den Händen haltend.

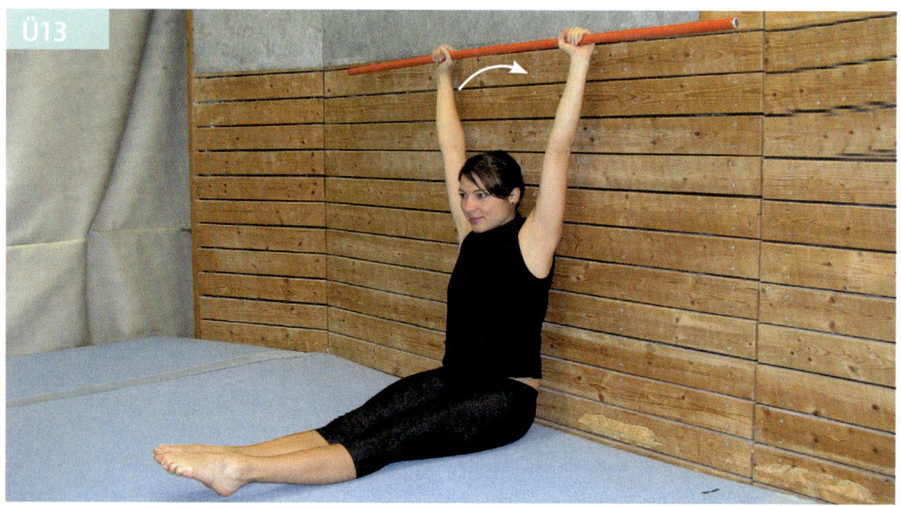

Ü14: Aufrechter Langsitz: Die Arme werden bei gestrecktem Arm-Rumpf-Winkel in eine Körperlinie gezogen.

Ü15: Langsitz: Arme gehen in Hochhalte, der Arm-Rumpf-Winkel wird von einem Partner in Überstreckung gebracht.

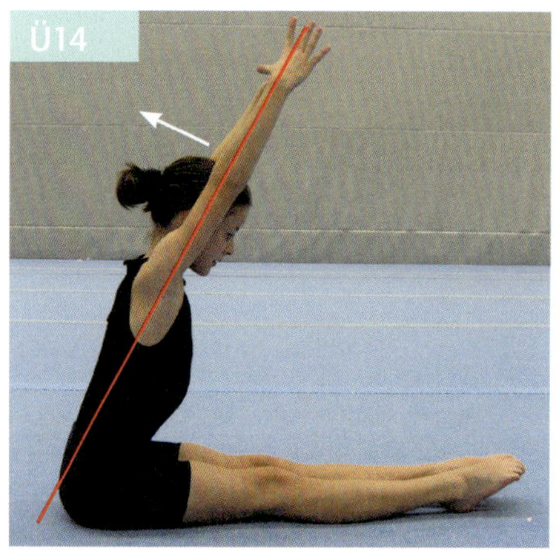

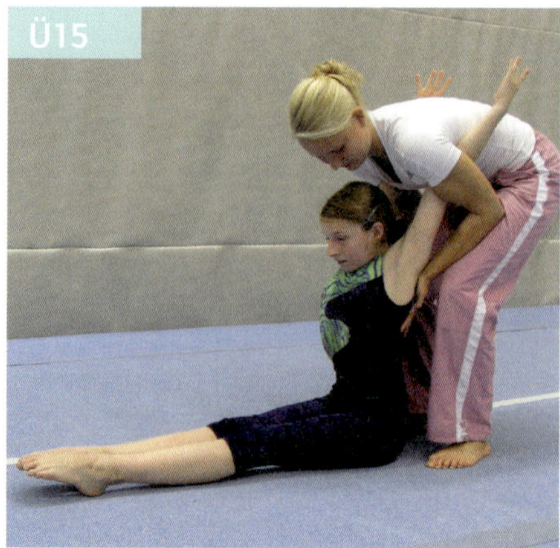

Ü16: Sitz auf einem Kasten: Der Übende versucht, einen Stab, ein Seil oder Thera-Band® zwischen den Händen haltend, in die (Über-)Streckung im Schultergelenk zu gelangen.

Ü17: Stand rücklings an der Sprossenwand: Die Hände fassen in Hochhalte ein Thera-Band®, einen Schritt vorgehen und, mit leicht gebeugten Knien und aufgerichteter Hüfte (Bauch anspannen, kein Hohlkreuz!), durch Zug des Bandes den Schultergürtel dehnen.

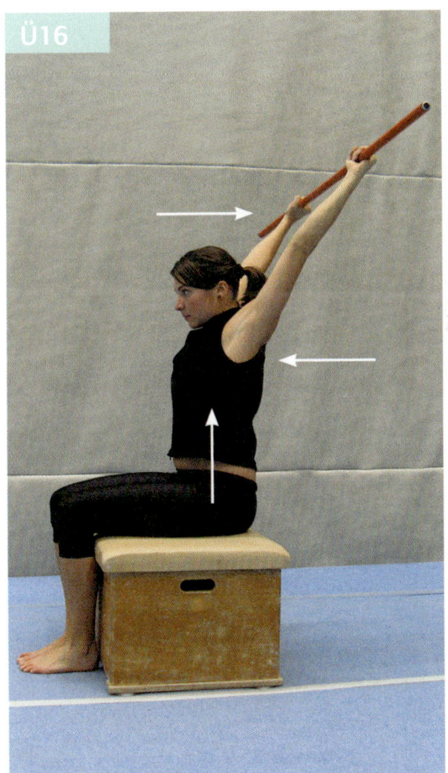
Ü16

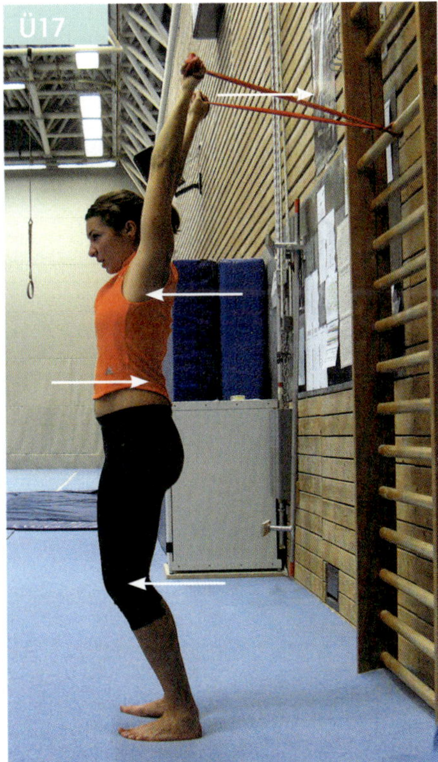
Ü17

1.2 Die Arme gehen rücklings zum Körper in einen optimal großen Winkel zum Rumpf (Rückhalte) oder sogar in Schrägrückhochhalte

Passive Dehnung mit geringem Antagonistenzug in verschiedenen Körperpositionen

Ü18: Langsitz mit Rücklage: Die Hände stützen weit rücklings vom Körper auf, danach schiebt sich der Körper zu den Füßen (diese bleiben fest am Boden), dabei hocken die Beine. Danach können die Beine gestreckt werden.

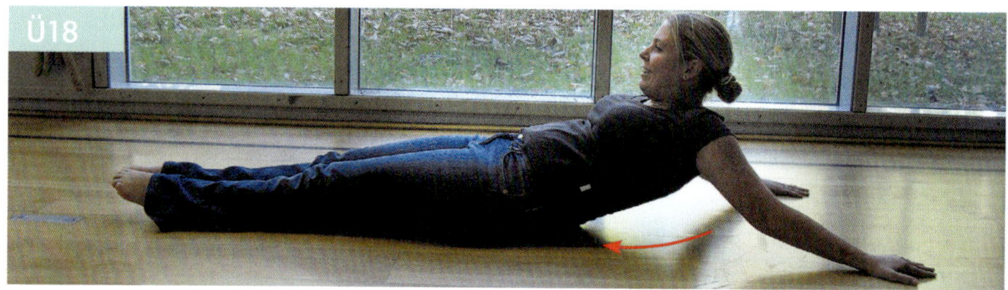

Ü19: Stand rücklings an der Sprossenwand/am Reck: Kamm-/Ellgriff. Mit dem Beugen der Beine wird der Arm-Rumpf-Winkel rücklings geöffnet. Hände der Leistung entsprechend hoch auflegen.

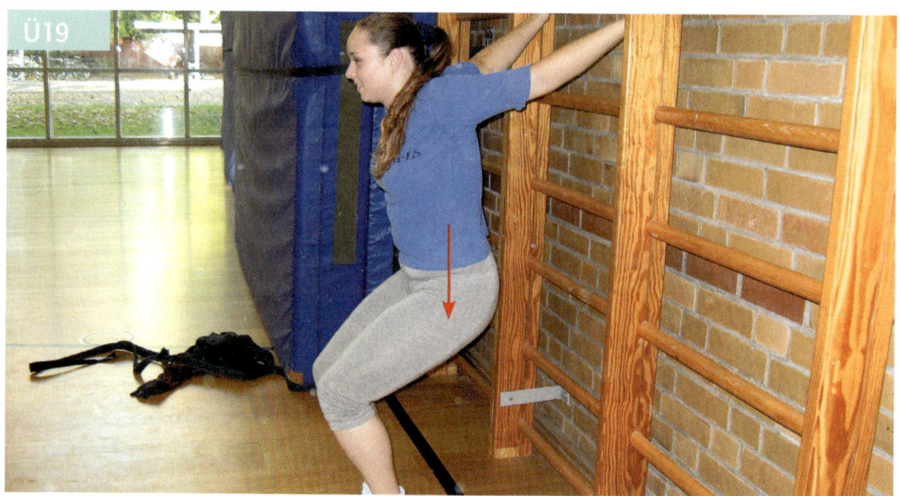

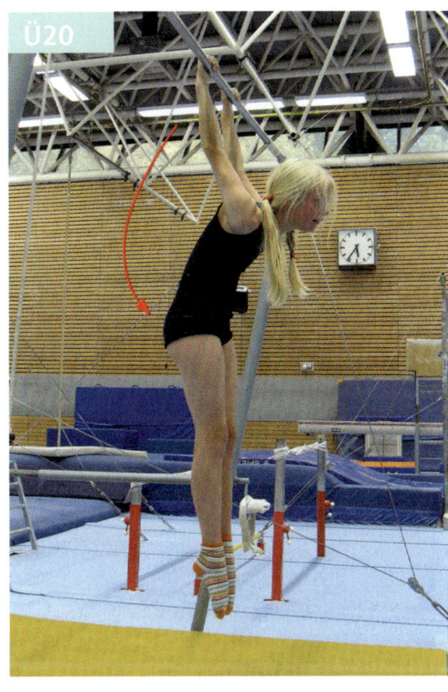

Ü20: Absenken in den Hang rücklings am Reck/Holm aus dem gewinkelten Sturzhang/Kipphang.

Ü21: Bauchlage: Mit Kammgriff einen Stab/ein Thera-Band®/ein Seil rücklings zum Körper zwischen den Händen halten. Ein Partner hebt die Arme.

Ü22: Bauchlage: Mit Kammgriff einen Stab/ein Thera-Band®/ein Seil rücklings zum Körper zwischen den Händen halten. Aus eigener Kraft die Arme anheben.

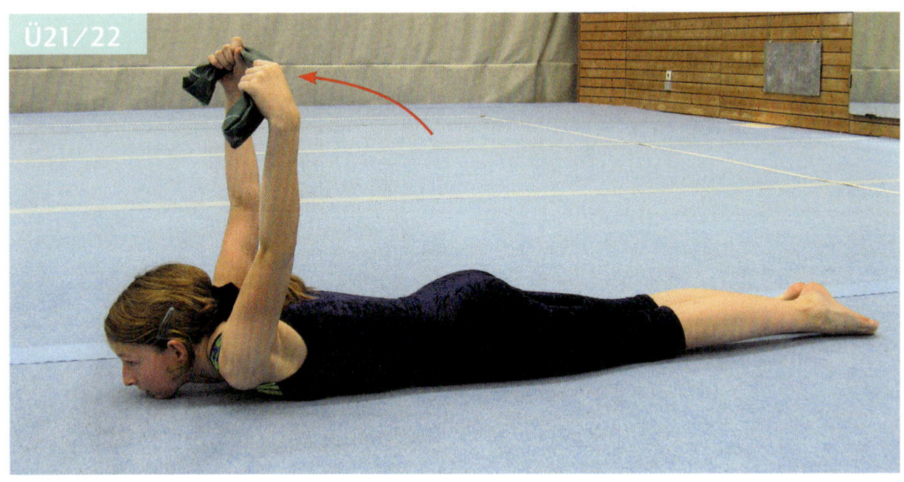

2 Wirbelsäule

2.1 Beweglichmachung der Wirbelsäule in ihrer Gesamtheit in verschiedenen Ebenen

Ü23: Bankposition: „Pferdesattel".

Ü24: Bankposition: „Katzenbuckel".

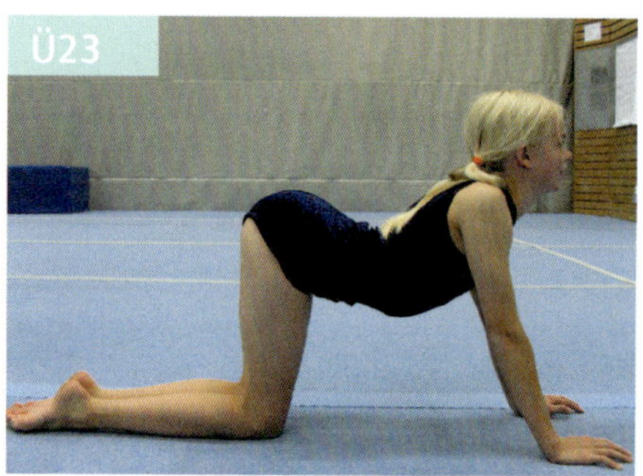
Ü23

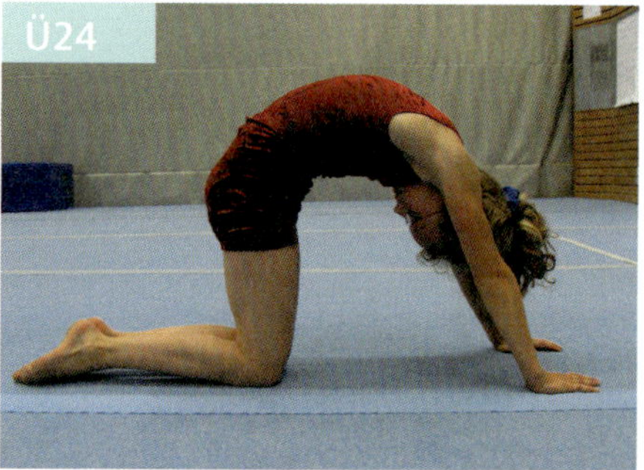
Ü24

Ü25: Sitz auf einem Kasten: Seitbeuge, die Kastenhand zieht abwärts, der zweite Arm zieht über Kopf zur Seite.

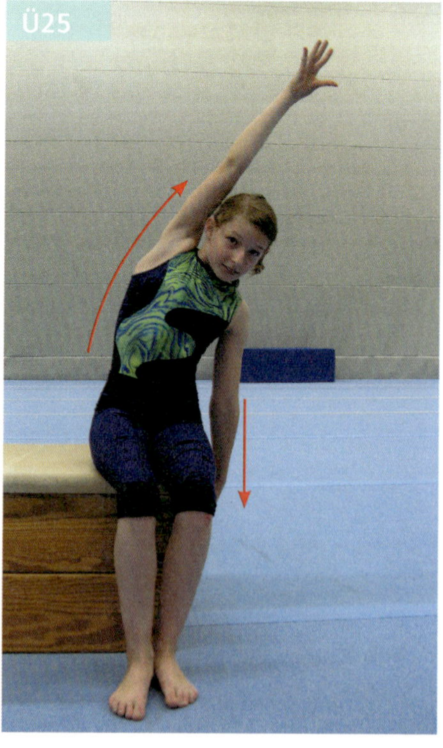
Ü25

Ü26a-c: Hocksitz: Die Knie werden nach rechts und links geführt.

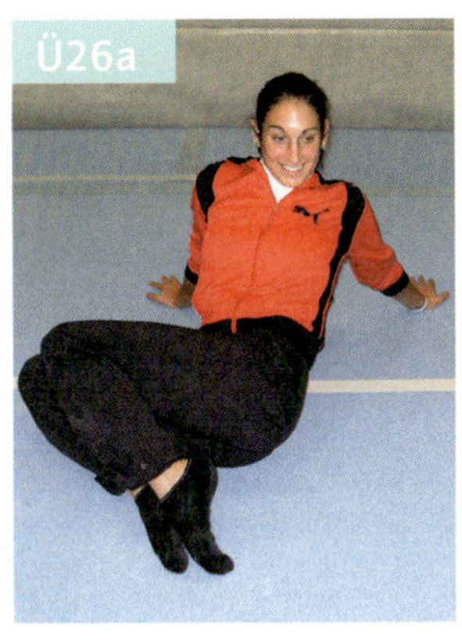
Ü26a

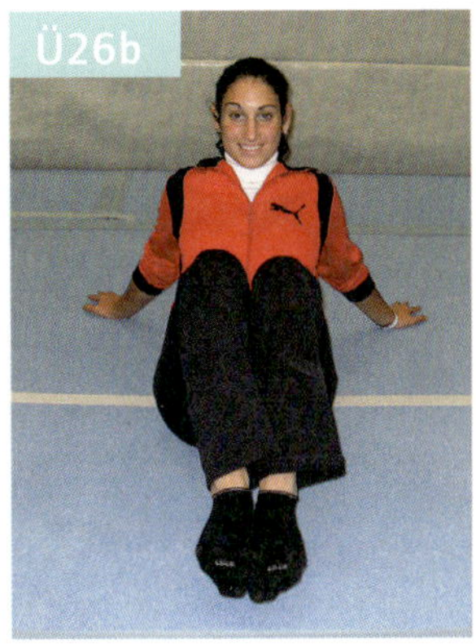
Ü26b

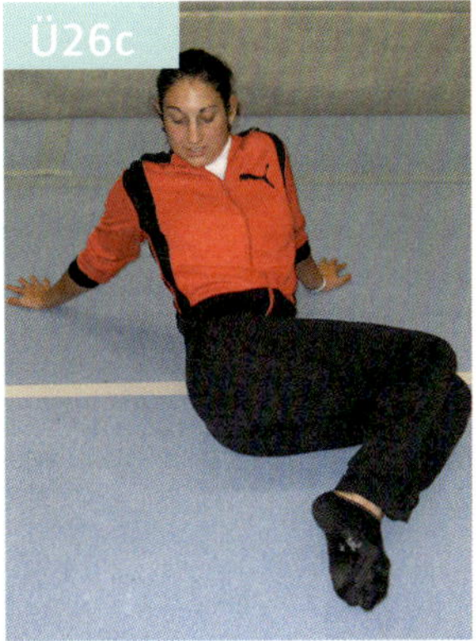
Ü26c

Ü27: Rückenlage: Verwringung, ein Bein wird mit gewinkeltem Knie über das andere, gestreckte Bein gelegt, die Schultern bleiben am Boden.

Ü28: Einbeiniger Kniestand: Mit einer Rumpfverwringung wird der linke Arm über das rechte vordere Bein gelegt, der zweite Arm zieht über das hintere Bein. Der Blick geht nach hinten.

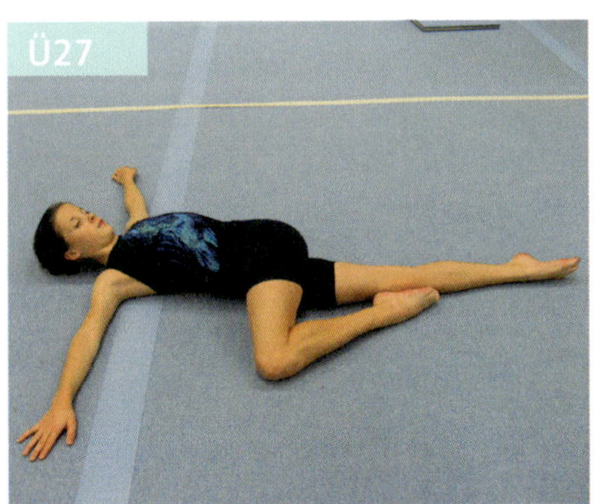
Ü27

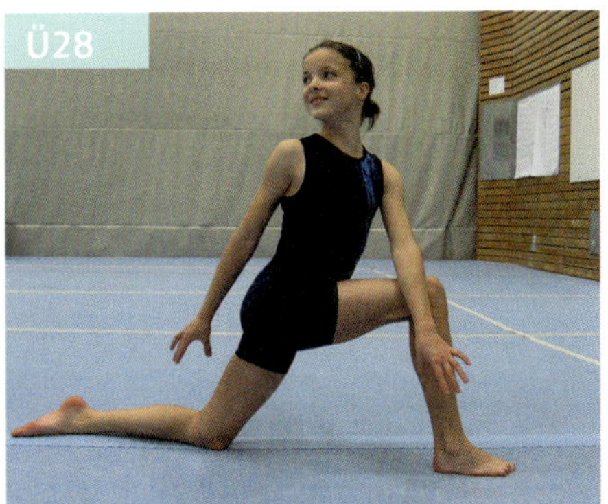
Ü28

2.2 Beweglichmachung im Schultergürtel und der Brustwirbelsäule

Ü29: Langsitz: Arm-Rumpf-Winkel ist geöffnet, der Partner bringt durch Vorschieben des Brustkorbs den Schultergürtel in Überstreckung.

Ü30: Bauchlage: Ein Partner hebt den Brustkorb an den Armen und mit Gegendruck auf den Schultern vom Boden ab.

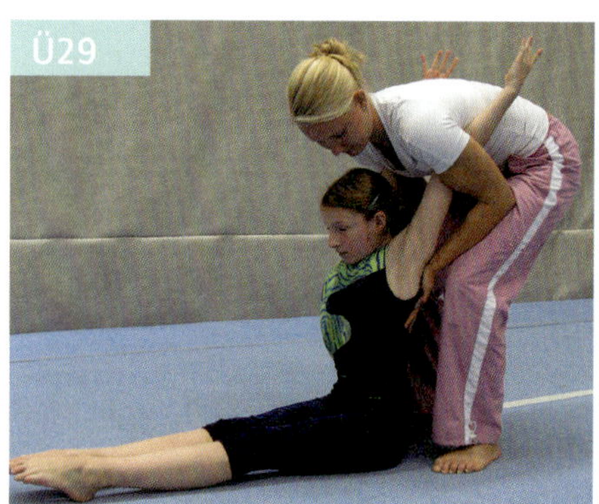

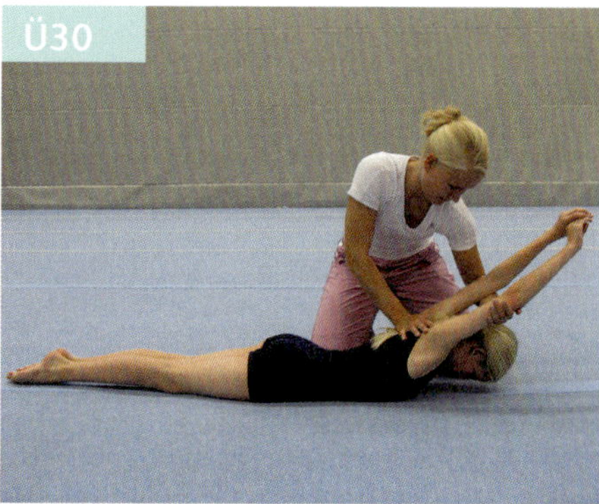

Ü31: Brücke mit erhöhtem Aufsatz der Füße und Streckung der Beine zur Streckung des Brustbereichs. Ein Partner kann, von außen umfassend die Schultern heben und ziehen.

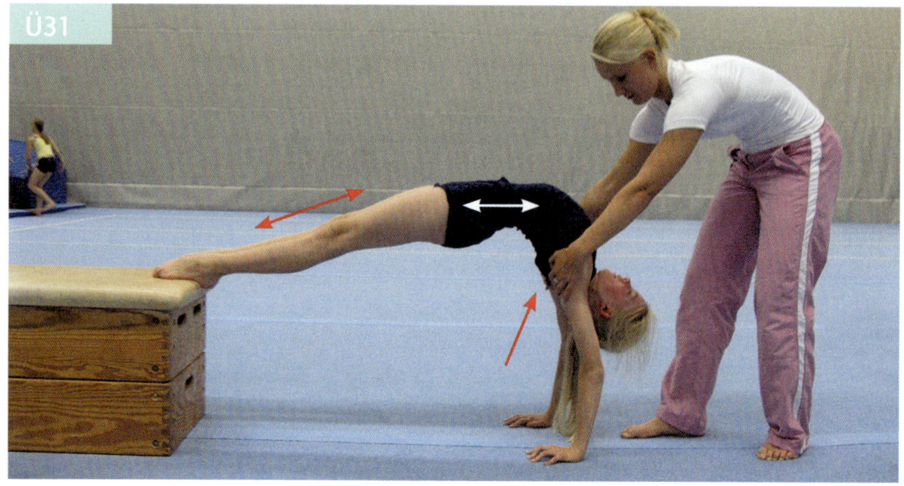

Ü32a/b: Hang am Reck/Holm: Der Trainer schiebt im Brustbereich den Turnenden vor, die Beine werden zurückgehalten. Gleiche Verfahrensweise auch umgekehrt (vgl. Foto Ü137).

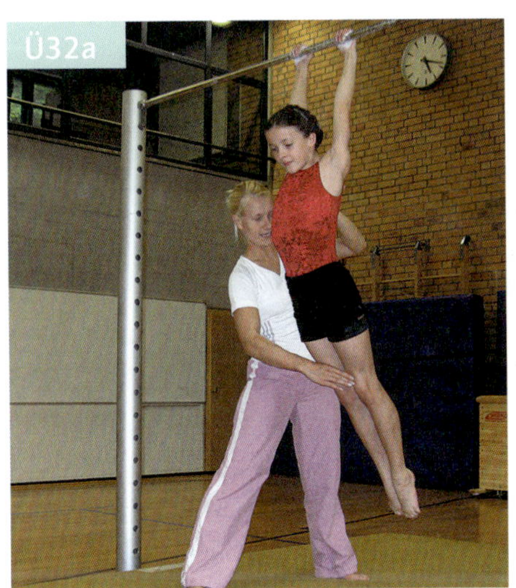
Ü32a

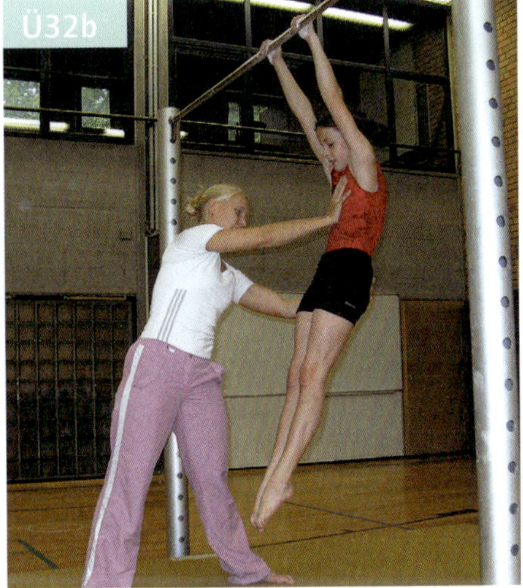
Ü32b

Ü33: „Butterwiegen" mit Partner: Aus dem Stand rücklings zueinander gehen die Arme der Partner in Hochhalte. Partner A umfasst die Handgelenke von Partner B, geht mit Beugen der Knie unter den Schwerpunkt von B und hebelt ihn zur Rücklage auf seinem Rücken aus. Die gestreckten Arme des Liegenden werden, den Brustkorb dehnend, nach unten bewegt.

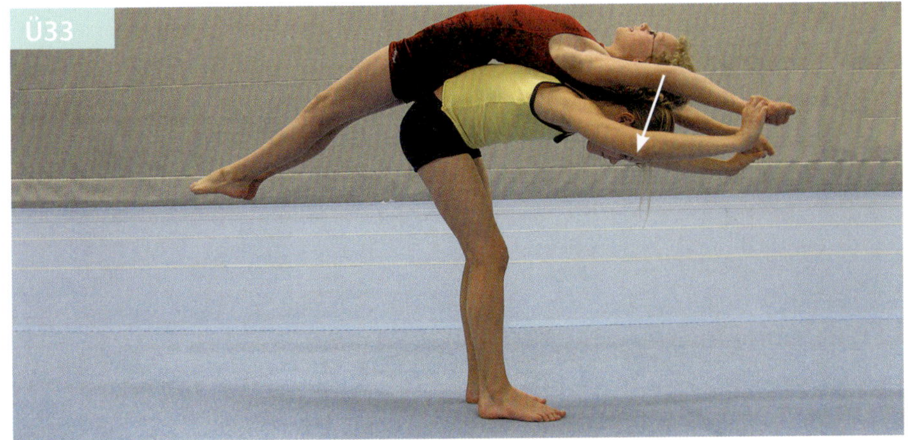
Ü33

2.3 Beweglichmachung des Lendenwirbelbereichs

Ü34: Rückenlage: Die Beine liegen gewinkelt und erhöht auf einem Kasten, sodass die Lendenwirbelsäule frei aushängen kann.

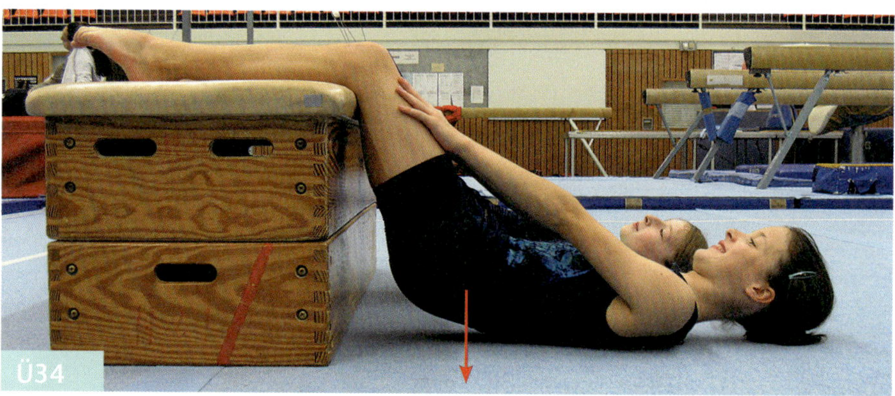
Ü34

Ü35: „Kutscherhaltung“: Sitz auf einem Kasten, die Beine sind geöffnet. Der Kopf rollt nach unten die Wirbelsäule vorlings ein, die Lendenwirbelsäule wird zurückgedrückt.

Ü36: Rückenlage in enger Hockposition: Die Arme umfassen die Beine und die Lendenwirbelsäule wird gegen den Boden gedrückt. Als Variation kann auf dem Rücken hin- und hergerollt werden (Rückenschaukel).

Ü37: Fersensitz: Der Körper wird gerundet auf die Oberschenkel gelegt, die Arme liegen seitlich auf dem Boden auf. Der Kopf rollt die Wirbelsäule ein, die Lendenwirbelsäule wird zur Decke gedrückt.

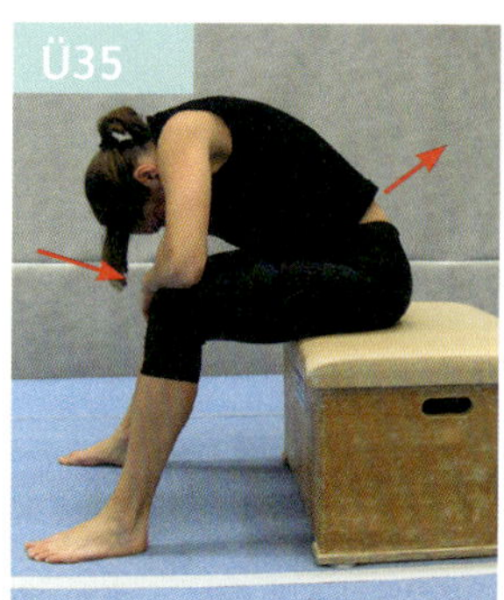
Ü35

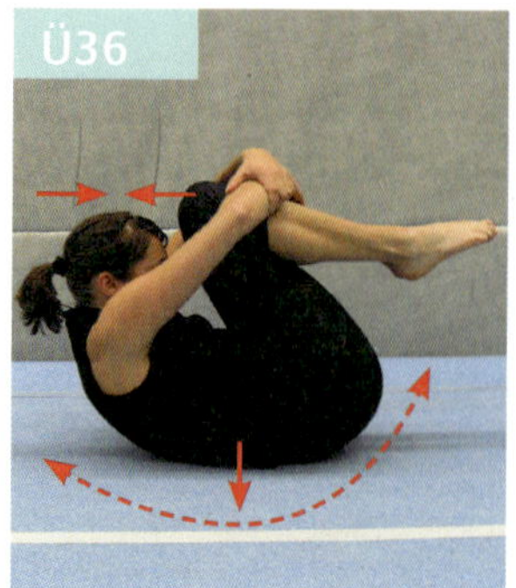
Ü36

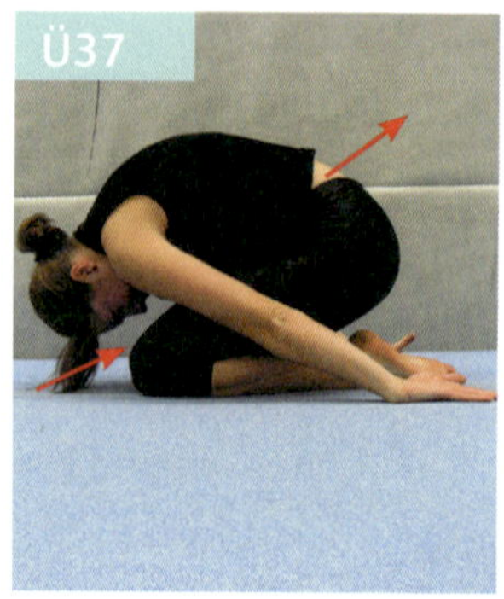
Ü37

3 Hüftgelenke

Hinweis: Für die Sprung-, Hang- und Stützgeräte kann nachfolgend das Querspreizen, wie zum Beispiel der Spagat, vernachlässigt werden und aus diesem Grund erfolgen hierzu keine Übungsbeispiele.

3.1 Einnehmen eines minimalen Hüftwinkels bei geschlossenen und unterschiedlich seitlich weit gespreizten/geöffneten Beinen mit passiver Dehnung der Kniebeuger (M. biceps femoris), mit geringem Antagonistenzug oder mit fernen Muskeln

Ü38a/b: Päckchenhaltung mit angehockten Beinen in der Rückenlage: Die Hände umfassen die Beine und die Beine werden so weit langsam gestreckt, wie die Oberschenkel noch auf dem Bauch bleiben können.

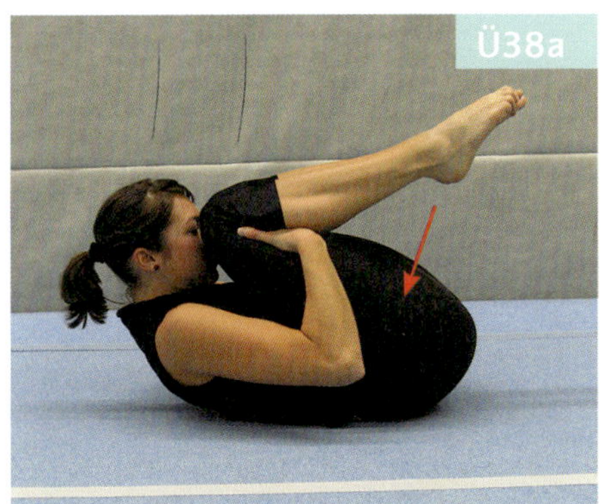
Ü38a

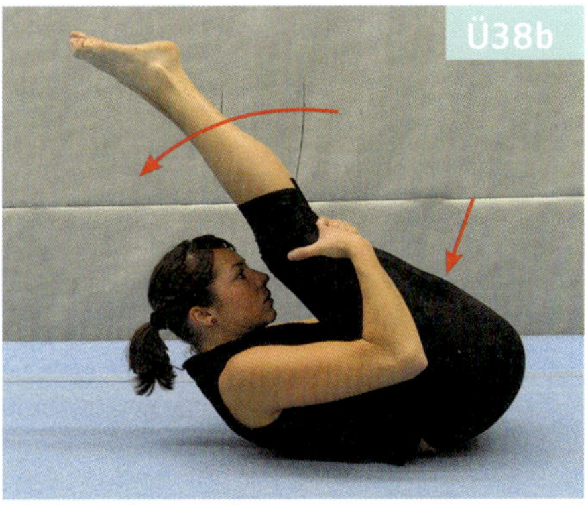
Ü38b

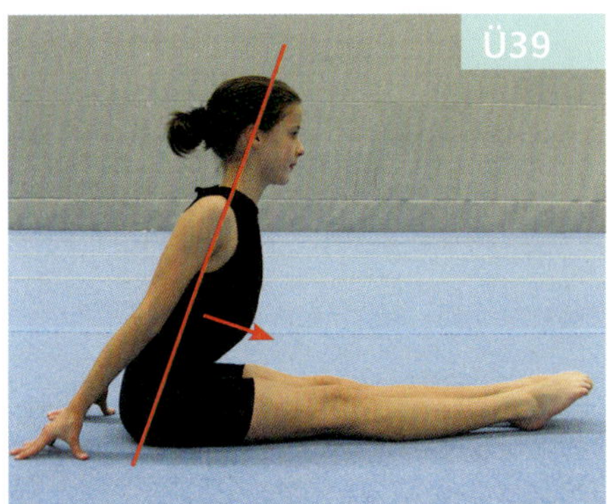
Ü39

Ü39: Langsitz: Gestrecktes Vorneigen des Oberkörpers, die Arme befinden sich in Schrägrücktiefhalte am Körper.

Ü40: Langsitz: Gestrecktes Vorneigen des Oberkörpers, die Arme befinden sich in Hochhalte in Verlängerung des Körpers, d.h. in der Körperlinie.

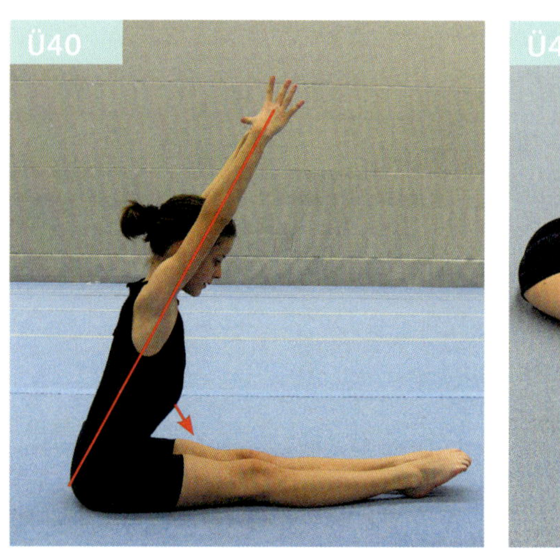

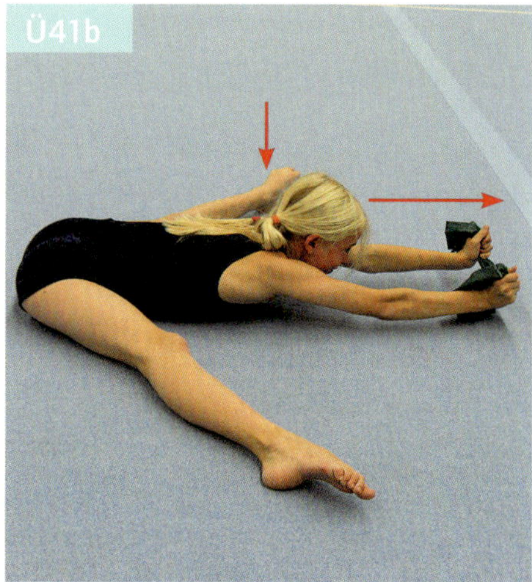

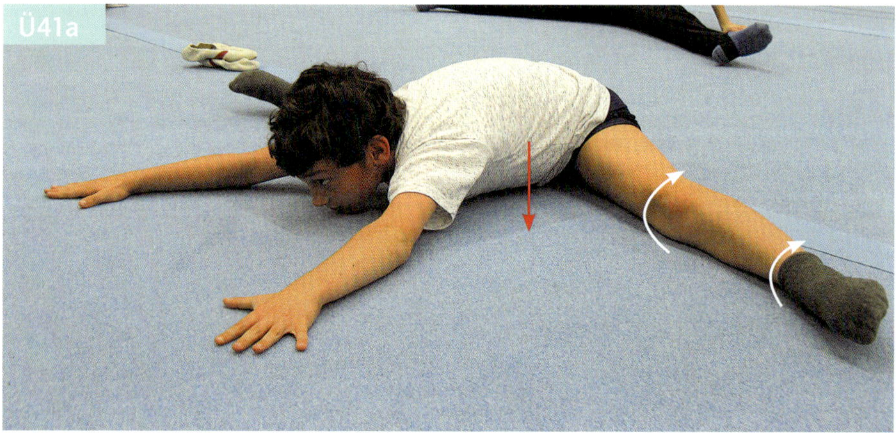

Ü41a/b: „Plattfisch": Spitzwinkelgrätschsitz mit gestrecktem Vorneigen des Oberkörpers, die Arme sind in Verlängerung des Rumpfs gehalten (a). Als Erschwerung kann zwischen den Händen ein Seil/Stab/Thera-Band® gehalten werden und der Körper wie auch der Arm-Rumpf-Winkel bezüglich seiner Streckung weiter nach vorne gezogen werden (b).

Ü42: Spitzwinkelstand: Bückstand auf einem Kasten mit Dehnung der Rückenstrecker. Die Hände versuchen, so tief wie möglich den Kastenrand zu berühren.

Ü43: „Schwebesitz": Spitzwinkelsitz an einer Sprossenwand mit Zughilfe der Arme.

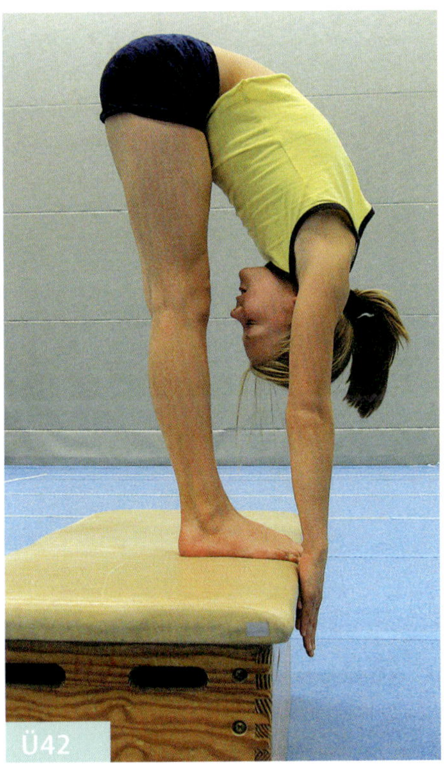
Ü42

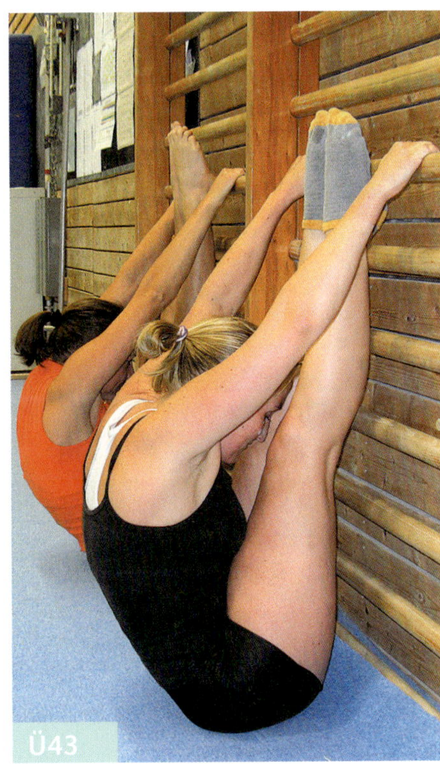
Ü43

3.2 Einnehmen eines maximalen Spreizwinkels der seitgespreizten Beine mit passiver Dehnung der Adduktorengruppe

Ü44: Aufrechter Sitz: Die Beine werden gebeugt und die Fußsohlen werden gegeneinandergenommen. Die Knie werden mit Partnerhilfe nach außen und nach unten gedrückt.

Ü45: Aufrechter Sitz: Die Beine werden gebeugt und die Fußsohlen werden gegeneinandergenommen. Die Knie werden mit eigener Kraft nach außen und nach unten gedrückt.

Ü46: „Frosch": Kniestütz mit maximaler Grätsche und Unterarmstütz.

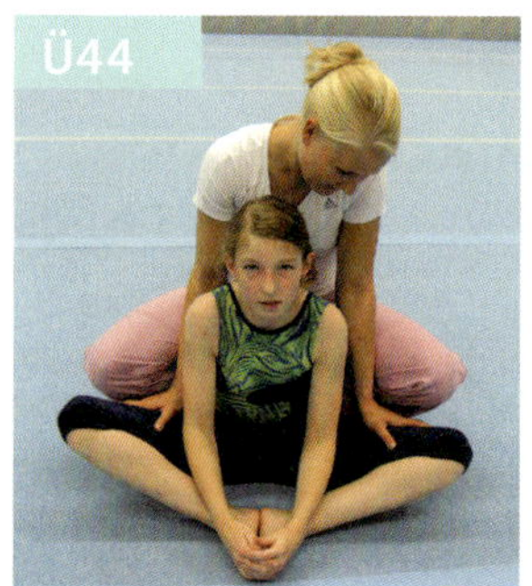
Ü44

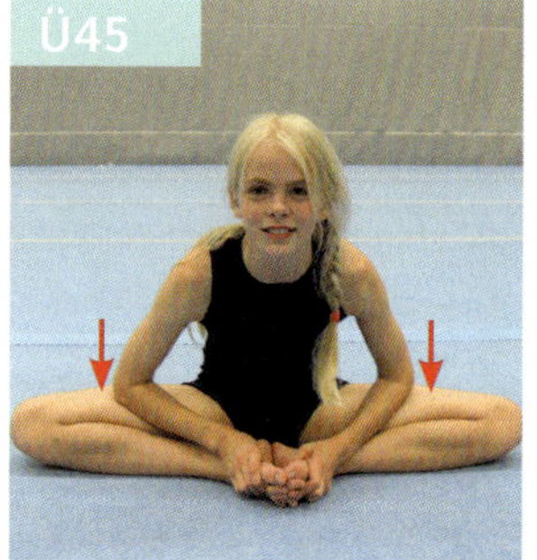
Ü45

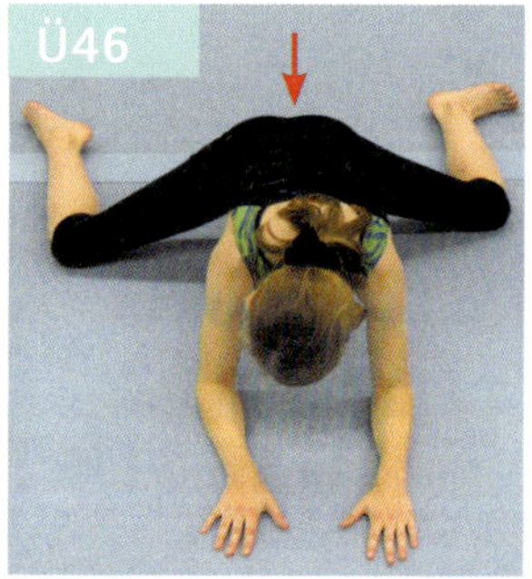
Ü46

Ü47a/b: Grätschsitz: (a) Die Beine, so weit es geht, auseinandergrätschen und mit den Händen im Schritt abstützen. (b) Als Leistungssteigerung und zur Dehnung der Adduktorengruppe weisen bei einer Variation die Knie nach vorne, es erfolgt ein Unterarm- oder Handstütz oder ein Aufliegen des Oberkörpers auf dem Boden.

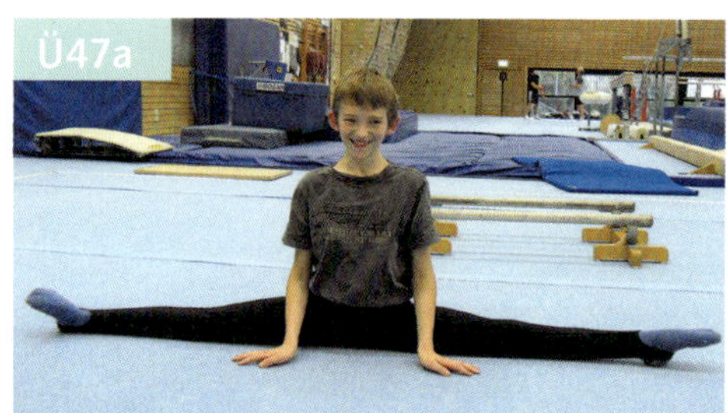
Ü47a

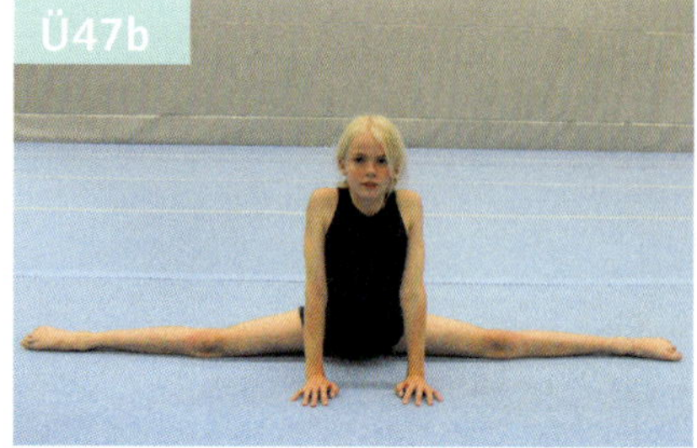
Ü47b

Ü48a-e: „Schwimmer“: Aus der Bauchlage die Beine am Boden weit über die Seite vorgrätschen. Im flüchtigen Grätschsitz können die Hände im Schritt aufstützend hochhelfen. Oberkörper aufrichten und die Beine zum Langsitz schließen. Gleichen Ablauf zurückturnen!

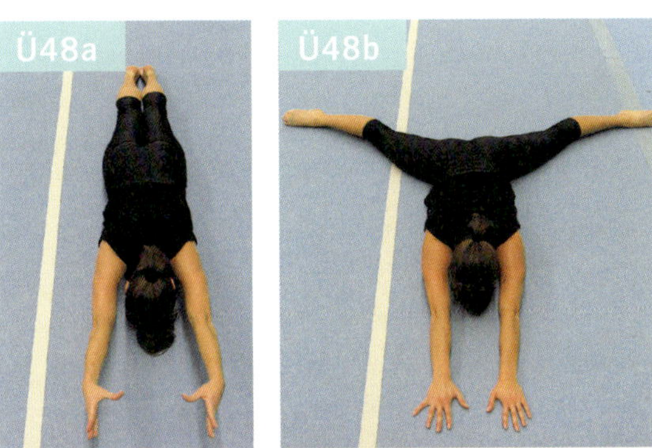
Ü48a Ü48b

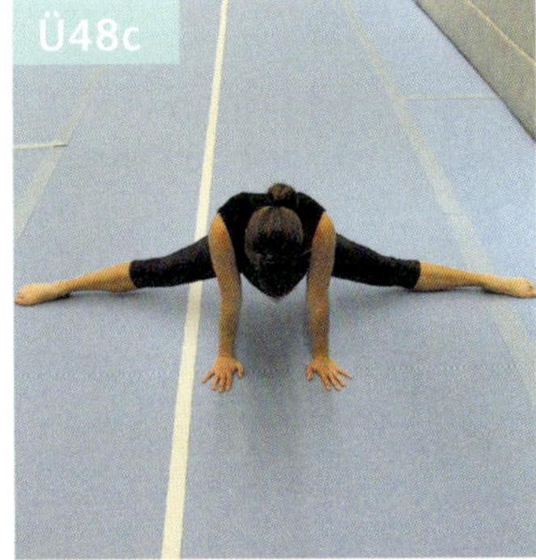
Ü48c

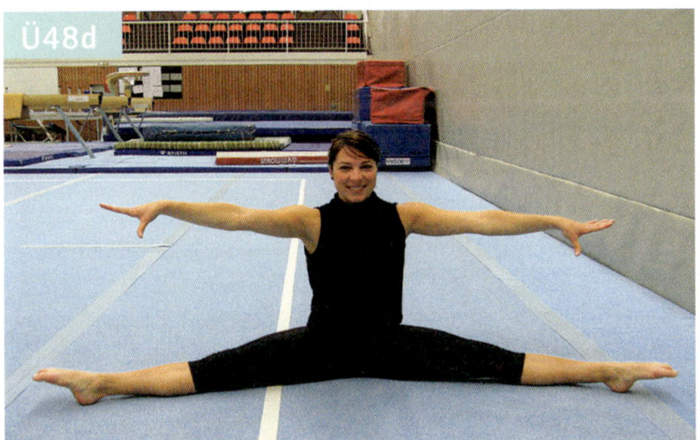
Ü48d

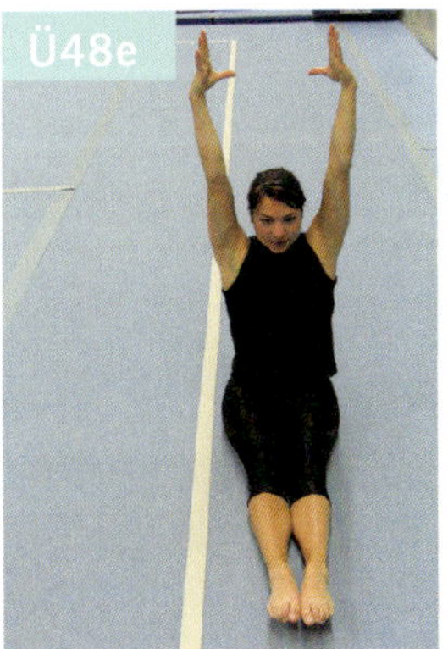
Ü48e

Ü49: Übergrätsche: Unterarm- oder Handstütz und Seitgrätschen mit erhöht aufgelegtem Fuß.

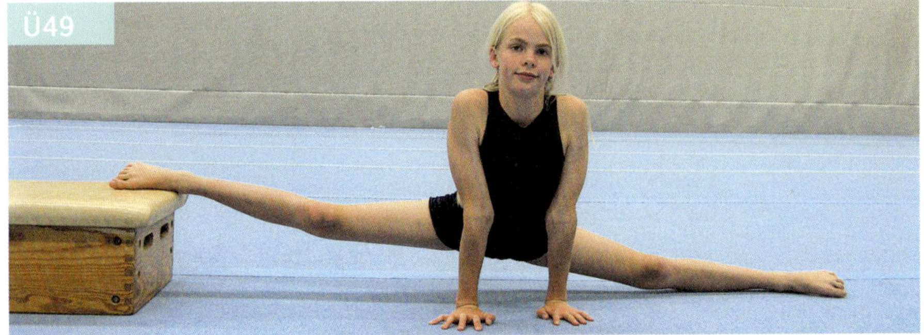
Ü49

4 Beweglichmachung der Hand- und Fußgelenke

Hände

Ü50: Fersensitz mit Aufsetzen der Hände: Schultern vorschieben.

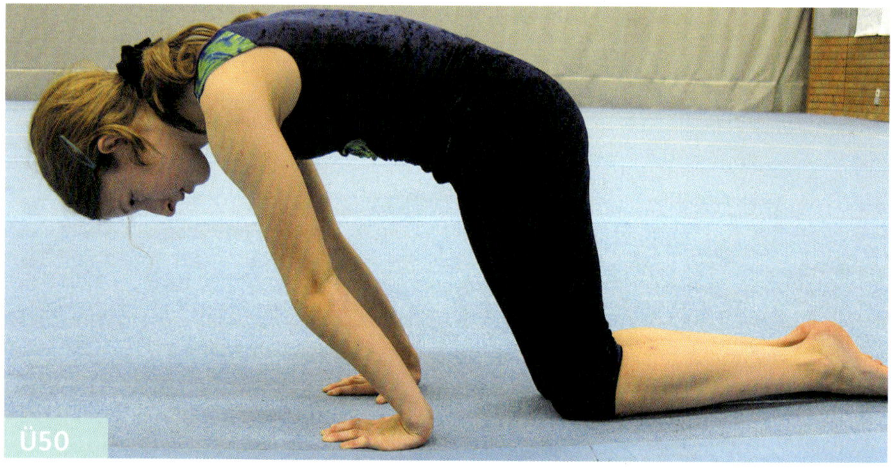

Ü50

Ü51: Fersensitz: Die Handgelenke werden mit Bodenwiderstand beweglich gemacht.

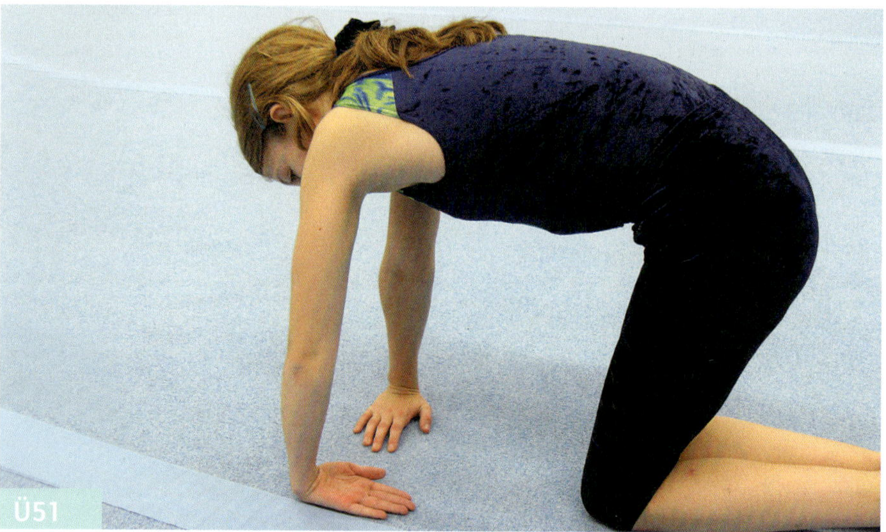

Ü51

Füße

Ü52: Offener/halber Schneidersitz: Der Fuß wird mit den Händen beweglich gemacht.

Ü53: Langsitz: Der Partner drückt die gestreckten Füße herunter.

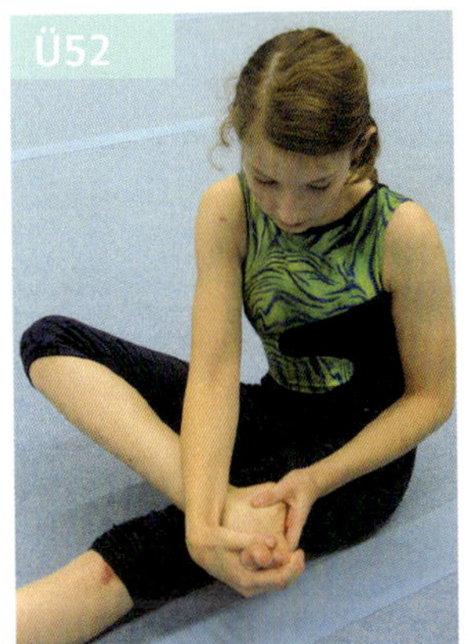
Ü52

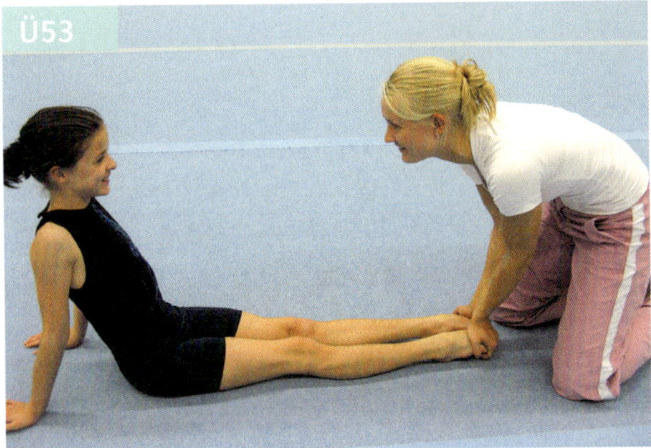
Ü53

Ü54: Fersensitz: Mit Stütz werden die gehockten Beine angehoben, der Fußrist bleibt zur Fußstreckung am Boden. Fersen gut zusammenhalten.

Ü55: Fersensitz: Die Knie werden im Stütz rücklings vom Boden abgehoben und die Füße werden durch das Körpergewicht gedehnt.

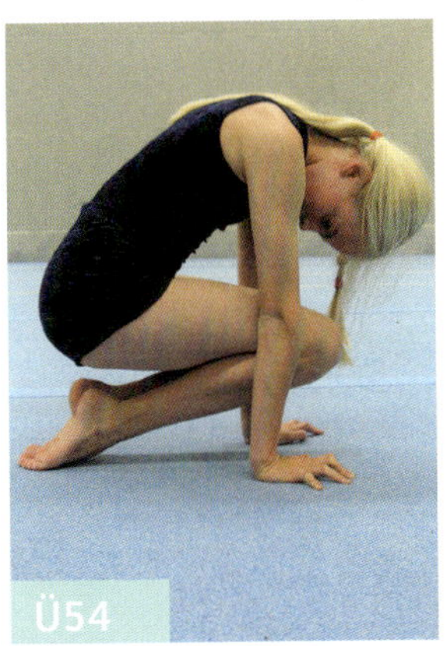
Ü54

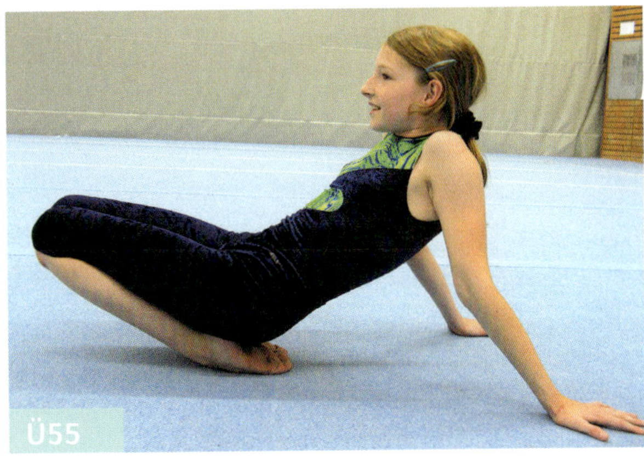
Ü55

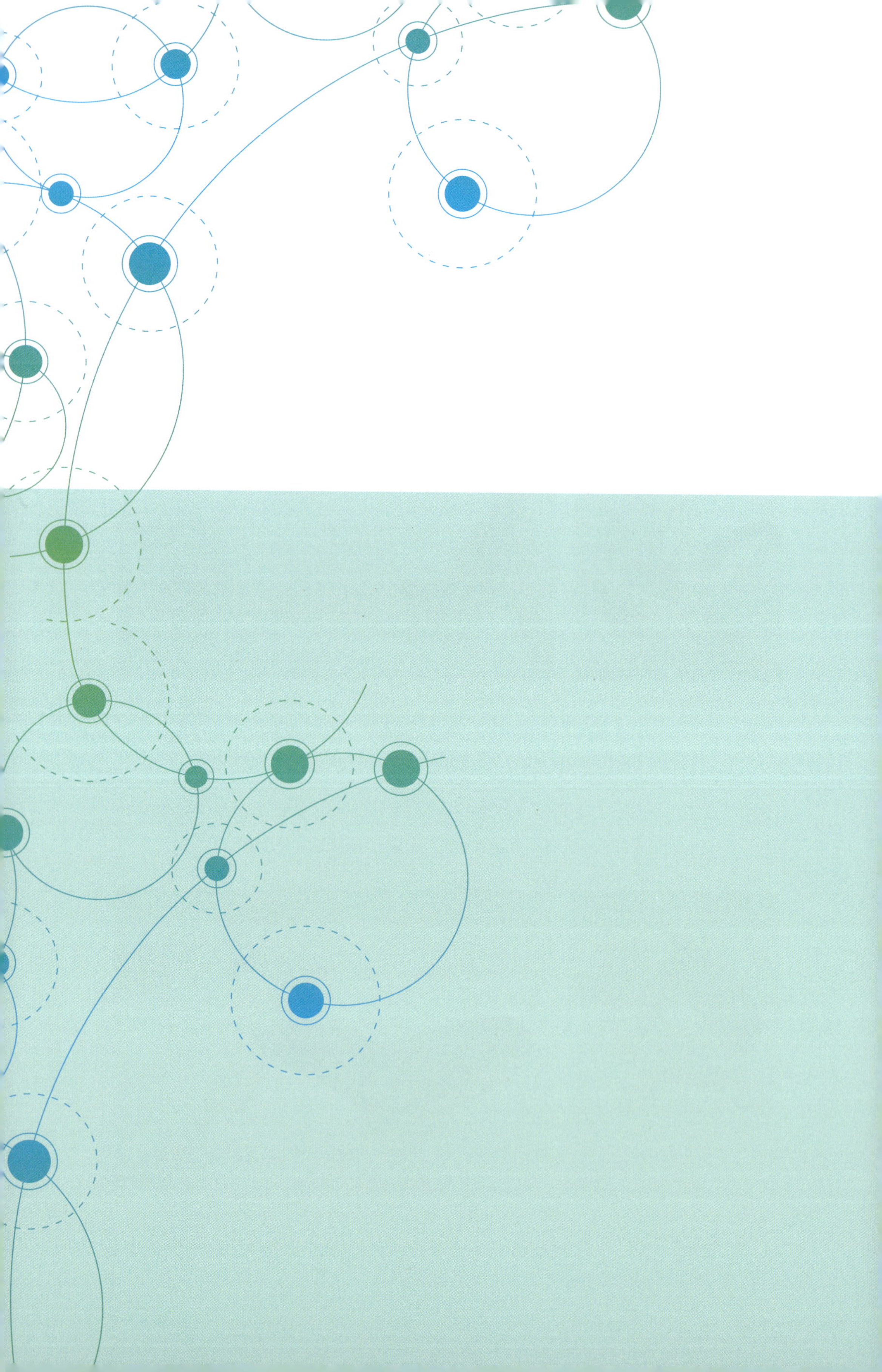

TEIL A

PRAKTISCHE GRUNDLAGEN ZUR METHODIK: SCHAFFUNG VON LERN- UND LEISTUNGSVORAUSSETZUNGEN

Teil A

II GERÄTEÜBERGREIFENDE UND -SPEZIFISCHE KRAFTTRAININGSÜBUNGEN

1 Maximalkraft, Schnellkraft, Reaktivkraft und Kraftausdauer

Turner haben vielfältige Kraftanforderungen zu bewältigen.

- Die **Basiskraftfähigkeit ist die Maximalkraft**. Sie wird definiert als die höchstmögliche Kraft, die das Nerv-Muskel-System bei maximaler willkürlicher Kontraktion auszuüben vermag (vgl. Martin, 1991, S. 103). Die *Arbeitsweisen* können
  - **konzentrisch** (der Muskel verkürzt sich, um Gelenkwinkel zu verkleinern und damit mit dem Körper etwas zu überwinden, zum Beispiel bei einem Strecksprung),
  - **isometrisch** (der Muskel verändert bei haltender Kraftleistung, wie bei Körperspannungsübungen und bei statischen Elementen der Fall, nicht seine Länge) und
  - **exzentrisch** (der Muskel gibt während der Arbeit, wie bei den Landungen, haltend in der Länge nach) sein.

Das *konzentrische* Heben des Körpers, das *isometrische* Halten und das *exzentrische* Absenken des eigenen Körpergewichts gegen die Schwerkraft machen das Turnen zu einem ständigen Maximalkrafttraining mit unterschiedlichsten

Arbeitsformen. Dies ist insofern interessant, als das unterschiedliche Krafttraining Auswirkungen zeigt. Je besser ein Trainingszustand ist, umso geringer wird der Unterschied zwischen überwindender (konzentrischer) und haltender (isometrischer) Maximalkraft. Mit exzentrischem Muskeltraining konnten die größten Kraftzuwächse verzeichnet werden. Wer darüber nachdenkt, dass mit Landungen zum Beispiel vom hohen Reck hohe Geschwindigkeiten auf null gebracht werden müssen, kann sich vorstellen, welche Kräfte die Muskeln aufbringen müssen, um diese Energien zu absorbieren. Bei einem Abgang vom Hochreck können es bis zu 25 Stundenkilometer werden, die (mit Unterstützung dämpfender Landematten und guter Landetechnik!) auf null gebracht werden müssen.

Die aufzubringende *Haltekraft bei statischen und langsamen* Turnbewegungen ist ebenfalls ein Ausdruck der Maximalkraft der entsprechend arbeitenden Muskelgruppe.

Warum ist Turnen vor allem ein *relatives* Maximalkrafttraining? Das zu haltende oder zu hebende Gewicht ist das des eigenen Körpers, das „Trainingsgewicht" ist individuell gegeben und damit relativ. Daher spricht man bei turnerischen Übungen auch gerne von einem guten „Last-Kraft-Verhältnis", das sich günstig auf ein Gelingen turnerischer Elemente auswirkt. Ein übergewichtiger Mensch wird sicherlich Probleme bei Klimmzügen haben. Die Kraft der Armbeuger ist in diesem Fall für die große Last „Körpergewicht" nicht ausreichend. Kommen Beschleunigungen, Fliehkräfte und Kraftstöße hinzu, erhöhen sich die zu bewältigenden „Gewichtsbelastungen" über das des Körpergewichts. So kann der Turner bei Umschwüngen wie beim Riesenfelgumschwung den Halt mit den Händen verlieren und trainiert deshalb als Anfänger oder bei vielen Wiederholungen mit absichernden Schlaufen (vgl. S. 222).

- Die **Schnellkraft** ermöglicht es, in kurzer Zeit und in hohem Maße den Körper zu beschleunigen. Dies wird im Turnen vor allem für alle Schwungelemente und für Sprünge benötigt. Die Muskulatur muss hierzu eine schnelle Kontraktionsfähigkeit besitzen. Diese Schnellkraftfähigkeit basiert auf dem Kraftniveau der Maximalkraft.

- Die **reaktive Muskelarbeit** finden wir bei Prellsprüngen vom Sprungbrett oder bei Abdrücken aus den Schultern bei Überschlägen. Sie ist im Prinzip eine Kombination aus einer anfänglichen, sehr kurzen exzentrischen Muskelarbeit, das heißt einer haltend-nachgebenden und die Muskulatur **dehnenden** Phase und einer sich darauf umkehrenden, explosionsartig konzentrischen Muskelarbeit, einer somit die Gelenke streckenden und die Muskeln **verkürzenden** Phase. Dieser Kraftstoß, der in diesem *Dehnungs-Verkürzungs-Zyklus (DVZ)* entwickelt wird und bei einem Absprung oder Abdruck vom elastischen Widerlager nur 150-220 Millisekunden beträgt, wird als **Reaktivkraft** bezeichnet. Auch diese Kraftfähigkeit ist abhängig von der Größe der Maximalkraft und zudem von der Schnellkraftfähigkeit. Hinzu kommt eine Fähigkeit, in der ersten Phase, der exzentrischen Phase, die Muskelspannung aufrecht halten zu können (vgl. Bührle, 1989, S. 323). Mit hohen intra- und interkoordinativen Leistungsanteilen ist eine reaktive Spannungsfähigkeit und die reaktive Kraftleistung nur durch ein spezifisches, sich wiederholendes Training zu erreichen (vgl. nachfolgende Beispielübungen).

- Schließlich wird für das Durchhalten einer Übung, eines Trainings sowie eines Wettkampfs mit optimaler Leistungspräsentation die **Kraftausdauerfähigkeit** vom Turnenden benötigt. Sie wird definiert als Ermüdungswiderstandsfähigkeit des Organismus bei lang andauernden Kraftleistungen. Eine Barrenübung in gleichbleibender Qualität durchzuturnen, setzt solch eine konditionelle Fähigkeit voraus.

All diese Kraftformen besitzen einen gewissen Voraussetzungscharakter für das Gelingen von Turnfertigkeiten, umgekehrt werden diese aber auch durch Turnen ausgeprägt.

2 Geräteübergreifendes Grundlagentraining

2.1 Statisches Krafttraining: Körperspannungsübungen in der Basisposition „Schiffchen"

Das Fixieren der Gelenke in einer gewünschten Position über eine bestimmte Zeit und unter Krafteinwirkungen von außen (zum Beispiel durch die Schwerkraft) wird im Turnen als **Fähigkeit zum Halten der Körperspannung** bezeichnet. Ohne Körperspannung ist ein Turnen im Fortgeschrittenenbereich nur schwer vorstellbar. Vor allem das Halten der Körpermittelspannung mit aufgerichteter Hüfte bereitet den Anfängern Probleme. Körperspannungsübungen sind ein statisches Krafttraining.

Typische Arbeitspositionen im Turnen sind

- die gerade, aufrechte Körperhaltung,
- die leichte Krümmung des Rückens oder des ganzen Körpers vorwärts, auch als *C-Halte* oder *Schiffchenposition* bezeichnet,
- die Krümmungen des Körpers rückwärts (Bogenspannung) und
- die Krümmung des Körpers seitwärts (schmales Schiffchen).

Ganz zu Beginn steht im modernen Gerätturnen das *bewusste Erfassen von Spannungs- und Entspannungszuständen in der Muskulatur* und die damit verbundene Fähigkeit, den Körper zunehmend zu beherrschen. Es gibt Muskelgruppen, die für den Haltungsaufbau bewusstseins*fähig*, aber nicht bewusstseins*pflichtig* sind, wie zum Beispiel die Gesäßmuskulatur, die die Hüfte streckt. Auch besitzen wichtige Muskelgruppen oft keinen ausreichenden Eigentonus, um für die Turnübung, wie beispielsweise beim Handstand, genügend und „automatisch", somit ohne sich besonders darauf konzentrieren zu müssen, angespannt zu sein.

Die Fähigkeit des Fixierens der Gelenke in einer gewünschten Position wird kurz als *Körperspannung* bezeichnet. Diese setzt eine statische Haltekraftfähigkeit voraus. Das Einnehmenkönnen einer gewünschten Position, zum Beispiel einer geraden Haltung, hängt aber auch vom *kinästhetischen Empfinden*, fälschlicherweise oft auch als „Muskelgefühl" bezeichnet, ab. Rezeptoren in der Muskulatur, den

Bändern, Sehnen und in der Gelenkkapsel geben Rückmeldungen – ohne dass der Ausübende es visuell selbst beobachtet hat –, welche Gelenkstellung eingenommen wird. Oft ist die Wahrnehmung dieser kinästhetischen Meldungen in der Vergangenheit fehlerhaft abgespeichert worden. Ein Trainer kann dies daran erkennen, dass zum Beispiel, wenn der Übende im Handstand im Hohlkreuz steht, sich dieser laut verteidigt, dass er doch gerade stehe. Der Turner wird auch beim Sprung einen Handstütz-Sprungüberschlag in der zweiten Flugphase mit überstreckter Körperhaltung turnen und seine fehlerhafte Körperhaltung erst bei Betrachten einer Videoaufzeichnung wirklich glauben und ändern wollen.

So steht am Anfang eines turnerischen Krafttrainings für optimale Ausführungen aller Übungen, auch bei unseren Turntalenten, eine Schulung der bewussten Körperhaltung.

Zur Bewusstmachung und Verinnerlichung der Körpermittelspannung

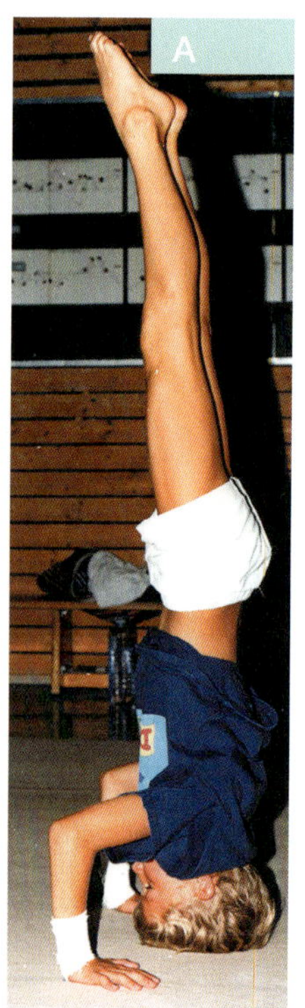
A

Der Übungseinstieg zum Kennenlernen der für das Turnen so grundlegenden Ganzkörperspannung ist das Einnehmen einer geraden Körperhaltung, vor allem unter Anspannung der Bauch- und Gesäßmuskulatur bei aufgerichteter Hüfte. Dies ist selbst bei einem Kopfstand (Foto A) für ein Gelingen bedeutsam.

Zunächst werden die gewünschten Körperpositionen mit Korrekturen von außen (Partner/Trainer) eingenommen und kinästhetisch eingeprägt. Als Folge wird mit diesen Körperpositionen wiederholend ein statisches Krafttrainingsprogramm durchgeführt, wie zum Beispiel im Unterarmliegestütz (Foto B), in der klassischen Schiffchenpositionen rücklings zum Boden (Foto C) und vorlings (Foto D), aber auch seitlings (vgl. Foto Ü56b). Weitere Variationen sind der Strecksturzhang (Foto E) und diesen aus dem Beugestütz hin- und zurückgeturnt (Foto F a/b).

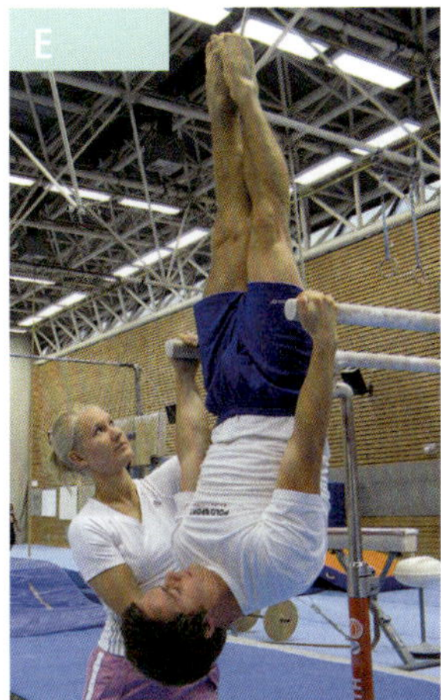

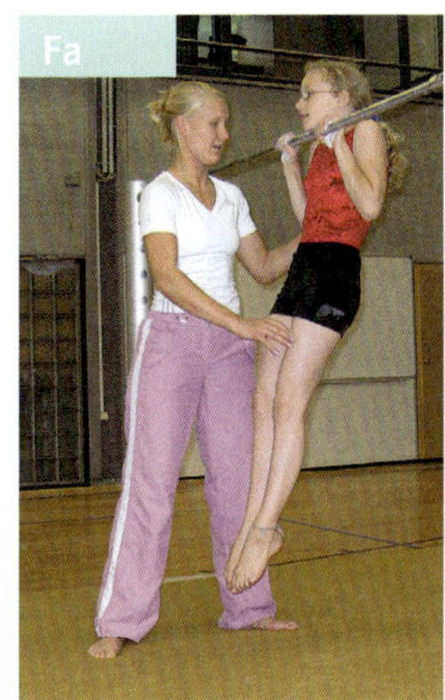

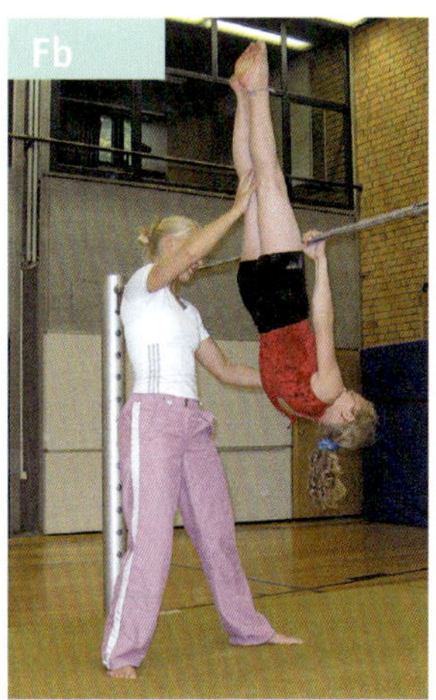

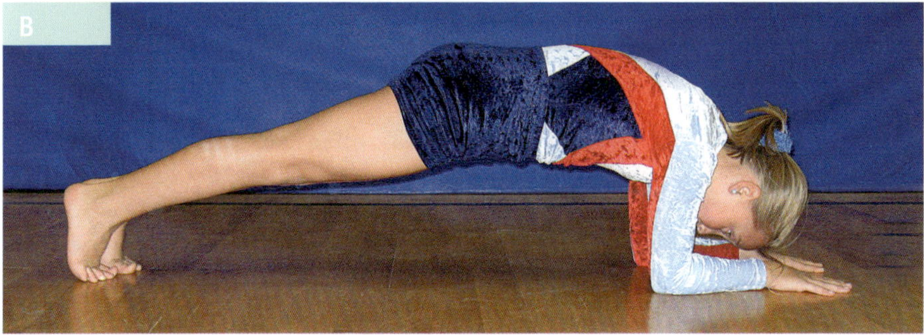

Zur Gestaltung des Körperspannungstrainings

Ein Körperspannungstraining ist ein statisches Krafttraining als Halten von Körperpositionen. Die Haltezeit der Positionen sollte je nach Schwierigkeit der Übung mindestens drei Sekunden, wünschenswert über 10 Sekunden gehalten werden. Dazu wird die Muskulatur als Erstes vorgespannt, die angestrebte Position langsam und präzise angesteuert und dann gehalten. Die Rückbewegung sollte gespannt (haltend nachgeben) erfolgen. Nach kurzer Entspannung wird der Ablauf wiederholt, je nach Zeit und Kraft 3-10 x. Zu einem späteren Zeitpunkt kann auch schnellkräftig, zum Beispiel nach einem Zuruf, die haltende Körperspannungsposition eingenommen werden.

Basisposition „Schiffchen"

Von der Päckchenhaltung zur turnerischen Basisposition „Schiffchen" vorwärts

Die ersten Übungen beginnen am Boden, der eine Orientierungshilfe für das Einnehmen der gewünschten Körperhaltung (zum Beispiel ohne Hohlkreuzhaltung) bietet.

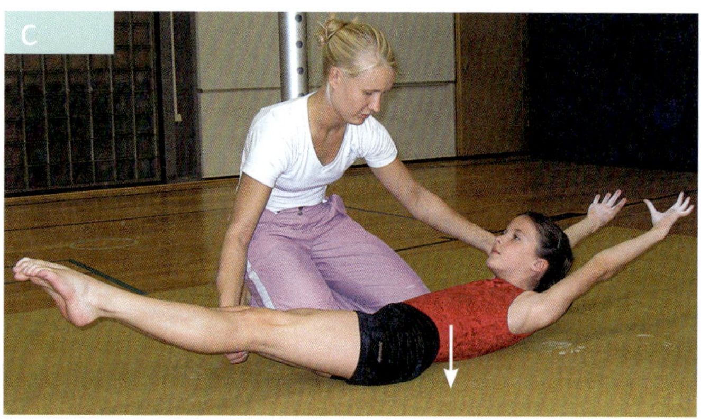

Für die Krümmung des Körpers vorwärts wird zunächst das Augenmerk auf die Anspannung der Bauchmuskulatur gelegt, wobei das Hohlkreuz weggedrückt werden soll. Hierzu wird zunächst eine Päckchenhaltung mit Anhocken der Beine und Flachhalten der Lendenwirbelsäule gegen den Boden begonnen. Die angehockten Beine werden anschließend – mit den Füßen 10 cm über dem Boden schwebend – nach vorne gestreckt. Mit Zusatzlast der Beine, als zunehmend länger werdender Hebelarm (durch Streckung der Beine erhöht sich über die Wirkung der Schwerkraft das Drehmoment im Lendenwirbelbereich), soll versucht werden, die Gerade im Lendenwirbelbereich durch das Anspannen der Bauchmuskulatur zu halten. Gerne weicht der Übende mit dem Strecken der Beine in das Hohlkreuz aus. Die Position mit gestreckten Beinen, gerundetem Rücken und angehobenen Schultern und Kopf hat sich überall im Gerätturnen begrifflich als **„Schiffchenposition"** oder „C-Halte" durchgesetzt (Foto C). Dieses „Schiffchen" vorwärts ist die absolute Basishaltung für alle Elemente des modifiziert gestreckten Körpers im Turnen geworden, dies gilt vor allem für die Elemente an den Sprung-, Hang- und Stützgeräten.

Schiffchenpositionen rückwärts und seitwärts

Nach den Übungen im *Rücklingsverhalten* zum Boden, die die Spannung der Muskulatur der *Körpervorderseite* abverlangen, wird im *Vorlingsverhalten* (Foto D) die Muskulatur der *Körperrückseite* angesprochen. Mit Aktivierung dieser heben sich die Arme und Beine zirka 10 cm vom Boden. Ein zu hohes Hochziehen in eine Hohlkreuzhaltung ist vor allem im Anfängerbereich, wenn noch kein ausreichend stabilisierendes Muskelkorsett antrainiert worden ist, zu vermeiden.

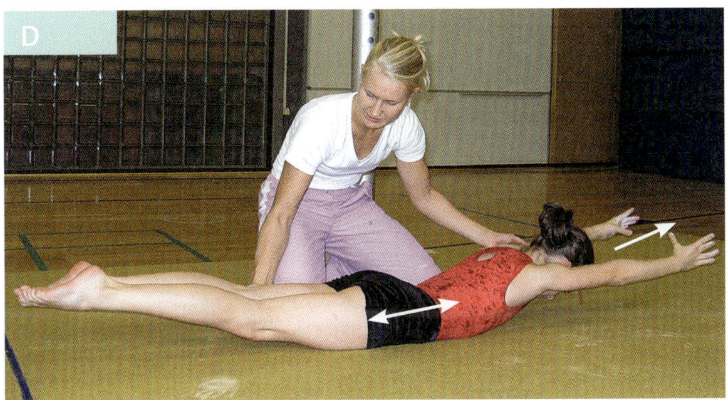

Schließlich wird im *Seitlingsverhalten* zum Boden (Foto Ü56c) die Ganzkörperspannung eingenommen, wobei die Hüfte eher minimal gewinkelt ist.

Körperspannung unter erschwerten Bedingungen halten: Schwerkrafteinwirkung bei statischen und dynamischen Haltesituationen

Wird der gesamte gespannte Körper und nicht nur die Extremitäten der Schwerkraft ausgesetzt, erhöhen sich die Anforderungen an die Haltekraft der gelenkstabilisierenden Muskulatur. Ein Halten der Körperkrümmung vorwärts in Rückenlage *(Schiffchen)* fordert die Kraftfähigkeit der Muskulatur der Körpervorderseite heraus (Foto Ü60). Die gleiche Körperhaltung mit Stütz der Hände und Füße vorlings zum Boden *(Liegestütz)* benötigt ebenfalls die Spannungsfähigkeit der Muskulatur der Körpervorderseite (vgl. Ü56-Ü60). Enorm ist die Leistung, wenn hierbei der Arm-Rumpf-Winkel geöffnet ist (Foto Ü58/Ü59). Unter dynamischen Bedingungen, wie beim Schaukeln in der Schiffchenposition (vgl. Ü61-Ü65), treten ebenfalls höhere Belastungen auf.

- Gestützte gestreckte Hüftposition rücklings zum Boden: Schulung der Haltekraft der Körperrückseite (Foto E1-E3) unter Schwerkrafteinwirkung.

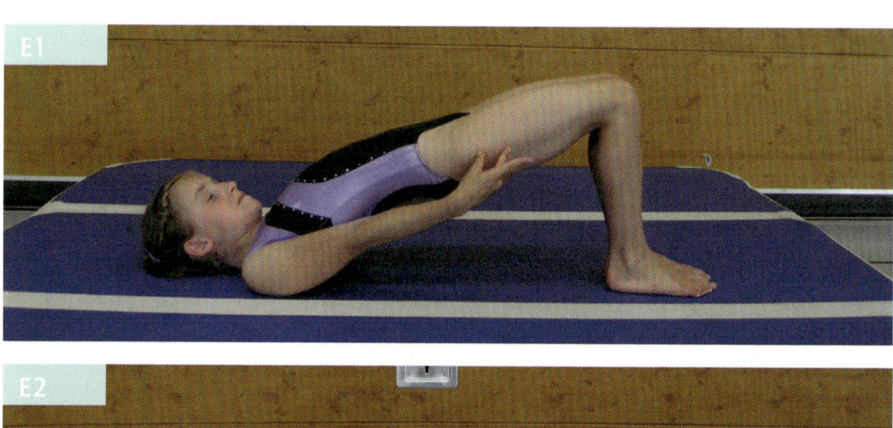
E1

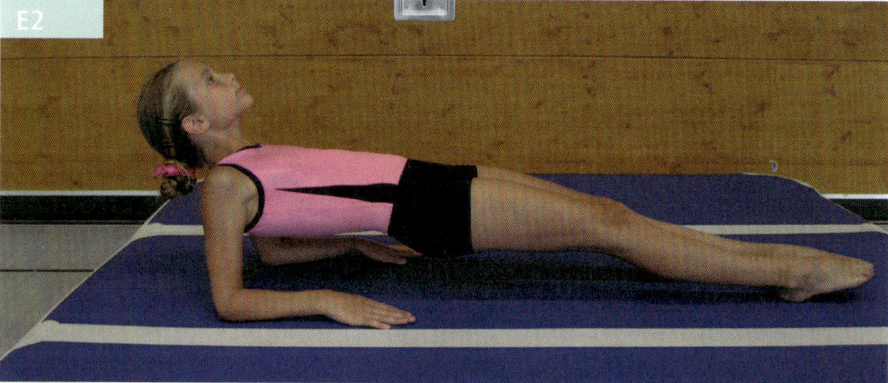
E2

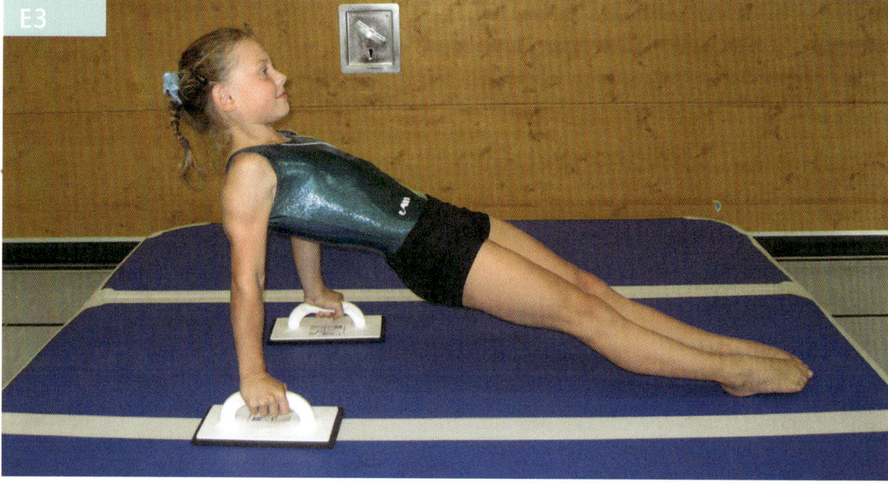
E3

a) Beispielübungen für erschwertes statisches Halten der Schiffchenposition

Ü56a-c: Längsachsendrehung in der Schiffchenposition: Wechsel der Schiffchenposition aus rücklings zu seitlings, zu vorlings durch Längsachsendrehungen und wieder zurück turnen.

Variationen: Nach dem Einnehmen der verschiedenen Schiffchenpositionen können jeweils direkt anschließend die Arme und/oder die Beine einmal oder mehrmals angehoben werden. Auch das wechselseitige Heben und Senken der Arme und/oder Beine („Paddeln") ist möglich.

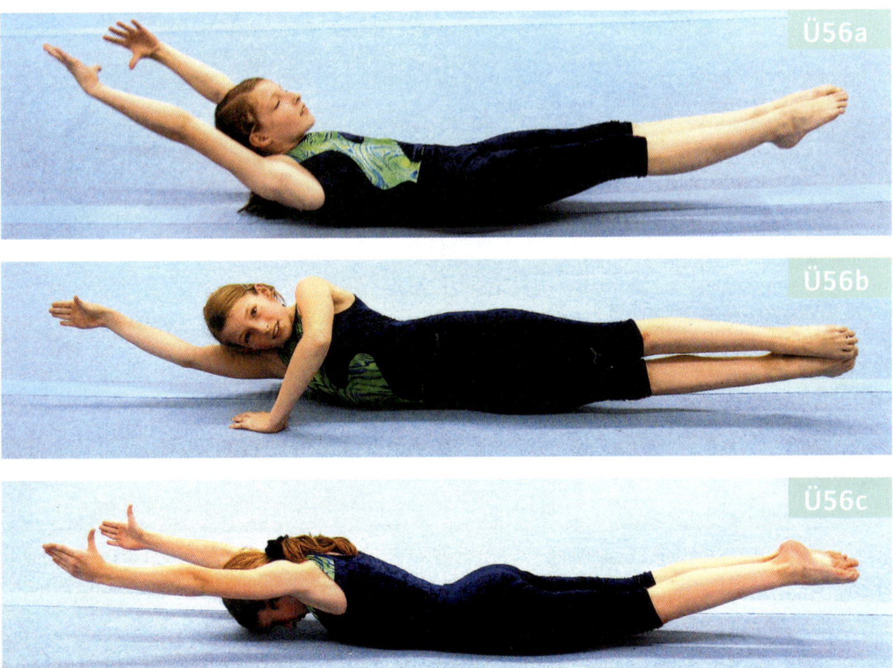

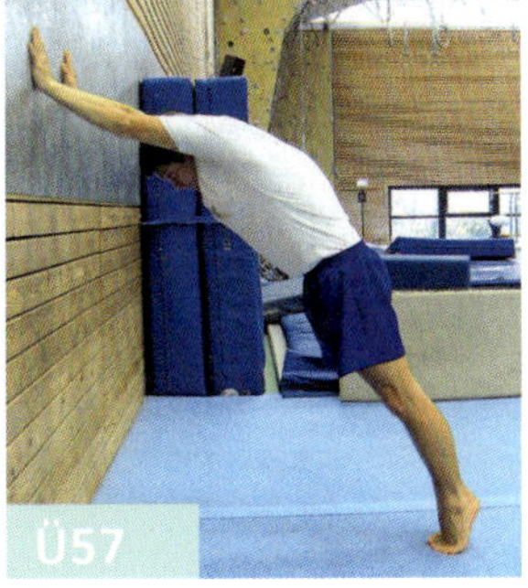

Ü57: Schrägstellen des gestreckten Körpers an der Wand.

Ü58: Schräges Schiffchen vorlings zum Boden mit Oberschenkelauflage auf einem kleinen Kasten.

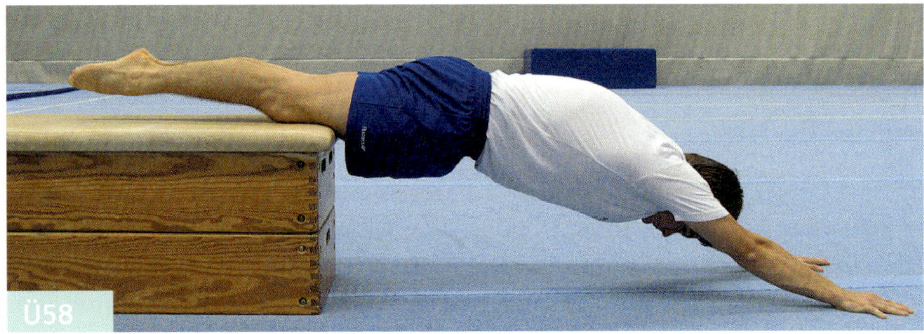
Ü58

Ü59: Schräges Schiffchen vorlings zum Boden mit erhöht aufgesetzten Füßen.

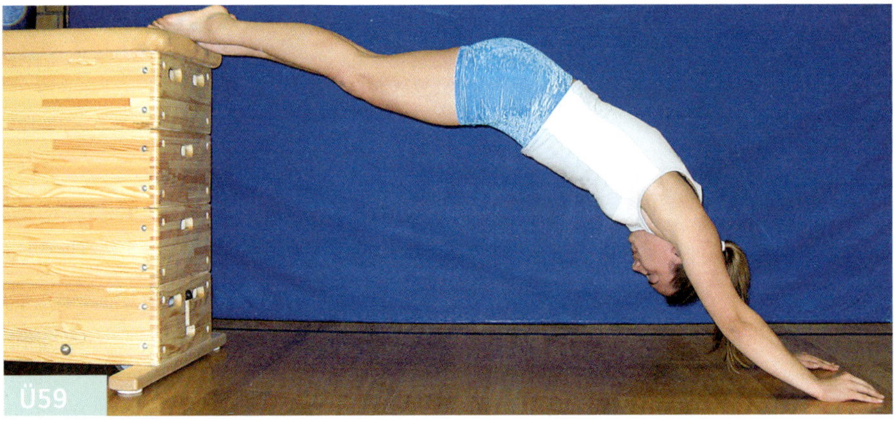
Ü59

Ü60: Schiffchen vorlings zum Boden mit waagerechtem Vier-Punkte-Stütz.

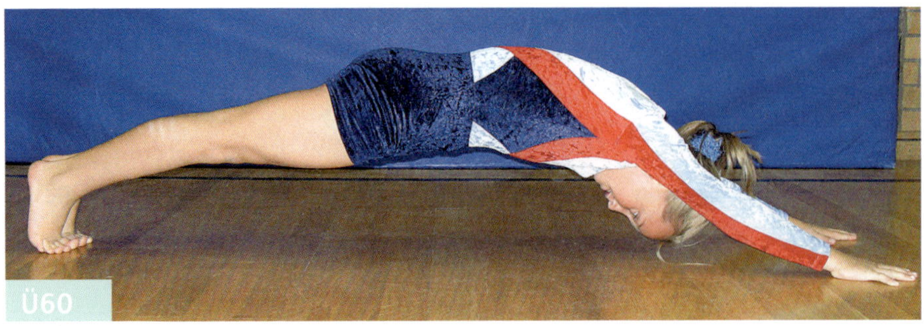
Ü60

b) Beispielübungen für das Halten der Schiffchenposition unter dynamischen Bedingungen

Ü61a-d: Im Schiffchen rücklings zum Boden vom Partner in den Nackenstand anheben lassen, dann die Beine fallen lassen und kurz vor dem Boden wieder auffangen. Bis zum Schluss die Körperspannung beibehalten!

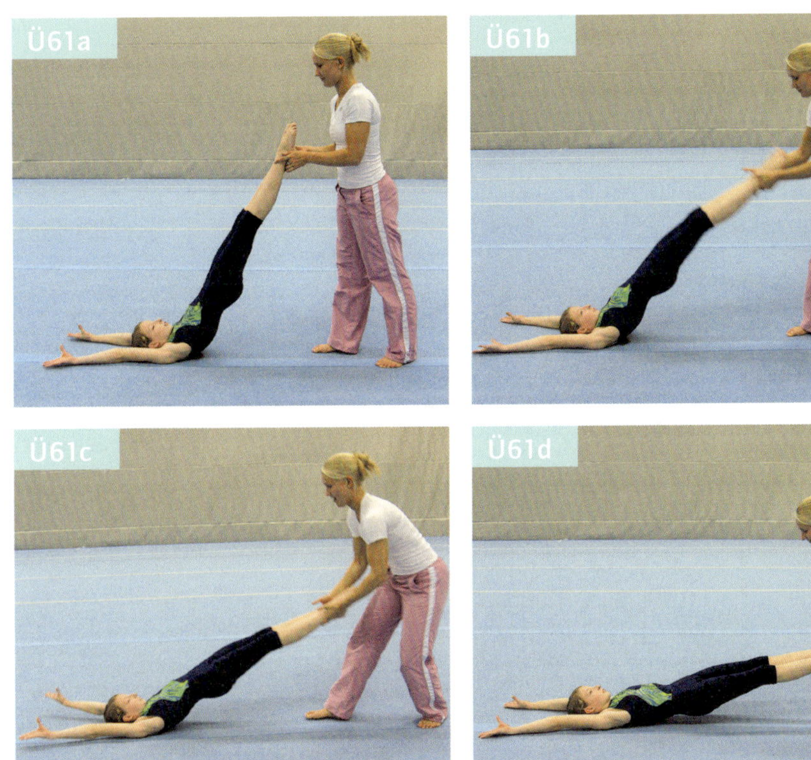
Ü61a Ü61b Ü61c Ü61d

Ü61e-g: Schaukeln in der Schiffchenposition rücklings zum Boden.

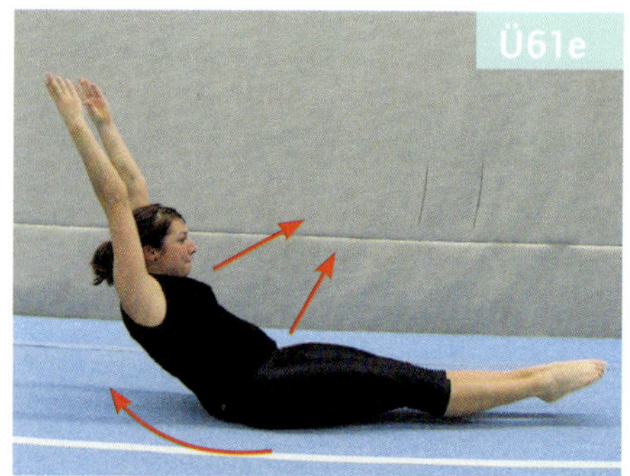

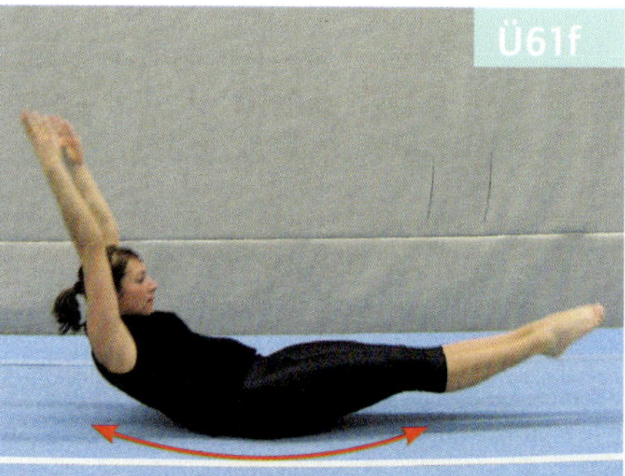

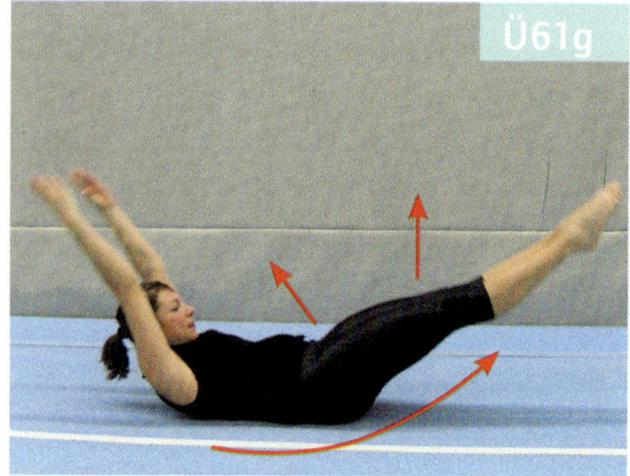

Variation: Schaukeln im Seit- und Vorlingsverhalten (Positionen siehe Fotos Ü56b und Ü56c).

c) Körperspannung und Gleichgewicht: Handstand

Im Handstand müssen Gleichgewichtsprobleme vor allem mit den oberen Extremitäten und dem Schultergürtel gelöst werden. Handstandkönnen ist das halbe Turnen – so muss sich jeder Turnende der Herausforderung stellen, auf den Händen gegen die Schwerkraftwirkung stehen zu bleiben. Dies gelingt nur mit einer gestreckten und gespannten Körperhaltung sowie mit einer ausreichenden Gleichgewichtsfähigkeit.

d) Beispielübungen für das Halten der Körperspannung im Handstand

Ü62: Handstand rücklings zur Wand.

Ü63: Handstand vorlings zur Wand.

Ü64: Handstand frei im Raum.

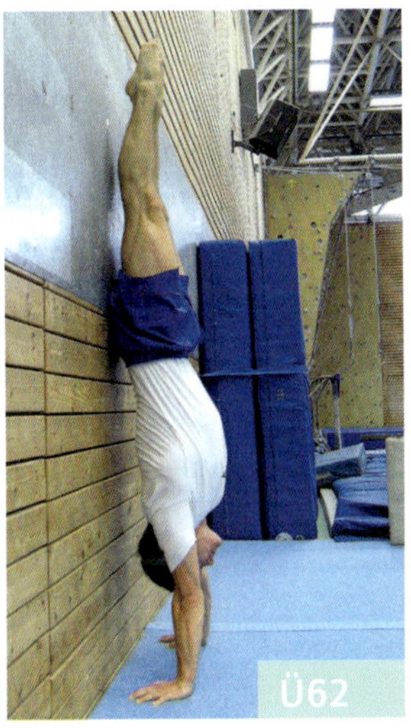

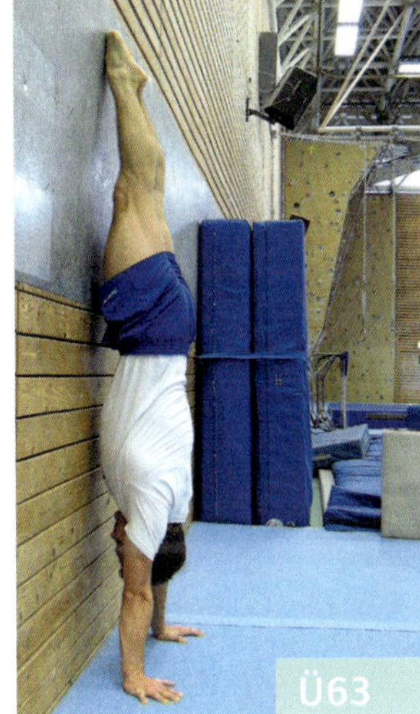

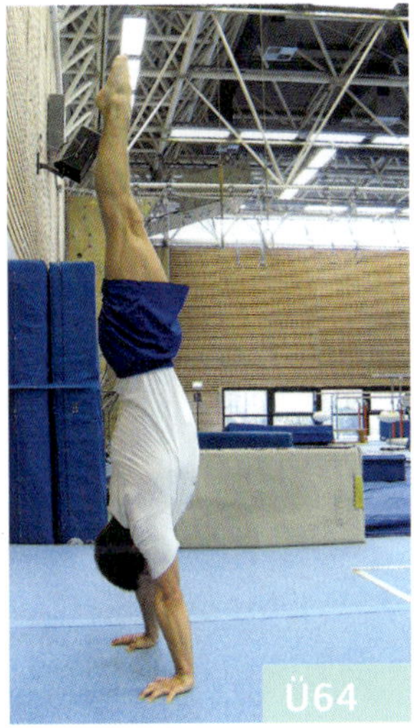

Ü65: Stehen im Handstand mit Partnerhilfe (korrigierend, dann Hilfegebung „so viel wie nötig, so wenig wie möglich").

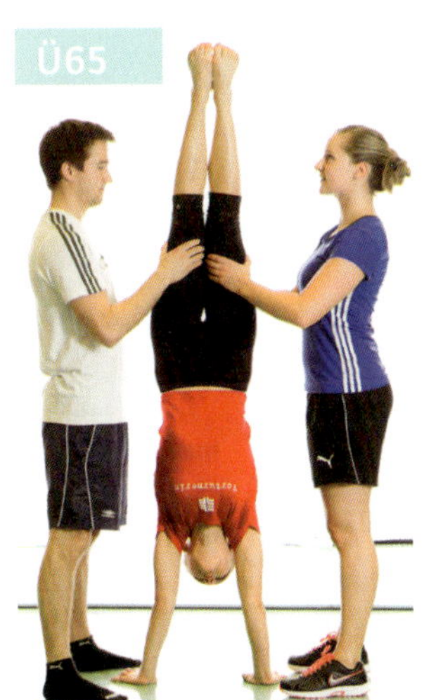

Foto 66 (Seite 327): Handstand zwischen zwei um Reckpfosten gespannten Gummibändern

Foto: Michael Siegmund
www.foto-siegmund.de

A II

Ü65a/b: Stehen im Handstand auf Zeit.

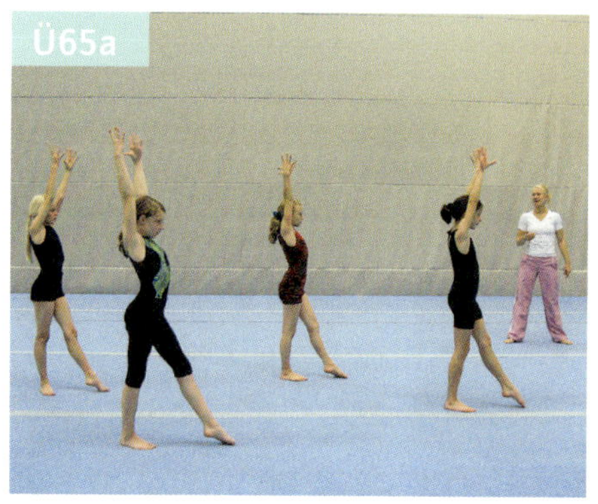

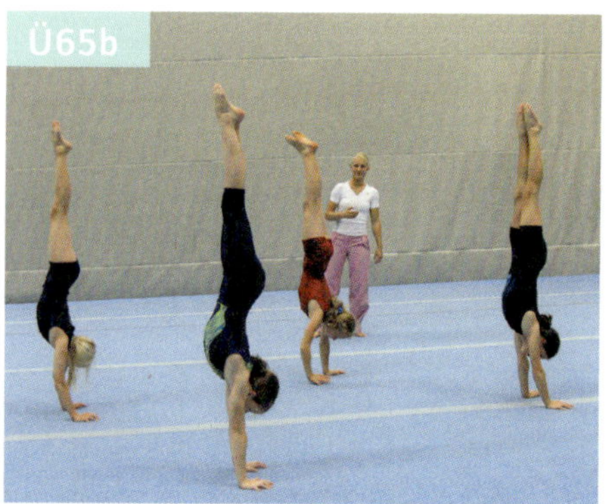

Ü66: Stehen im Handstand mit veränderten Griffsituationen (Handstandklötzchen, Holm, Reckstange, Parallelbarren).

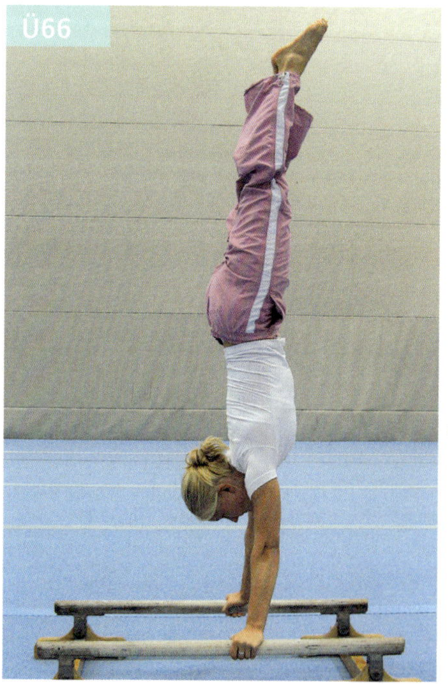

e) Beispielübungen für das Halten der Handstandposition unter dynamischen Bedingungen

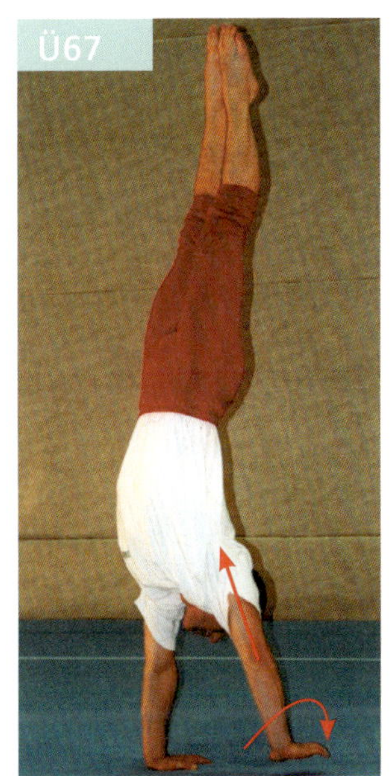

Ü67: a) Vorwärtsgehen im Handstand.

b) Handstand mit halber und ganzer Drehung zur „offenen" und „geschlossenen" Seite gedreht.

Variation/Erschwerung: Abdruck aus den Schultern, das heißt, dass die Hände bei gestreckten Armen aus den Schultern heraus vorgesetzt werden.

Ü68a/b: Aus der Senkrechten: Anfallen vorlings im Handstand zum Partner/Trainer und zurückbringen lassen.

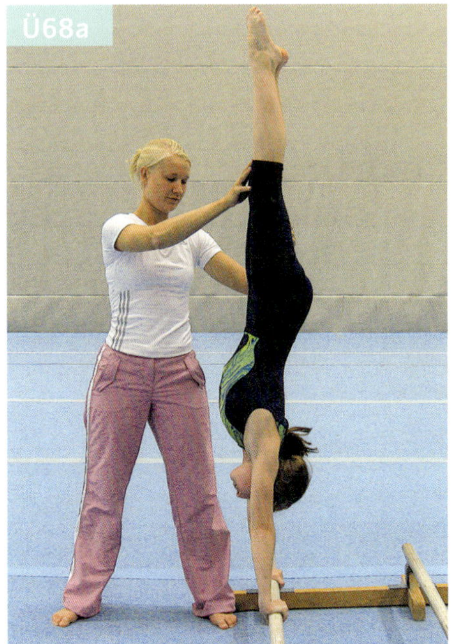

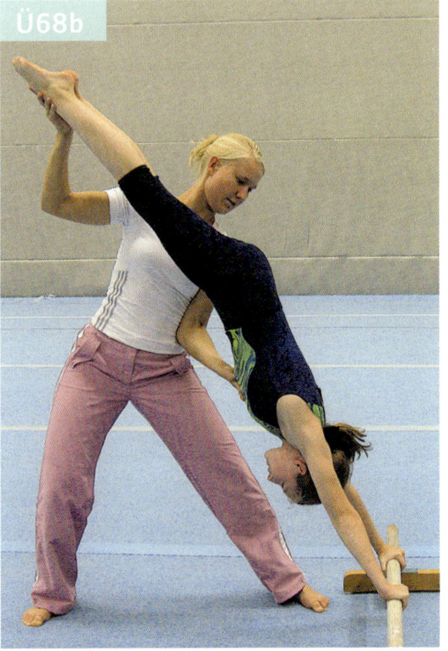

A II

Ü69a/b: Pendeln vorwärts und rückwärts im Handstand mit Partnerhilfe. Arm-Rumpf-Winkel bleibt gestreckt!

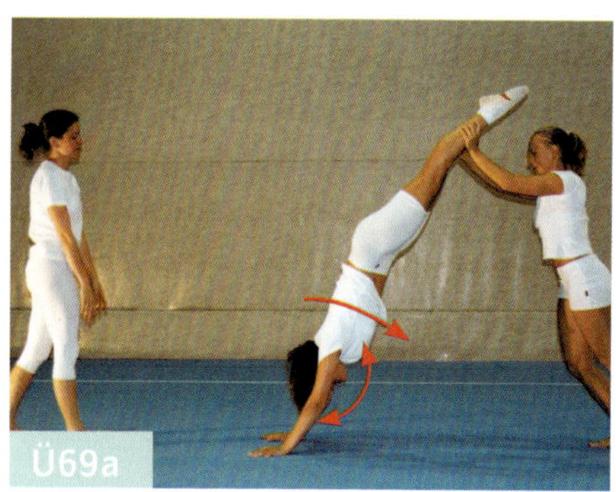
Ü69a

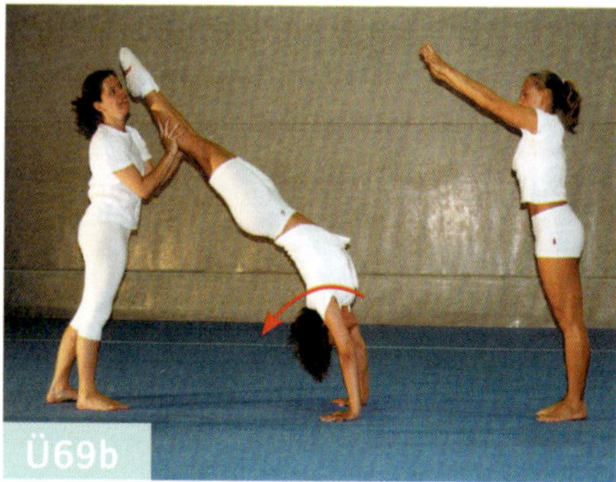
Ü69b

Ü70a/b: Pendeln seitwärts im Handstand mit Partnerhilfe.

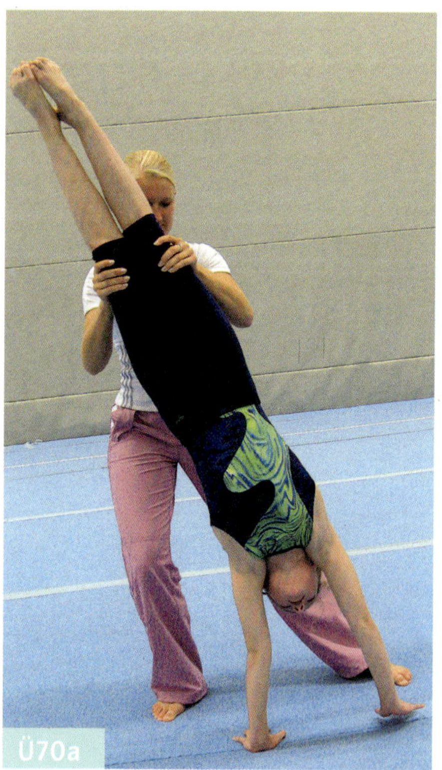
Ü70a

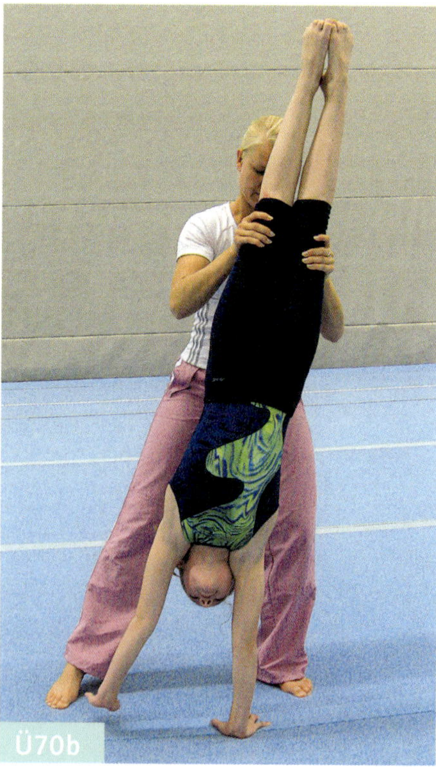
Ü70b

2.2 Krafttraining zum Öffnen und Schließen der großen Körperwinkel

Neben dem Halten der geöffneten großen Körperwinkel im Schulter- und Hüftbereich werden gerätturnspezifische Elemente vor allem an den Hang- und Stützgeräten durch kraftvolles und präzise gesteuertes Öffnen und Schließen des Arm- und des Bein-Rumpf-Winkels bestimmt.

Die Arme können, vorlings zum Körper gehalten, den Arm-Rumpf-Winkel gegen Widerstand (im einfachsten Fall gegen die Schwerkraft) öffnen (= Anteversion/ Möglichkeit der Ausgangs- und/oder Endposition in Vor- und Vorhochhalte) oder schließen, es kann jedoch auch der Rumpf gegen die Arme bzw. von den Armen als Last bewegt werden. Gleiches gilt für die Ausgangsposition der Arme im Rücklingsverhalten zum Körper (= Retroversion/Rückhalte/Möglichkeit, die Extremitäten hinter dem Körper zu halten). Diese Strukturierungen der Übungsmöglichkeiten sind auch für den Bein-Rumpf-Winkel zu übertragen. Immer ist die Rumpfmuskulatur beim Verkleinern oder Vergrößern der großen Körperwinkel beteiligt (vgl. Ü86-Ü90). Aus diesem Grund werden im Rahmen dieses Buches keine explizit rumpfkräftigenden Übungen ausgewiesen.

Langfristige methodische Vorgehensweise

1 In der **ersten Phase**, der der **Technikaneignung**, sollte der Athlet zunächst unter *geringer Belastung* – eventuell durch einen Trainer geführt – aber mit *präziser Technikausführung*, die Übungen mehrmals hintereinander machen.

2 Mit den Basisübungen zum Verändern der großen Körperwinkel für das Turnen an den Hang- und Stützgeräten wird vorwiegend ein *Maximalkrafttraining* durchgeführt. Damit verbunden werden in der **zweiten Phase**, der des **Maximalkrafttrainings**, die Widerstände oder Lasten (in der Regel Anteile des eigenen Körpergewichts) ausreichend groß gewählt und langfristig erhöht. Die Hebel können vergrößert werden (zum Beispiel statt mit gehockten Beinen mit gestreckten Beinen die Übung ausführen). Die Übungen werden nur mit geringen Wiederholungszahlen durchgeführt. Dafür bietet es sich jedoch an, ein

Übungsprogramm für mehrere unterschiedliche Muskelgruppen im Rahmen einer Trainingseinheit zusammenzustellen.

3 In einer **dritten Phase** werden die Übungsabläufe **komplexer** gestaltet, es kommt zu kleinen Bewegungsverbindungen unterschiedlicher muskulärer Beanspruchungsformen, wie die Leistungsvoraussetzungstests des Leistungssports es verlangen. Die Freiheitsgrade werden erhöht. Ein turnspezifisches Krafttraining ist in diesem Zusammenhang das Aneinanderreihen von Turnelementen, das „Kippentraining" ist ein klassisches Beispiel.

4 Als Vertiefung können die Abläufe – unter geringeren Widerständen – **schnellkräftiger** durchgeführt werden. Die *Endposition* sollte *gehalten* werden und die Bewegung wird *haltend-nachgebend langsam in die Ausgangsposition zurückgeführt.*

Die Übungen sollte nicht zuletzt in *Variationen* angeboten werden. Dies ist nicht nur für die Motivation, die für große Kraftleistungen mit entscheidend ist, bedeutsam. Jede Übungsvariation spricht andere muskuläre Anteile bei der Ausführung einer Bewegung an. Damit wird ein Krafttraining seitens der Kraftentwicklung umfassender gestaltet. Als Idealform kann ein Krafttraining mit beherrschten, turnspezifischen Elementen (gegebenenfalls mit kleinen Zusatzgewichten am Körper) angesehen werden.

Die nachfolgenden Übungszusammenstellungen erheben keinen Anspruch auf Vollständigkeit. Aus Gründen des Umfangs wurden Übungsbeispiele zu Trainingsformen mit den Armen im Vorlingsverhalten zum Körper vorgestellt, die vorgeschlagenen Übungen können jedoch oft in einer Rücklingsposition der Arme übertragen werden. Für Bewegungen des Rumpfs zu den Extremitäten wurden exemplarisch nur die Übungen Ü93 und Ü94 ausgewählt.

2.3 Beispielübungen für das Öffnen des Arm-Rumpf-Winkels im Vorlingsverhalten zum Körper

Ü71a/b: Rücklings mit geradem Rücken und leicht gebeugten Knien an der Wand stehend, zwischen den Händen einen Stab oder ein Seil haltend, die Arme gestreckt aus der Vorhalte in die Hochhalte an die Wand heben.

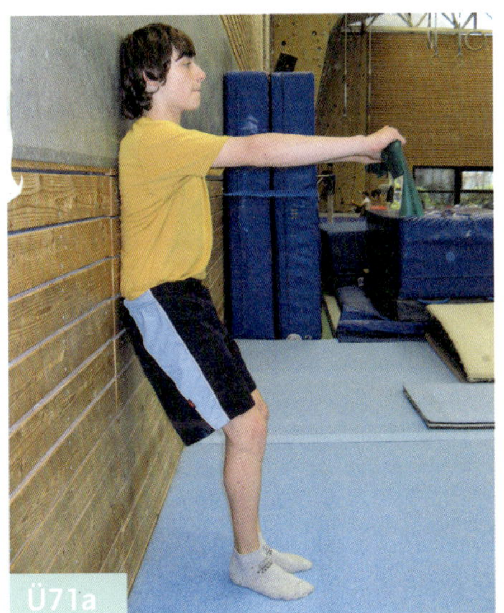
Ü71a

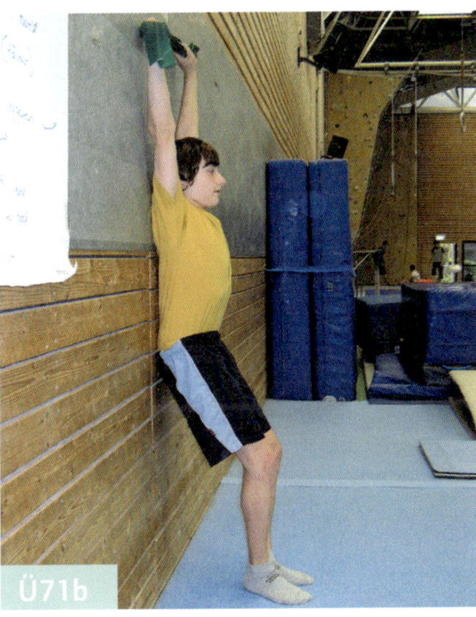
Ü71b

Variation: Mehrmals schnellkräftig hochziehen und in der Hochhalte halten.

Ü72a-c: In der Rückenlage, in den Händen ein Thera-Band®/Gewichte/Barrenholm haltend, die Arme in Körperverlängerung führen.

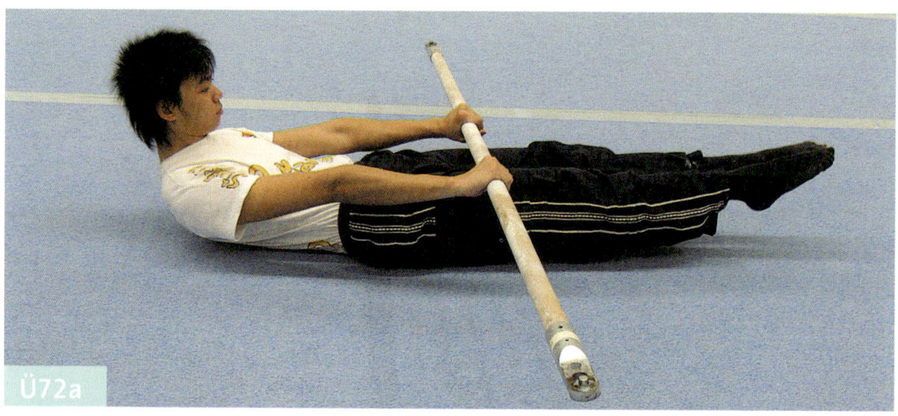
Ü72a

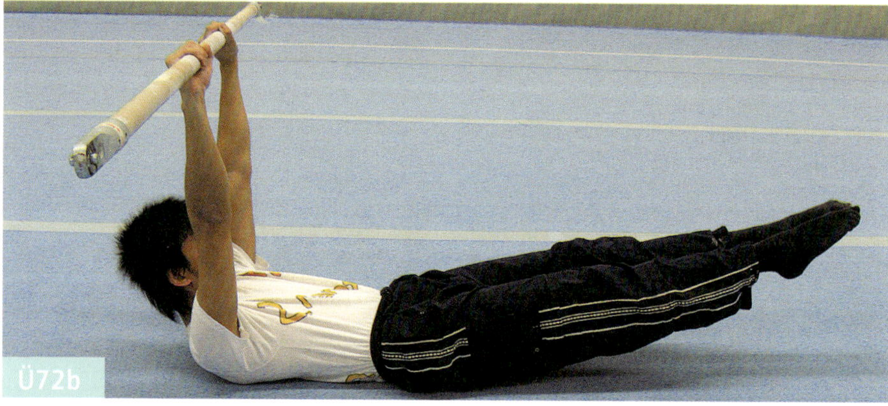
Ü72b

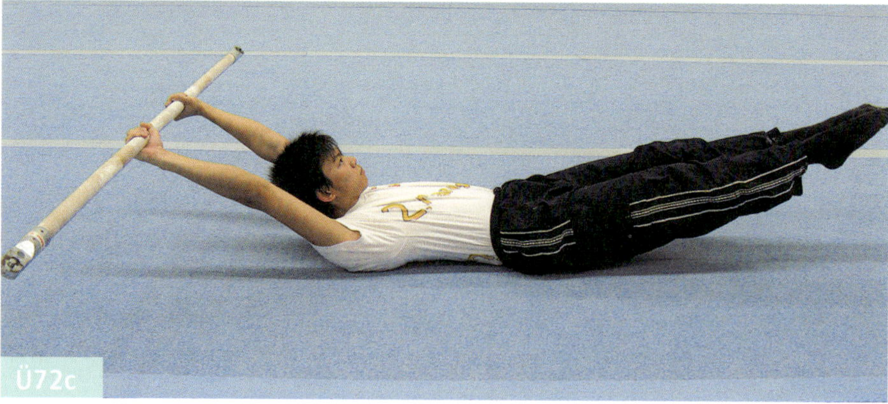
Ü72c

Ü73a/b: Im Sitz auf einem Kasten, in den Händen ein Thera-Band®/Gewichte/Stab haltend, die Arme in Schrägvorhochhalte oder in Körperverlängerung führen.

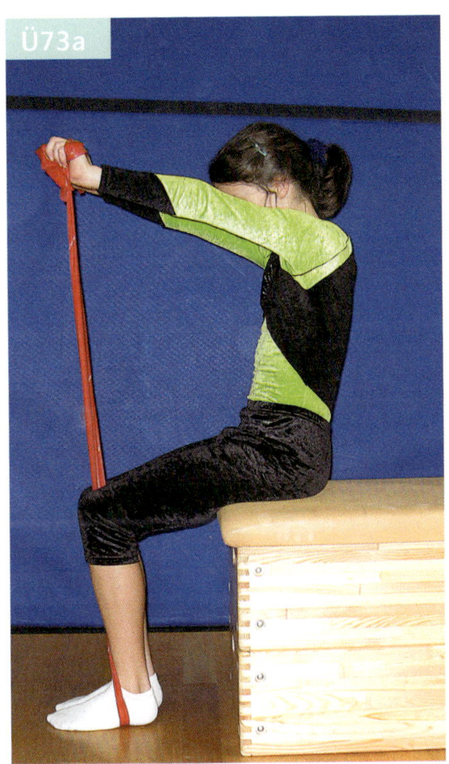
Ü73a

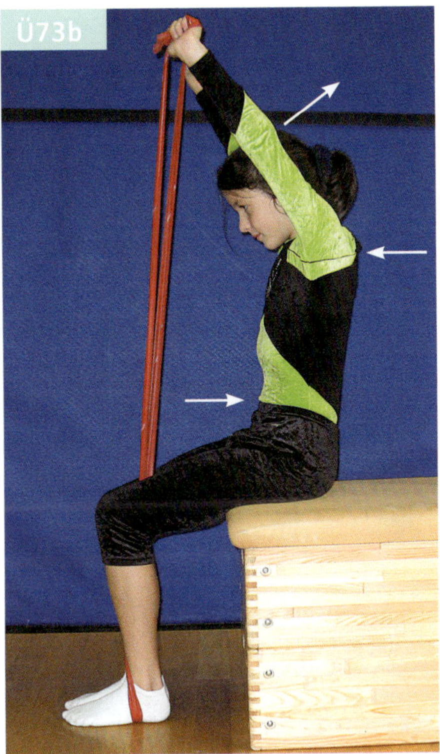
Ü73b

Ü74a/b: Schräglage vorlings auf einer eingehängten Bank, Füße sind in der Sprossenwand eingehängt und Thera-Band®-Verbindung von der Sprossenwand zu den Händen: Zug der Arme aus der Tiefhalte in die Rumpfverlängerung.

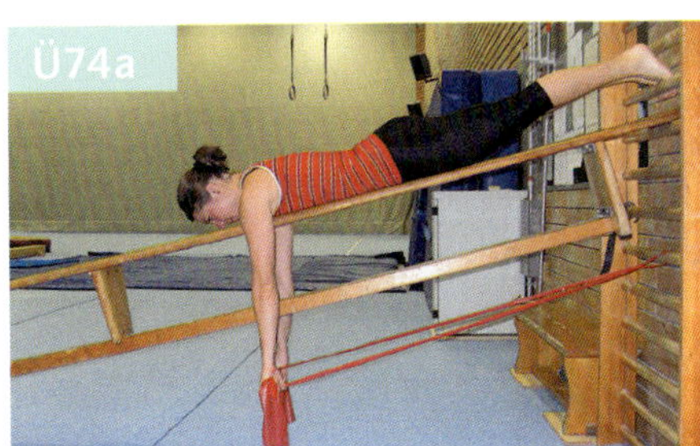
Ü74a

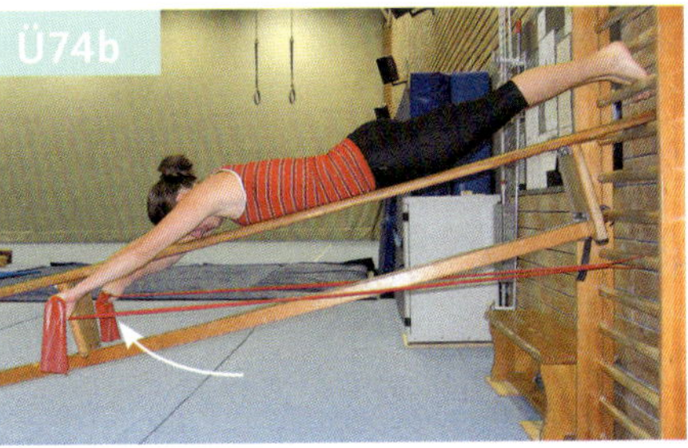
Ü74b

Ü75a/b: Schiffchen mit erhöhten Füßen an der Sprossenwand: Zug am befestigten Thera-Band® in den geöffneten Arm-Rumpf-Winkel.

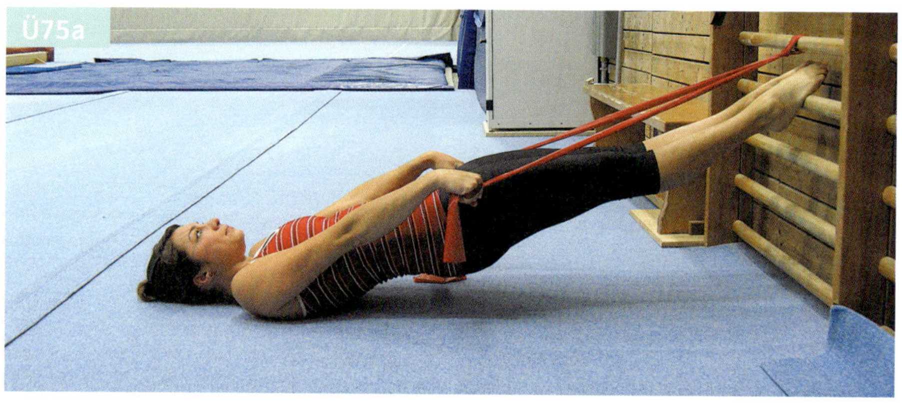

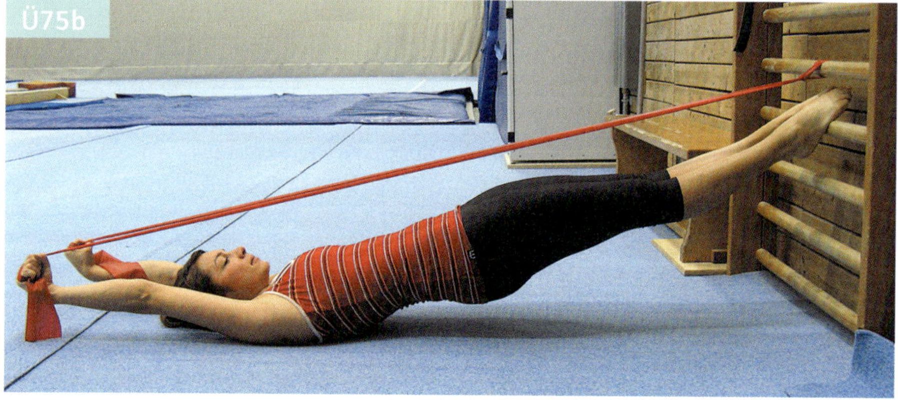

2.4 Beispielübungen für das Schließen des Arm-Rumpf-Winkels im Vorlingsverhalten zum Körper (Stemmbewegung)

Ü76a/b: Liegestütz auf einem Barren oder auf Barrenübungsholmen: Ein Partner hält die Füße. Schnellkräftige Stemmbewegung aus dem Liegestütz mit geöffnetem Arm-Rumpf-Winkel mit Vorschieben der Schultern zum Schließen des Arm-Rumpf-Winkels.

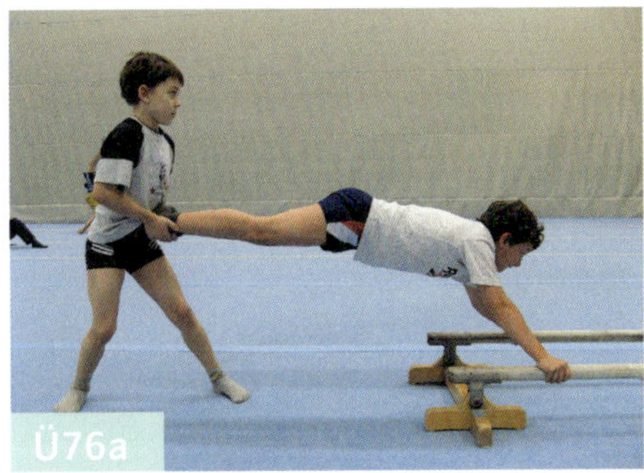
Ü76a

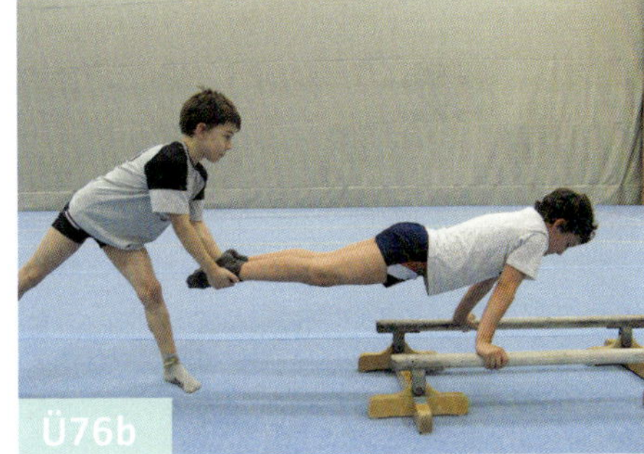
Ü76b

Ü77a/b: Sitz auf kleinem Kasten (oder an einen Kasten, der vor der Sprossenwand steht, gelehnt), Arme in Hochhalte, in den Händen ein an der Sprossenwand befestigtes Thera-Band® haltend, die Arme in Vorhalte ziehen.

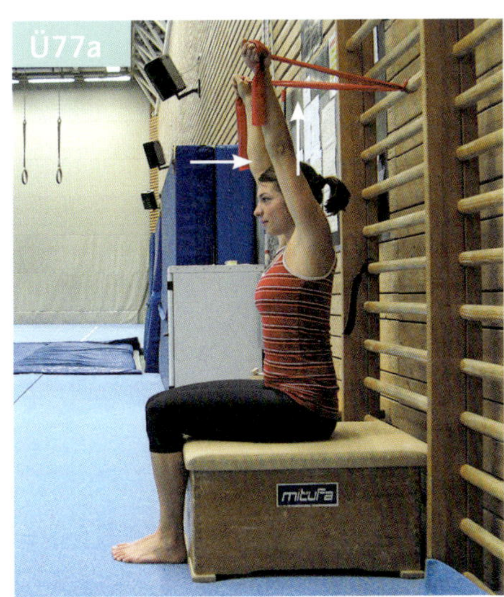
Ü77a

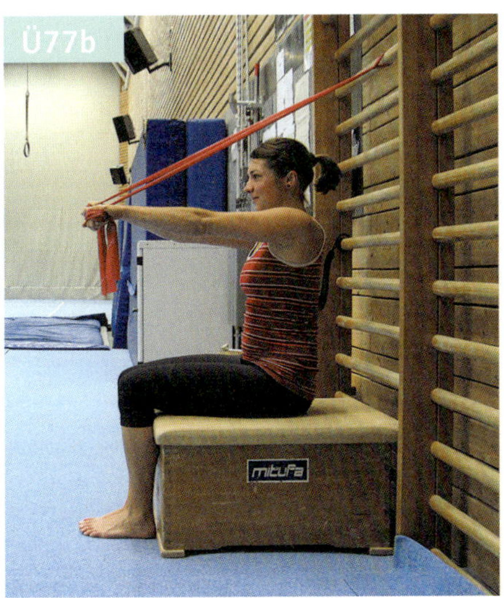
Ü77b

Ü77c: Variation: Rückenlage, Arme in Verlängerung des Körpers und mit den Händen schulterbreit ein Stab fassend. Der Stab ist mit den Enden eines elastischen Bandes, z. B. einem Theraband™, an einer Sprossenwand oder an den Pfosten des Barrens befestigt. Soweit mit dem Kopf zur Befestigung sich entfernen, dass beim anschließenden Stemmen mit gestreckten Armen ausreichend Zugarbeit zu leisten ist.

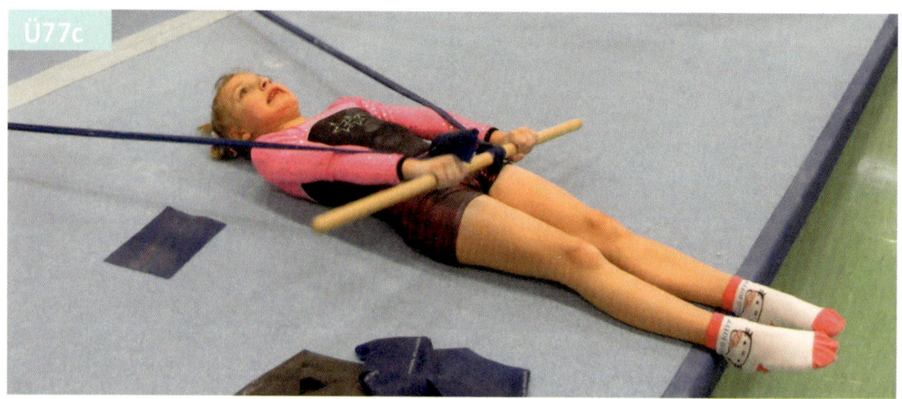
Ü77c

Ü78a/b: Schräglage vorlings auf einer eingehängten Bank und mit den Händen eine Thera-Band®-Verbindung zur Sprossenwand: Zug der Arme aus der Tiefhalte nach hinten an den Körper.

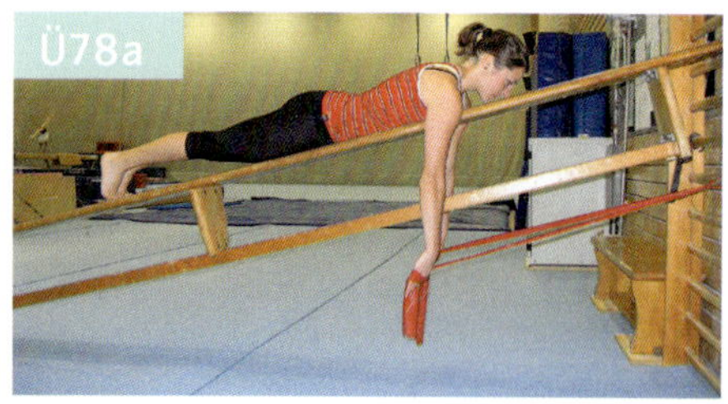
Ü78a

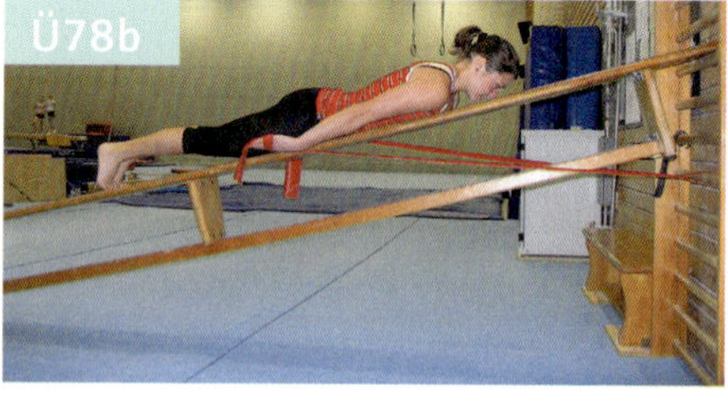
Ü78b

Ü79a-c: Aus dem halben Hockstand: Aufstemmen in den Stütz am schulterhohen Reck/Holm/Parallelbarren.

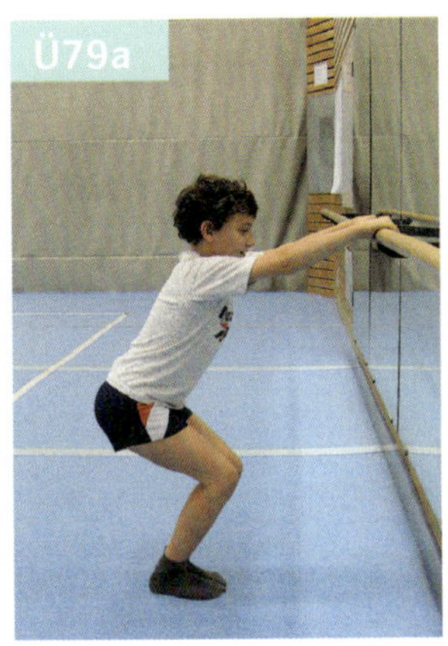
Ü79a

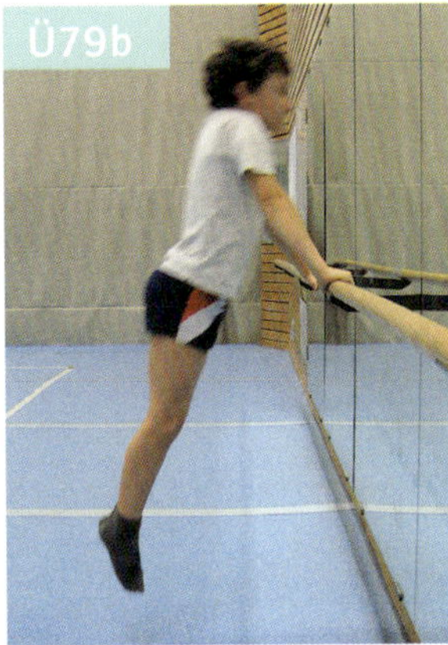
Ü79b

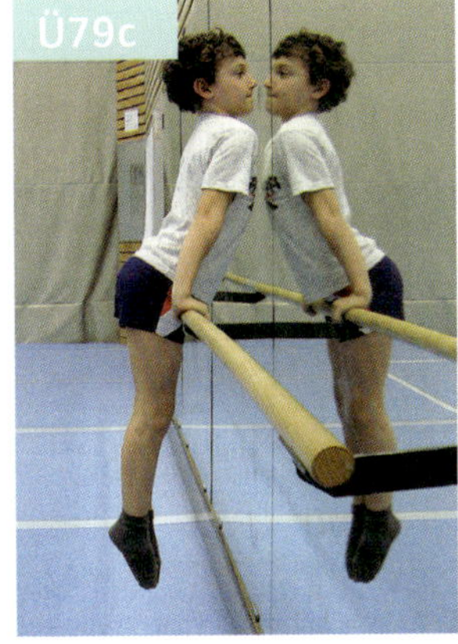
Ü79c

Ü80a/b: Kippentraining: Mehrere Schwebe-, Langhang- oder „Fall"-Kippen hintereinander turnen.

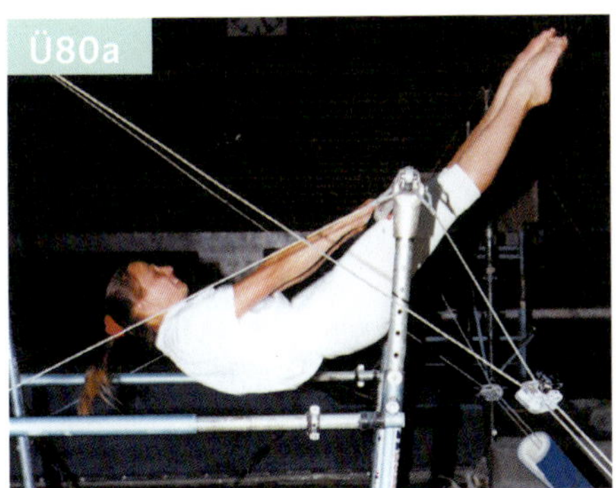
Ü80a

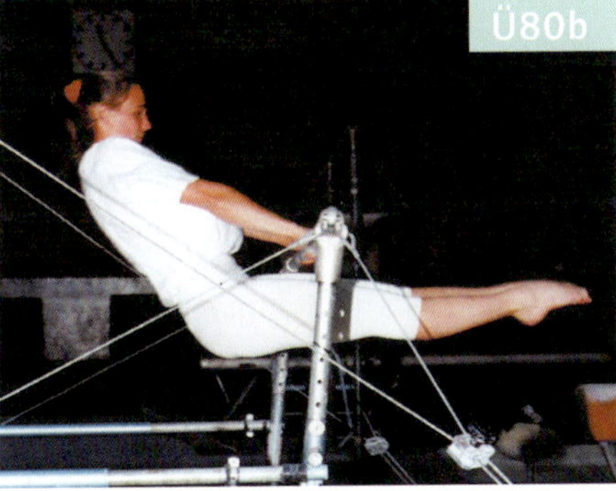
Ü80b

2.5 Beispielübungen für das Schließen des Bein-Rumpf-Winkels im Vorlingsverhalten zum Körper

Bei allen nachfolgenden Übungen muss auf eine gute Mittelspannung geachtet werden. Es darf nicht in das Hohlkreuz ausgewichen werden! Ist dies der Fall, dann sollten die Übungen mit leicht gebeugten Beinen erfolgen.

Ü81a-c: Langsitz: Die Beine werden gestreckt in den Spitzwinkelsitz angehoben, dann gehockt absenken und in den Langsitz vorführen.

Variation: Die Beine werden bei den Wiederholungen nicht auf dem Boden abgelegt.

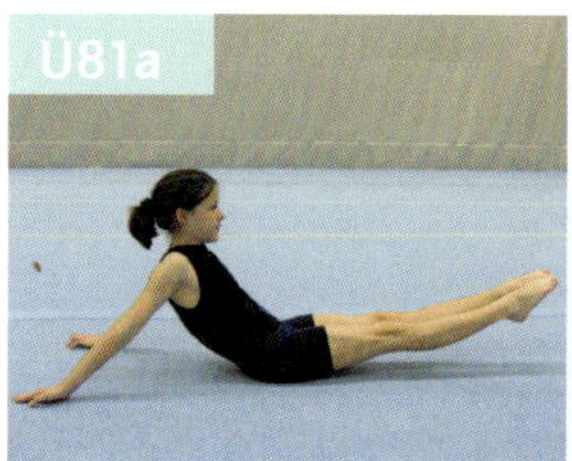
Ü81a

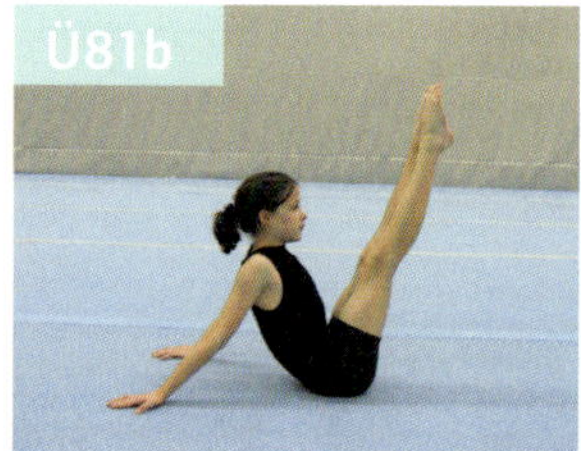
Ü81b

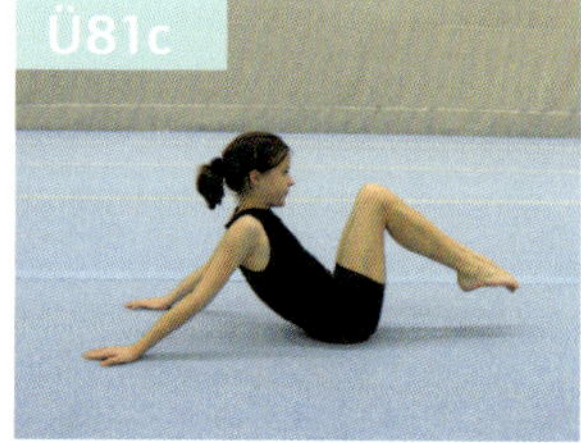
Ü81c

Ü82a-c: Rückenlage: Schiffchenposition, die Beine in die Senkrechte heben, (Ü82a/b) gehockt absenken und Füße zur Schiffchenhaltung wieder vorführen. Mehrmals den Durchgang wiederholen.

Erschwerung: Beine gestreckt absenken (Ü82c).

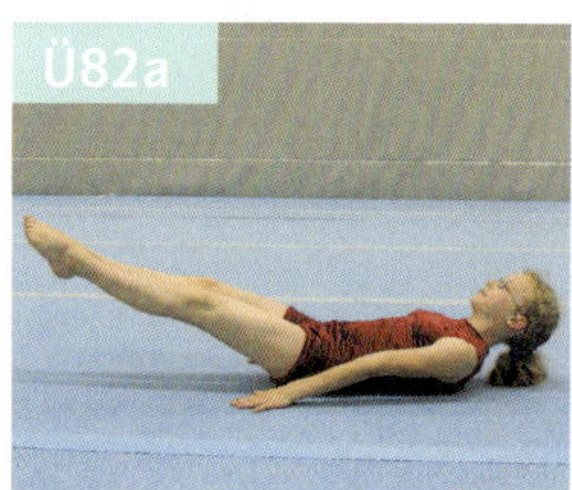
Ü82a

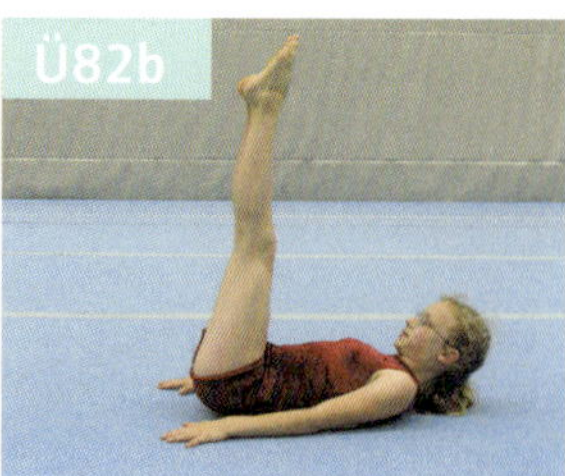
Ü82b

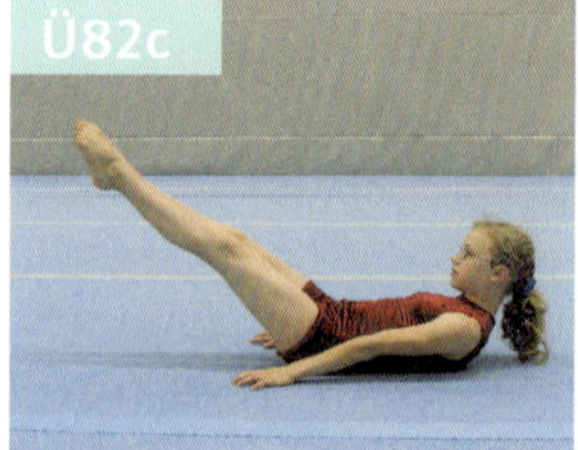
Ü82c

Ü83a-c: An der Sprossenwand in **Schräglage** (zum Beispiel auf einer eingehängten Bank liegend) hängen. Die Beine gehockt in den gewinkelten Hang anheben, weiter in den Spitzwinkelhang heben, langsam (gehockt) die Beine wieder absenken. Bei guter Bauchmuskelkraft können die Beine auch gestreckt in den Spitzwinkelhang gehoben werden.

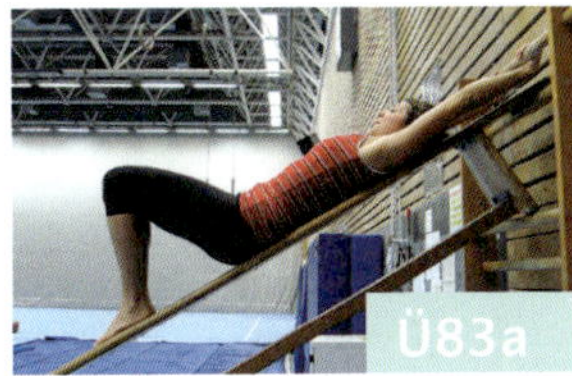
Ü83a

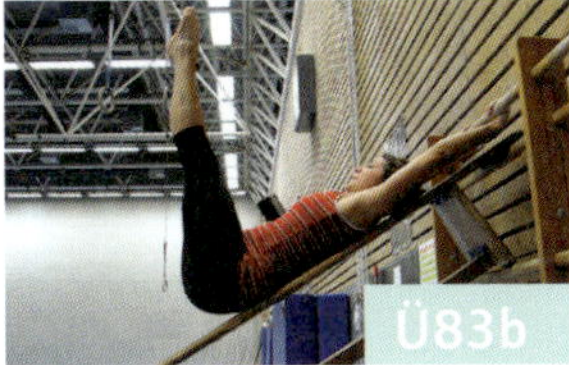
Ü83b

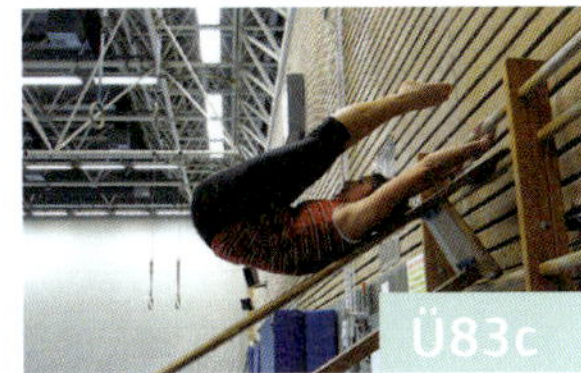
Ü83c

Ü84a-c: An der Sprossenwand hängen. Die Beine gehockt in den gewinkelten Hang anheben, weiter in den Spitzwinkelhang heben, langsam (gehockt) die Beine wieder absenken. Bei guter Bauchmuskelkraft können die Beine auch gestreckt in den Spitzwinkelhang gehoben werden.

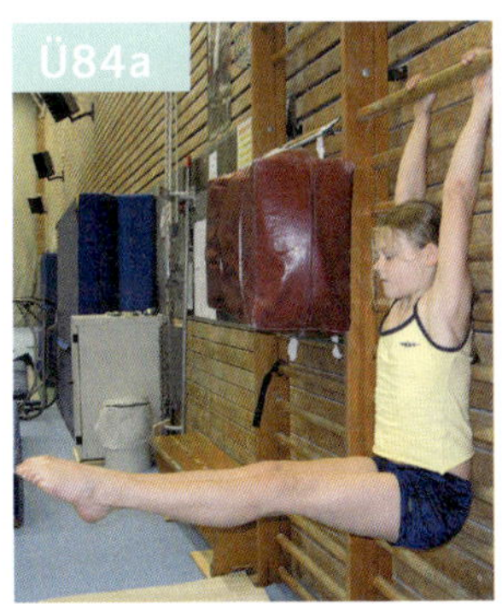
Ü84a

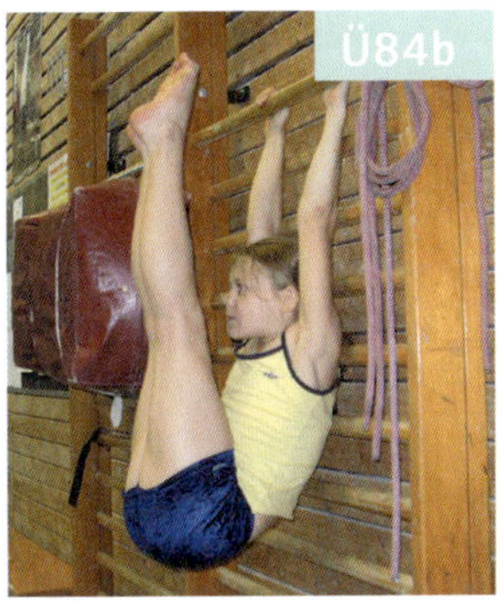
Ü84b

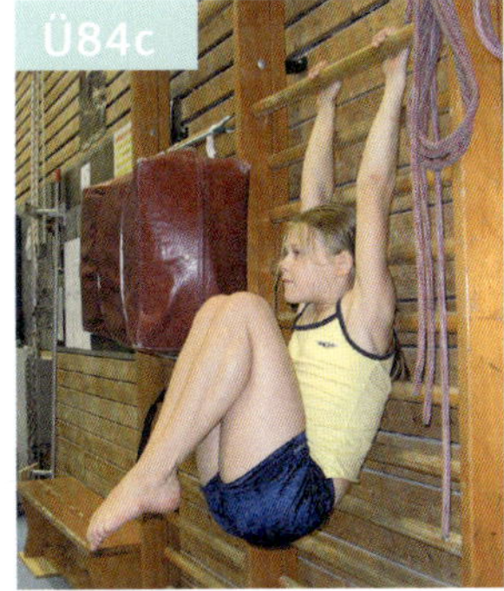
Ü84c

Ü85: An der hohen Reckstange (vgl. Fotos Ü94a/b) aus dem Streckhang oder an den Tauen (dort im Beugehang) die Beine gestreckt in den gewinkelten Hang, ggf. bis in den Spitzwinkelhang, anheben.

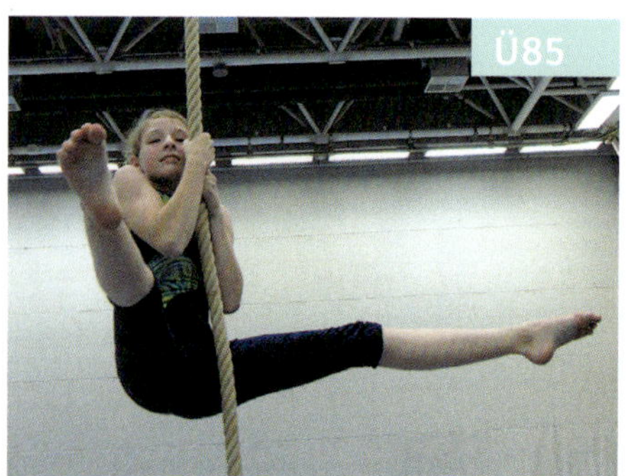

2.6 Beispielübungen für das Öffnen und Schließen des Bein-Rumpf-Winkels

Ü86: Bauchlage auf einem Kasten: Die Beine sind anfangs gehockt abgesenkt, ein Bein rechtwinklig gebeugt in die Waagerechte heben, mit kleinen Auf- und Abwärtsbewegungen in der Waagerechten halten. Dann Wechsel der Beine.

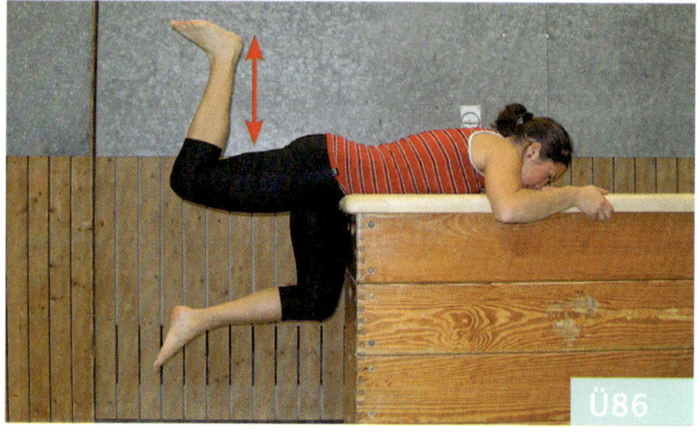

Ü87a/b: Bauchlage auf einem Kasten, Beine gestreckt abgesenkt, Beine schnellkräftig in die Waagerechte heben, kurz dort halten und langsam gestreckt (bei Leistungsschwächeren gehockt) die Beine absenken. Nicht in das Hohlkreuz hochschlagen *(Das ist nur etwas für Spezialisten mit einem sehr guten Muskelkorsett!)*!

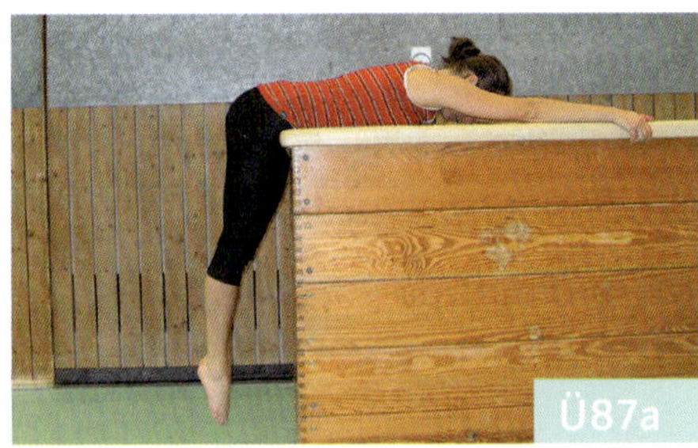
Ü87a

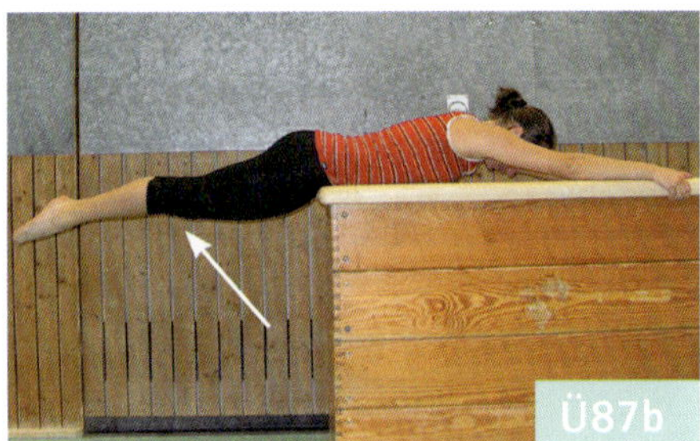
Ü87b

Ü88a-c: Aus dem gewinkelten Hüfthang auf einem Kasten, Aufrollen des Oberkörpers bis zur Streckung in der Waagerechten. Ein Partner fixiert die Beine auf dem Kasten. Gestreckt in die Ausgangsposition absenken.

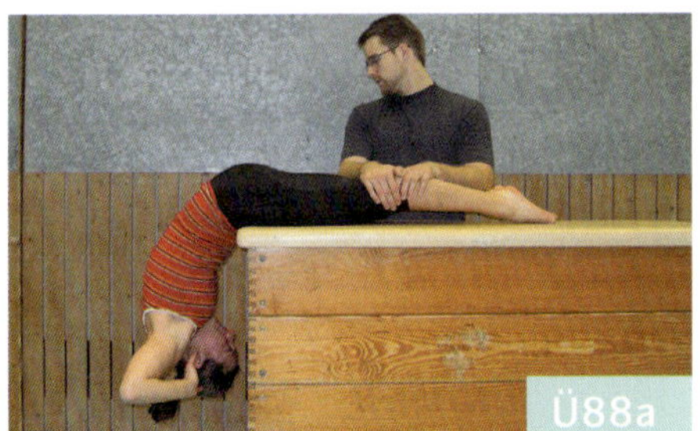
Ü88a

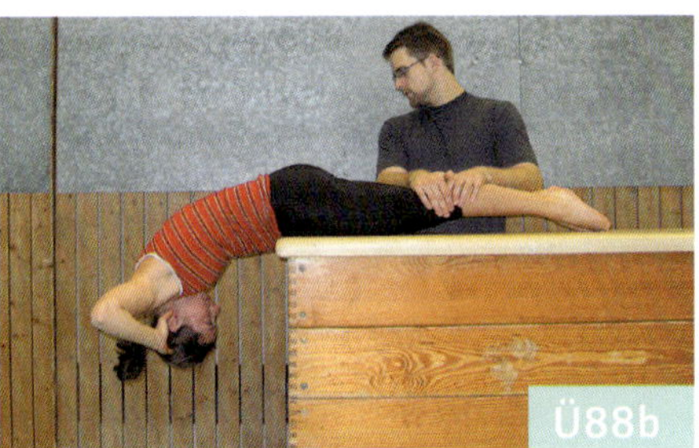
Ü88b

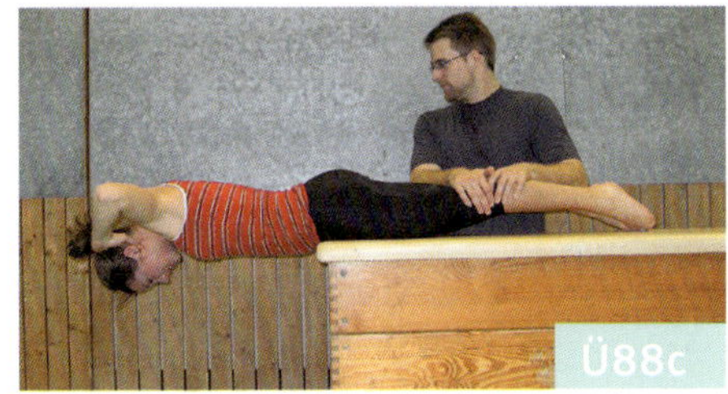
Ü88c

Ü89a/b: Rückenlage und die Beine an der Sprossenwand oder durch einen Partner in Schräglage 45° fixiert: Aufrollen *oder* schnellkräftiges, gestrecktes Anheben des Oberkörpers zu den Beinen, in der Senkrechten kurz verharren. Abwärts mit Runden des Rückens in der Rückenlage ablegen (bei sehr guten Leuten den Oberkörper nicht ablegen, sondern gleich wieder aufwärts turnen).

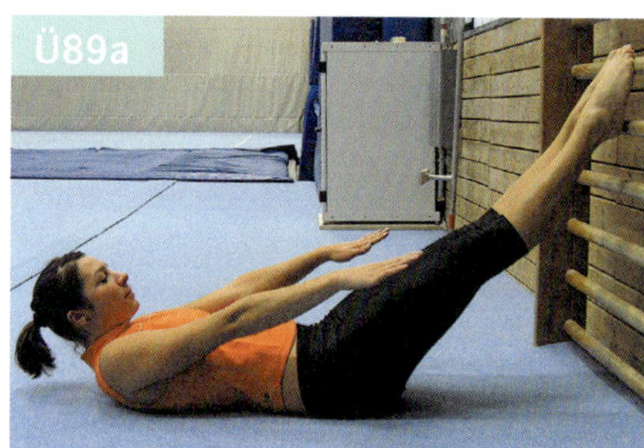
Ü89a

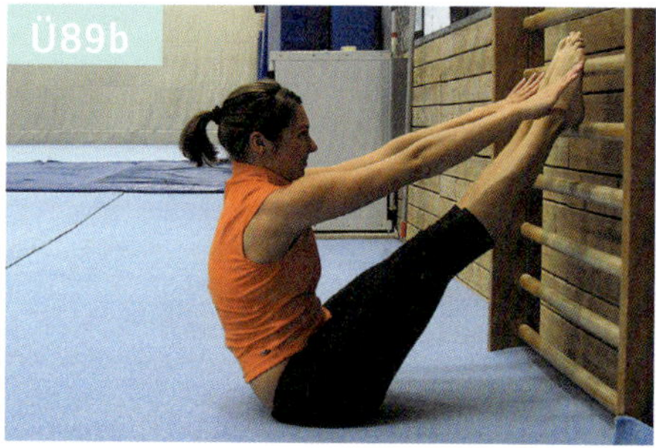
Ü89b

Ü89c/d: Aus der Rücklage mit gehockten Beinen (die auf einem Kasten gelegt sein können) Aufrichten des Oberkörpers zu den Beinen. *Variation:* „Überhang-Crunches" (siehe Foto Ü89c/d).

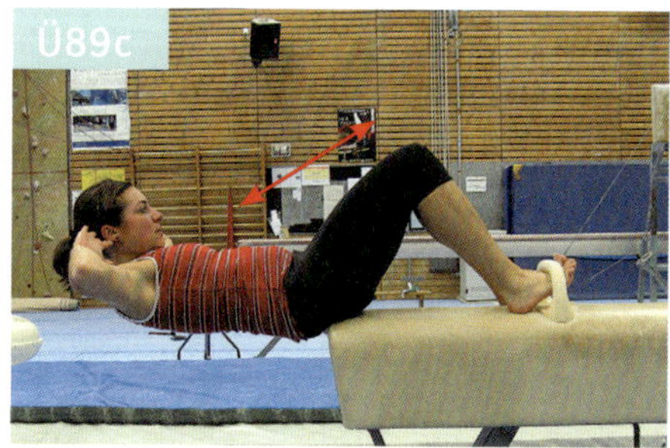
Ü89c

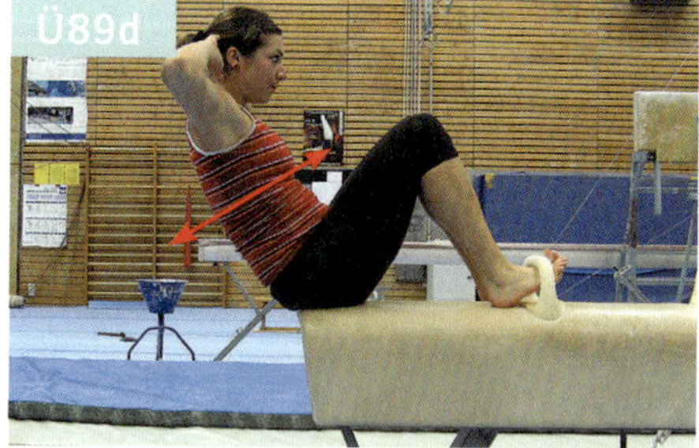
Ü89d

Ü90a/b: Klappmesser.

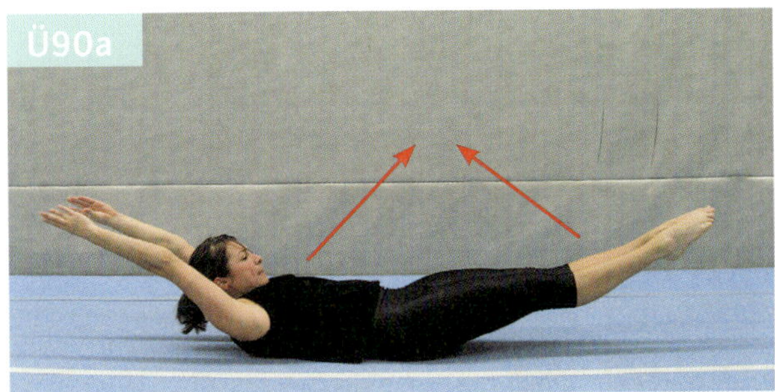
Ü90a

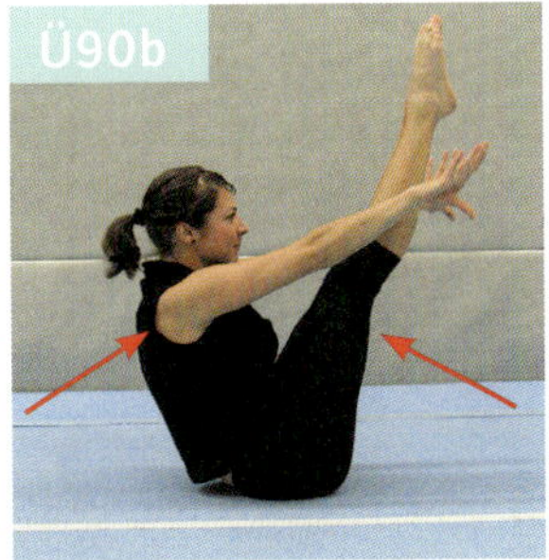
Ü90b

2.7 Beispielübungen für komplexe Bewegungsverbindungen

Ü91a/b: Aus dem Stütz am Kasten/Pauschenpferd/Schwebebalken in den Spitzwinkelstütz heben.

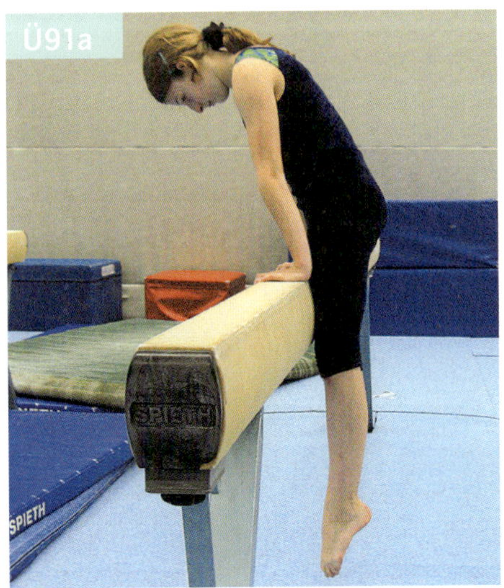

Ü91a

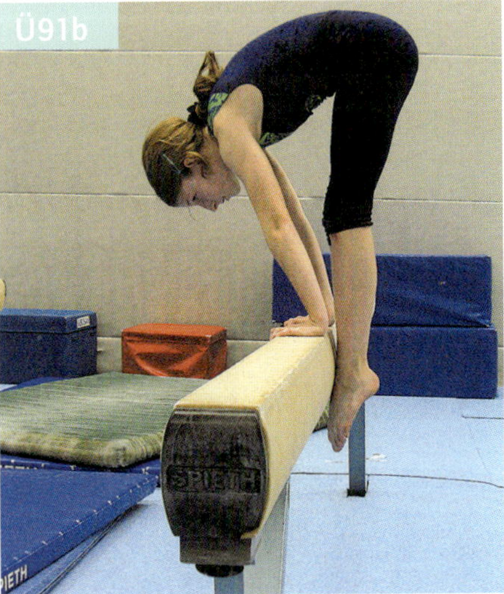

Ü91b

Ü92a/b: Schweizer Handstand mit Partnerhilfe aus dem Absprung in den Spitzwinkelstütz auf einem zweiteiligen Kasten. Heben der Beine über die Seite zum Schließen im Handstand mit Partnerunterstützung an der Hüfte.

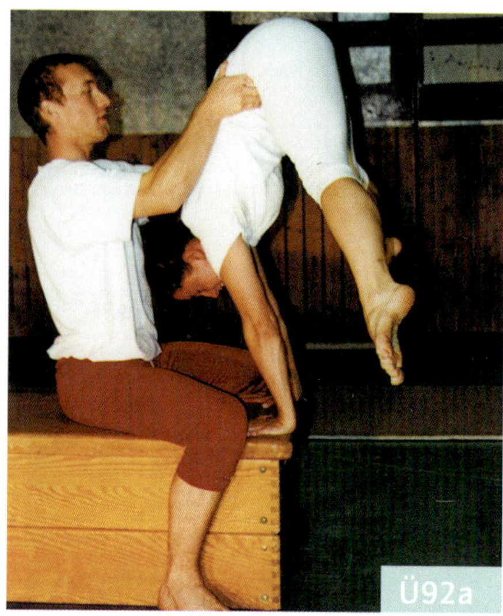
Ü92a

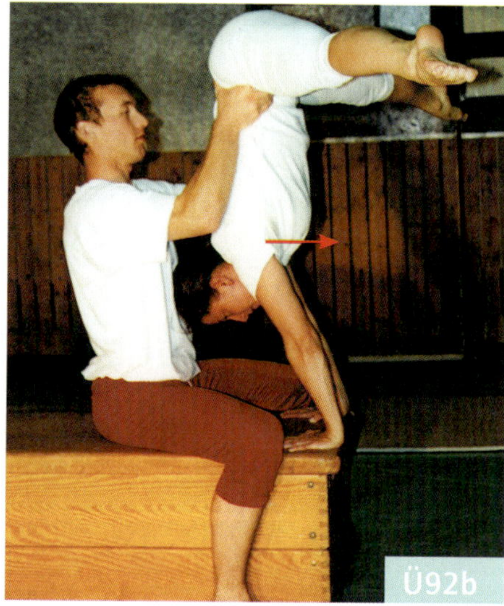
Ü92b

Ü93a-d: Aus dem Grätschwinkelstütz/Spitzwinkelstütz am Boden oder auf Handstandklötzchen gestützt in den Handstand.

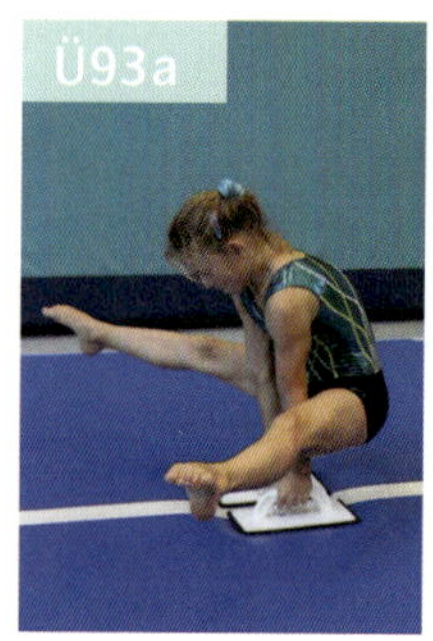
Ü93a

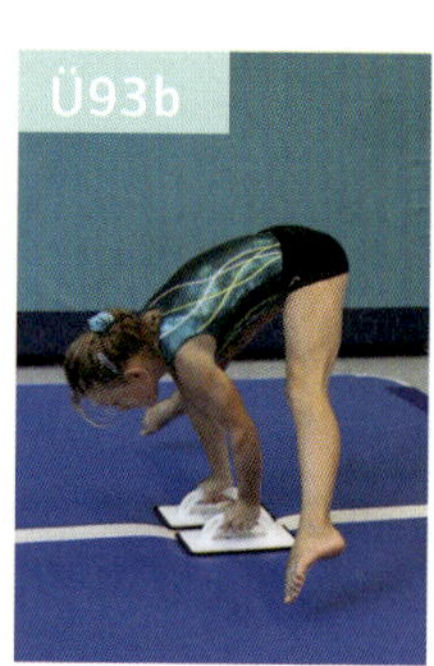
Ü93b

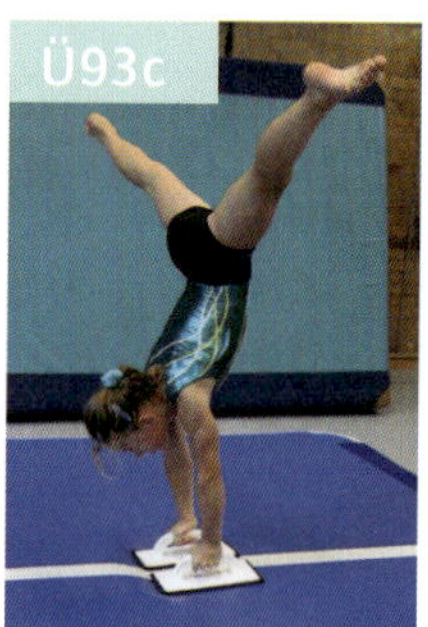
Ü93c

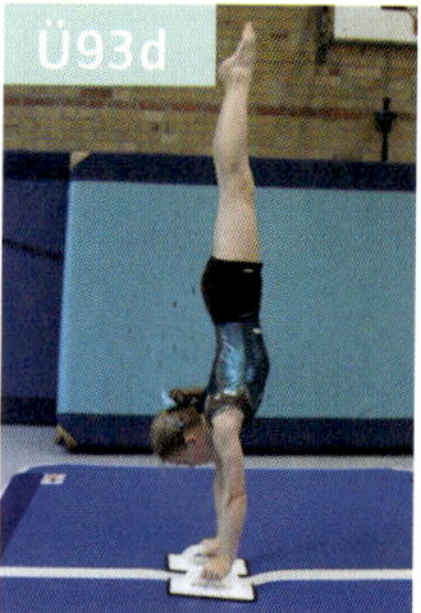
Ü93d

Ü94a-f: Aus dem Streckhang die Beine in den gewinkelten Hang heben, über den flüchtigen Spitzwinkelhang in den gewinkelten Sturzhang (Kipphang) drehen, weiter absenken in den Hang rücklings und mit gleicher Ausführung zurückturnen.

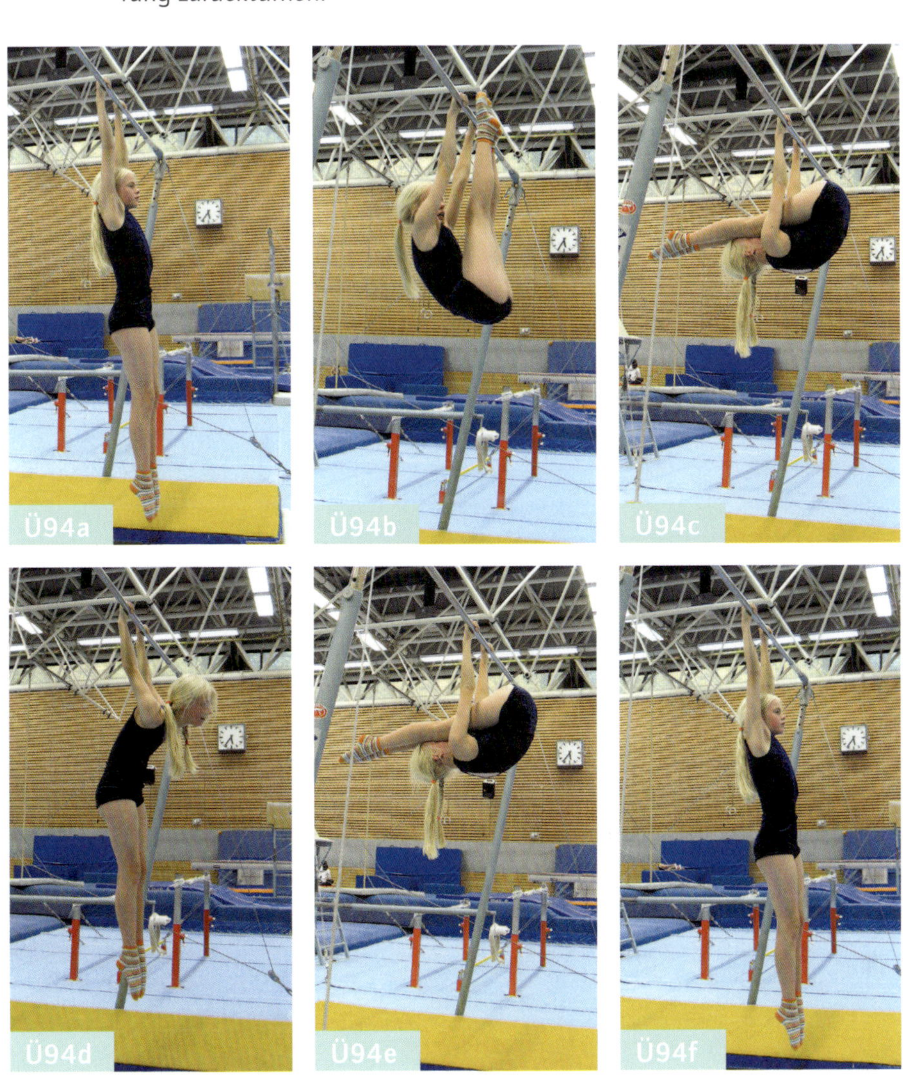

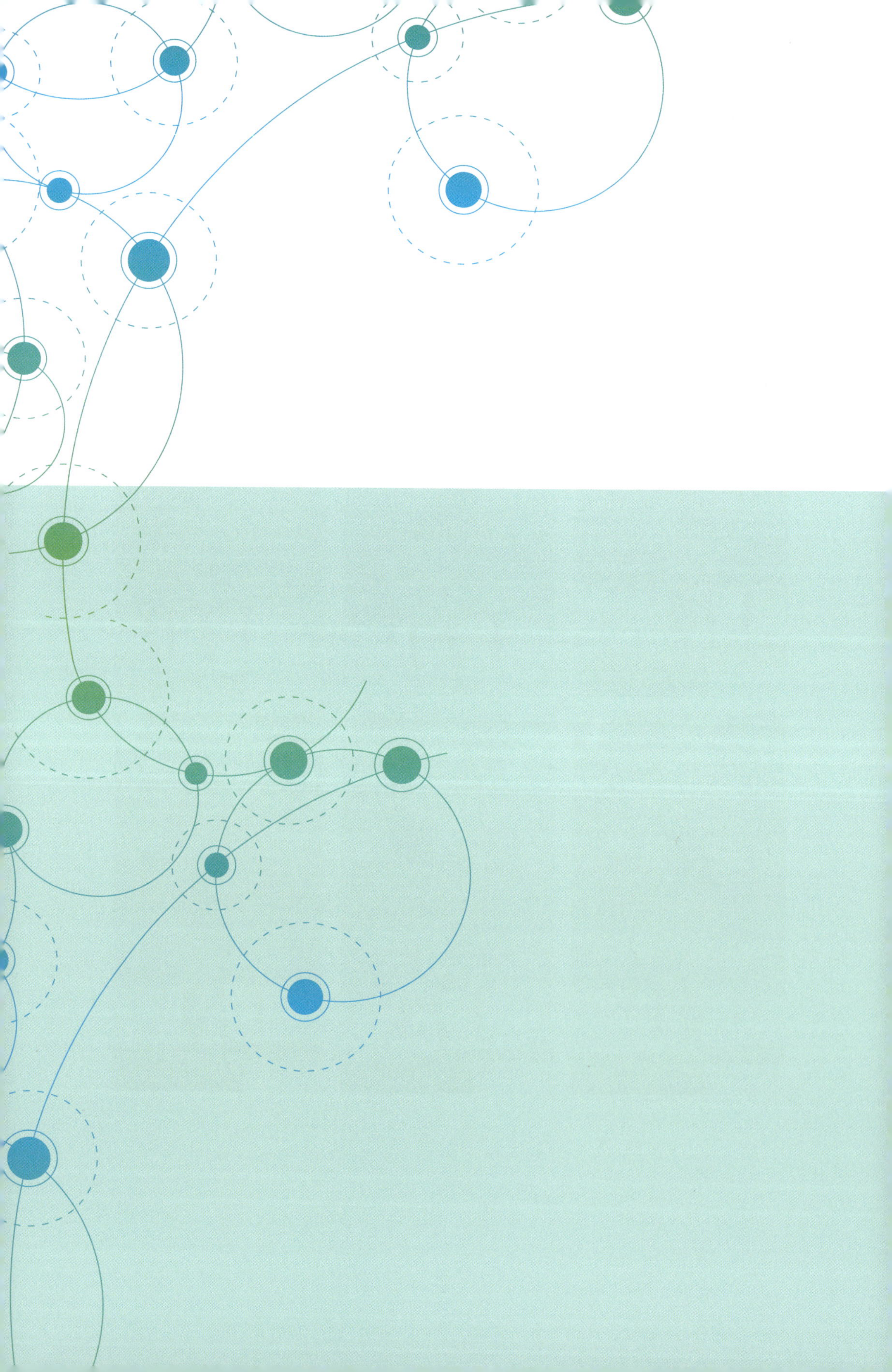

TEIL A

PRAKTISCHE GRUNDLAGEN ZUR METHODIK: SCHAFFUNG VON LERN- UND LEISTUNGSVORAUSSETZUNGEN

Teil A

III GERÄTESPEZIFISCHES GRUNDLAGENTRAINING FÜR REAKTIVEN ABDRUCK UND LANDUNG

1 Reaktives Absprung- und Abdrucktraining: Verbesserung des Prellabsprungs

Als „elastischer" Stab katapultiert der Turnerkörper am Sprunggerät von „elastischen" Widerständen: Der Turner gibt über seinen relativ starren Körper Energien in das elastische Sprungbrett und prellt mit minimalster Kontaktzeit unter Rückgabe dieser Energien mit Rotation in Höhe und Weite. Mit den oberen Extremitäten und aus dem Schultergürtel heraus wird der Körper nach der Stützphase vom Sprunggerät Pferd oder Sprungtisch, gleichen Prinzipien folgend, wieder abgedrückt.

Nicht nur aus gesundheitlichen Gründen ist eine sehr gut ausgebildete Körperspannungsfähigkeit (vgl. S. 63) in allen Gelenken DIE Voraussetzung, um die elastischen Untergründe mit der Technik der Reaktivkraft (vgl. S. 62) auszunutzen. Die Übungen sollten im ausgeruhten Zustand und nicht mit zu vielen Wiederholungen durchgeführt werden.

Um die elastischen Fähigkeiten der *Wadenmuskulatur* durch *Vordehnung* besser auszunutzen (die Kontaktzeit und exzentrische Phase ist für eine optimale Vordehnung zu kurz), sollten mit zunehmendem Können die Prellsprünge mit vorherigem Anziehen der Zehen/Anwinkeln der Füße in der Luft trainiert werden. In der Abwärtsphase werden schnellkräftig durch Fußgelenkstreckung die Ballen wieder Richtung Boden gedrückt, um mit dem Ballenaufsatz abzuprellen. Zur Erleichterung sollte die Flugphase verlängert werden. Als Einstieg kann dies gut mit Stütz der Hände auf dem Pferd/Sprungtisch/Sprossenwand auf dem Brett geübt werden (Foto Ü96).

Die reaktiven Fähigkeiten beim Prellabsprung verbessern sich vor allem bei Übungen mit *nachfolgend geturnten Elementen* (Ü95-Ü104).

2 Einführende Beispielübungen für die Verbesserung des reaktiven Absprungverhaltens

2.1 Prellsprünge am Ort

Ü95a-c: Im Stand mit Körperzusammenschluss, in den hohen Ballenstand heben und vom Boden beginnen zu prellen (Ü95a/b).

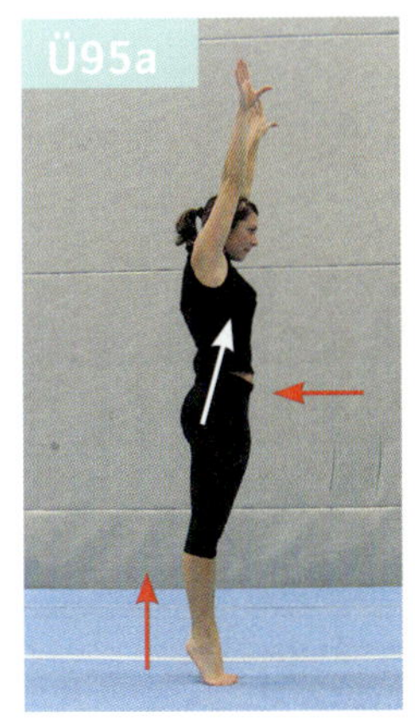

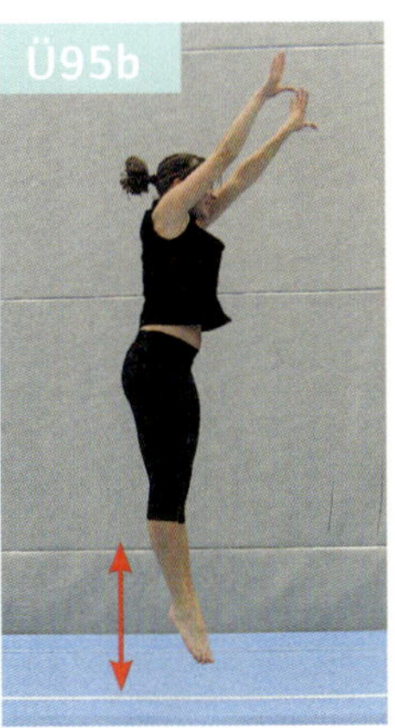

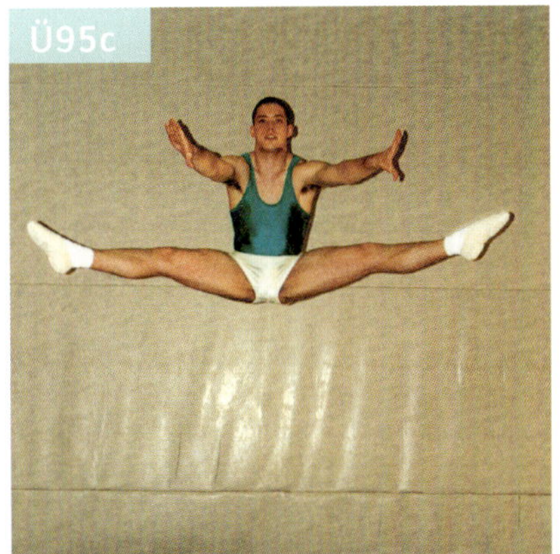

A III

Variationen: Prellsprünge und Grätschwinkelsprünge (Ü95c) oder Seilchenspringen mit Prellabdruck oder seitwärts über Gummischnur hin- und herprellen.

Ü96a/b: Auf dem Sprungbrett mit Gleichgewichtshilfe (z. B. mit Griff an der Sprossenwand): 3-6 x Prellen am Ort (bei fortgeschrittenen Springern: beim Prellen in der Luft die Fußspitzen anheben).

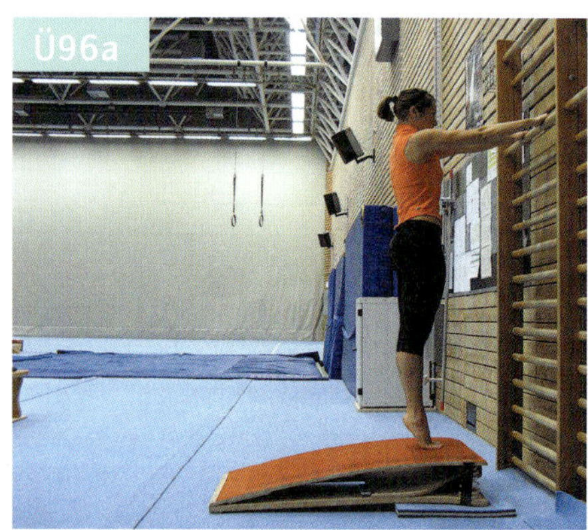
Ü96a

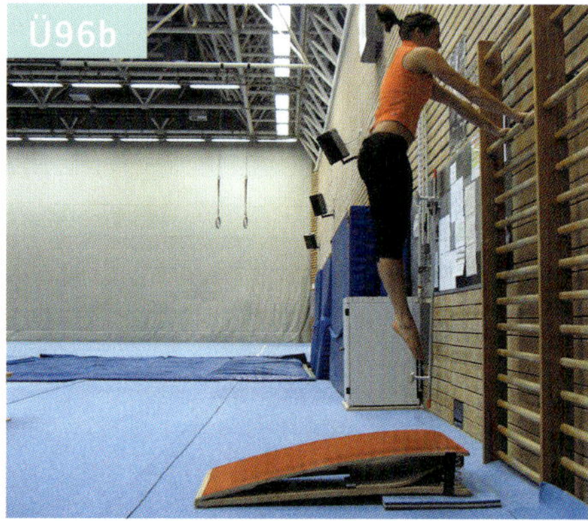
Ü96b

2.2 Prellsprünge vom kleinen Kasten: „Abtropfen"

Ü97a/b: Stand auf einem Kasten, ein Bein vorgespreizt (Foto Ü97a): „Abtropfen" auf das Brett, Landung beidbeinig auf den Ballen und auf oder über den nächsten Kasten abprellen (Foto Ü 97b).

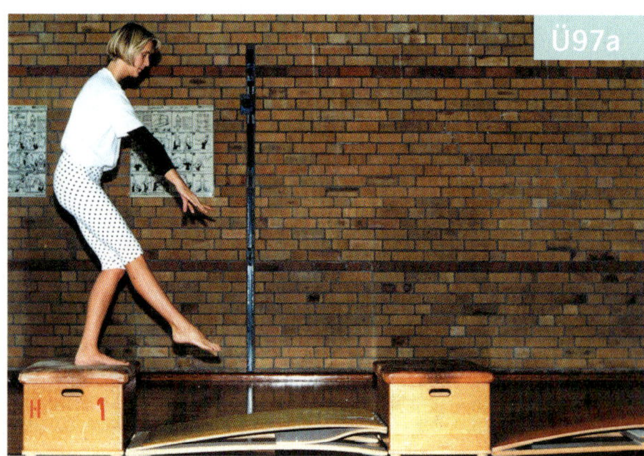
Ü97a

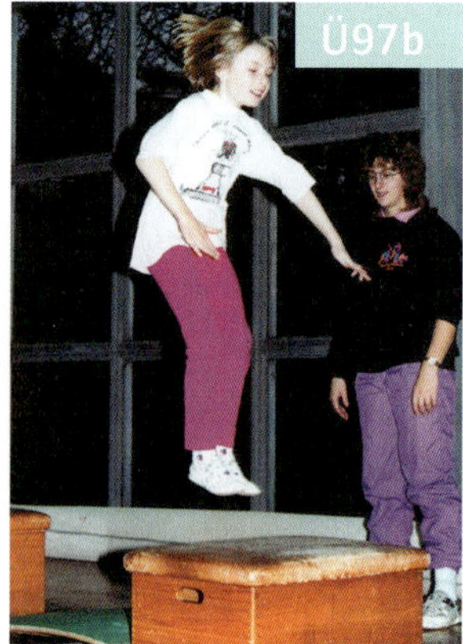
Ü97b

Ü98a/b: Stand auf einem Kasten vor 2-3 Sprungbrettern: Ein Bein vorgespreizt und „Abtropfen" auf das Brett mit Schließen der Beine, Brettlandung beidbeinig auf den Ballen und auf das nächste Sprungbrett abprellen. Ablauf wiederholen.

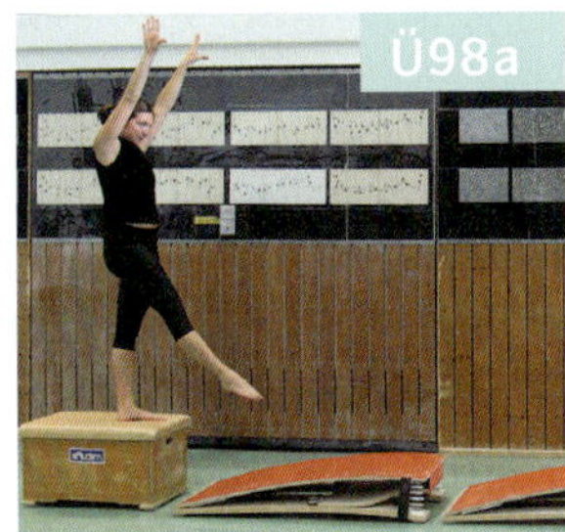
Ü98a

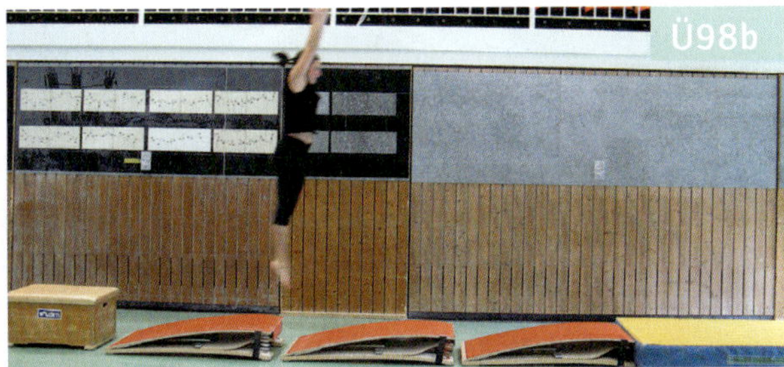
Ü98b

Ü99a/b: Stand auf einem Kasten, ein Bein vorgespreizt: „Abtropfen" auf das Brett, beidbeiniges Aufkommen auf den Fußballen zum sofortigen Abprellen und Salto vorwärts auf eine dicke Matte.

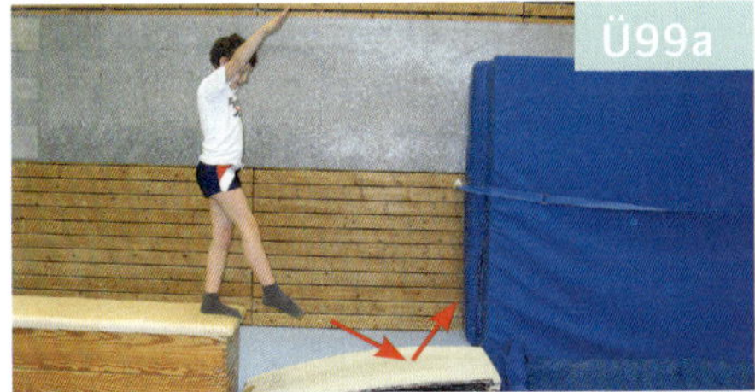
Ü99a

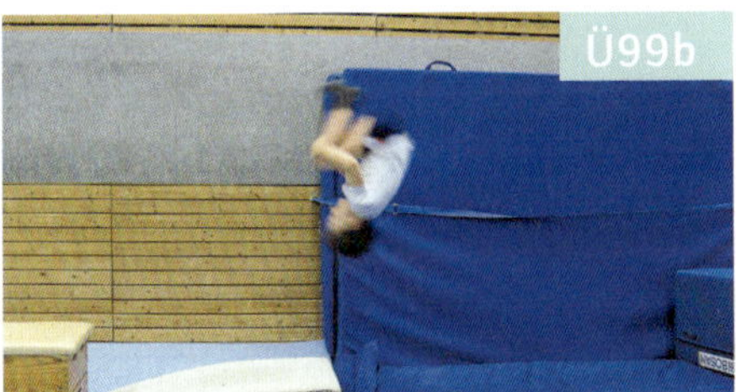
Ü99b

Ü99c-e: „Drop" mit Prellsprung auf/von einer fest aufgepumpten (luftgefüllten) Airtrackmatte (Bewegungsabläufe siehe Ü 99a/b). A III

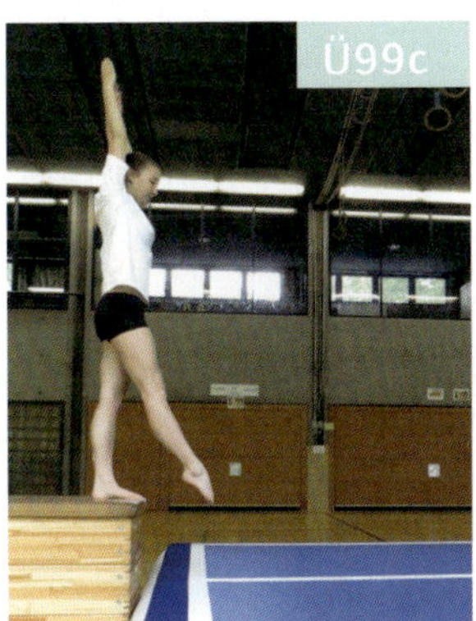
Ü99c

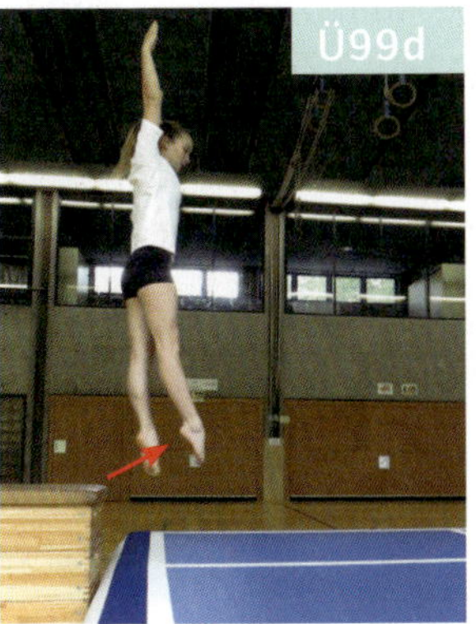
Ü99d

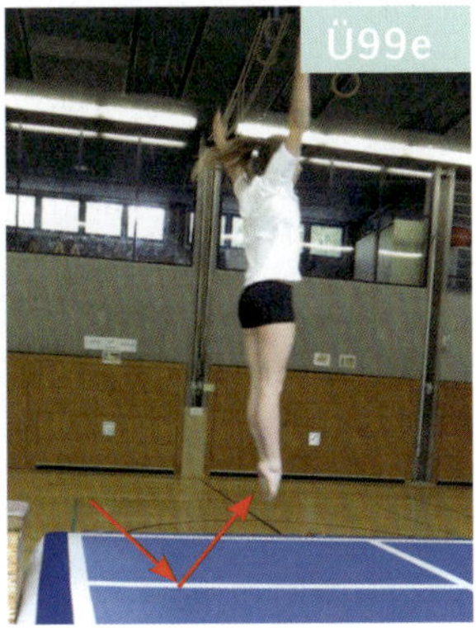
Ü99e

2.3 Prellsprünge aus dem Anlauf

Ü100: Anlauf und Prellsprung vom Brett, später von Brett zu Brett zu Brett prellen (vgl. Fotos Ü98a/b)

Ü101a: Anlauf und reaktiver Absprung vom Brett über einen kleinen Kasten.

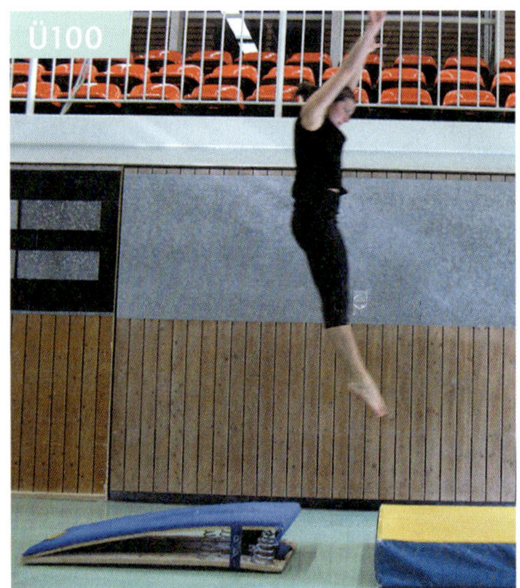
Ü100

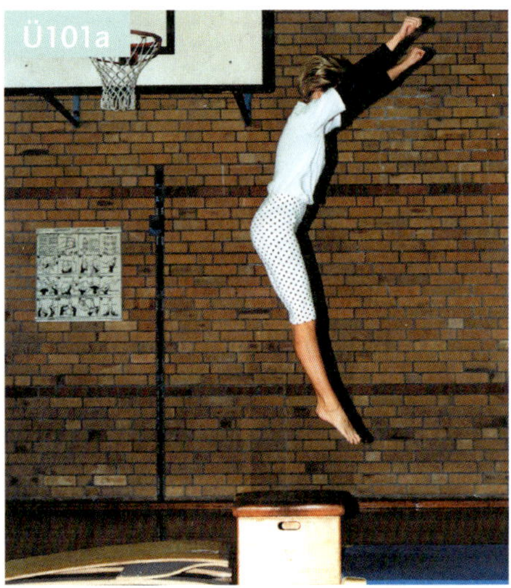
Ü101a

Ü101b: Anlauf und Prellabsprung auf eine Erhöhung (dicke, feste Matte).

Ü102: Anlauf und reaktiver Absprung vom Brett und geformte Sprünge (Seitgrätsch-/Grätschwinkel-/Hocksprung).

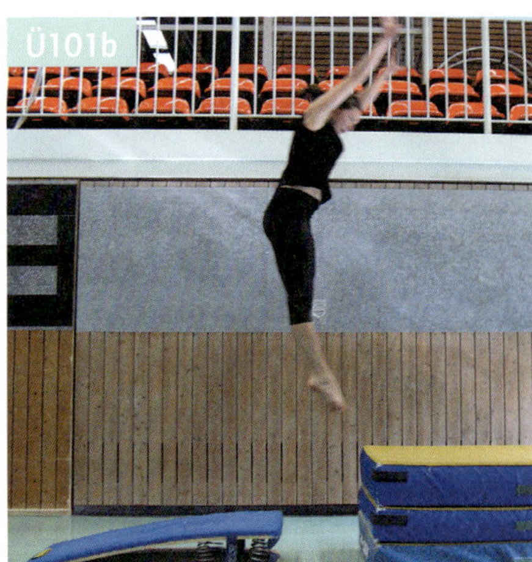
Ü101b

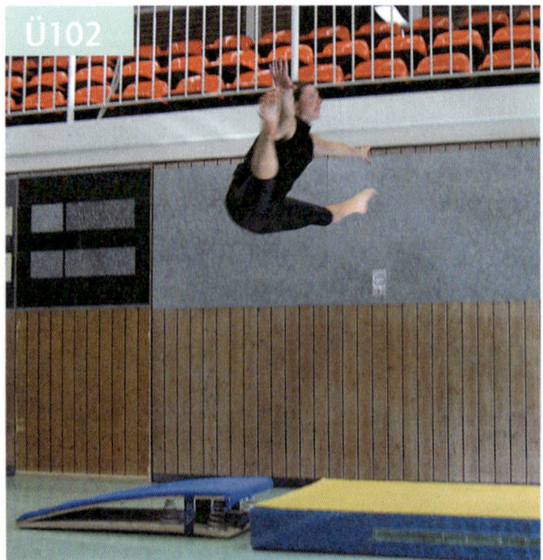
Ü102

Ü103: Anlauf, reaktiver Absprung vom Brett und Sprungrolle auf hohen Mattenberg.

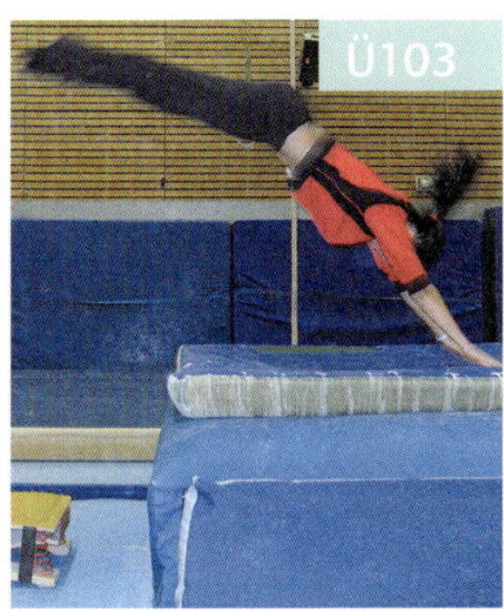
Ü103

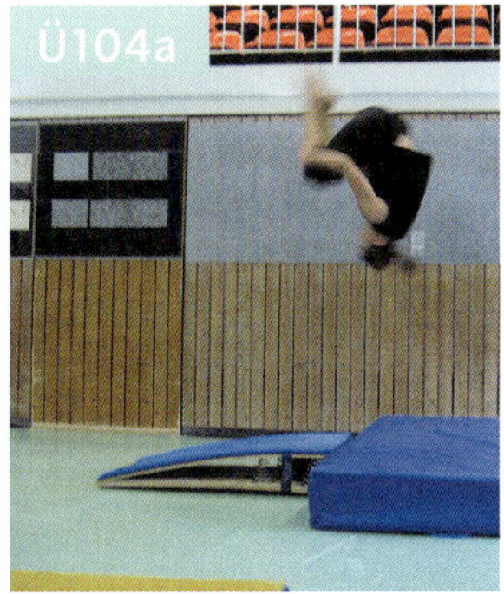
Ü104a

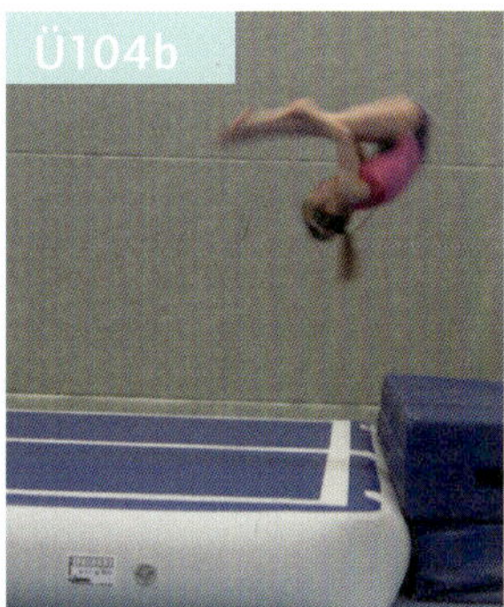
Ü104b

Ü104a/b: Anlauf, reaktiver Absprung vom Brett (a) oder einer festaufgepumpten Airtrackmatte (b) und Salto vorwärts in verschiedenen Ausführungen (gehockt, gewinkelt, gestreckt) auf unterschiedlich hohen Landeebenen.

Tipp: Die Airtrackmatte (Gerling, Becker & Mönnikens, 2014), eignet sich gerade für Anfänger hervorragend für das wiederholte Trainieren des reaktiven Absprungs, da es bei hohen Wiederholungszahlen belastungsfreundlicher für den Körper ist. Anfänger springen tendenziell auf einer eher etwas weniger fest aufgepumpten Matte, um der Einstellung der Muskulatur auf eine „Stiffness" für die Reaktivkraftanforderungen etwas mehr Zeit zu geben, ein weiterer Vorteil für ein Absprungtraining von Airtrackmatten. Nicht zuletzt kann diese Absprunghilfe für die Realisierung von Salti auch nach vielen Wiederholungen durch ständiges Gelingen Erfolgserlebnisse bieten.

2.4 Verbesserung des Prellabdrucks während des Stützverhaltens

Was für den Absprung von den Beinen gilt, ist auf den Abdruck von den Armen beziehungsweise den Abdruck aus dem Schultergürtel zu übertragen.

Beispielübungen für Reaktivkraftübungen für den Schultergürtel

Ü105a-c: Stand vor der Wand, in Schiffchenposition fallend, gegen die Wand stützen und aus den Schultern wieder abdrücken (Ü105a). *Erschwerung*: In der Bauchlage auf einem Rollbrett oder Mattenwagen (Ü105b/c) gegen die Wand rollen und reaktiv aus den Schultern abdrücken.

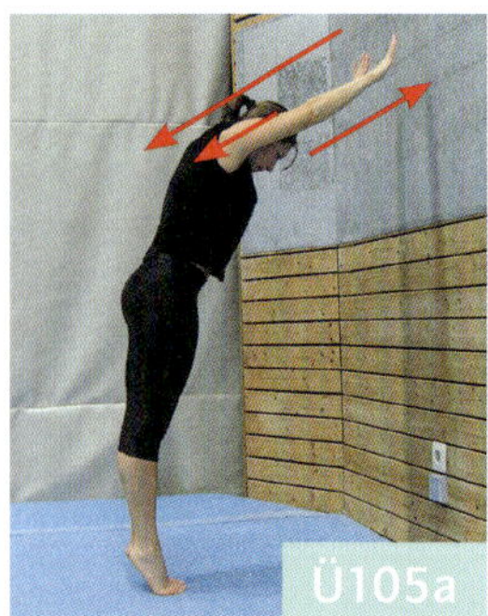
Ü105a

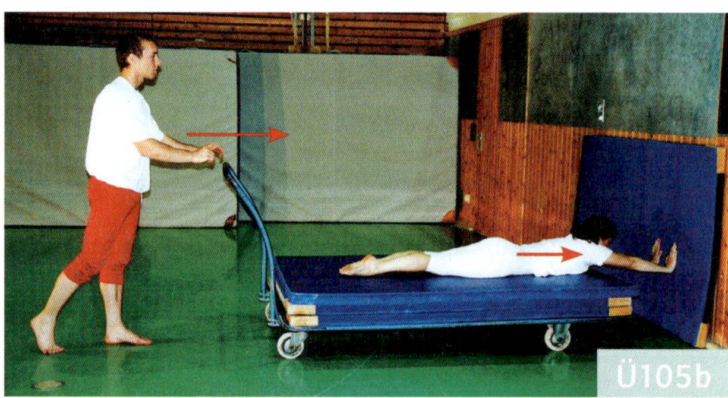
Ü105b

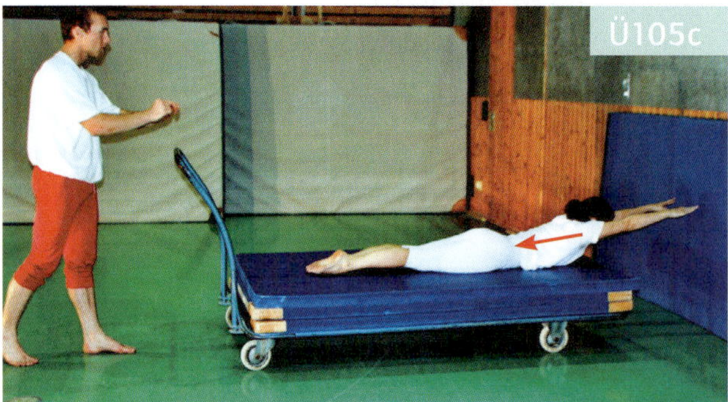
Ü105c

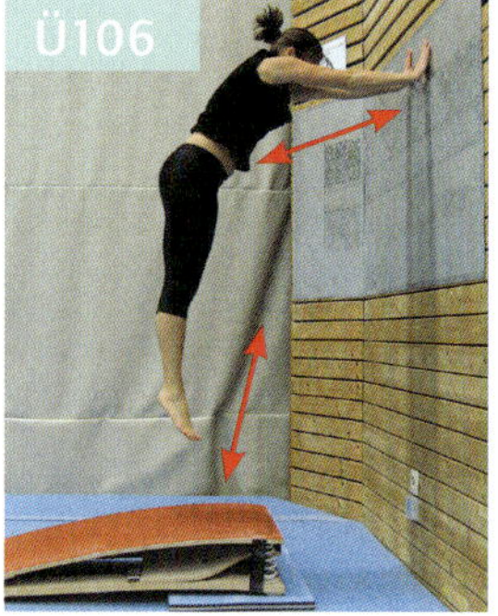
Ü106

Ü106: Vom Sprungbrett in Schiffchenposition, gegen die Wand abstützend, zum Abprellen springen und zum erneuten Abprellen vom Brett abdrücken.

Ü107a-d: Aufschwingen zum Handstandspringen.

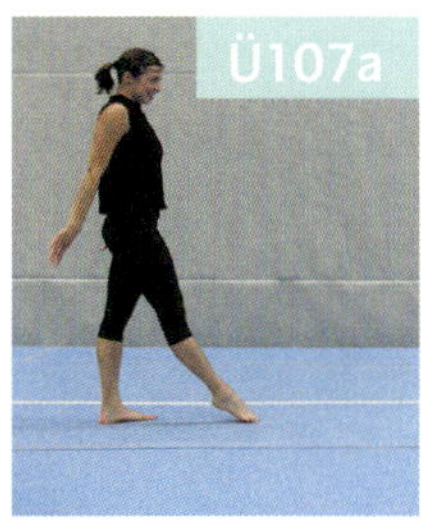

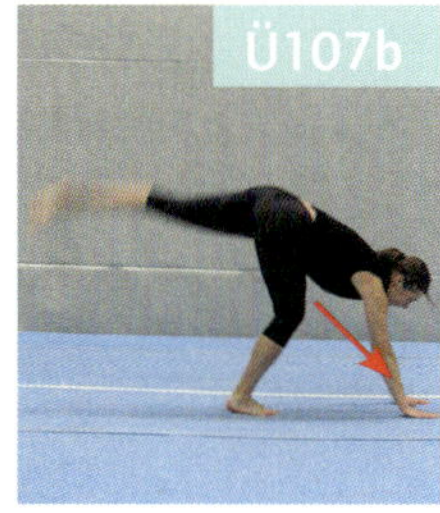

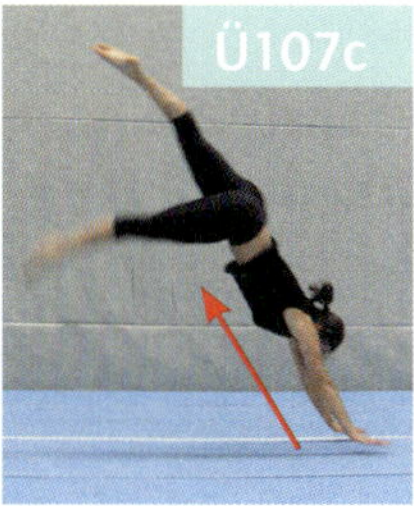

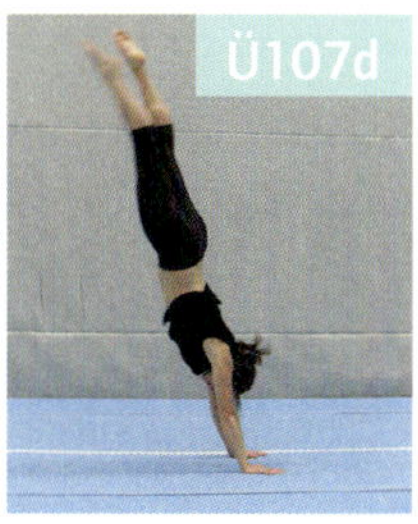

Ü108a/b: Aufschwingen zum Handstandspringen auf eine Erhöhung (Matte/doppelte Matte).

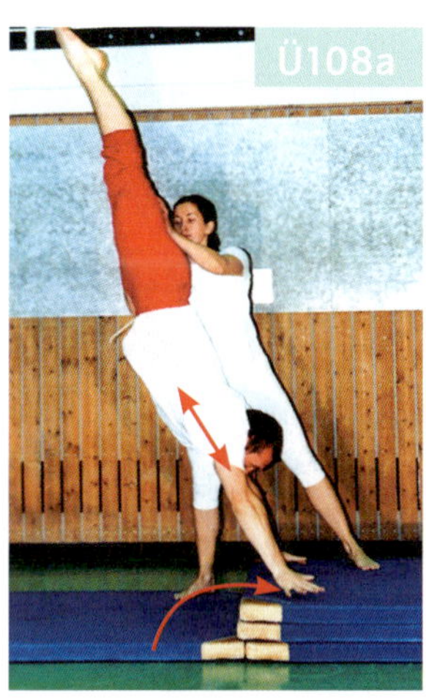

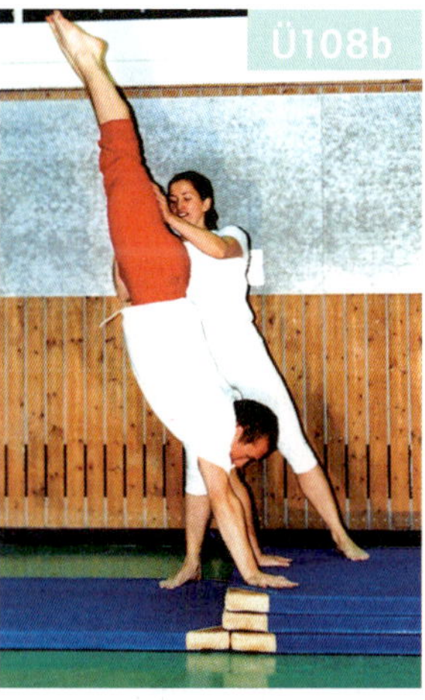

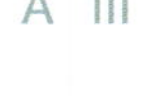

Ü109a/b: Aufschwingen zum Handstandspringen von einem Sprungbrett auf eine Erhöhung (Matte/doppelte Matte/Blockkasten/Kastendeckel).

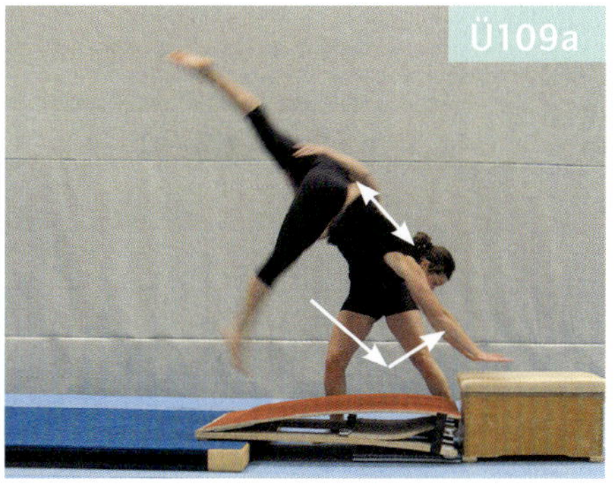

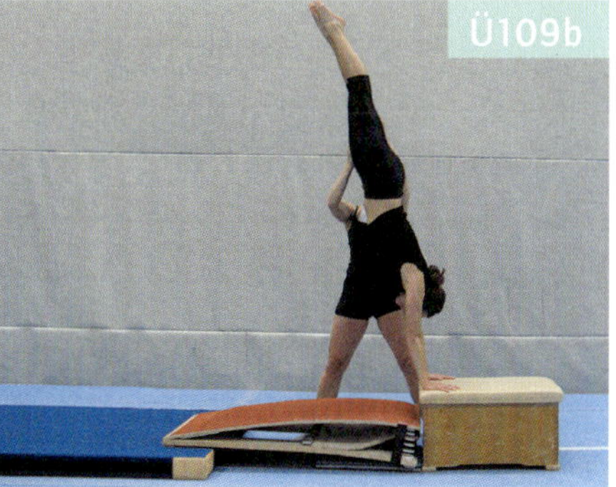

3 Exzentrisches Krafttraining für Landungen

Bei allen Landungsübungen ist auf eine gute Technik (vgl. S. 130ff.) zu achten. Der Übende sollte sich stets bemühen, die Fersen abzusenken und in eine kurze Ruheposition zu kommen.

Als Übungserschwerung können in Ü110-Ü114 kleine Gewichte eingesetzt werden, zum Beispiel einen Ball in Schrägvorhochhalte halten.

Beispielübungen für die Landungsschulung und zur Verbesserung der Haltekraft

Ü110: Halbhoher Hockstand, Arme in Schräghochhalte und mit kleiner Auf- und Abwärtsbewegung 30 Sekunden wippen.
Erschwerung: einbeinig, ggf. mit Gleichgewichtshilfe.

Ü111a/b: 30 Sekunden lang Strecksprung und Landung im halben Hockstand abwechselnd durchführen. Körperschwerpunkt bleibt über Kniehöhe.
Erschwerung: Übung auf einem Weichboden ausführen.

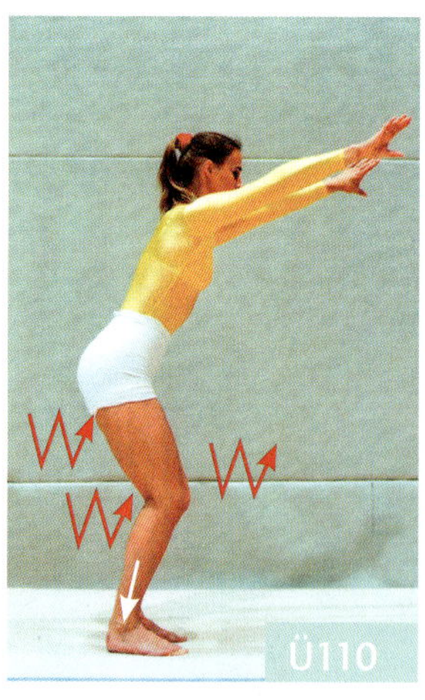
Ü110

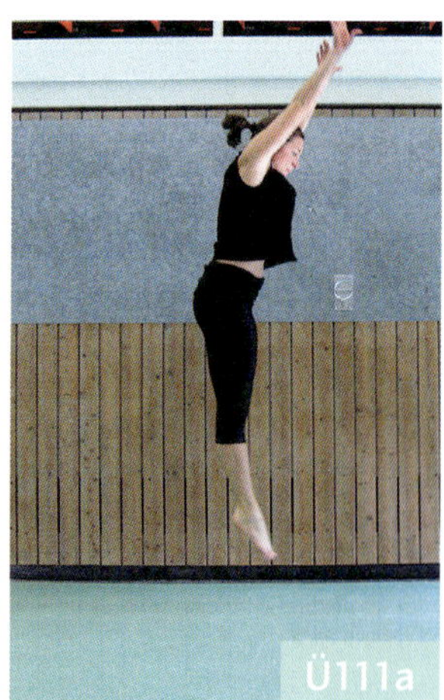
Ü111a

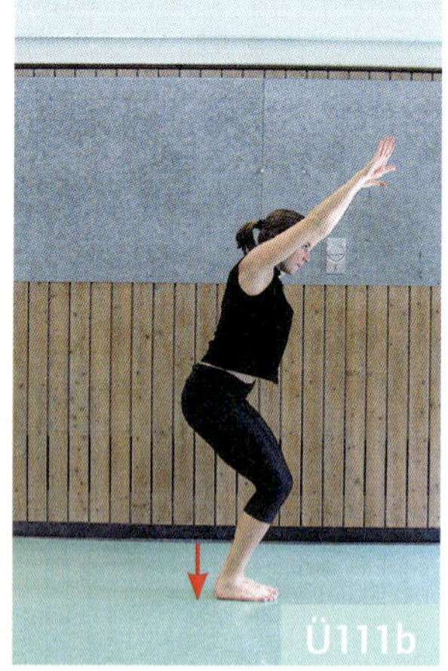
Ü111b

Ü112a-c: Niedersprünge/Strecksprünge vom kleinen Kasten.

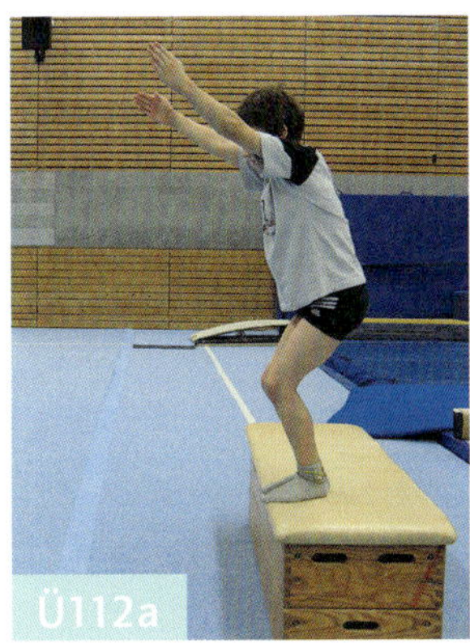
Ü112a

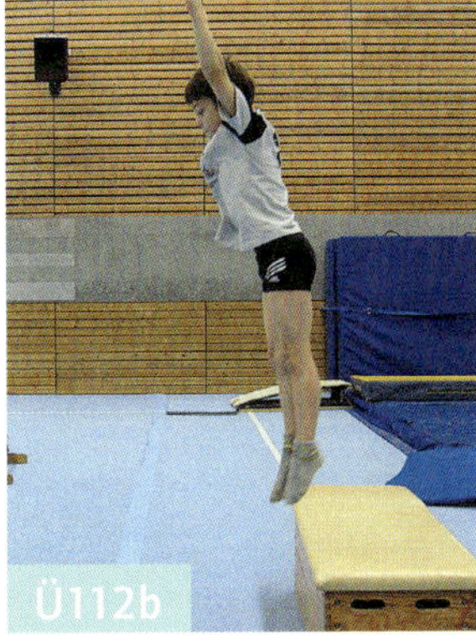
Ü112b

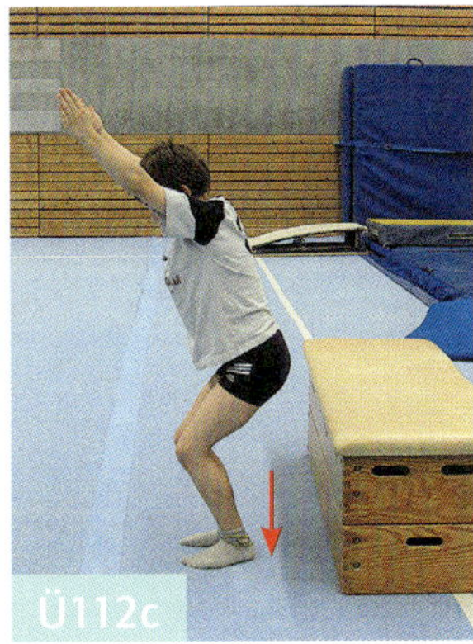
Ü112c

Ü113a/b: Niedersprünge/Strecksprünge vom hohen Kasten.

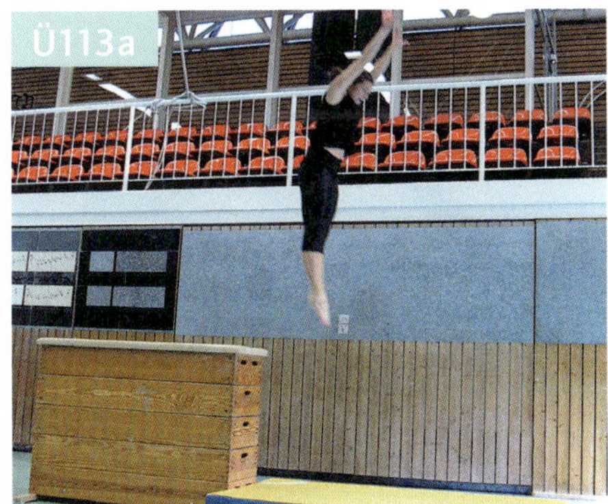
Ü113a

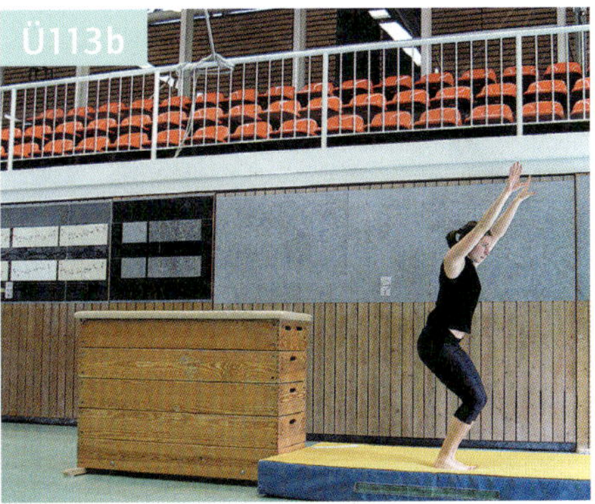
Ü113b

Ü114a/b: Landungen aus (Anlauf) Prellabsprung vom Brett mit anschließenden, geformten Sprüngen/Salto.

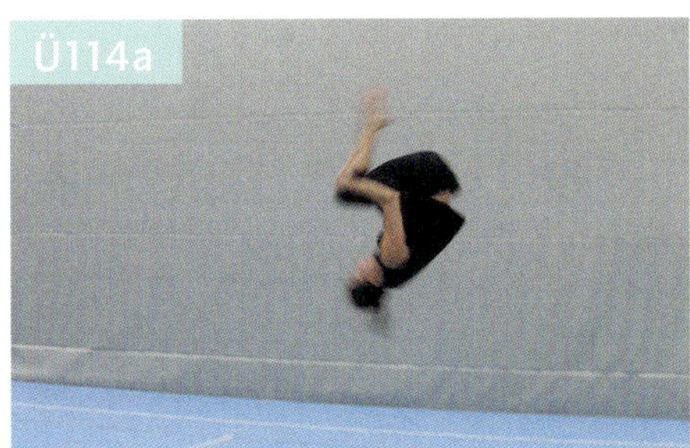
Ü114a

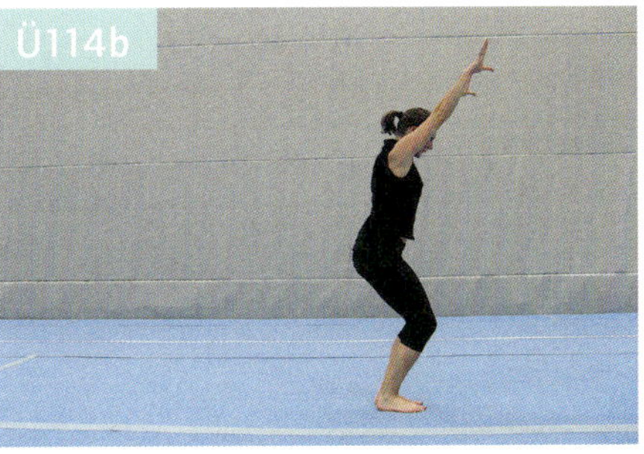
Ü114b

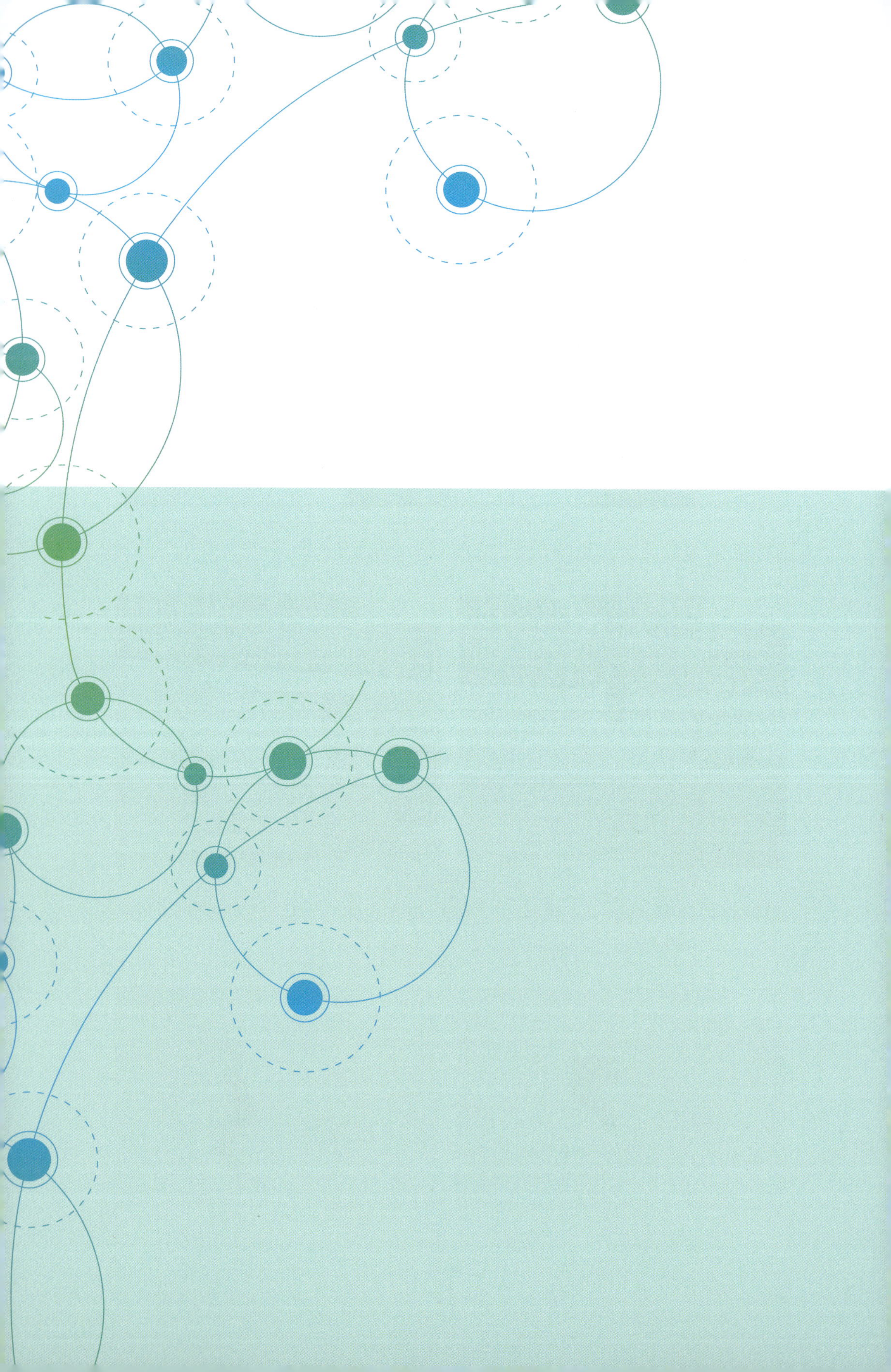

TEIL A

PRAKTISCHE GRUNDLAGEN ZUR METHODIK: SCHAFFUNG VON LERN- UND LEISTUNGSVORAUSSETZUNGEN

Teil A

IV HANG- UND STÜTZGERÄTE: KRAFT- UND TECHNIKSCHULUNG DER BASISBEWEGUNGEN

Die Stützkraft der Armstrecker (M. triceps), die Kraft der muskulären Stütz- und Hangschlinge (M. serratus rhomboideus) sowie allgemein eine Halte- und Schnellkraftfähigkeit der Muskulatur im Rumpf- und im Schultergürtel bilden die Grundlage für alle Elemente, die aus und im Stütz- und Hangverhalten geturnt werden. Im Hang kommt eine ausgeprägte Haltekraft der Hände hinzu, die über das Halten des eigenen Körpergewichts hinausgeht. Hinzu kommt, vor allem im Fortgeschrittenenbereich, die Kombination der Kraftanforderungen an die Stütz- und Haltemuskulatur mit einer Restkörperanspannung, die in der Regel in Form der Körperhaltung eines „Schiffchens" ausgeführt wird.

Ergänzend zum Techniktraining sollten trainingsbegleitende Kraftübungen – in technisch sauberer Form, in unterschiedlichen Stützpositionen und mit guter Körpermittelspannung – durchgeführt werden. Diese erfolgen zum Beispiel zu Trainingsbeginn, als in sich abgeschlossene eigene Trainingseinheit oder aber mit einem vom Trainer zusammengestellten kleinen Programm als „Hausaufgabe".

1 Schwingen mit Schwungverstärkung

Das Schwingen im Hang mit Schwungverstärkung ist gekennzeichnet durch eine rhythmische Annäherung und Entfernung der Körpermassen von der Aufhängestelle bzw. Drehachse „Stange".

Ob im Stütz oder Hang: In der Abwärtsbewegung werden die Körperteilschwerpunkte von der Stange entfernt, das heißt aktiv weggeschoben. Von der Zentrifugalkraft wird die Muskulatur haltend-nachgebend *(exzentrische Muskelarbeit)* und dehnend weggezogen, um anschließend wieder als Beugemuskulatur schnellkräftig sich kontrahierend *(konzentrische Muskelarbeit)* die Gelenke zu winkeln und die Körperteilmassen der Stange, gegen die Schwerkraft und die Fliehkraft, anzunähern. Dies betrifft im Turnen vor allem die großen Körperwinkel im Schulter- und Hüftgelenk. Damit gehören Halte- und Schnellkraftübungen – basierend auf Maximalkraftübungen – zum Standardtrainingsprogramm aller Turnenden.

Anders formuliert:

Beim **Aufwärtsschwingen** vorwärts oder rückwärts (Foto G) von der Hang- bzw. Stützsenkrechten muss der Körperschwerpunkt (KSP) der Drehachse durch „Verkürzen" der Länge des Körpers über schnelles, leichtes Winkeln in den großen Arm-Rumpf- und Bein-Rumpf-Gelenken angenähert werden (= Pendelverkürzung).

An den Hanggeräten übt durch die **Konterbewegung** das peitschenartige Krümmen des Körpers zusätzlich einen Zug auf die elastische Drehachse „Stange" aus, um dann im Umkehrpunkt, durch Zurückschnellen der Stange, in einer umgekehrten Körperkrümmung den Körper zusätzlich aufwärts zu transportieren.

Beim **Abwärtsschwingen** vorwärts (Foto H) oder rückwärts, ab dem Umkehrpunkt vom Aufschwingen zum Abschwingen betrachtet, muss der Körperschwerpunkt (KSP) von der Drehachse, durch „Verlängerung" der Länge des Körpers, über ein schnelles Strecken in den großen Arm-Rumpf- und Bein-Rumpf-Gelenken entfernt werden (= Pendelverlängerung). Unter Schwerkraftwirkung fällt der Körper beschleunigt, um vor der Hangsenkrechten (... ausreichend früh vorbereitet) peitschenartig wieder in eine in Bewegungsrichtung „gespannte Körperkrümmung" zu wechseln. An den Hanggeräten wird die Umkehren der Körperkrümmung im Umkehrpunkt durch das Zurückschnellen der elastische Drehachse „Stange" erleichtert.

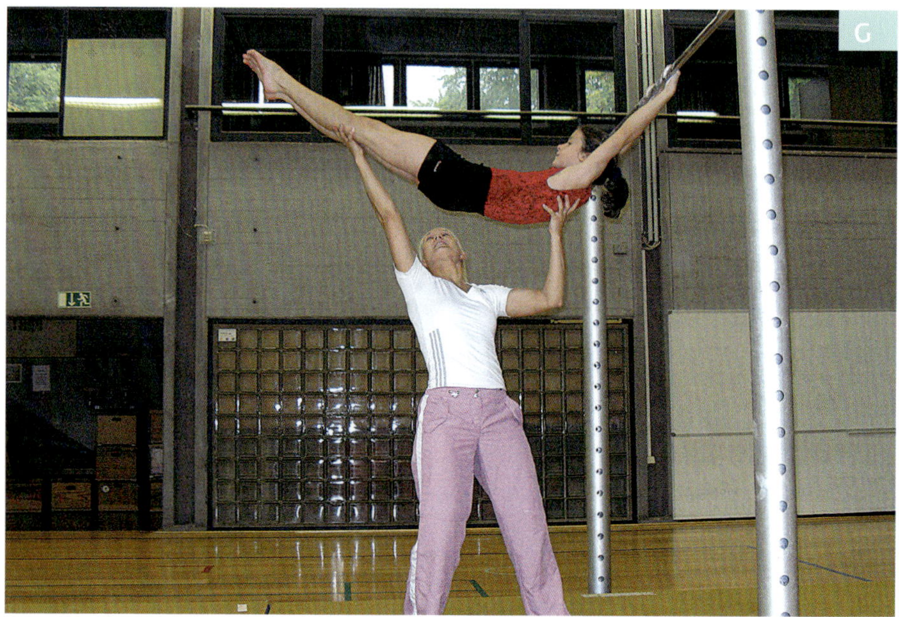

Verdeutlichung der Schiffchenposition für die Aufwärtsbewegung

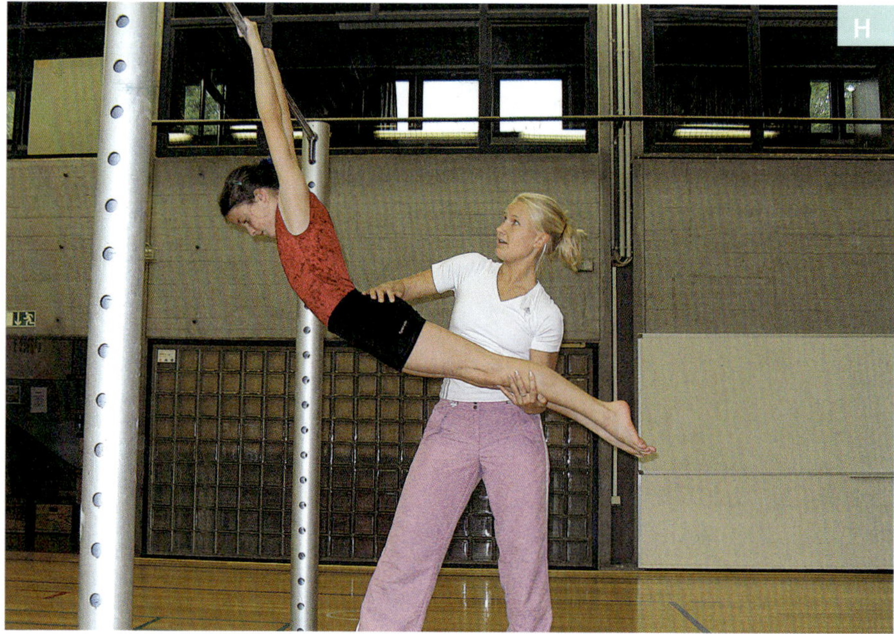

Verdeutlichung der Bogenspannung für die Abwärtsbewegung

2 Schwünge im Stütz – Beispielübungen für Krafttrainingsformen

Stützübungen und Schwünge im Stütz sollten immer mit einer sehr guten Körperspannung durchgeführt werden. Abgeleitet von der Basisform „Schiffchen", ist

- der *Rücken* hierbei leicht *gerundet*,
- die *Schultern* sollten als fest empfunden werden und
- der *Kopf* befindet sich zwischen den Armen.
- Der *Mittelkörper* ist mit aufgerichteter Hüfte fest „gebunden" und eher leicht gewinkelt und
- die *Beine* sollten selbstverständlich im Rahmen der Ganzkörperspannung auch gestreckt und fest sein.

2.1 Beispielübungen zur Verbesserung der Stützkraft

Ü115: Querstütz am Parallelbarren in schulterbreiter (relativ enger) Holmengasse: Vorwärtsstützen („Stützeln") mit gespanntem Körper *(Hinweis: nicht für stützschwache Kinder und Jugendliche geeignet)*.

Ü116: Seitstütz am Barren/Reck/Balken/Kasten: Seitwärts zu einer Seite stützen, und zurück (Handgelenke möglichst geöffnet/gestreckt halten).

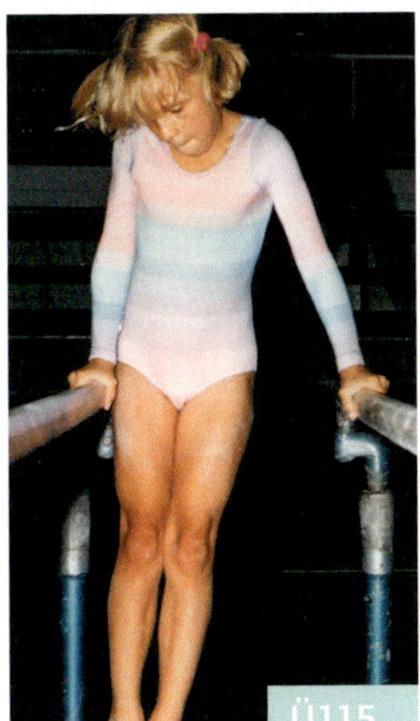
Ü115

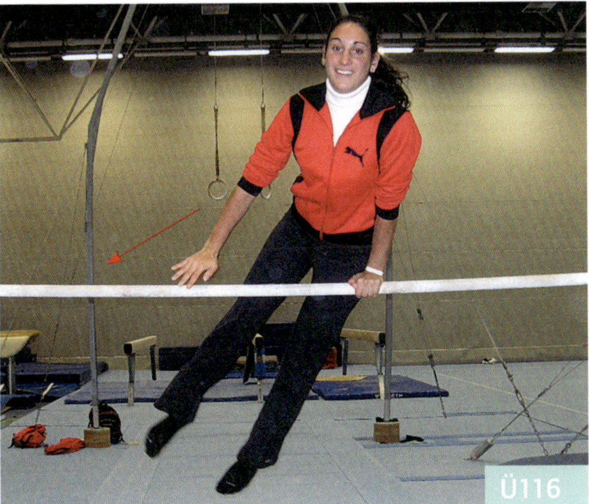
Ü116

Ü117a-c: Anlauf oder Federn am Ort zum Absprung in den Stütz am Reck mit leicht angehobenem Körper im Stütz, Kopf von den Schultern herausgehoben, Niedersprung, Pause und Übungswiederholungen.

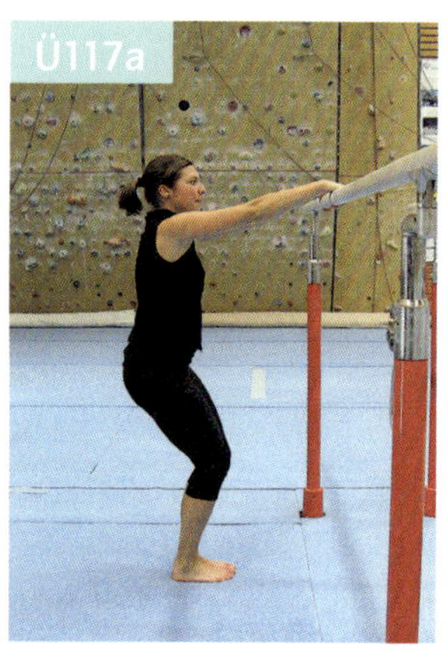
Ü117a

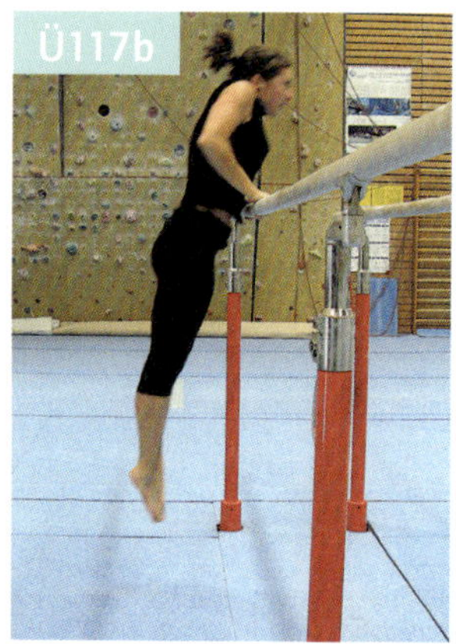
Ü117b

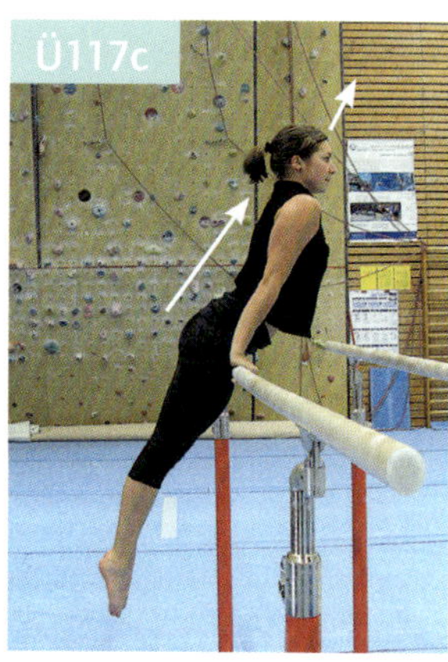
Ü117c

Ü118a-d: Auf**stützen** (vgl. Fotos Ü117a-c) und Rückschwung in den flüchtigen freien Stütz (Foto Ü118a) und Niedersprung, mit Landung eine Armlänge von der Stange entfernt. Die Übung mehrmals wiederholen.

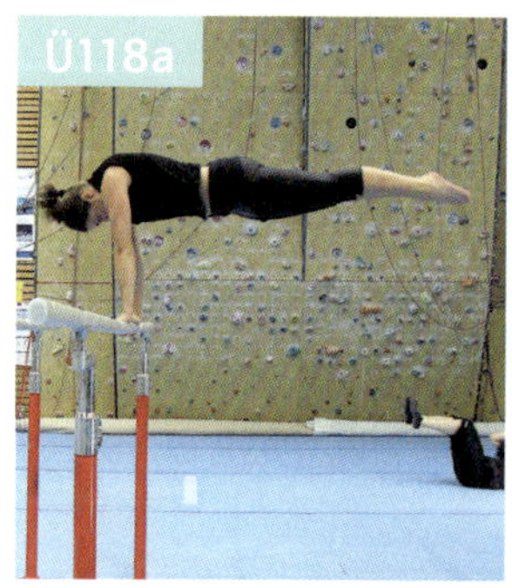
Ü118a

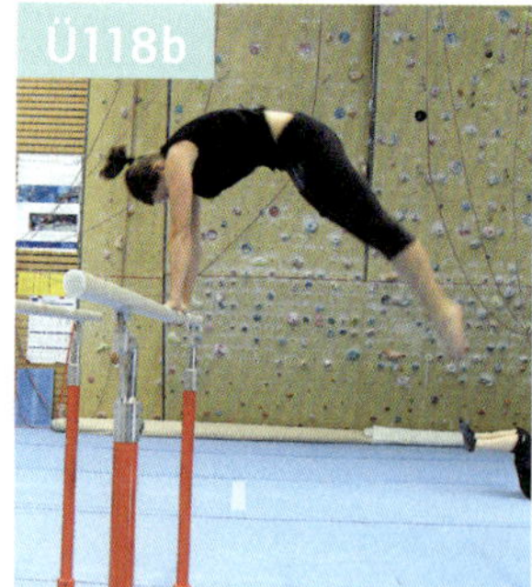
Ü118b

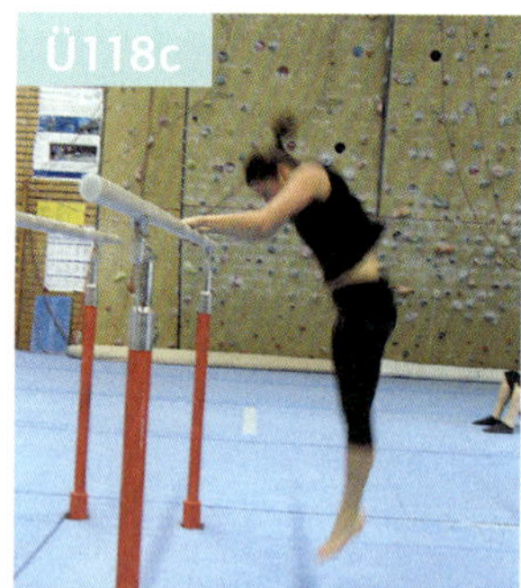
Ü118c

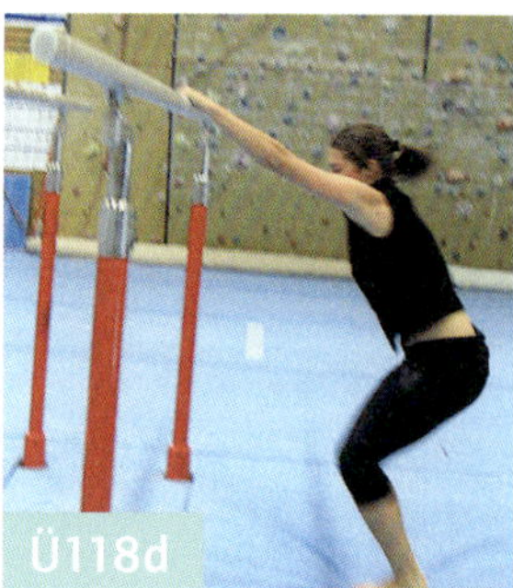
Ü118d

Ü119a-c: Auf**stemmen** mit gestreckten Armen in den Stütz.

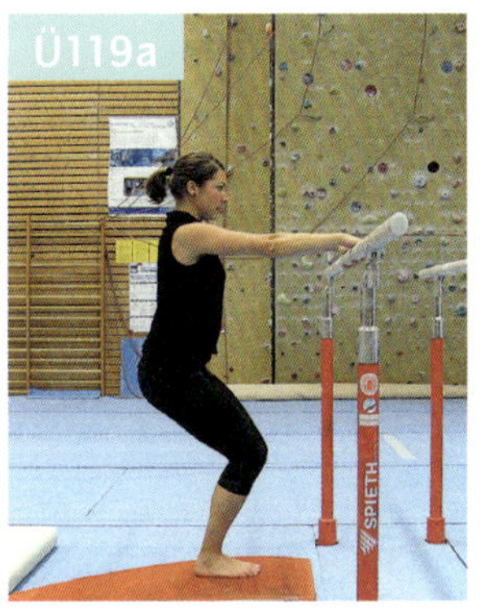

Ü119a

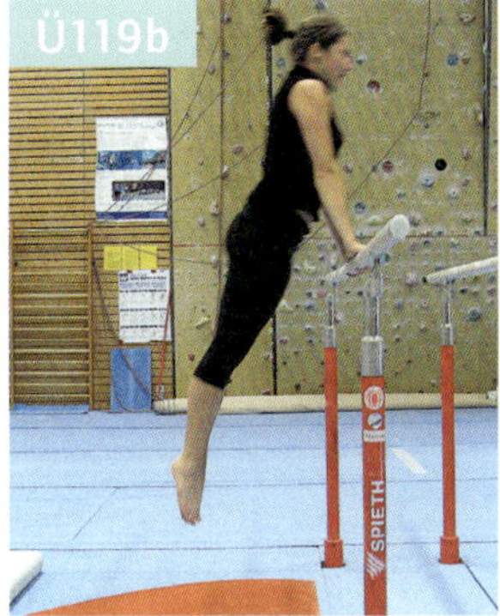

Ü119b

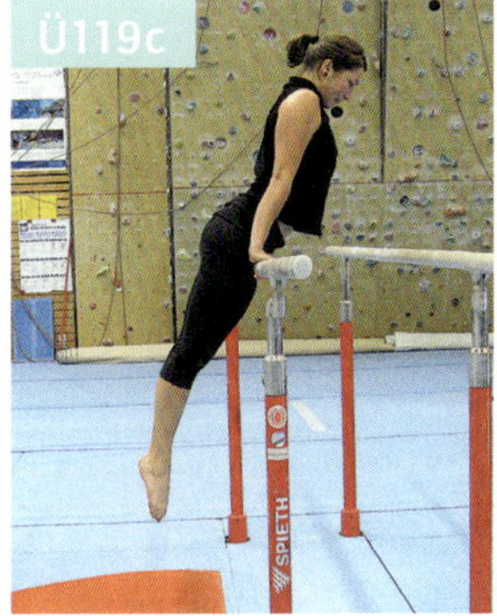

Ü119c

Ü120a-c: Auf**stemmen** mit gestreckten Armen in den Stütz (vgl. Fotos 119 a-c), Vorschwung, Rückschwung in den freien Stütz und Niedersprung zur Landung/zum Abprellen und zum erneuten Aufstemmen.

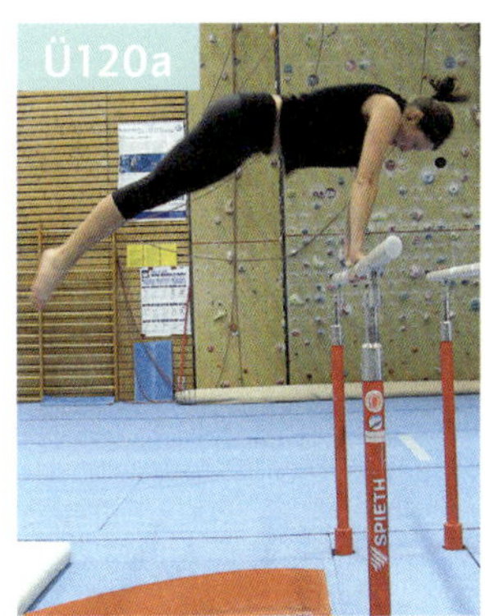

Ü120a

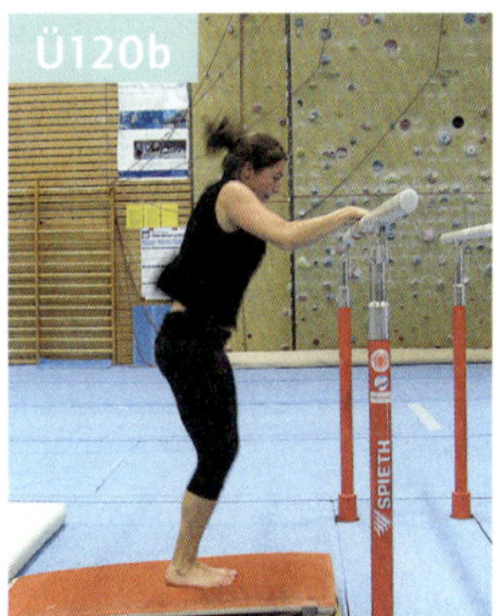

Ü120b

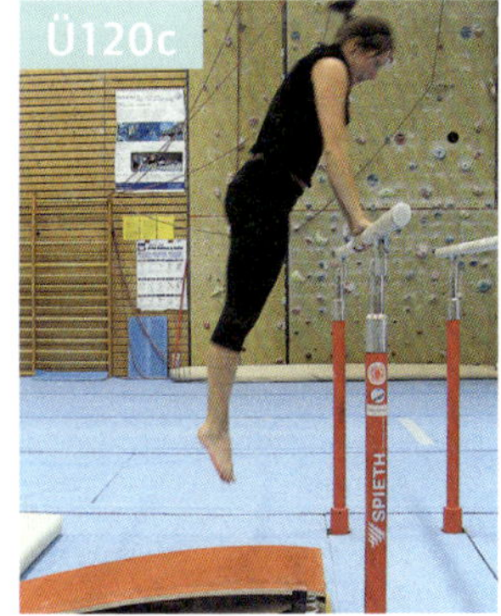

Ü120c

2.2 Beispielübungen zur Verbesserung der Stützkraft in Kombination mit der Schiffchenhaltung

Ü121: Rückenlage, Schiffchenposition einnehmen und die Arme dabei in der Senkrechte halten und Position kinästhetisch verinnerlichen.

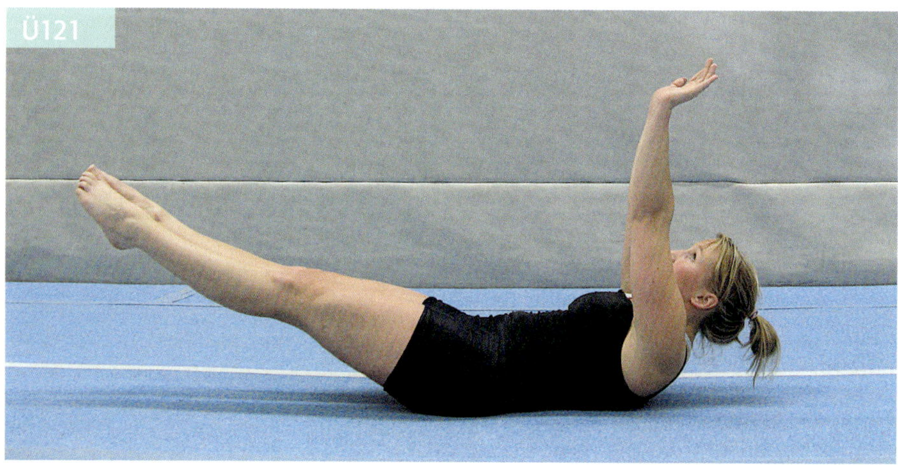
Ü121

Ü122: Liegestütz vorlings längere Zeit halten, ggf. korrigieren lassen und Position kinästhetisch verinnerlichen.

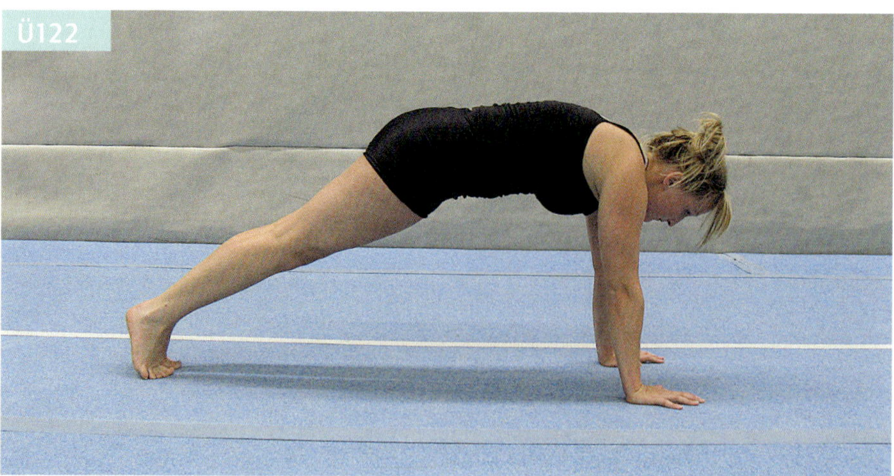
Ü122

Ü123a-c: Liegestütz mit erhöhtem (a) Aufsetzen der Füße, auch mit Stütz auf Handstandklötzchen/sehr niedrigem Holm (b) oder überschulterhohem Aufsetzen der Füße an der Wand (c): Einnehmen und Halten der Schiffchenposition.

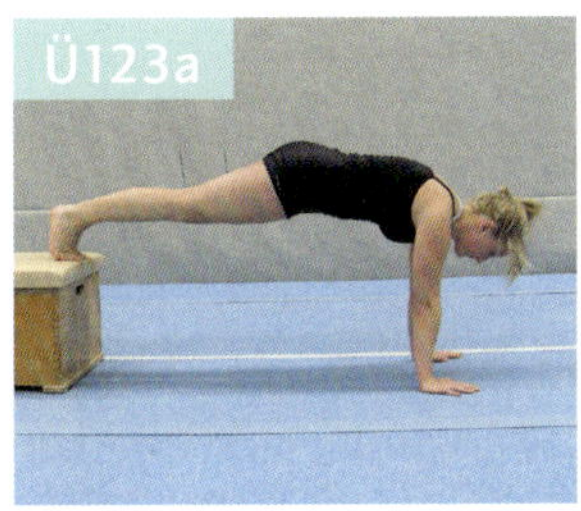
Ü123a

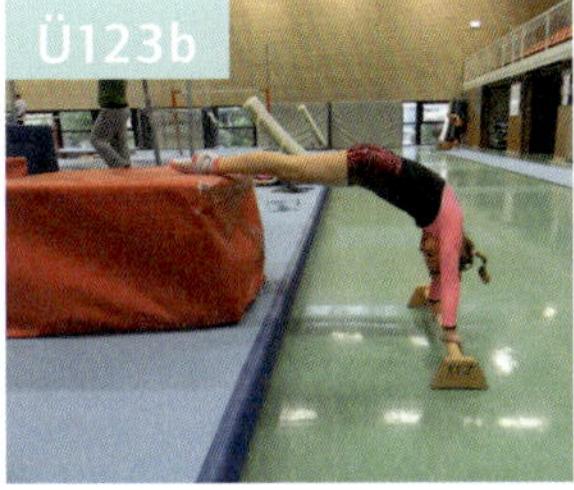
Ü123b

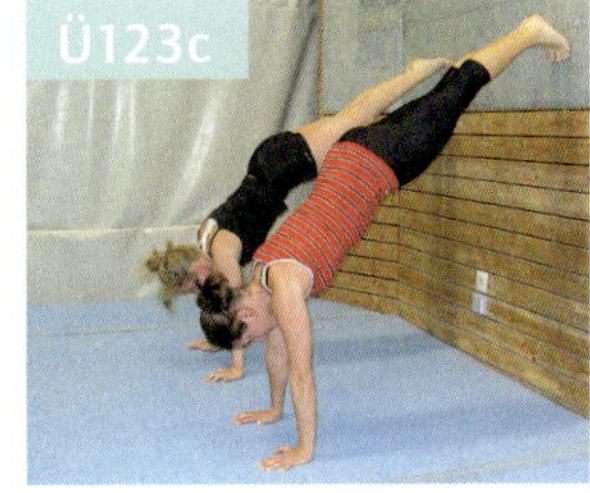
Ü123c

Ü124: Liegestütz vorlings, mit den Händen bei gestreckten Armen und aus den Schultern heraus vor-, rück- und seitwärts bewegen. Die Füße bleiben am Ort oder bewegen sich anpassend mit.

Ü125: Liegestütz vorwärts, der Partner hebt den Turnenden an den Beinen/Füßen über die Waagerechte: Schubkarre mit gestreckten Armen und in Schiffchenposition mit Abdruck aus den Schultern.

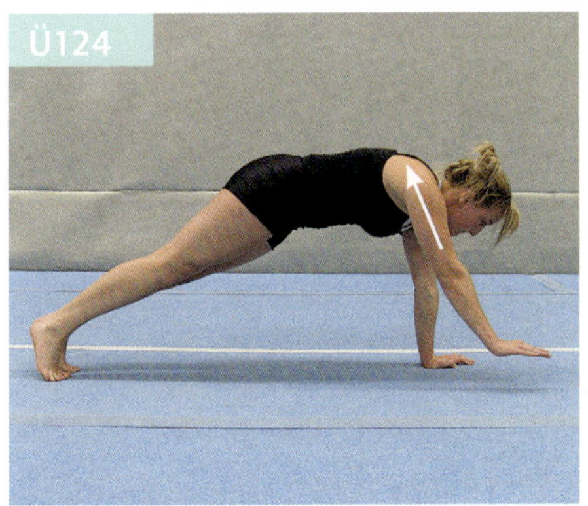
Ü124

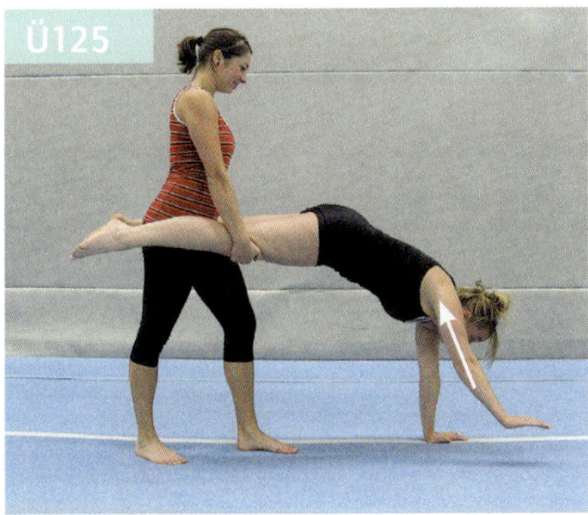
Ü125

2.3 Beispielübungen für die Kernposition „Liegestütz" als Voraussetzung für die Schwünge im Stütz mit Vor- und Rückverlagern der Schultern und aus dem Schwung geturnt

Ü126a/b: Liegestütz, der Partner hält die Füße etwas über Schulterhöhe des Übenden. Vor- und Zurückschieben des Schultergürtels durch den Turnenden.

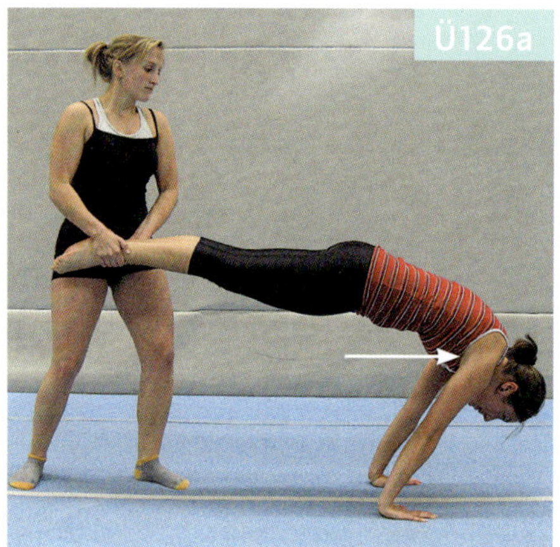
Ü126a

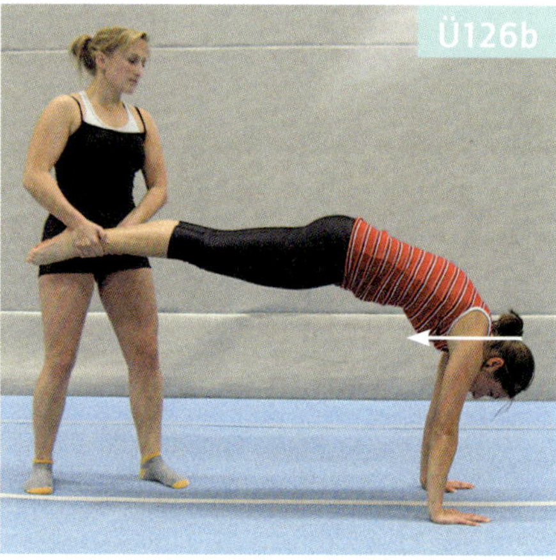
Ü126b

Ü127a/b: Liegestütz, die Füße sind etwas über Schulterhöhe mit dem Fußrist, z.B. auf einem kleinen Kasten, aufgelegt: Vor- und Zurückschieben des Schultergürtels.

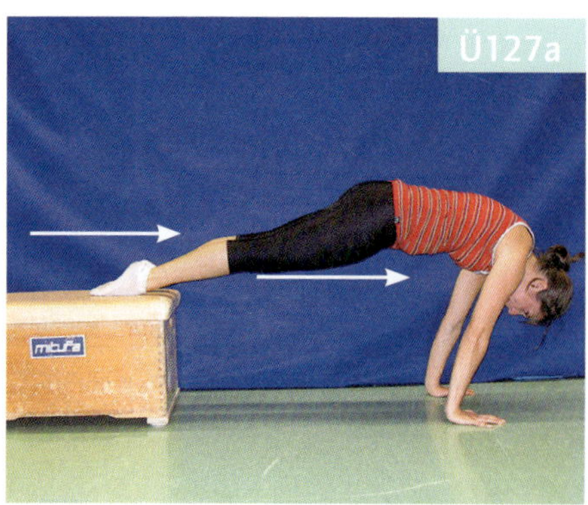
Ü127a

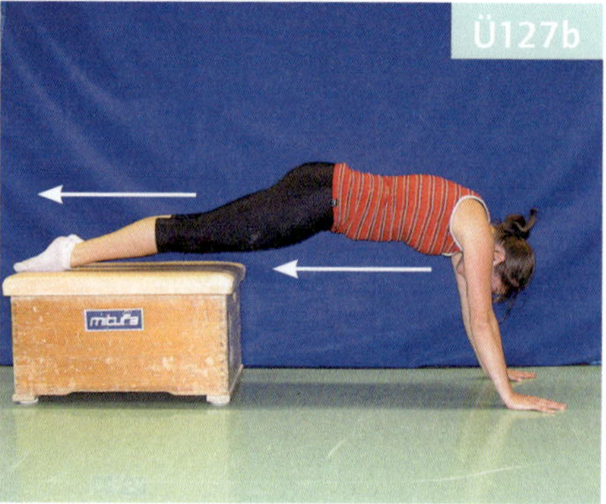
Ü127b

Tipp: Socken dabei tragen

Ü128a/b: Liegestütz vorlings, Füße auf einem Rollbrett aufgesetzt: Vor- und Zurückschieben des Schultergürtels.

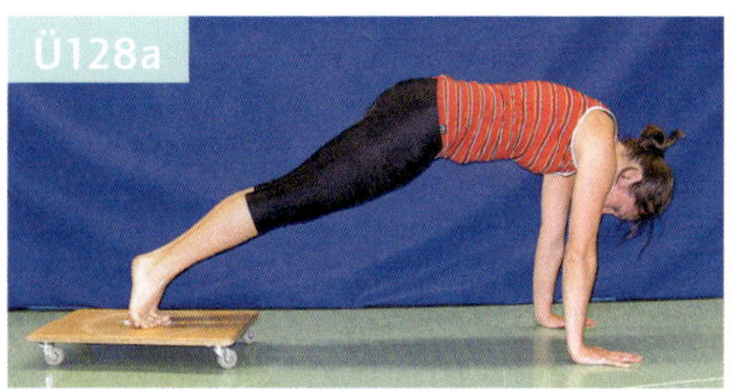
Ü128a

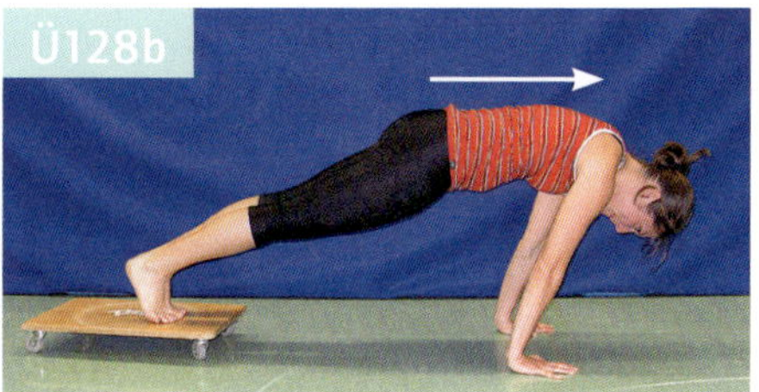
Ü128b

Ü129a-c: Parallelbarren, Liegestützposition auf den Holmen: Abdruck und Absenken des Körpers, Vorschwung und Rückschwung in den erneuten Liegestütz vorlings auf den Barrenholmen.

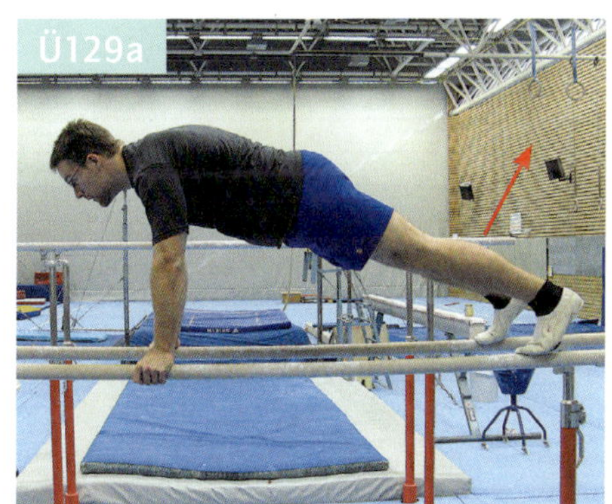
Ü129a

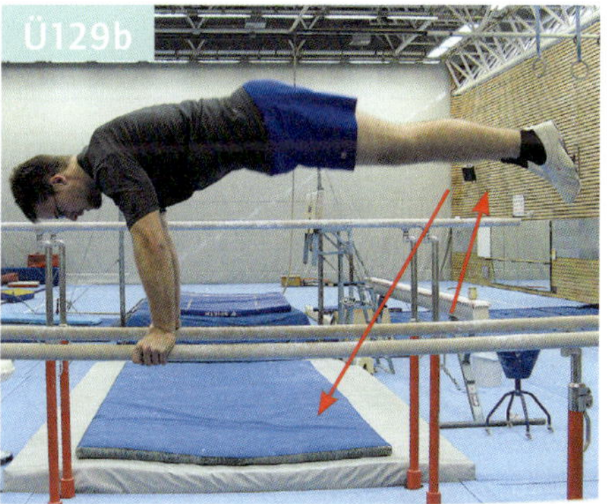
Ü129b

Ü130: Parallelbarren, Vorschwung und Rückschwung in den freien Stütz über Holmhöhe, dabei in Schiffchenposition am Ende des Rückschwungs turnen (Trainer hält ggf. kurz die Position).

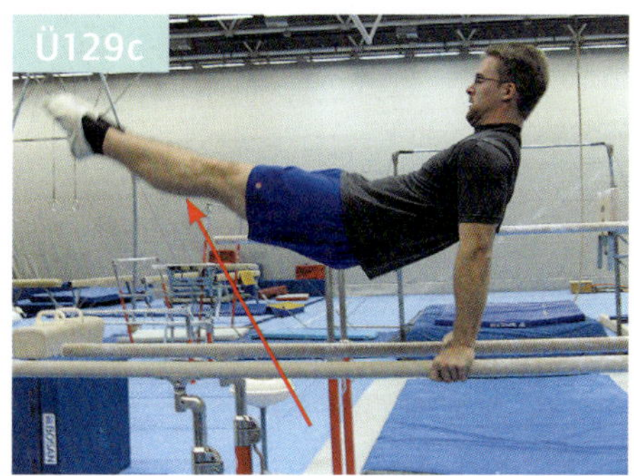
Ü129c

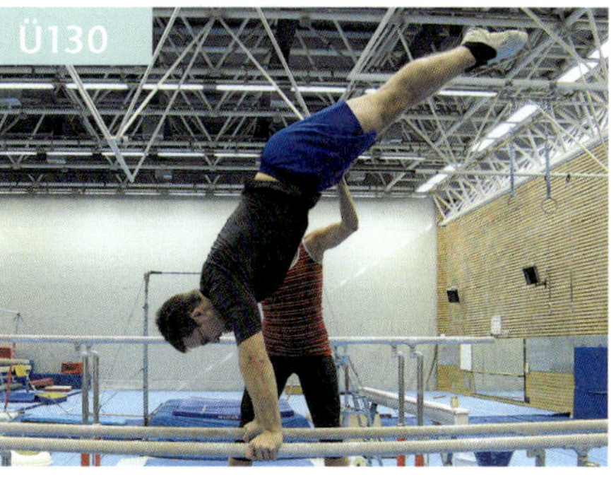
Ü130

2.4 Beispielübungen für den Rückschwung in die Körperhaltung „hohe Schiffchenposition"

Ü131: Seitstütz, Stütz, Rückschwung in den freien Stütz (90°), der Trainer oder ein bis zwei Partner fixieren in der Schiffchenposition unterstützend unter dem Bauch und dem Oberschenkel, die Schulter wird leicht vorverlagert.

Trainerhilfegebung bei guten, leichten Turnern: die nahe Hand fixiert von vorne am Oberarm die Schulter, die ferne Hand hebt und hält unter dem Oberschenkel den Turnenden (vgl. Fotos Ü131-Ü133).

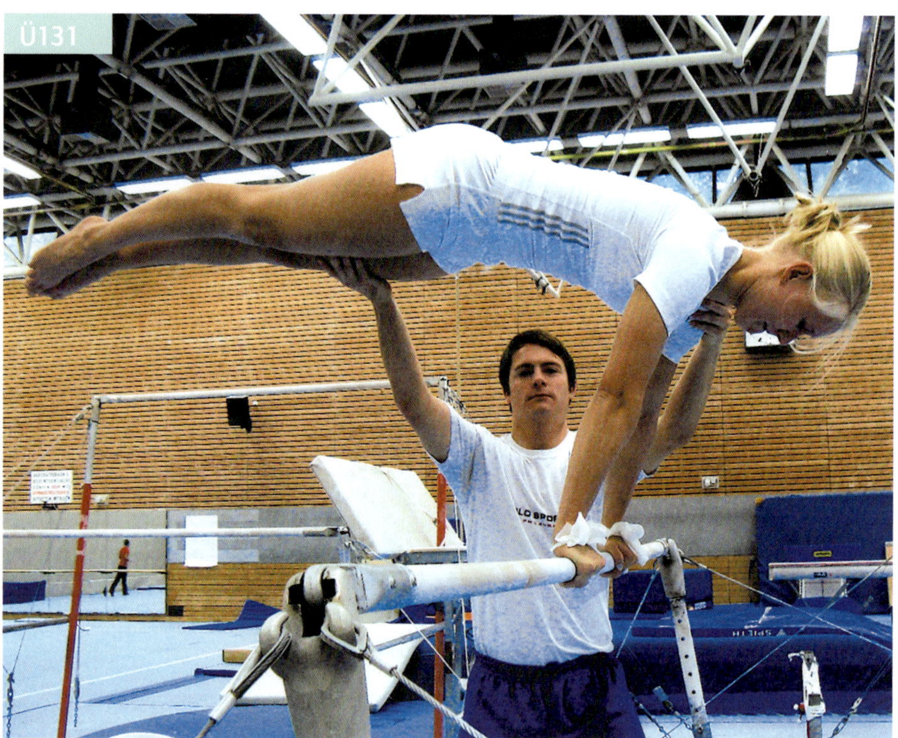
Ü131

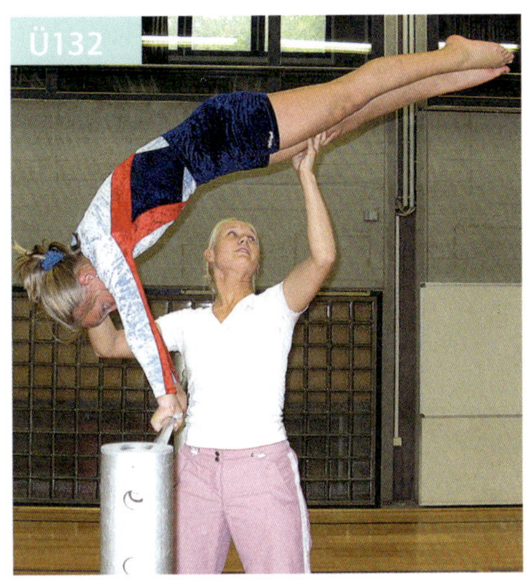

Ü132: Stütz, Rückschwung in den freien Stütz **über 90°**, ein Trainer oder zwei Partner unterstützen mit naher Hand an der Schulter und mit ferner Hand unter einem Oberschenkel.

Ü133a/b: Aus dem Stütz, Vorschwung, energischer Rückschwung in den Handstand mit 1-2 erhöht stehenden Helfern (a): Die nahe Hand drückt von vorne den Schultergürtel über die Hände und ferne Hand hebt am Oberschenkel zum Öffnen des Arm-Rumpf-Winkels in die senkrechte Schiffchenposition (b) (= Handstand).

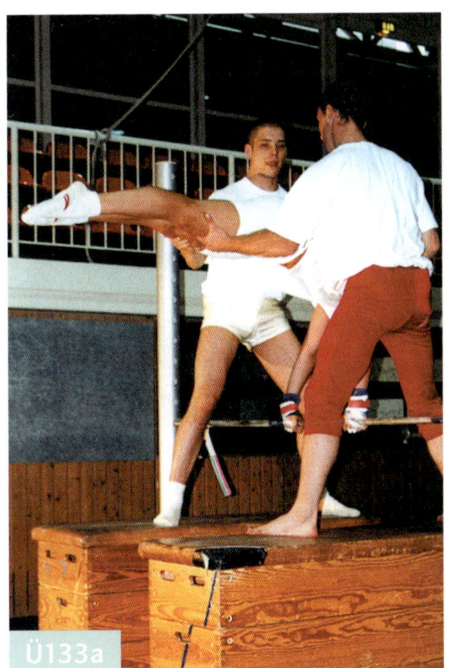

Ü133a

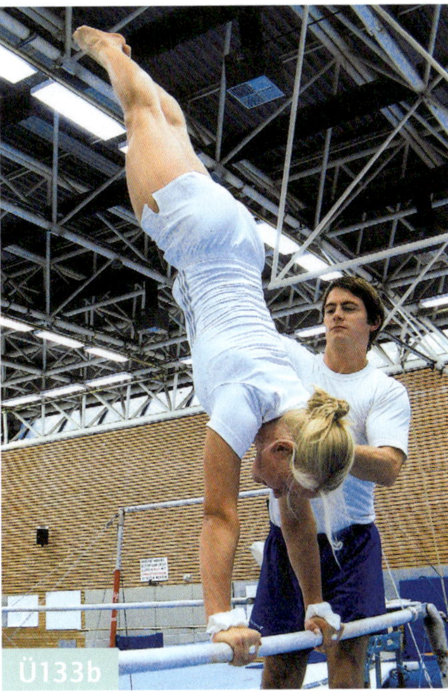

Ü133b

3 Schwünge im Hang – Beispielübungen für Krafttrainingsformen

3.1 Beispielübungen zur Verbesserung des reinen Hangs und des Schwingens im Hang

Ü134a/b: Haltekraft der Hände: Hangeln vorwärts (b), rückwärts, seitwärts (a) mit verschiedenen Griffen an der hohen Stange oder an hohen Parallelbarrenholmen. Beine ggf. gehockt oder gewinkelt in Vorhalte).

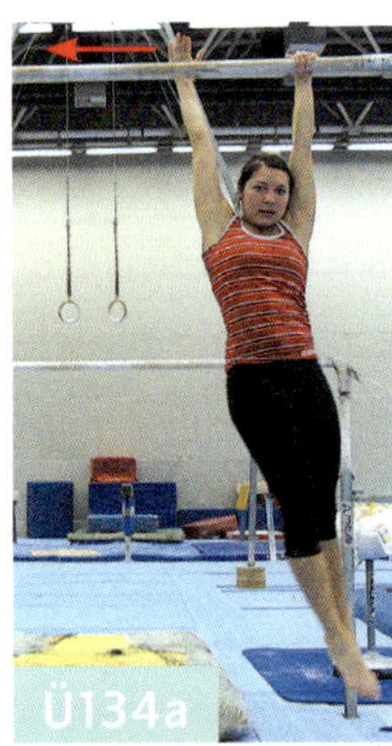
Ü134a

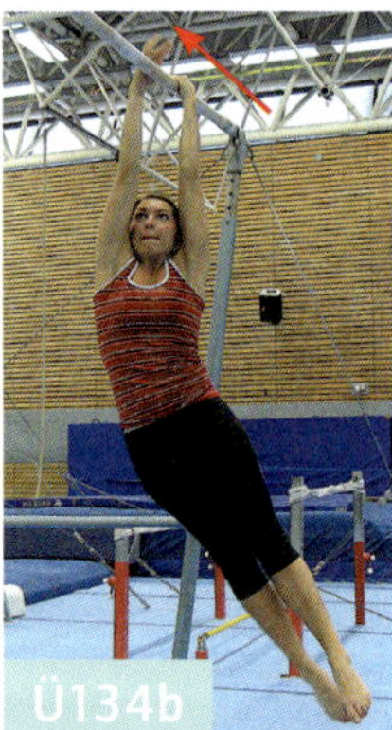
Ü134b

Ü135a/b: Anlauf, Absprung vom Brett in den Streckhang, Vorschwung zum Unterschwung (mehrere Durchgänge zügig hintereinander turnen).

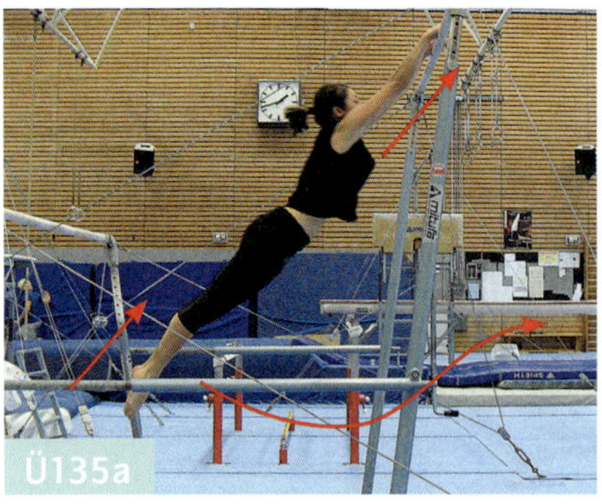
Ü135a

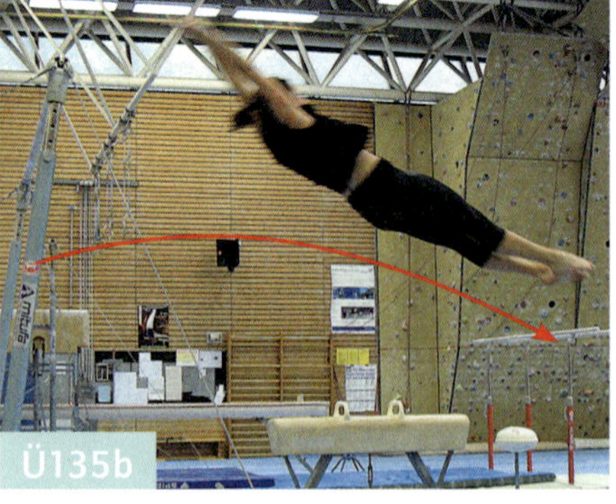
Ü135b

Ü136: Anlauf, Absprung vom Brett in den Streckhang, Vorschwung zum Unterschwung andeuten Endposition „Schiffchen" (Foto Ü136), Körperstreckung im Umkehrpunkt, Rückschwung mit Bogenspannung und erneut hinten Endposition „Schiffchen", Vorschwung mit Unterschwung zum Stand.

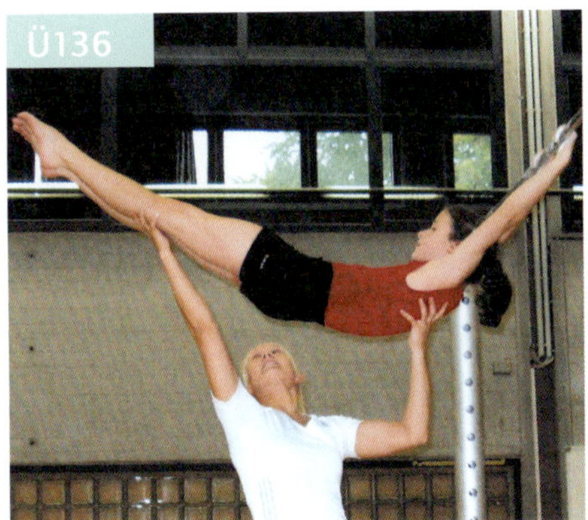
Ü136

3.2 Beispielübungen zur Verbesserung des Konterns und aktiven Schwingens im Hang

Ü137a-c: Kontern im Hang nach vorherigem Verdeutlichen der Endpositionen.

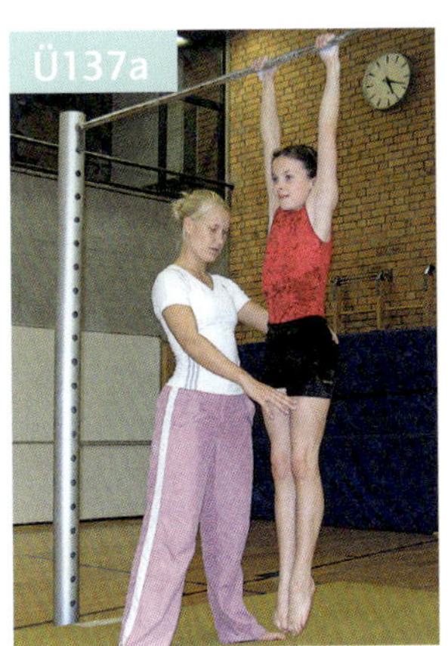
Ü137a

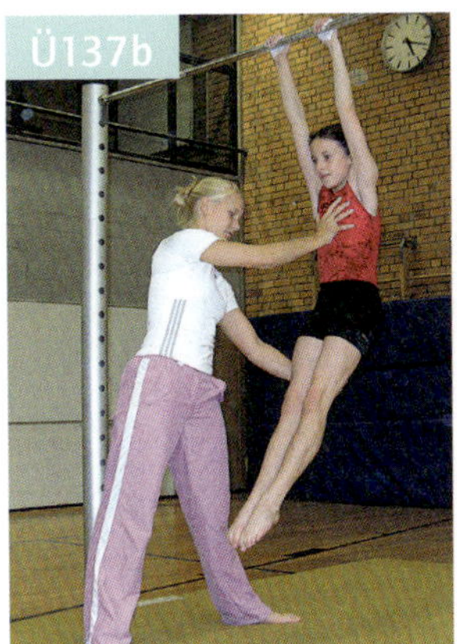
Ü137b

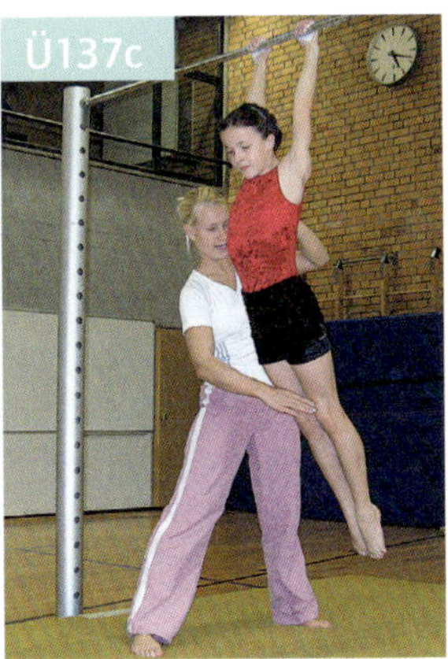
Ü137c

Ü138: Ansprung vom Kasten, Vorschwung mit Beugen in den großen Gelenken (wie beim Ansatz zum Unterschwung) und anschließendem Strecken, Abwärtsbewegung mit leichter Überstreckung vor der Hangsenkrechten. Rückschwung und erneuter Vorschwung.

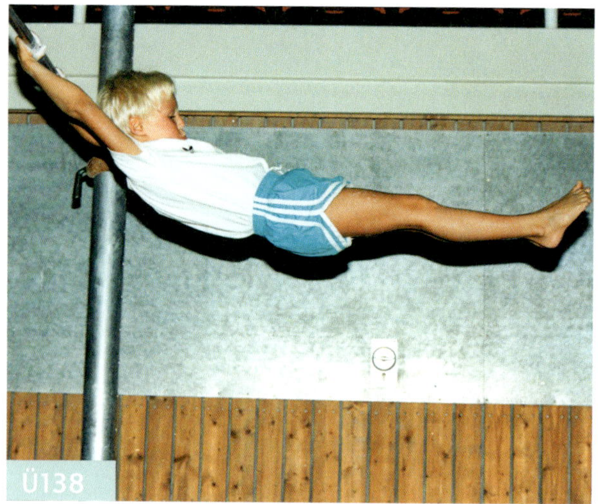

Ü138

Ü139: Aus der Konter- oder Unterschwungbewegung oder durch Anfangsimpuls des Trainers am Körper Schwingen im Hang mit steter Vergrößerung der Schwungamplitude (mit Reckschutz an den Händen empfohlen).

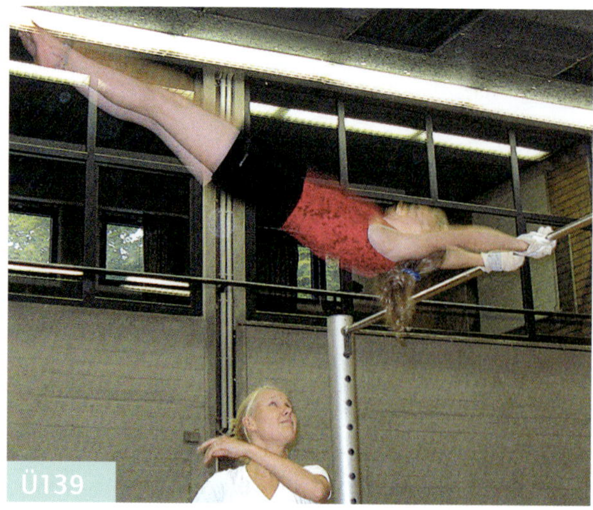

Ü139

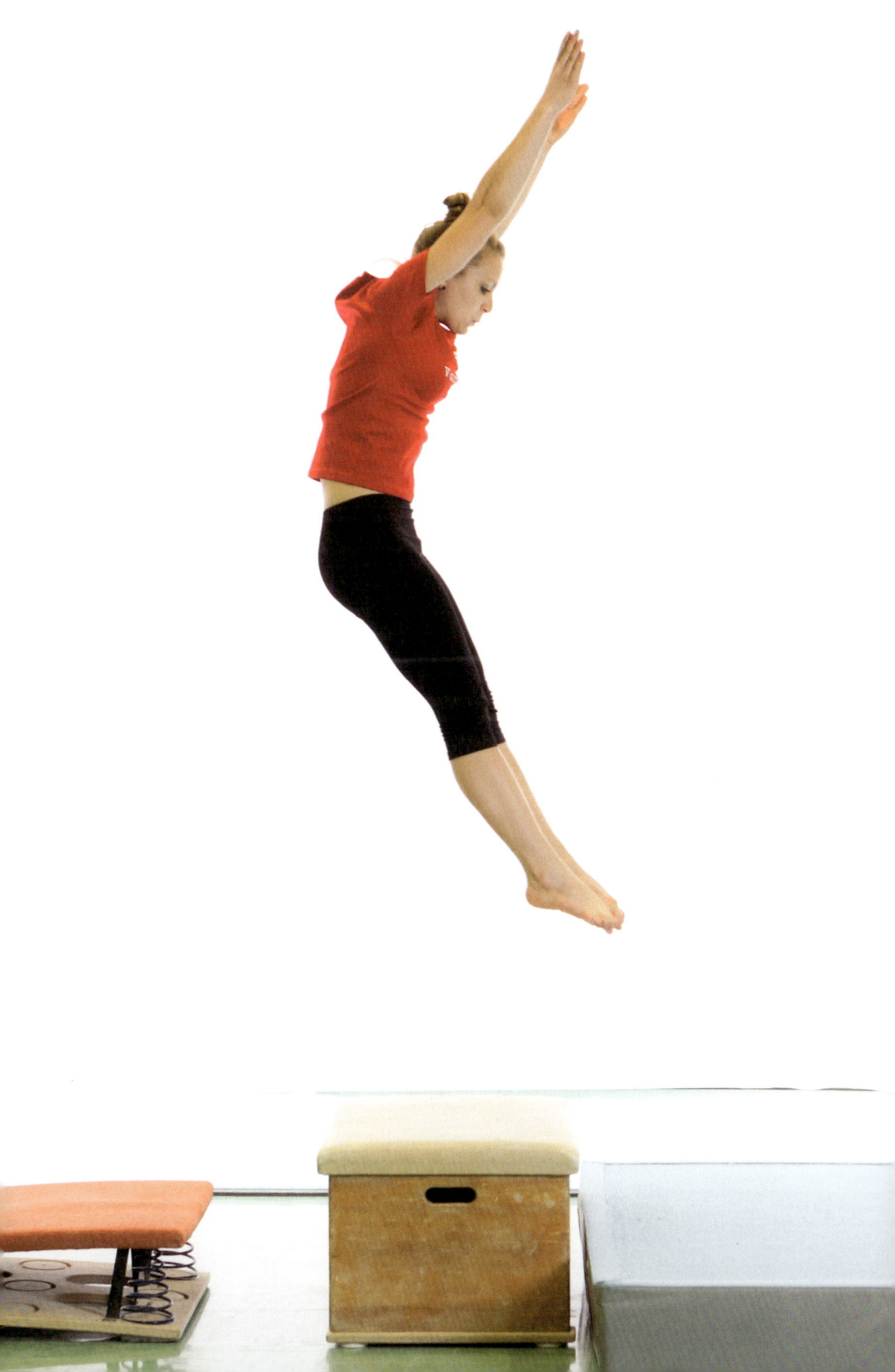

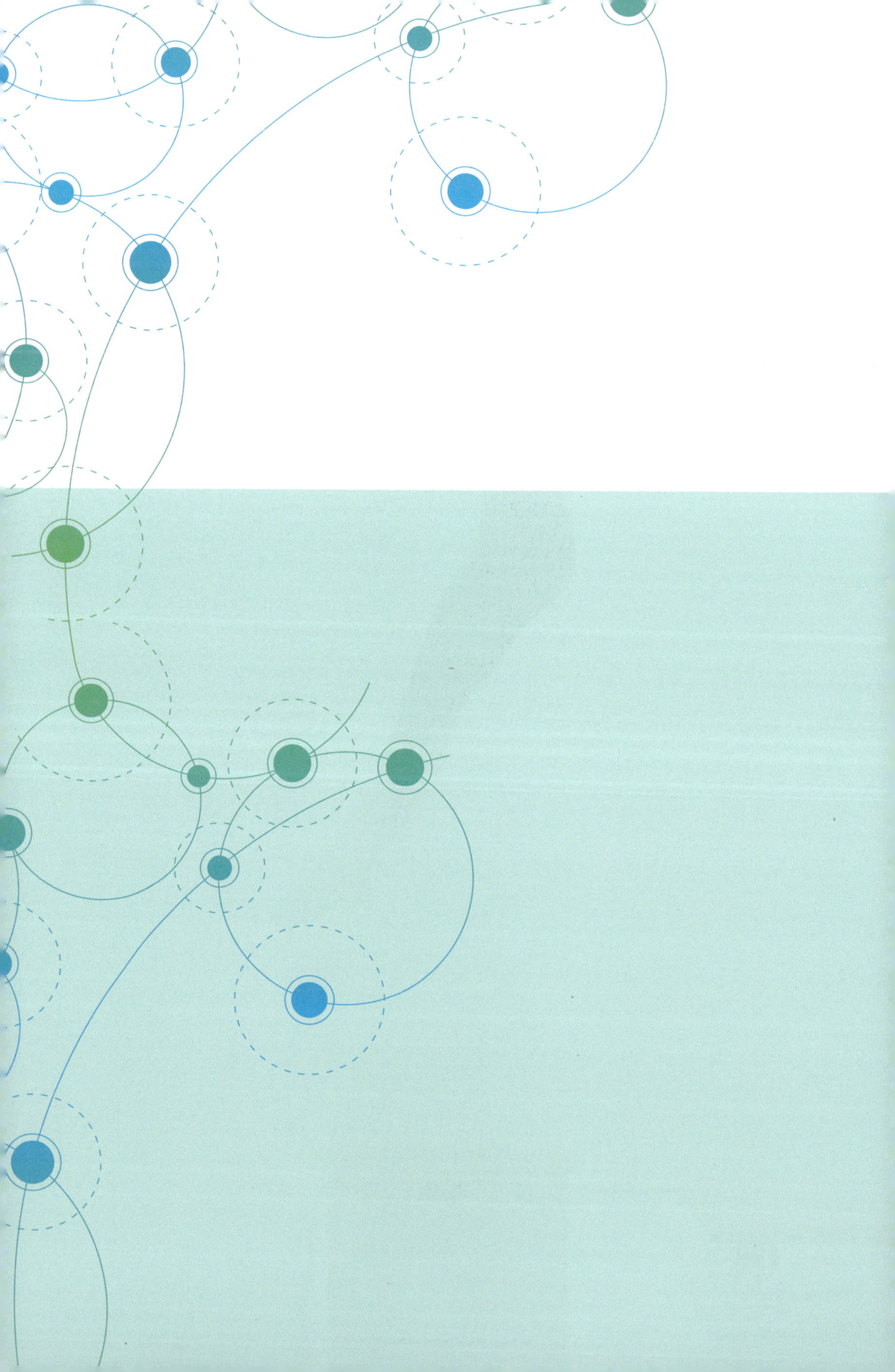

TEIL B

METHODIK ZU FERTIGKEITEN AN DEN GERÄTEN

Teil B

I SPRUNGGERÄTE

Stützsprünge sind eine Kombination aus Sprung- und Beinschwungbewegung, verbunden mit dem Stütz.

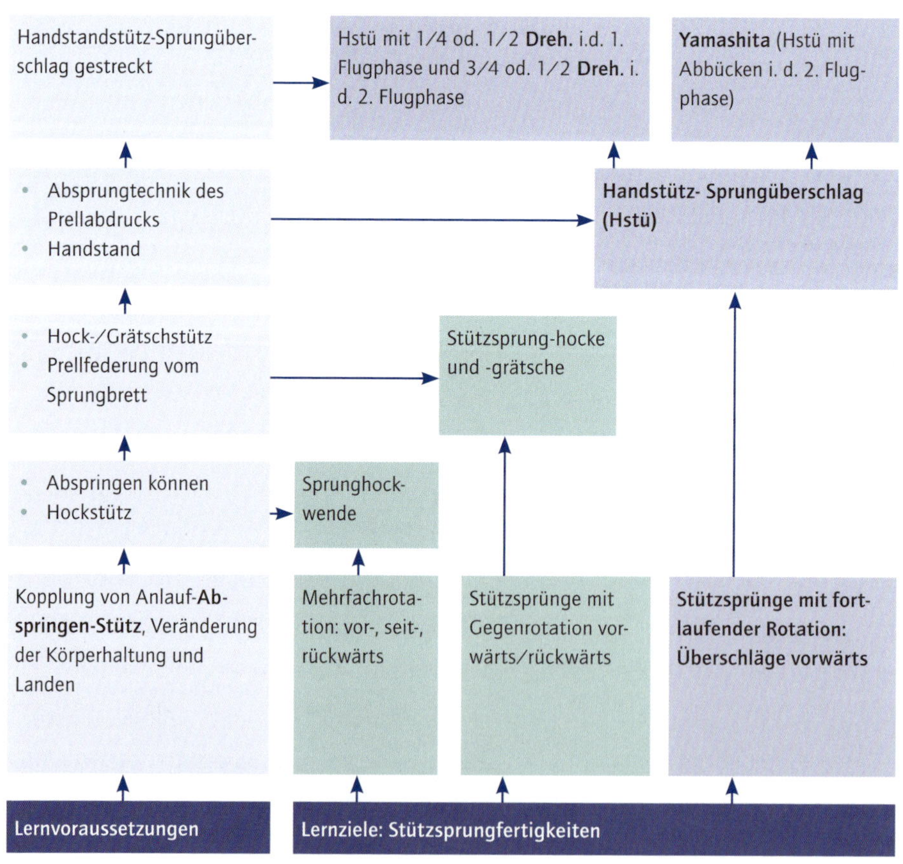

Abb. 15: Niveaustufen der Sprünge und ihre Lernvoraussetzungen (rechts dunkelviolett unterlegt = im Buch behandelte Sprünge der Gruppe der Überschläge, in der Grafikmitte violett unterlegte Sprünge = im „Basisbuch Gerätturnen" (2014) abgehandelte Elemente, links, hellviolett, die Lernvoraussetzungen)

Vereinfacht kann der Gesamtablauf der Stützsprünge in die Phasen

Anlauf – Absprung – erste Flugphase – Stützphase – zweite Flugphase und Landung

eingeteilt werden. Die beiden großen Hauptgruppen der Stützsprünge sind die mit Gegenrotation (Vorwärts- in Rückwärtsrotation), wie beispielsweise die Stützsprunghocke und -grätsche (vgl. Abb. 15). Die andere Stützsprunggruppe beinhaltet Sprünge mit fortlaufender Rotation, es sind in diesem Fall die Überschläge vorwärts (vgl. Abb. 18). Diese werden im vorliegenden Buch behandelt.

1 Absprung und Landung

1.1 Der reaktive Absprung/Abdruck (Prellabsprung)

Immer wird beim Gerät „Sprung" die *Absprunghilfe Sprungbrett*, gegebenenfalls auch das *Minitrampolin, eingesetzt*. In den vorbereitenden Übungen nimmt das Minitrampolin eine bedeutende Rolle ein. Auf der einen Seite besitzt dieses Gerät einen hohen Aufforderungscharakter, zum anderen erleichtert es als Hilfsgerät enorm die Realisierung von Stützsprüngen. Durch die Elastizität des Tuchs ist die Verweildauer auf dem Absprunggerät länger, damit haben vor allem Anfänger, zeitlich gesehen, eine bessere Möglichkeit, es zu schaffen, ihre Gelenke über die Muskelanspannung steif zu stellen. Dies ist wiederum eine Voraussetzung, um die Energie, die aus dem Tuch (später Sprungbrett) zurückkehrt, auch erfolgreich auf den Körper wirken zu lassen (weitere Erläuterungen siehe auch unter „Handstütz-Sprungüberschlag", S. 134ff.). Der Absprung aus dem Tuch ist technisch etwas anderes als vom Sprungbrett. Die leicht gebeugten Beine strecken sich *in* das Tuch, um es forciert nach unten zu drücken. Der Aussprung aus dem Tuch ist, vom Außenaspekt her betrachtet, dem Absprung vom Sprungbrett mit den gespannten und festen, gestreckten Beinen wieder ähnlich.

Der *beidbeinige Absprung* vom Sprungbrett (ähnlich auch vom elastischen Schwingboden bei Salti u. Ä.) ist im Gerätturnen etwas Besonderes. Durch eine bestimmte

Technik muss nicht nur die Elastizität des körpereigenen tendomuskulären Systems, sondern auch die der elastischen Absprungfläche, hier des *Sprungbretts*, ausgenutzt werden. Die kinetische Energie aus Anlauf und Körpergewicht muss mit dem Turnerkörper das Sprungbrett zusammenpressen, die „Feder" Sprungbrett muss kurzfristig diese Energie speichern, um sie dann wieder dem Körper zurückzugeben, mit dem Ziel, auf/über das Sprunggerät zu katapultieren.

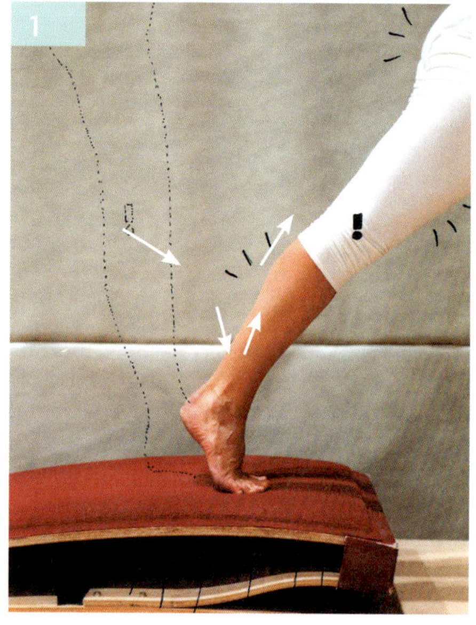

Prellsprung vom Fußballen und festen Beinen

Energieeingabe in das Sprungbrett und Energieaufnahme aus dem Brett gelingen nur, wenn der Körper in allen Gelenken durch muskuläre Anspannung steif gestellt wird (Foto 1). Dieser typische Gerätturnabsprung wird *Prellfederung, Prellsprung oder Prellabdruck* genannt. Damit verbunden ist eine besondere neuromuskuläre Arbeit, die Energie während der Brettphase im elastischen Muskel-Sehnen-System speichert und in kürzester Zeit wieder abgibt. Die Technik der Ausnutzung dieses Mechanismus wird in der Trainingswissenschaft auch als **reaktiver Abdruck** *(Absprung)* bezeichnet, die reaktive Spannungsfähigkeit als **„Stiffness"** des tendomuskulären Systems.

Diese besondere Absprung- bzw. Abdrucktechnik steht heute im modernen Gerätturnen leistungsbestimmend im Vordergrund. Sie muss koordinativ erlernt, optimiert und konditionell auftrainiert werden. In das Gerätturnkonditions- und -techniktraining fließen heute zu einem großen Anteil *reaktive Krafttrainingsformen* ein, auch als **plyometrische Methode** bezeichnet. Für den Handstütz-Sprungüberschlag, und vor allem für die anspruchsvolleren Sprünge des Handstütz-Sprungüberschlags mit Längsachsendrehungen (S. 172ff.) und mit Abbücken in der zweiten Flugphase (Yamashita, S. 163ff.), ist die automatisierte Technik des reaktiven Prellabdrucks eine unverzichtbare Leistungsvoraussetzung geworden.

Reaktive Abdrucktechnik

Der kurze Abdruck vom elastischen Widerlager Sprungbrett wird über *reaktive* Muskel-Sehnen-Arbeit geleistet. Innerhalb von ca. 150-220 Millisekunden muss ein Muskel, und auch das Bindegewebe, auf dem Sprungbrett abbremsende Haltearbeit (*exzentrische* Muskelarbeit im *„Dehnungszyklus"*) und gelenkstreckende, überwindende Muskelarbeit (*konzentrische* Muskelarbeit im *„Verkürzungszyklus"*) leisten. Die bei der abbremsenden Haltearbeit entstehenden Energien werden von den Muskeln und Sehnen gespeichert und beim Absprung wieder genutzt. Je mehr sie übrigens vorgedehnt wurden, z. B. durch Anziehen der Fußspitzen vor dem Bodenkontakt, umso höher fällt die reaktive Kraftleistung aus. Ein solcher *reaktiver* Prellabdruck findet somit im *„Dehnungs-Verkürzungs-Zyklus", kurz DVZ genannt*, statt. Je besser die Maximalkraft, die elastischen Eigenschaften der Muskeln und Sehnen und die neuronale Einstellung, d. h. das Innervationsverhalten der am Prellabdruck beteiligten Muskelgruppen (gesamte Bein- und Gesäßmuskulatur) sind, umso mehr können neben der gespeicherten Energie des Sprungbretts auch die muskulären Energien für den Absprung genutzt werden. Damit ist das Steifstellen der Beine mehr als nur das Aufnehmen der Energie als fester Stab.

Wiederholtes Trainieren der reaktiven Prellabdrücke ist eine Notwendigkeit des modernen Gerätturnens. *Ziele* eines solchen *reaktiven Krafttrainings* (vgl. Seite 62f.) sind, zusammenfassend formuliert, ebenso eine Verbesserung der *intermuskulären Koordination* und die Erhöhung der *Kontraktionsgeschwindigkeit.*

1.2 Landung

Matten

Um die kinetische Energie, die mit der Beschleunigung und dem Wirkungszusammenhang „Körpergewicht, Fallhöhe und Schwerkraft" gegeben ist, beim Landen auf null zu bringen, braucht man u. a. auch einen *langen Bremsweg*. Hierzu dienen – neben den Arbeitswinkeln der Gelenke des Körpers – die Untergründe mit entsprechenden Eintauchtiefen (=materieller Bremsweg). Zum Sprunggerät gehören die unverzichtbaren *Landematten*, die die Sprünge durch Verformung abdämpfen. Sie müssen eine dem Sprungniveau angepasste Dicke haben. Reichen für Sprunghocken in der Schule noch (Boden-)Turnmatten aus (die bei Älteren auch doppelt gelegt werden können), so sind bei Überschlägen in Schule und Verein gut 15-20 cm dicke Landematten oder *feste*, dicke *„Weich-"*bodenmatten für die notwendigen Mindesteintauchtiefen zur Dämpfung notwendig. Bei alten Weichböden mit durchgetretenem Kern empfiehlt es sich, kleine Turnmatten unter und/oder einen Bodenturnläufer über den Weichboden zu legen.

Neben einem ausreichenden Bremsweg braucht man für *belastungsverträgliche Landungen* auch Matten, welche die Kräfte, die auf den Körper wirken, reduzieren. Neben einem angemessenen Körpergewicht helfen gesunde Techniken (s.u.) und ein gut trainierter Körper sowie besondere, ergänzende Matten, die nicht primär die Funktion der Dämpfung haben. Bei hochwertigen Sprüngen im Kunstturnen, zu denen hier auch der Yamashita der leistungsorientierten Gerätturner zählen soll, ist es (vor allem im Training!) günstig, eine *dünne*, weiche *Schaumstoffmatte* („Schlabbermatte") *auf* eine *feste Landematte* zu legen.

Diese sind heute auch bei Wettkämpfen erlaubt. Die Idee ist, dem Fuß mehr Fläche bei der Landung zu geben.

Diese obere, dünne Matte umschließt bei der Landung die Füße derart komplett, dass die Druckverteilung auf der Fußfläche vergrößert wird, d. h., punktuell werden die wirkenden Kräfte kleiner. Anders formuliert: Die Energie kann somit über eine größere Fläche abgegeben werden. Bei Kunstturnerinnen können die Stöße (am

Schienbein gemessen) bei der Landung dadurch um 30-40 % reduziert werden. Die Zeitdauer des Abfangens verlängert sich bei der Landung bei dieser Auflage, d. h., dass die Muskulatur sich 10-15 ms länger auf ihre Aufgabe einstellen kann und damit bessere Auffangarbeit leistet, die sich dahingehend auswirkt, dass sie um 20-30 % mehr Energie aufnehmen kann.

Das Zusammenspiel von Muskulatur und Matte muss über Erfahrung erworben werden, d. h., ein Landungstraining beinhaltet neben einer technischen auch eine muskuläre Schulung. Diese optimale Haltearbeit muss jedoch neuronal eingestellt werden. Einfach formuliert, über Versuch und Irrtum lernen Mensch und Muskel, weder zu steif noch zu sehr absackend den Körper, aus dem Flug kommend, am Boden aufzufangen.

Landetechnik

Die sichere Landung bringt den Beherrschungsgrad der Fertigkeit zum Ausdruck. Eine zweckmäßige und gesunde *Landetechnik* will aber – auch separat – so lange geübt und korrigiert werden, bis sie automatisiert ist. Die Muskeln müssen voraktiviert sein: 200-250 ms vorher sind die Muskelgruppen schon eingestellt. In der Zeit, wo eine Matte komprimiert wird, und das sind 50 ms, muss alles steif gestellt sein. Das kann nicht bewusst gesteuert werden. Diese Programme müssen verfügbar sein und das ist nur über hohe Übungswiederholungen beim Landen erreichbar.

Landen heißt Abbremsen und Amortisieren von horizontalen, rotatorischen und vertikalen Geschwindigkeiten (= Bewegungsenergie = kinetische Energie), die auf null gebracht werden müssen. Man darf nicht nach vorne oder hinten fallen, auch ein Absacken in die Hocke oder auf das Gesäß soll verhindert werden. Durch das Aufkommen darf man nicht in ungesunde Haltungen gedrückt werden, d. h. weder Hohlkreuz noch X-Beinhaltungen sind erwünscht.

Dafür muss dem Turnenden die gute Landehaltung zunächst bewusst werden, zum anderen müssen haltende Muskelkräfte aktiviert werden können. Die Landung muss aus den unterschiedlichsten Höhen trainiert werden, um die Muskulatur auf die Energieabsorption einzustellen. Bei dieser haltend-nachgebenden, exzentrisch-muskulären Arbeit werden die Streckmuskeln (vor allem der vierköpfige Kniestrecker/ M. quadriceps) während ihrer Haltearbeit gleichzeitig auseinandergezogen. Im Gegensatz dazu nennt man bei einem Strecksprung aus einer kleinen Kniebeuge (oder beim Treppensteigen) die überwindende Muskelarbeit, bei der sich die Muskulatur verkürzend zusammenzieht, *konzentrisch*.

Anmerkung:

Für dieses Abbremsen (Absorbieren) bei einer Landung muss die Fuß-, Unterschenkel-, Oberschenkel-, Gesäß-, Bauch- und Rumpfmuskulatur enorm viel arbeiten. Die größten Arbeiter sind aber die vierköpfigen Kniestrecker (M. quadriceps femoris) auf der Oberschenkelvorderseite. Nach vielen Niedersprüngen erreicht man dort durch Mikrotraumen oft einen Muskelkater! Aber man erlangt wiederum mit diesem exzentrischen Krafttraining – wie auch mit dem Hinabgehen von Treppen – die höchsten Kraftzuwächse in den beanspruchten Muskelgruppen, im Gegensatz zum konzentrischen Hochspringen aus der halben Hocke.

Bewegungsmerkmale einer guten Landetechnik:

- *Landungsvorbereitung = Erwartungshaltung einnehmen:* Vor dem Bodenkontakt ist der Körper völlig angespannt bzw. landungsspezifisch vorgespannt, 200-250 Millisekunden vorher muss alles für die Landung optimal steif gestellt sein. Der Körper muss annähernd gestreckt sein, um für das anschließende, haltend-nachgebende Auffangen einen großen Arbeitswinkel für die zu beugenden Gelenke (vor allem im Kniegelenk) zu haben.
- *Der Bodenkontakt:* Die Ballen, d. h. die Vorderfüße, berühren als Erstes den Boden, fast abrollend senken sich, von der Wadenmuskulatur haltend-nachge-

bend gesteuert, die Füße bis zur Ferse (Vorstellung, sich mit den Füßen am Boden festzusaugen).

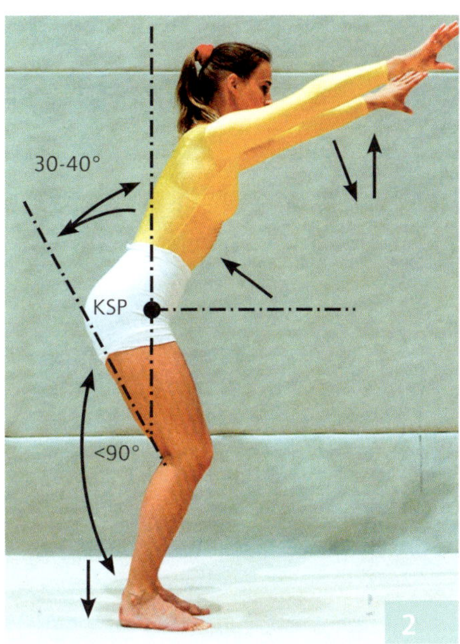

Landehaltung nach Absenken der Fersen

- *Das Auffangen = abbremsen:* Die Kniegelenke geben auffangend nach, der Körperschwerpunkt bzw. das Gesäß darf jedoch nicht auf Kniehöhe absacken. Zum einen erhöht dies den Innendruck in den Knien, was die Menisken nicht mögen, die Kreuzbänder werden schon bei unter 50° stark belastet, zum anderen ist eine Haltearbeit der Kniestrecker unter diesen dynamischen Bedingungen ab 90° (und weniger) Kniewinkel kaum möglich. Empfohlen wird eine Änderung des Kniewinkels von 30-40° (Foto 2). Auch der *Rumpf* leistet Bewegungsenergie absorbierende Leistung. Dazu muss der Rumpf aufrecht und vor allem die Bauchmuskulatur sehr gut angespannt sein (als Vorstellung hilft oft: „Bauch einziehen"). Die Arme bleiben in Schrägvorhochhalte, um die Trägheit gegen ein Vorwärtsrotieren und Vorfallen zu vergrößern.

2 Handstütz-Sprungüberschlag gestreckt

Der Handstütz-Sprungüberschlag ist eine mit Translation verbundene Überschlagbewegung um 360° um die Körperbreitenachse. Die Rotation erfolgt in vertikaler Ebene um momentane feste Drehachsen (Stütz) und freie Drehachsen (Flug). Die Absprunghilfe gehört zum „Gerät".

Vereinfacht kann der Gesamtablauf in die Phasen

Anlauf – Absprung – erste Flugphase – Stützphase – zweite Flugphase – Landung

unterteilt werden. Bei der Technikbeschreibung wird aber weiter ausdifferenziert (s. u.).

Dienen der Anlauf und das Aufspringen sowie Rotieren auf dem Sprungbrett noch zur alles entscheidenden Vorbereitung, so ist mit dem Abdruck vom Sprungbrett die eigentliche Hauptphase des Handstütz-Sprungüberschlags gegeben.

In einem Wettkampf kann am Gerät „Sprung" mit nur einer Fertigkeit (=der Sprung über das Gerät) eine Gesamtpunktzahl erreicht werden, die man an den anderen Geräten sonst nur über das Turnen mehrerer Elemente erreicht. Das rechtfertigt, dass man sich intensiver mit dieser Technik auseinandersetzt. Die Technikbeschreibung sowie eine einfache, formellose, biomechanische Erläuterung nehmen aus diesem Grund einen ungewöhnlich breiten Raum in diesem Buch ein.

Zu Beginn soll zunächst auf die Bedingungen eingegangen werden, die den Handstütz-Sprungüberschlag ermöglichen. *Wer sich nicht so sehr für diese Details interessiert, sollte bis zur Seite 146 (Abb. 21) oder zu den Lernschritten auf Seite 151 vorblättern und dort in die Methodik nach gewohntem Schema einsteigen.*

2.1 Hintergrundwissen zur Technik

Erläuternde Beschreibung der leistungsbestimmenden Parameter des Handstütz-Sprungüberschlags am Pferd

Die nachfolgende Erläuterung zu biomechanischen Gesetzmäßigkeiten am Sprung ist prinzipiell auch auf alle anderen Handstütz-Sprungüberschläge, wie Yamashita (S. 163ff.) und Sprünge mit Längsachsendrehungen in den Flugphasen (S.172ff.), übertragbar.

Anlauf

Ziel: Produktion einer ausreichenden Energie für den Sprung durch Erreichen einer hohen, optimalen Anlaufgeschwindigkeit (um 7-8 m/s bei sehr guten Gerätturnern).

→ Anlauflänge für Anfänger: 20 m. Aus dem Stand wird mit dem Anlauf die Horizontalgeschwindigkeit bis kurz vor dem Sprungbrett bis zu einem Optimum erhöht. Die Höhe der Anlaufgeschwindigkeit richtet sich u. a. auch danach, inwieweit die Übertragbarkeit auf den Absprung – vor allem bei Anfängern – koordinativ gelingt. Auf keinen Fall sollte aber ein Tempoverlust vor dem Sprungbrett mit den letzten 3-5 Schritten gegeben sein. Nationalturner kommen zu einer Anlaufgeschwindigkeit von knapp 7 m/s (Turnerinnen) bis 8,5 m/s (Turner). Bei diesem Steigerungslauf befindet sich der Körper in leichter Vorlage, der Blick ist zum Pferd/Kasten gerichtet, die Arme schwingen im Laufrhythmus gegengleich mit und die Ballen werden beim beschleunigten Anlauf aufgesetzt.

Technikhinweise für leistungsorientierte Gerätturner:

- Ausnutzung der 25-m-Anlaufbahn.
- Streckung der Gelenke beim Steigerungslauf.
- Betontes Vorziehen des Schwungbeinknies.
- Aufsetzen des Fußballens dicht unter dem KSP (Vermeidung des Gegenstemmens).
- Energischer, gebeugter Armeinsatz seitlich am Körper.
- Leichte Körpervorlage, Oberkörper gerade.

Brettphase (Prellfederung: reaktiver Abdruck/Absprung)

Hinweis zum Brettabstand: Mindestens 1,20 m, um die Körperstreckung zu ermöglichen. Allgemeine Turnerinnen und Turner haben – um mit gestrecktem Arm-Rumpf-Winkel aufzustützen – das Sprungbrett etwas weiter vom Gerät wegliegen als die Gerätturner, die auch bei engerem Brettabstand (Ziel: Verringerung des Energieverlusts) bei schneller Stützaufnahme nicht mit dem Schultergürtel vorzubrechen.

Einsprung

Ziel: Umsetzung der Anlaufbewegung mit hoher Horizontalgeschwindigkeit in den Absprung, ohne Verlust an Energie durch ein zu hohes Einspringen auf das Brett (Folge → Verschwendung von Energie in die Vertikale).

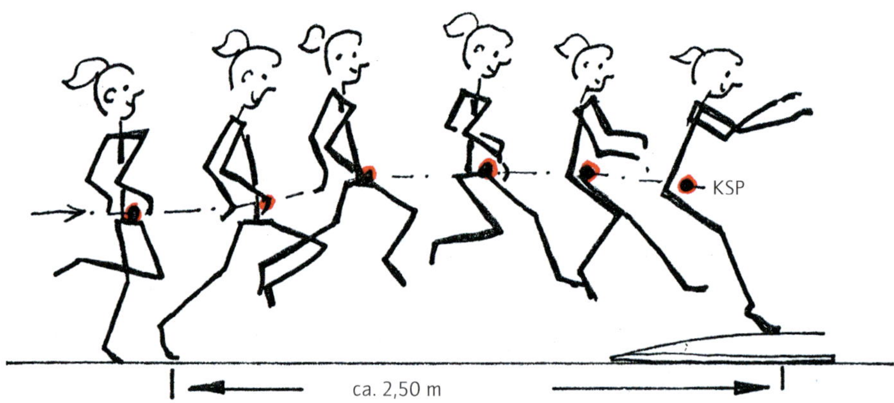

Abb. 16: Einsprung auf das Brett

- Der Oberkörper wird etwas aufgerichtet, die Arme werden bei paralleler Armführung in die Schrägtiefrückhalte geführt. Von einem Bein (einbeiniger Absprungwinkel um 8°) erfolgt ein flacher, weiter Einsprung auf das Sprungbrett (Absprungpunkt vor dem Sprungbrett ca. 1,20 m bis über 2,00 m, Leistungssportler 2,20 m bis über 2,80 m!). Dabei werden die Beine in der Luft geschlossen und eilen dem Körper voran. Die Arme schwingen synchron über die Tiefhalte vor (Abb. 16).

Aufsprung (erster Füße-Sprungbrett-Kontakt)

Ziel: Die vorwärts gerichtete (horizontale) Anlaufgeschwindigkeit wird reduziert, um als bereitgestellte Energie, mit dynamischer Unterstützung des Bretts, durch Abbremsung in einen Teil *Geschwindigkeit nach oben* (vertikale Geschwindigkeit) und, ausgelöst über eine Vergrößerung des Drehimpulses, in einen Teil *Drehgeschwindigkeit* (Winkelgeschwindigkeit) um die Körperbreitenachse umgewandelt zu werden. Ein Teil muss für die *Geschwindigkeit nach vorne* (Horizontalgeschwindigkeit) erhalten bleiben.

- Die Füße setzen beidbeinig mit den Fußballen auf dem Sprungbrett auf, die Beine sind in den Kniegelenken passiv leicht gebeugt, in der Bewegungsvorstellung aber gestreckt und fest vorgespannt. Die Hüfte ist leicht gewinkelt und der Oberkörper ist in leichter Vorlage bis aufrecht mit tief vorgehaltenen Händen. Die Anlaufgeschwindigkeit und das Körpergewicht wird als Energie über den gespannten Körper in das Sprungbrett gegeben und beginnt, dieses, mit Reststreckung der Fuß- und Kniegelenke, zusammenzupressen.

Stützphase mit Vorwärtsrotation

- Der Körper rotiert um ca. 90°. Der Rumpf bewegt sich während des Hineingebens der Kräfte und dem Wiederaufnehmen dieser um die momentane feste Drehachse, die Stützstelle „Füße-Sprungbrett", er streckt sich dabei etwas nach vorne oben. Die Hände schwingen von hinten unten nach vorne, dem Pferd entgegen (Abb. 17). Die Stützzeit auf dem Sprungbrett beträgt bei sehr guten Gerätturnern nur um die 0,1 Sekunden!

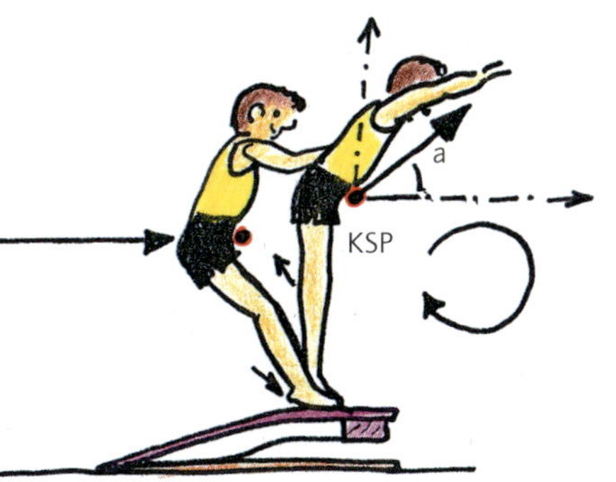

Abb. 17: Vorwärtsrotation in der Brettphase

B I

Absprung (letzter Füße-Brett-Kontakt)

Ziele: Die Horizontalgeschwindigkeit wurde um 30 % zugunsten einer hohen Vertikalgeschwindigkeit reduziert. Impulsübertragung auf den Körper mit Auslösung von Rotation unter Absicherung von Höhe und Weite durch reaktiven Abdruck/Absprung. Nur in dieser Phase wird der für den gesamten Sprung benötigte Drehimpuls erzeugt, damit gewinnt die Brettphase für den gesamten Verlauf an Bedeutung! Im Vergleich zu anderen turnerischen Elementen muss hier über den exzentrischen Stoß eine enorm hohe Winkelgeschwindigkeit (von 0 auf über 6 rad/s^{-1}) produziert werden.

- Der gespannte Körper streckt sich reaktiv und nimmt zudem die Energie aus dem sich wieder öffnenden Federbrett auf. Der Oberkörper befindet sich, bis kurz vor Verlassen des Bretts, bei leicht gebeugter Hüfte in ca. 20° Vorlage vorlings zum Boden. Der Arm-Rumpf-Winkel streckt/öffnet sich durch Vorwärtsrotation des Rumpfs.

Erste Flugphase („Hilfsflugphase")

Es wird nochmals an dieser Stelle betont, dass der Weg des Körperschwerpunkts durch das Absprungverhalten am Sprungbrett vorgegeben ist, der Körperschwerpunkt gehorcht den Gesetzmäßigkeiten des schrägen Wurfs (Flug eines Körpers), Abfluggeschwindigkeit und -richtung sind vorgegeben.

Ziel: Optimale Positionierung des Körpers für die Stütz-/Stemmphase auf dem Pferd.

Für leistungsstarke Turner: Relativ flache erste Flugphase ohne Energieverlust, damit kurze (0,2 s!) Flugphase bei hoher Drehgeschwindigkeit. Diese letztgenannten angestrebten Bewegungsmerkmale sind nur bei hohem technischen Könnensstand (u. a. gutes Aufwärtsbewegen der Beine) und guter, konditioneller Fähigkeit (Stützkraft im Arm-/Schultergürtelbereich) umzusetzen. D. h. aber auch, je langsamer die Anlaufgeschwindigkeit ist, desto höher muss die erste Flugphase (für ausreichenden vertikalen Hub) geturnt werden. Dies ist bei den allgemeinen Turnern, z. B. in der Schule, der Fall.

→ Der gesamte Körper beginnt um die freie Drehachse (Körperschwerpunkt) vorwärts zu rotieren, die Beine bewegen sich dabei mit dem Ziel der Hüftstreckung schneller (rückwärts nach hinten oben). Der Gesamtkörper mit seinem Körperschwerpunkt bewegt sich in der gekonnten leistungsstarken Endform relativ flach zum Pferd/Kasten hin. Die Füße verlassen das Sprungbrett und gehen mit Hüftreststreckung energisch rückwärts nach hinten oben bis zu einer gestreckten Hüftwinkelfixierung. Der Oberkörper senkt sich vorwärts mit zeitgleichem Vorhochführen der Arme zur Öffnung des Arm-Rumpf-Winkels als Vorbereitung für eine schnelle Stützaufnahme in Richtung Pferd/Kasten. Der Körper befindet sich noch in einer positiven Vertikalgeschwindigkeit.

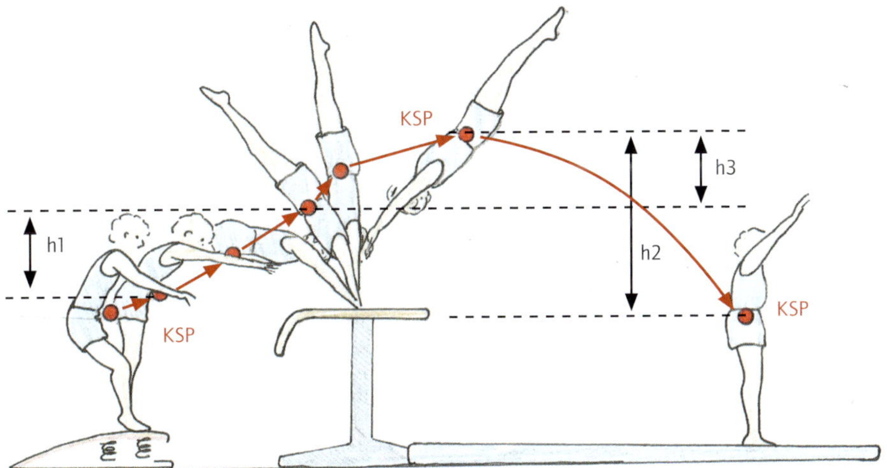

Abb. 18: Flugkurve des Körperschwerpunkts beim Handstützsprungüberschlag.
h1 = Flughöhe des Körperschwerpunkts in der 1. Flugphase;
h2 = Flughöhe des Körperschwerpunkts nach Abdruck in der zweiten Flugphase;
h3 = Flughöhe des Körperschwerpunkts in der zweiten Flugphase

Stützphase am Pferd (Hände-Stützgerät-Kontakt)

Ziel: Optimaler Einstützwinkel (45-60° bei guten Turnern, 30-50° bei Gerätturnern) der Körperlängsachse vor der Senkrechten für eine Erhöhung der vertikalen Geschwindigkeit bei geringem Verlust an Dreh- und Horizontalgeschwindigkeit (Verlust an Drehgeschwindigkeit bei Handstütz-Sprungüberschlägen liegt bei guten Turnern um die 60 %, bei allen höherwertigen Sprüngen ist der Verlust jedoch notwendigerweise geringer).

→ Je flacher der Einstützwinkel ist, umso höher ist die zweite Flugphase (vgl. Abb. 18, h2 und h3 und Abb.20) – ausreichende Horizontalrestgeschwindigkeit vorausgesetzt. Je steiler der Einstützwinkel, desto flacher die erste Flugphase (Abb. 20).

Voraussetzungen: Hohe Anlaufgeschwindigkeit und gute Haltekraftfähigkeit im Schultergürtel zum Gegenstemmen.

Einstützphase/Aufstütz (erster Hände-Stützgerät-Kontakt)

→ Der gestreckte Körper stützt bei ca. 45° (s. o.) der Körperlängsachse zur Senkrechten gegen das Pferd. Die Hände werden bei gestreckten Armen und Fixierung des Arm-Rumpf-Winkels (knapp 180°) auf dem Stützgerät aufgesetzt, der Blick ist zur Stützstelle gerichtet. Die Höhe des Körperschwerpunkts h1 (Abb. 18) ist erreicht.

Stützphase mit Vorwärtsrotation

Der Körper rotiert in möglichst kurzer Stützdauer (um 0,2 s bei Leistungsgerätturnern) zwischen dem Gegenstemmen und Abprellen/-stoßen um die „Handstütz-Kontaktstelle". Der Drehwinkel in der Stützphase beträgt bei guten Turnern – wie am Sprungbrett – um die 90°. Dabei wird Energie in das Gerät hineingegeben und dem völlig durchgespannten Körper (in der Körpermitte nicht ins Hohlkreuz ausweichen!) bei fixiertem und gestrecktem Arm-Rumpf-Winkel wieder zurückgegeben. Während des Stützes auf dem Pferd wird beim Turnenden die Breitenachsenrotation nicht verstärkt, sondern zugunsten der Erhöhung der vertikalen Geschwindigkeit (die sich fast auf Nullwert befand) sogar verringert. Demnach muss ein ausreichend hoher Drehimpuls schon in der „Brettphase" für die zweite Flugphase geholt werden (vgl. S. 144ff).

Ausstützphase/Abdruck (letzter Hände-Stützstelle-Kontakt)

Ziel: Impulsübertragung auf den Körper für eine Erhöhung der vertikalen Geschwindigkeit bei geringem Verlust an Dreh- und Horizontalgeschwindigkeit durch reaktiven Abdruck.

→ Der Körper verlässt nach einer kurzen Kontaktzeit kurz nach der Senkrechten – bei sehr guten Springern noch um die 5° vor der Senkrechten – mit völlig gestrecktem Körper aus der Schulterstreckung heraus das Gerät.

Zweite Flugphase („Hauptflugphase")

Ziel: Hohe, weite Flugphase in Vorbereitung auf eine kontrollierte Landung.

→ Mit gestrecktem und vorgespanntem Körper fliegt der Turnende relativ hoch (Abb. 18: h3) und weit. Die Arme bleiben in Verlängerung des Rumpfs, der Kopf ist leicht vorgeneigt, der Blick nach vorne gerichtet. Der Körperschwerpunkt steigt bei guten Turnern um 10 cm, bei Spitzenturnern in den Kürsprüngen um über 40 cm (vgl. „h3" in Abb. 18).

Hinweis: Drehimpuls und Flugbahn des KSP sind nach dem Abdruck festgelegt.

Anmerkung: Drehungen um die Körperlängs- und -breitenachsen werden durch Veränderungen der Körperhaltung eingeleitet und ausgeführt, was bei Kürsprüngen (z. B. Yamashita und Sprünge mit halber oder ganzer Längsachsendrehung) genutzt wird. Für den gestreckten Handstütz-Sprungüberschlag lassen sich infolge nicht erwünschter Körperveränderungen folgende Fehler erklären: Z. B. eine Überstreckung des Körpers mit abgewinkelten Unterschenkeln sowie ein Vorziehen des Kopfs und der Arme bewirkt eine Verringerung der Trägheit um die freie Drehachse/Breitenachse; der Körper wird in der Breitenachsenrotation so stark beschleunigt, dass der

Turnende bei der Landung vornüberstürzt. Senkt er dagegen ungewollt einen Arm, so verdreht er sich um die Längsachse und kommt schief auf.

Landephase

Ziele: Mit der Landung muss der Rest an translatorischer und rotatorischer Geschwindigkeit abgebremst und die vertikale Geschwindigkeit aufgefangen werden, um den Körper in eine Ruheposition zu bringen.

Phase der Stützaufnahme und des Auffangens

- Nach einer Flugweite von 0,70-2,20 m bei Spitzenturnern fliegen die Füße weit nach vorne. Die Füße setzen vor dem KSP auf, der Körper wird vom Restrotationsbetrag aufgestellt und kann gut ausgebremst werden. Der Körper ist vorgespannt, um die Energie absorbierend, haltend-nachgebend, aufzunehmen. Die Füße berühren zuerst mit den Fußballen den Boden und die Fersen senken sich danach ab. Damit kann der Oberschenkelstrecker als große Muskelgruppe die Kräfte aufnehmen und eine große Standfläche ist gegeben. Die Knie- und Hüftgelenke werden leicht gebeugt, der Körperschwerpunkt bleibt über Kniehöhe. Der Oberkörper ist leicht nach vorne gekrümmt, die Bauchmuskulatur angespannt. Die Arme sind in Hochhalte, um die Trägheit für die Rotation um die Breitenachse zu verringern, dann gehen sie in Schrägseithalte, um das Gleichgewicht zu sichern.

Endposition

- Mit dem Aufrichten zum ruhigen Stand ist die Körpermittelspannung mit Streckung des Lendenwirbelsäulenbereichs einzuhalten, die Arme gehen in (Seit-) Hochhalte – in die für die Abschlussposition als ästhetisch empfundene Pose –, um den Handstütz-Sprungüberschlag zu beenden. Ein Zurückreißen ins Hohlkreuz ist nicht erwünscht. Auch im leistungsorientierten Gerätturnen wird dies nicht gefordert!

2.2 Biomechanische Gesetzmäßigkeiten beim Sprung über das Pferd bzw. den Sprungtisch

Mit dem Anlauf und dem Verhalten am Sprungbrett entscheidet sich alles …

Für das Erlernen einer guten Technik, welche die Umsetzung erleichtert und für eine gezielte, erfolgreiche Fehlerkorrektur ist beim Gerät „Sprung" biomechanisches Hintergrundwissen unverzichtbar. Dies gilt insbesondere für das Leistungsturnen.

Ein entscheidendes Kriterium zur Beurteilung der Handstütz-Sprungüberschlag-Bewegung ist der Körperschwerpunktverlauf in der ersten und zweiten Flugphase. Wird der Handstütz-Sprungüberschlag als Basiselement für schwierigere Sprünge (z. B. Yamashita) trainiert, so wird eine flache erste Flugphase angestrebt, um eine hohe zweite Flugphase zu erreichen. Wie lässt sich dies am besten umsetzen? Dazu ist folgendes Grundwissen hilfreich:

Wird ein Körper in die Luft katapultiert, dann verhält er sich nach der Gesetzmäßigkeit des „schrägen Wurfs", d. h., die Flugparabel (Kurve) ist räumlich symmetrisch und die Geschwindigkeit nach oben ist gleich derjenigen nach unten. Das bedeutet, wenn bei einem Strecksalto vorwärts ein Sprunggerät unter dem Scheitelpunkt dieser symmetrischen Flugkurve stehen würde, das der Turnende kaum berührt, wäre der Körperschwerpunktverlauf in seiner ersten Flugphase identisch mit der zweiten Flugphase. Nun wird aber zum einen auf dem Sprunggerät gestützt, was die Flugkurve verändert, zum anderen wird dieses Stützen auch ausgenutzt, *um* die Fugkurve zu ändern: Ziel ist ja eine erhöhte zweite Flugphase. Wie kann das erreicht werden? Das hat etwas mit dem Auf- und Aussprungwinkel (s. S.144) auf dem Sprungbrett zu tun, dieser wiederum ist für die Entstehung des Rotationsbetrags für das Überschlagen von Bedeutung. Also, die Erklärung beginnt beim Sprung deshalb bei der Entstehung von Rotation auf dem Sprungbrett.

Rotation und Flug

Eine Rotation erfolgt nur dann, wenn der Kraftstoß nicht durch den Körperschwerpunkt geht, sondern exzentrisch daran vorbeigeht. Das Drehmoment Md ist, physikalisch gesehen, das Produkt aus Kraft (F) und dem (von der Drehachse entfernten) senkrechten Abstand (a) ihrer Wirkungslinie zum Körperschwerpunkt (Md = F•a) (Abb. 19).

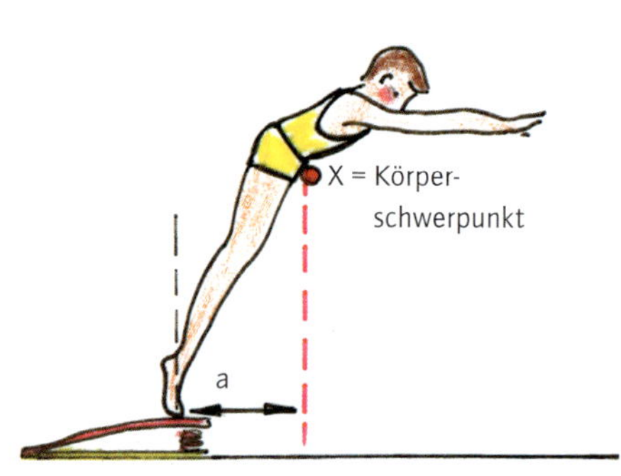

Abb. 19: Weite Körpervorlage beim Absprung vom Brett (großer Abstand „a") ≠ hohes Drehmoment „Md", aber geringerer Höhengewinn zum Überturnen des Pferdes

Dies bedeutet für den Absprung vom Sprungbrett: Je mehr Vorlage man hat, desto größer ist der Abstand „a" für einen exzentrischen Kraftstoß, desto größer ist sein Drehmoment für die Vorwärtsrotation des Körpers.

Zwischen dem Aufsprung und dem Abdruck vom Sprungbrett wird bei einer gleichbleibend angenommenen Anlaufgeschwindigkeit eine gleichbleibende Stützdauer (während um die Stützstelle „Füße-Brett-Kontakt" gedreht wird) angenommen.

Springt der Turnende mit *starker Rücklage* gegen das Sprungbrett, d. h., springt er mit einem *großen Aufsprungwinkel* α_1 zur Senkrechten auf das Sprungbrett, so verlässt er mit einem *kleinen Absprungwinkel* β_1 das Sprungbrett. Kleiner Absprungwinkel bedeutet kleiner Abstand a und damit kleines Drehmoment. Die verbleibende Energie wird dann für die Vertikale (und Horizontale) genutzt, d. h., die *Rotationsgeschwindigkeit ist relativ gering*, es gibt aber eine *hohe Flughöhe* in der ersten Flugphase.

Umgekehrt, springt der Übende aufrecht auf das Sprungbrett, ist der Aufsprungwinkel α_2 klein, dann ist bei konstanter Stützzeit auf dem Sprungbrett der Absprungwinkel β_2 groß. Dies bedeutet wiederum ein großes Drehmoment, aber eine geringe Flughöhe.

Das gleiche Prinzip liegt auch in der *Stützphase auf dem Sprungerät* vor, nur dass zudem alles vom Verhalten auf dem Sprungbrett bereits vorbestimmt ist: Wird das Sprungbrett mit einem kleinen Aufsprungwinkel getroffen, wird es mit einem großen Absprungwinkel verlassen, logischerweise erfolgt die Stützaufnahme auf dem Pferd nun mit einem großen Aufstützwinkel, klein kann der Abflugwinkel daraufhin nur für die zweite Flugphase sein (α_1 = klein → β_1 = groß → α_2 = groß → β_2 = klein) (Abb. 20).

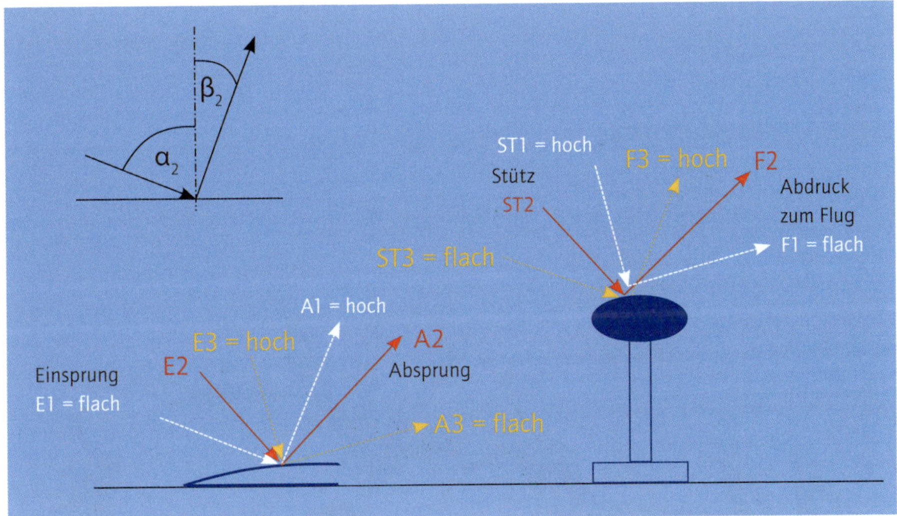

Abb. 20: Bei angenommener konstanter Anlaufgeschwindigkeit und gleicher Körperhaltung ist die Verweildauer und der Winkel des Körpers vom Aufkommen bis zum Verlassen des Bretts immer gleich. Beispiele: E1-A1-Winkel = E2-A2-Winkel usw. und ST1-F1-Winkel auch gleich ST3-F3-Winkel. Der Körperwinkel beim Aufkommen auf das Brett bestimmt den Körperwinkel beim Verlassen des Bretts.

Im *Anfängerbereich* ist die Anlaufgeschwindigkeit in der Regel nicht sehr hoch, Turnanfänger kommen damit auf dem Sprungbrett kaum in Vorlage. Es fehlt ihnen damit ein ausreichend hohes Drehmoment. Zudem dürfen sie aber auf dem Sprungbrett auch nicht zu flach in Vorlage gehen, weil sie einen großen Aufstützwinkel auf dem Pferd nicht mit den Schultern fixieren könnten. Sie würden in einer Liegestützposition ankommen, die Beine nicht schnell genug an die Decke hochbringen und mit den Schultern über das Pferd vorschießen.

Grundsätzlich bleibt festzuhalten, dass für die *Flughöhe*, *Flugweite* und vor allem die *Rotationsgeschwindigkeit* zum einen der **Anlauf** die *entscheidende Ausgangsenergiequelle* darstellt. Zum anderen hängt das Gelingen des Überschlagens entscheidend vom **Auf- und Absprungverhalten auf dem Sprungbrett** *ab*. Mit anderen Worten, wenn vor dem Absprung kaum Energie angereichert wurde, woher soll die Energie zum Aufwärtstreiben (Vertikale), Überschlagen (Rotation) und Vorwärtstreiben (Horizontale) kommen!? Wo zudem das Wissen fehlt, diese Energie in den Energiespeicher Sprungbrett auch hineinzugeben, mit gespanntem Körper wieder zurück aufzunehmen und in drei Bewegungsrichtungen gut verteilt über eine gute Körperpositionierung umzuwandeln, dort kann kaum ein lockeres Überschlagen über ein Hindernis Kasten/Pferd/Sprungtisch erwartet werden.

2.3 Kurzbeschreibung und Methodik

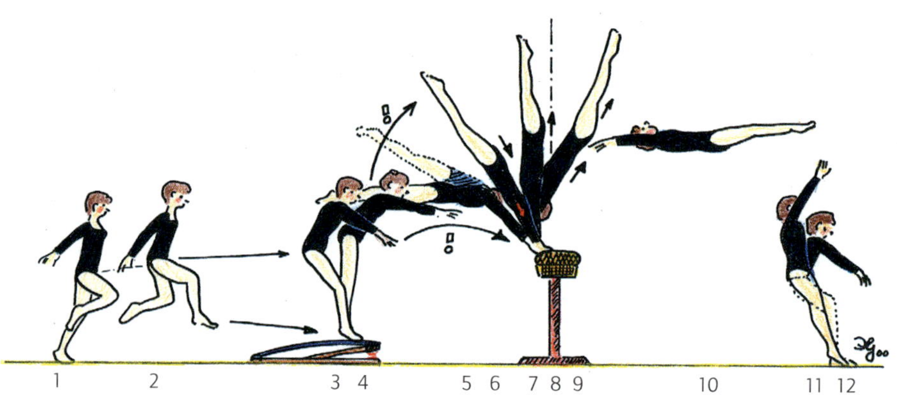

Abb. 21: Bewegungsmerkmale des Handstütz-Sprungüberschlags gestreckt

Bewegungsmerkmale

Anlauf

1 Steigerungslauf auf den Fußballen mit leicht vorgeneigtem Körper.

Brettphase: Prellabsprung

2 *Einsprung:* Flacher, weiter, einbeinig abgesprungener Einsprung auf dem Sprungbrett, Beine werden geschlossen, Arme parallel genommen.

3 *Aufsprung:* Mit vorgezogenen Beinen, aufrechtem Oberkörper und völlig gespanntem Körper Aufsprung auf dem Sprungbrett.

4 *Stützrotation:* Mit gespanntem Körper und Vorschwingen der Arme rotiert der sich weiter streckende Körper in die Vorlage auf dem Sprungbrett.

5 *Absprung/Abdruck:* In Körpervorlage wird die Kraft aus dem Sprungbrett in den völlig durchgespannten Körper aufgenommen und der Körper in die erste Flugphase katapultiert.

Erste Flugphase

6 Der Körper rotiert steigend vorwärts, der Arm-Rumpf-Winkel wird durch Oberkörperabsenkung und Vorziehen der Hände zum Pferd/Kasten/ Sprungtisch gestreckt, die Beine strecken den Hüftwinkel durch schnellkräftiges Zurückrotieren nach hinten oben.

Stützphase auf dem Sprunggerät: Prellabdruck.

Einstützphase/Aufstütz

7 Der Körper stützt bei ca. 45° (Körperlängsachse zur Senkrechten) gestreckt gegen das Sprunggerät.

8 *Stützrotation:* Der Körper rotiert in möglichst kurzer Stützdauer zwischen dem Gegenstemmen und Abprellen/-stoßen um die Hand-Handstütz-Kontaktstelle.

9 *Abdruck* mit Streckung aus dem Schultergürtel heraus. Der Körper verlässt, bei sehr guten Springern noch vor der Senkrechten, mit völlig gestrecktem Körper das Gerät.

Zweite Flugphase

10 Über die Höhe fliegt der gestreckte Körper weit vor, Arme bleiben in Verlängerung des Rumpfs, Kopf dazwischen gehalten, Blick nach vorne gerichtet.

Landephase

11 *Stützaufnahme und Phase des Auffangens:* Die Füße setzen mit den Fußballen zuerst vor dem KSP auf, der Körper wird vom Restrotationsbetrag aufgestellt und wird ausgebremst. Die Knie- und Hüftgelenke werden leicht gebeugt, der Körperschwerpunkt bleibt über Kniehöhe. Der Oberkörper ist leicht nach vorne geneigt und die Arme sind in Hochhalte.

12 *Endposition:* Aufrichten zum ruhigen Stand, die Arme in Seit-, dann wieder in die Hochhalte.

Lern- und Leistungsvoraussetzungen

Konditionelle Voraussetzungen:

- *Haltekraft der Kniestrecker* beim reaktiven Prellabsprung und für die exzentrische Muskelarbeit bei der Landung: vierköpfiger Schenkelstrecker (M. quadriceps femoris).
- *Fußkraft* zum Hochhalten der Ferse beim Prellabsprung: Drillingsmuskel der Wade (M. triceps surae: M. gastrocnemius und M. soleus).
- *Haltekraft* zur Haltung *des gestreckten Arm-Rumpf-Winkels bei gestreckten Armen* bei Stützaufnahme: dreiköpfiger Armstrecker (M. triceps brachii), Deltamuskeln (M. deltoideos und die Muskelschlinge der Rautenmuskeln und des vorderen Sägemuskels (M. serratus anterior und Mm. rhomboidei).
- Haltekraft während der *Ganzkörperspannung* aller daran beteiligten Muskelschlingen.

Koordinative Voraussetzungen:

- Verknüpfung von hoher Anlaufgeschwindigkeit und Absprung vom Brett.
- Intermuskuläre Koordination beim reaktiven Abdruck/Absprung.

Technische Voraussetzungen:

- Technik des *Prellabsprungs* zur Ausnutzung des Sprungbretts über reaktive Muskelarbeit.
- *Handstand* mit guter Ganzkörperspannung.

Grundsätzliche Hilfegebung

Zwei Helfer stehen dicht am Minitrampolin/Sprungbrett und unterstützen mit dem Absprung des Turnenden vom Tuch mit der nahen Hand unter dem Oberschenkel die Rotation (da die helfende Kraft am Körperschwerpunkt vorbeiwirkt), die ferne Hand unterstützt die Hüftstreckung und lenkt die Bewegung durch Gegendruck am Bauch (Fotos 3a-c).

Zwei weitere Helfer halten mit der nahen Hand an der Schulter, unterstützen das Aufrichten des Oberkörpers und mit der fernen Hand tragen sie den Körperschwer-

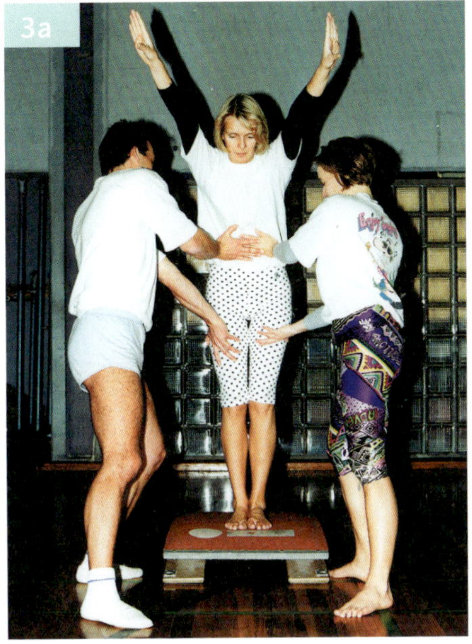

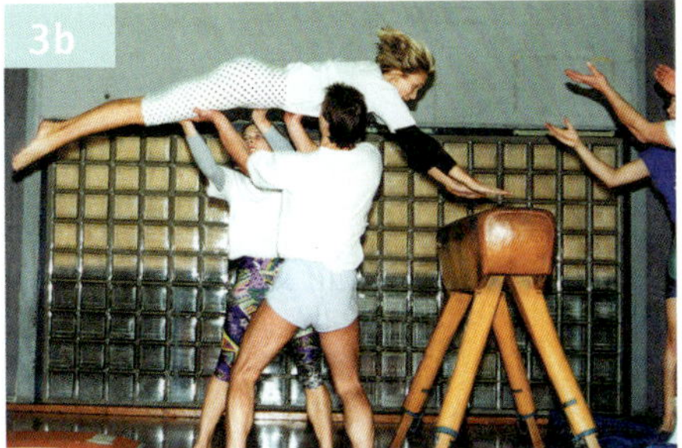

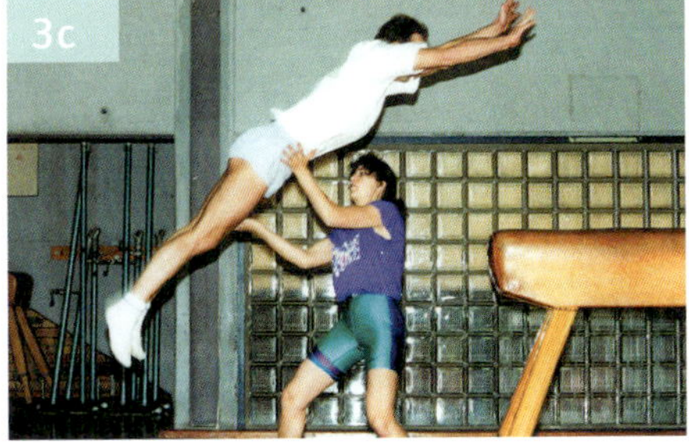

Hilfestellung zur Unterstüzung der ersten Flugphase: Die nahe Hand geht unter den Oberschenkel, die ferne Hand unter den Bauch (3a/b). Bei einer Hilfestellung unterstützt die ferne Hand am Bauch auf der entfernten Seite (3c).

punkt unter dem Gesäß (nicht im Lendenwirbelbereich, da Hohlkreuzproblem! Fotos 4a/b). Die anschließende Landungssicherung erfolgt durch Umgreifen mit der Gesäßhand zum Oberarm (vgl. Foto 9d, S. 157).

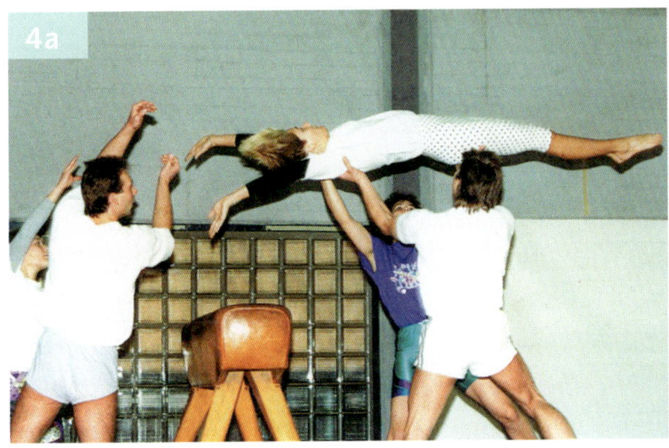

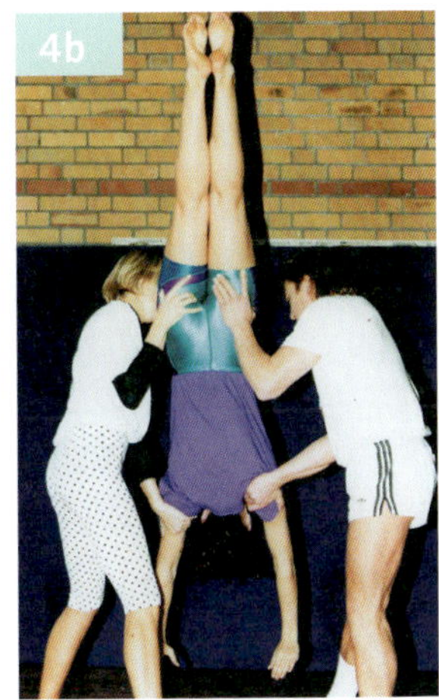

Foto 4 a/b: Hilfegebung für die zweite Flugphase: Die nahe Hand geht in die Schulter, die ferne Hand „Unterkante Gesäß".

Zunächst wird eine Hilfegebung zwischen Minitrampolin/Sprungbrett und Pferd/ Kasten abgebaut, dann die zweite Hilfegebung. Mit zunehmendem Beherrschungsgrad kann aus der Hilfegebung hinter dem Gerät eine Sicherheitsstellung (Abb. 22) werden, die, circa 1 m entfernt stehend, an Rücken und Bauch den Turnenden eingabelt („Sandwich").

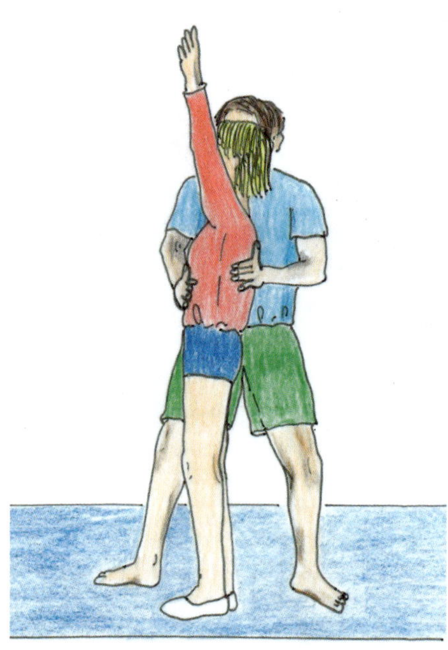

Abb. 22: „Sandwich"

Vorbemerkung zur Methodik

Das Erlernen des Handstütz-Sprungüberschlags im breitensportlichen und schulischen Bereich wird zunächst über das relativ hohe Einspringen in den Handstand auf eine nicht zu hohe Erhöhung vermittelt. Damit soll gewährleistet werden, dass die Übenden mit gestrecktem Arm-Rumpf-Winkel zum Stütz kommen und diese Streckung auch halten können. Würde, wie im Leistungsgerätturnen, eine flache Flugphase mit schneller Stützaufnahme als Aufgabe gegeben werden, würden die Anfänger, in einer quasi Liegestützposition in der Luft, mit dem Schultergürtel über das Gerät vorbrechen. Mit dem Sprung in den flüchtigen Handstand, als Assoziationshilfe, gehen die Beine einfacher in die Senkrechte und bleiben nicht bei gewinkelter Hüfte hängen. Zudem wird für die gestreckte Körperspannung der Transfer der Bewegungsmerkmale des bekannten Handstands genutzt.

- Der *Stütz* auf einen *erhöhten, relativ festen Weichboden* ist für Anfänger günstiger, da er für sein muskuläres System mehr Zeit bekommt, mit Stützaufnahme die Gelenke steif zu stellen. Die Abdruckfähigkeit, über reaktive Muskelarbeit vom Pferd den Körper abzudrücken, stellt ein höheres Niveau dar.

- Die *Grundübungen* werden in aufeinanderfolgenden Stunden (bis auf Grundübung 1 und 2, die zusammengehören) als *abgeschlossene Stundenthemen* angeboten. Die Grundübung 1 kann jedes Mal als Einstiegsübung wiederholt werden.

Dazu sind die verschiedenen Geräteaufbauten der verschiedenen Grundübungen auch im Rahmen von Differenzierungsmaßnahmen bei unterschiedlichem Könnensniveau in der Gruppe/Klasse als *unterschiedliche Stationen innerhalb einer Turnstunde* sehr gut anzubieten.

Lernschritte

1. Grundübung: Handstand, gestrecktes Umfallen in die Rückenlage auf einen Weichboden

Ziel: Bewusstmachung des Beibehaltens der gestreckten Körperspannung und der eventuell gegebenen fehlerhaften Körperhaltung für die Stützphase (und der zweiten Flugphase).

Aufgabe: Aus dem (erhöhten) Stand vor einem Weichboden, mit Aufsetzen der Hände auf dem Weichboden, in den Handstand aufschwingen und gestreckt in die Rückenlage auf den Weichboden fallen lassen, zwei Sekunden gestreckt liegen bleiben.

Die Partner kontrollieren die Körperhaltung, der Turnende versucht, sie wahrzunehmen.

Tipps zur Ausführung:

- **Im Liegen noch zwei Sekunden die gestreckten Arme auf der Matte in Verlängerung des Rumpfs liegen lassen, um sich nicht bei der späteren Landung das Vorziehen der Arme und des Kopfs – was ein Nachvornefallen zur Folge hätte –, anzugewöhnen.**
- **Beim Fallenlassen ausatmen (angenehmer für den Brustbereich).**
- **Hände im Handstand nach außen setzen, um nicht beim Zeitlupenfallen über die Finger das Handgelenk zu sehr abknickend zu belasten.**

Vorschläge zur Vertiefung und Hinführung:

- Einstieg über „Pingpong"-Handstand: Sich im Handstand von 1-2 Helfern zwischen deren Händen (am Oberschenkel haltend) in völlig gespanntem Zustand vor- und zurückpendeln lassen (bis ca. 20° von der Senkrechten weg).

Übungsvorbereitung an der dicken festen Matte:

- Mit dem Aufschwingen in den Handstand halten zwei Helfer zunächst am Oberschenkel die Handstandposition und checken die Ganzkörperspannung (z. B. durch Herausheben) ab. Dann fassen sie mit der nahen Hand unter die Schulterblätter und tragen den Übenden in die Rückenlage (vgl. Foto 4a, S. 149). Es kann auch mit dem Umfassen der Oberschenkel der Übende über die Handstandhöhe nach hinten gezogen werden, um dann in die Rückenlage zu fallen (Foto 5a).

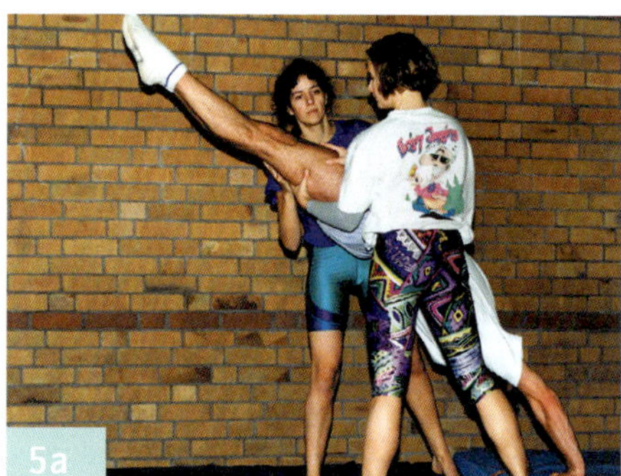

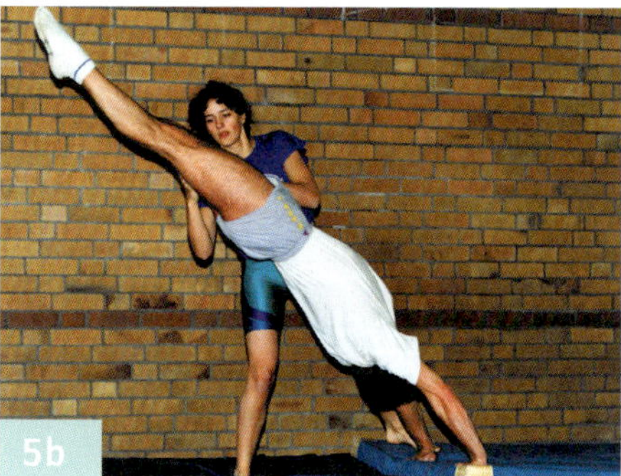

Hilfegebung beim Fallen aus dem Handstand in die Rückenlage

- Mit Aufschwingen in den Handstand hilft ein Helfer mit Griff am Oberschenkel und zieht während des gespannten Fallens den Turnenden *nach hinten* (Foto 5b).
- Der Turnende fällt, ohne Bewegungsbegleitung der Partner, in die Rückenlage und lässt sich seine Körperhaltung korrigieren (s. u.) (Foto 6).

Spielform für die zweite Flugphase: „Welcher Typ bin ich?"

- Der *„Hohli"*-Typ: Hohlkreuzhaltung, der Kopf ist stark im Nacken, die Füße setzen zuerst auf der Matte auf und die Körpermitte bricht danach auf die Matte herunter. Am Pferd würde der Turnende vor der Landung die Beine unter den

Körper ziehen und mit der Landung nach vorne auf die Hände schießen. Die Ursache hierfür liegt jedoch oftmals *situativ* im zu kraftvollen Aufschwingen, das Schwungbein treibt dann über die Senkrechte ins Hohlkreuz, statt in der Körperstreckung fixiert zu werden.

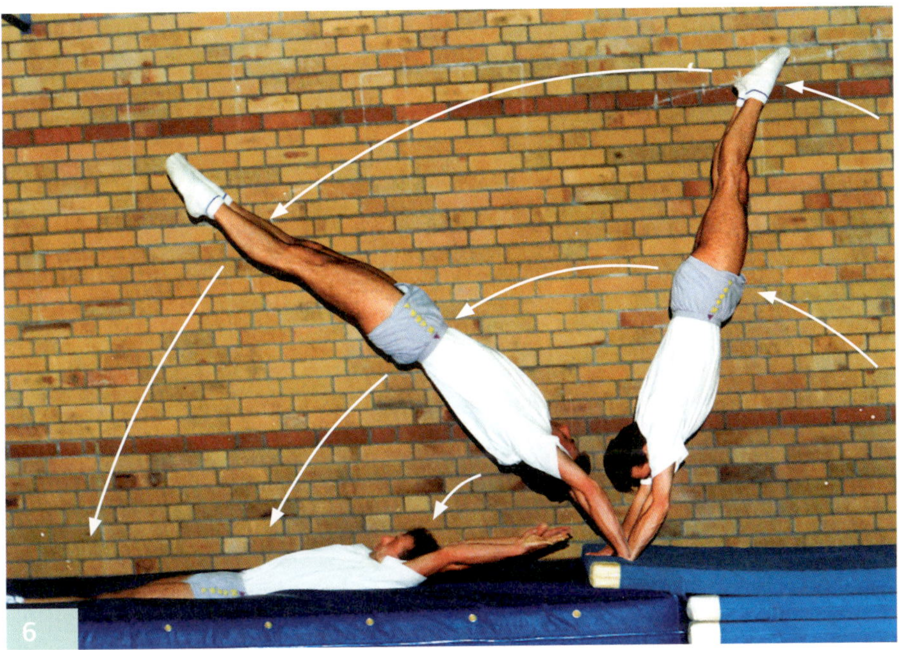

6

Handstand – Fallen in die Rückenlage

- Der „*Rolli*"-Typ: Der Oberkörper ist gerundet, der Kopf auf die Brust genommen, der Arm-Rumpf-Winkel nicht im Handstand gestreckt, die Arme sind oftmals gebeugt. Der Turnende rollt nach dem Anfallen aus dem (schlechten) Handstand ab. Die Ursache ist oft auch Angst vor dem Fallen in die Rückenlage.
- Der „*Klappi*"-Typ: Der Turnende landet zuerst auf dem Rücken und die Beine klappen spür- und hörbar nach. Oft wird bereits im Handstand die Hüfte gewinkelt, manchmal der Kopf zu sehr vorgenommen.
- Der „*Roll-Klappi*"-Typ: Mischtyp, der Handstand wird nicht gestreckt geturnt, der Turnende rollt ab und die Beine fallen klappend auf die Matte nach.
- Der „*Schlappi*"-Typ: Entweder bereits im Handstand oder beim Fallen wird die Körperspannung völlig aufgegeben; er platscht auf den Weichboden.

- Der *„Strecki"*-Typ ist der *„Super"*-Typ: Er steht im Handstand wie eine „1" und fällt wie ein Brett auf die Matte (Foto 6).

2. Grundübung: Sprung in den Handstand auf einen Mattenberg mit Absprunghilfe Minitrampolin

Ziel: Schulung der ersten Flugphase unter Verknüpfung mit der Stützphase und der Körperhaltung für die zweite Flugphase. Konzentration auf den ersten Technikabschnitt, bei Weglassen des angstauslösenden zweiten Flugabschnitts.

Aufgabe: Aus dem Anlauf, Sprung auf das Minitrampolin und Flug in den Handstand auf die weiche Erhöhung, in die Rückenlage fallen (siehe Grundübung 1), kurz in der Rückenlage gespannt liegen bleiben (Fotos 7a/b).

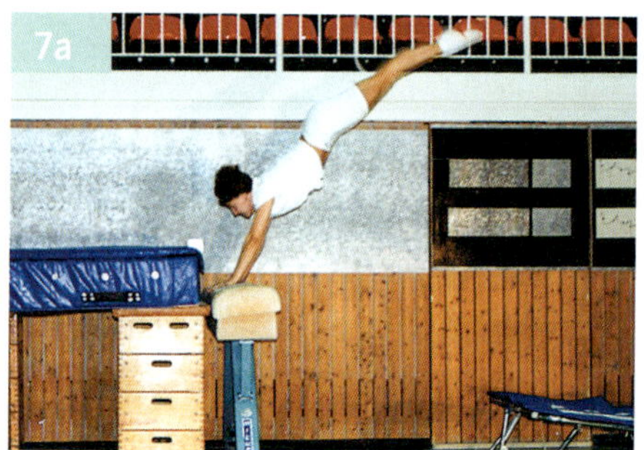

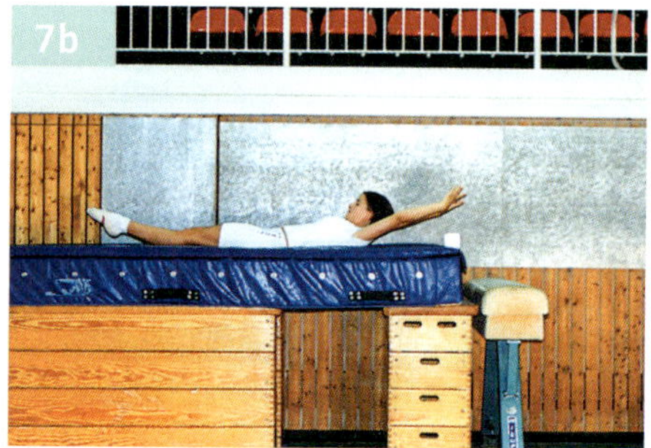

Sprung vom Minitrampolin mit festem Stütz in die Rückenlage auf den Mattenberg

Hilfegebung: Zwei Helfende stehen dicht am Minitrampolin und heben mit dem Einsprung in das Tuch rotationsunterstützend unter den Oberschenkeln (da am Körperschwerpunkt ihre Kraft vorbeiwirkt) und mit der fernen Hand unter dem Bauch (lenkend, zum Mattenberg hinführend) (siehe Foto 3b).

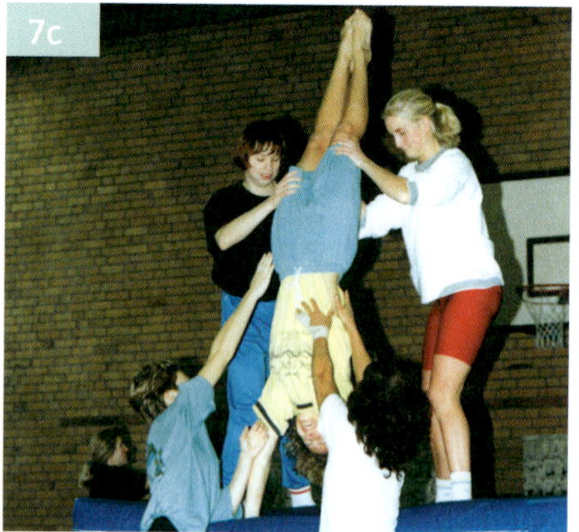

Sprung in den Handstand auf den Mattenberg mit 4 Helfern.

Bei Ungeübten und in der Schule können zusätzlich noch zwei weitere Helfer auf dem Mattenberg stehen und die Handstandposition mit Umfassen der Oberschenkel sichern (Foto 8a).

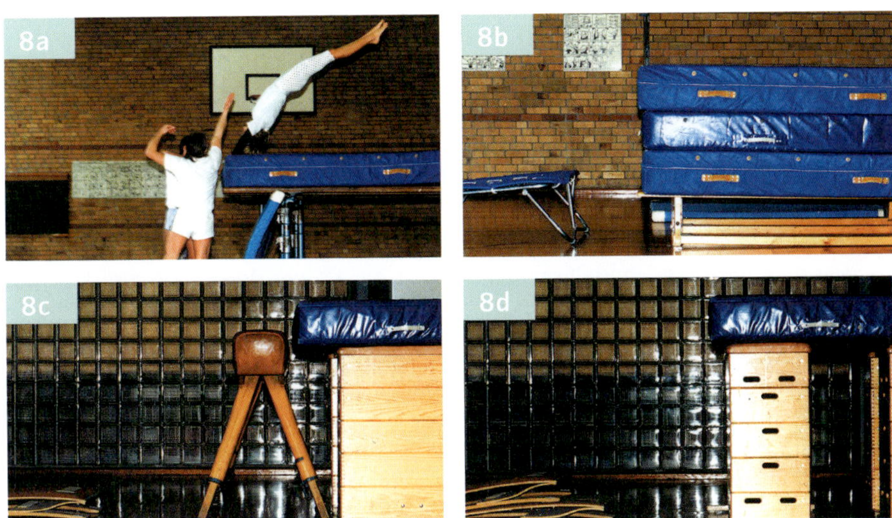

Verschiedene Mattenberg-Aufbauten

Zum Geräteaufbau:

Der *Mattenberg* ist eine Erhöhung, bei der bei beliebigem Unterbau ein Weichboden zuoberst aufgelegt ist (Fotos 8b-e). Als Standard sind drei Kästen als Unterbau zu empfehlen, wobei ein Kasten, zu den beiden anderen als Kastengasse aufgestellten Kästen, vor dem Minitrampolin quer gestellt wird (Foto 8e). Bei Kindern kann ein dreifacher Weichbodenberg, 1-2 Weichböden auf Turnbänke (Foto 8c) oder kleine Blockkästen gelegt, sinnvoll sein. Die Höhe sollte bei Jugendlichen nicht zu hoch sein (1,00-1,20 m). Die Stützstelle sollte zunächst auf dem festen Weichboden sein, später kann in einer anderen Stunde als Variation auch ein Kasten oder ein Pferd als Stützstelle vor den Mattenberg gestellt werden (vgl. Fotos 8d und 7a/b).

Statt Minitrampolin kann alternativ auch ein „Doppelbrett" (zwei aufeinandergelegte Sprungbretter, siehe Foto 8e) vor den Mattenberg oder das Sprunggerät gelegt werden. Mit Absprung vom Sprungbrett ist es der DTB-Pflichtsprung *P6* (vgl. S. 364). B I

Tipp: Im Rahmen der Differenzierung sollten im Breiten- und Schulsport 2-4 Variationen bezüglich Höhe und Stützstelle in einer Unterrichtsstunde angeboten werden.

Zum Übungsangebot:

Zum Einspringen bietet sich das Aufhocken an. Dabei sollte mit zunehmenden Übungsdurchgängen darauf hingewiesen werden, bewusst **auf** die Hände zu springen, nicht Springen und Stützen fast zeitgleich ausführen!

→ Mit dem „Auf-die-Hände-Springen" rotiert der Körper deutlicher vorwärts, damit fliegen die Beine fast von selbst rückwärts bis beinahe in die Senkrechte. „Beine zur Decke" kann hier schon als Technikhinweis gegeben werden.

→ Um nicht nach vorne mit den Schultern durchzubrechen, muss kraftvoll die Streckung des Arm-Rumpf-Winkels gehalten werden: „Stemm dich gut gegen die Matte, Hände dabei angucken!"

→ *Auf keinen Fall sollte das Aufrollen* in dieser Stundeneinheit geturnt werden, da genau diese gerundete Bewegungsstruktur dem Handstand widerspricht. Da aus Angst diese Bewegung immer wieder als Ausführungsproblem auftaucht, sollte es nicht in dieser Stundeneinheit thematisiert werden. Das Bewegungslernen wird für das angestrebte gestreckte Aufstützen gestört.

Zusätzliche Aufgabenstellung im Hinblick auf den Sprung über das *längs gestellte Pferd/den längs gestellten Kasten/den Sprungtisch*:

- Das Minitrampolin wird etwas weiter weggestellt und eine Schnur etwas unterhalb (später genau in Höhe) des Mattenbergs gehalten, die zum Handstand übersprungen werden soll.

- Ideal – aber mit großem Geräteaufbau verbunden – wäre ein doppelt so langer Mattenberg, wo die Stützstelle optisch gut gekennzeichnet für den Überschlag über das längs gestellte Gerät bzw. den Sprungtisch markiert ist.

3. Grundübung: Handstütz-Überschlag vom hohen Kastensteg (zwei Kästen längs hintereinander gestellt) mit zwei Helfern

Ziel: Schulung der zweiten Flugphase und des Landeverhaltens.

Aufgabe: Aus dem Stand zu Beginn des ersten längs gestellten Kastens in den Handstand am Ende des zweiten längs gestellten Kastens aufschwingen, Einnehmen der gestreckten Körperspannung. Zwei Helfern, die dicht stehend greifen mit der nahen Hand zwischen Hals und Oberarm in die Schulter und stützen mit der fernen Hand unter dem Gesäß (Körperschwerpunkt). Der Turner wird völlig gespannt auf eine Landematte in den Stand (z. B. fester Weichboden) getragen (Fotos 9a-c) und bei der Landung mit Umfassen der Oberarme gehalten (Foto 9d).

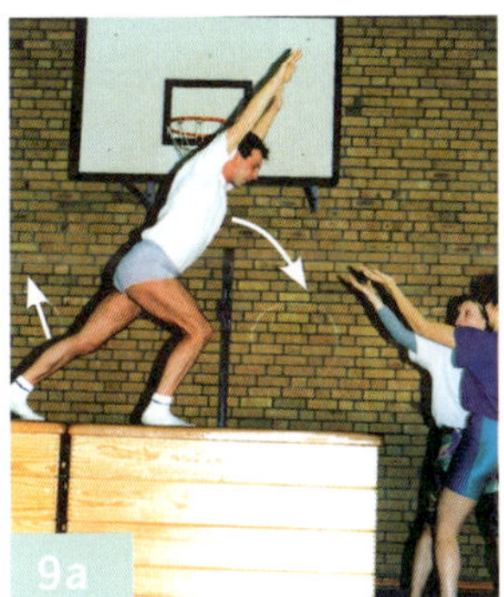

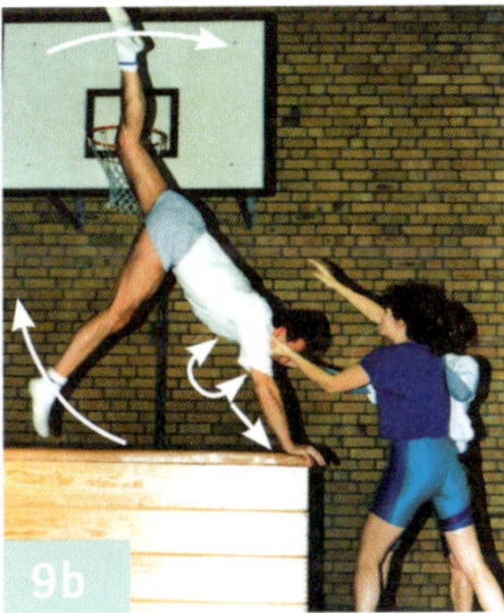

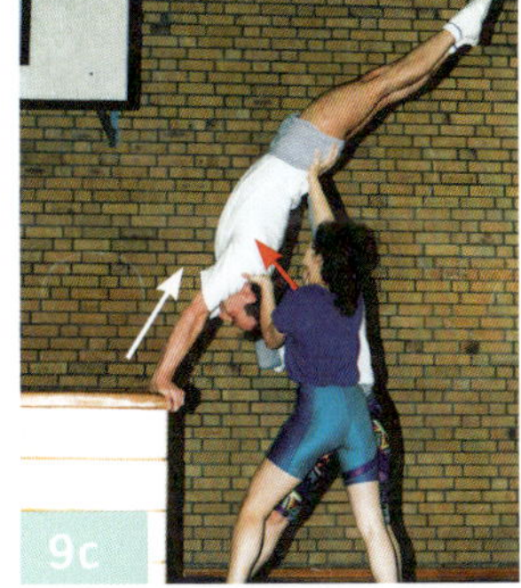

Handstützüberschlag vom Kastensteg mit 2 Helfern

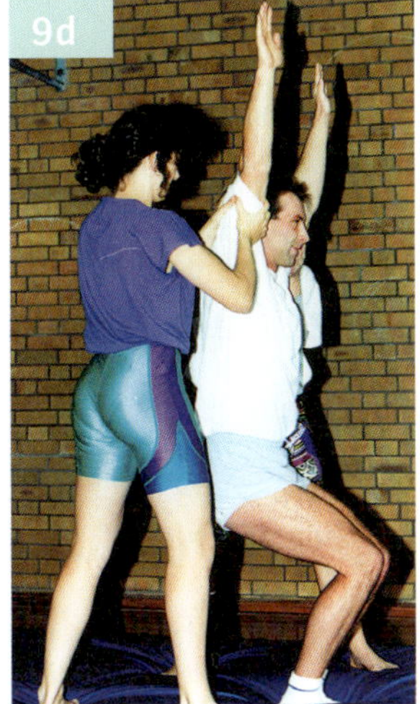

Landungssicherung an den Oberarmen

Methodische Hinweise:

- Als Einstimmung kann zunächst das Aufschwingen in den Handstand und Überschlagen mit Partnerhilfe bei der Landung (vgl. Lernschritte zum Handstütz-Überschlag am Boden) geturnt werden. Der Körper ist dabei die ganze Zeit völlig gestreckt.

  Die *Helfer* greifen, dicht nebeneinander stehend, mit der nahen Hand zwischen Hals und Oberarm in die Schulter, um den Turnenden vom Boden abzuheben und den Rumpf danach aufzurichten.

B I

Mit dem fernen Unterarm umfassen sie das Gesäß (Körperschwerpunkt) (Foto 10), mit der Landung geht die Hand vom Gesäß weg und greift von vorne um den Oberarm. Damit wird später der Turnende vor einem Nachvornefallen bei der Landung geschützt. Die Helfer können bei dieser verlangsamten Ausführung somit bereits den Griffwechsel zur Landungssicherung in einer ungefährlichen, verlangsamten, überschaubaren Situation üben.

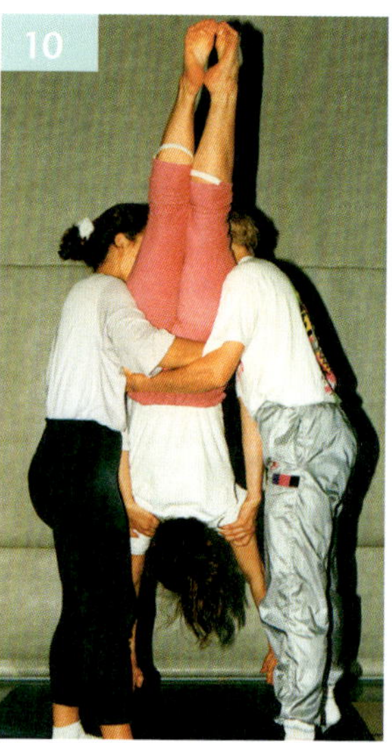

Helfergriff beim Zeitlupenüberschlag am Boden

Diese verlangsamte, getragene Überschlagbewegung dient der Orientierung während und nach der Überschlagbewegung, zum anderen kann das Landeverhalten nach der Überschlagbewegung thematisiert werden: Mit der Wahrnehmung des Füße-Boden-Kontakts wird haltend während der Landung in den Knie- und Hüftwinkeln nachgegeben. Der Bauch wird zur Hohlkreuzvermeidung bewusst eingezogen, die Arme bleiben in Hochhalte, um nicht nach vorne zu fallen.

- Zum *Einturnen* am Gerät Kastensteg: Aus dem Anlauf mit Stütz aufhocken (Prellfederung thematisieren!) und mit einbeinigem Absprung vom Kasten und anschließendem Strecksprung landen. Verbale Hinweise zur Landung: „Ballen vorschicken, dann Fersen absenken!" „Haltend nachgeben!" „Bauch einziehen!" „Arme oben lassen!"
- Aus dem *Stand* auf dem Kastensteg in den Handstand aufschwingen und mit zwei Helfern zur Landung tragen lassen (Fotos 9a-d). Bei Angst können 1-2 weitere Helfer seitlich der Stützstelle – gegebenenfalls erhöht stehend – beim Aufschwingen am Rumpf/an den Oberschenkeln hebend helfen. Das seitliche Stehen alleine ist oft schon *die* psychische Hilfe, die benötigt wird.
- Aus dem Stand zu Beginn des Kastenstegs zwei Schritte *vorgehen* mit Hochführen der Arme in die Hochhalte, mit dem dritten Schritt in den Ausfallschritt und Absenken mit weitem Vorgreifen der Hände zum Überschlag.

- Aus dem halben Hockstand zu Beginn des Kastenstegs *Strecksprung* nach vorne oben (= „Anhüpfer" mit Vorhochschwingen der Arme in den Ausfallschritt) d. h. Landung auf dem Schwungbein, das Standbein des Handstands schwingt vor) und weites Vorgreifen der Hände zur Arm-Rumpf-Winkel-Streckung und Handstütz-Überschlag (Fotos 11a-d).

- Vertiefung in der Bewegungsverbindung: Anlauf, Absprung und Aufhocken (Foto 11a, auch ohne Stütz der Hände) zum sofortigen Strecksprung in den Ausfallschritt (Fotos 11b/c) und Absenken des Oberkörpers zum Handstütz-Überschlag (Foto 11d).

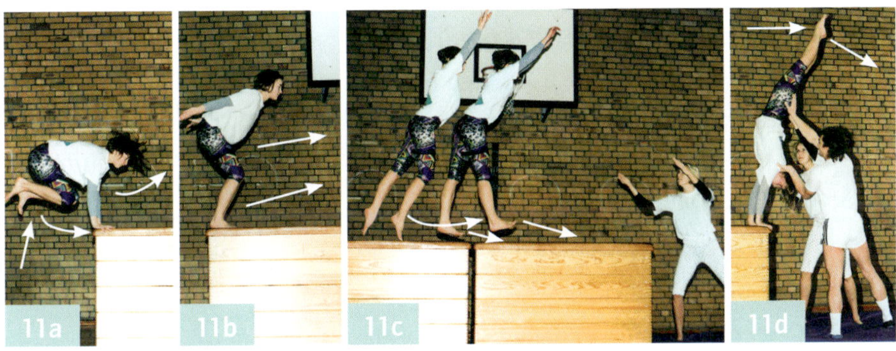

Aufhocken – Anhüpfer und Handstützüberschlag vom Kastensteg

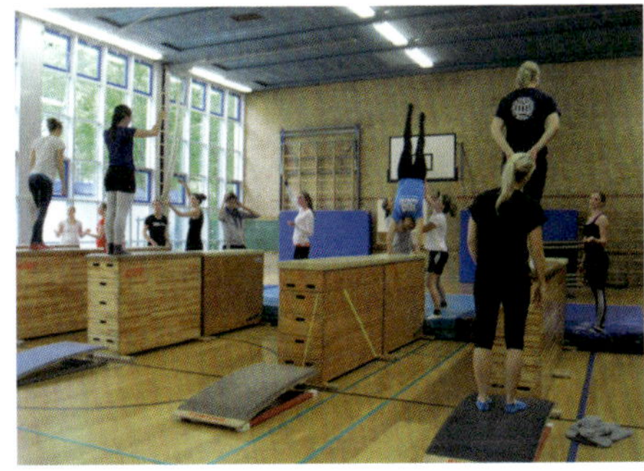

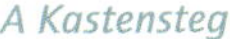

A Kastensteg

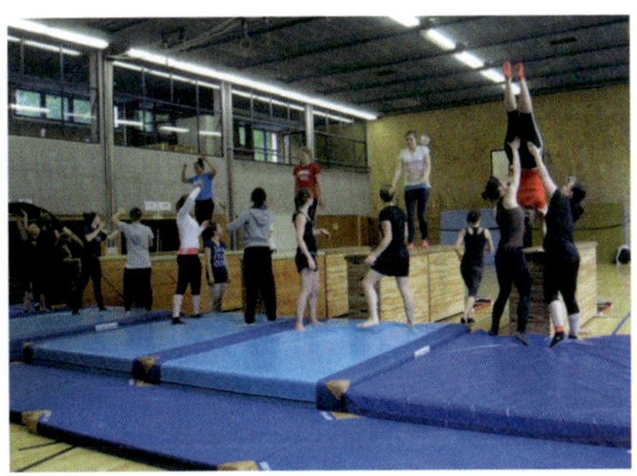

B ... zur Schulung der 2. Flugphase

4. Grundübung: Handstütz-Sprungüberschlag über den Kasten/ das Pferd/den Kastentisch/den Sprungtisch mit Absprunghilfe Minitrampolin oder Doppelbrett und vier Helfern

Ziel: Kennenlernen der Gesamtbewegung mit Absprunghilfe.

Aufgabe: Aus dem Anlauf Absprung aus dem Minitrampolin und Sprung in den Handstand zum Überschlagen in den Stand.

Hilfegebung: Zwei Helfer stehen dicht am Trampolin und unterstützen mit der nahen Hand unter dem Oberschenkel die Rotation mit dem Absprung vom Tuch, die ferne Hand unterstützt die Hüftstreckung und lenkt die Bewegung durch Gegendruck am Bauch.

Zwei weitere Helfer halten wie am Kastensteg mit der nahen Hand an der Schulter und der fernen Hand unter dem Gesäß (nicht im Hohlkreuz!). Landungssicherung erfolgt durch Umgreifen mit der Gesäßhand zum Oberarm. Zunächst wird eine Hilfegebung zwischen Minitrampolin und Pferd/Kasten abgebaut, dann die zweite Hilfegebung. Mit zunehmendem Beherrschungsgrad kann aus der Hilfegebung hinter dem Gerät eine Sicherheitsstellung werden, die, ca. 1,00 m entfernt stehend, an Rücken und Bauch den Turnenden eingabelt (vgl. Abb. 22 „Sandwich").

- Im Hinblick auf das Springen über das *längs gestellte Gerät oder den Sprungtisch* kann – als *„Kastentisch"* – auf zwei dicht und quer gestellte Kästen eine Turnmatte gelegt werden (Foto 13c). Als „Hinterstützsprung", der im allgemeinen Turnbereich üblich ist, stützen die Hände weit vorn, am Ende der aufgelegten Matte. Zunächst sollte der „Kastentisch" nicht zu hoch sein (vierteilige Kästen /1,00 m hoch, dann fünfteilige Kästen/1,20 m hoch).
- Danach erfolgt über einen nicht zu hohen, längs gestellten Kasten mit Absprunghilfe Minitrampolin und vier Helfern der Handstütz-Sprungüberschlag.
- Weiterführung: Handstütz-Sprungüberschlag über den Kastentisch (Foto 12a, schulbezogen mit 6 Helfern) oder den modernen Sprungtisch (Fotos 12b und 13c).

5. Grundübung: Handstütz-Sprungüberschlag vom Sprungbrett mit vier Hilfegebungen

Aus dem Anlauf Absprung vom Sprungbrett zum Handstütz-Sprungüberschlag. Erst mit vier, dann mit drei, dann zwei Helfern (siehe Grundübung 4). Aus den zwei Helfern hinter dem Pferd werden mit zunehmender Bewegungssicherheit Sicherheitsstellungen, die am Bauch und am Rücken („Sandwich") die Landung absichern.

Zielübung:
Handstütz-Sprungüberschlag vom Sprungbrett

Zunächst steht nur noch ein Helfer vor dem Gerät (Pferd/ Sprungtisch) und unterstützt gegebenenfalls die erste Flugphase (Foto 12b).

Schließlich steht nur noch ein Helfer zum Sichern mit „Sandwichgriff" hinter dem Gerät.

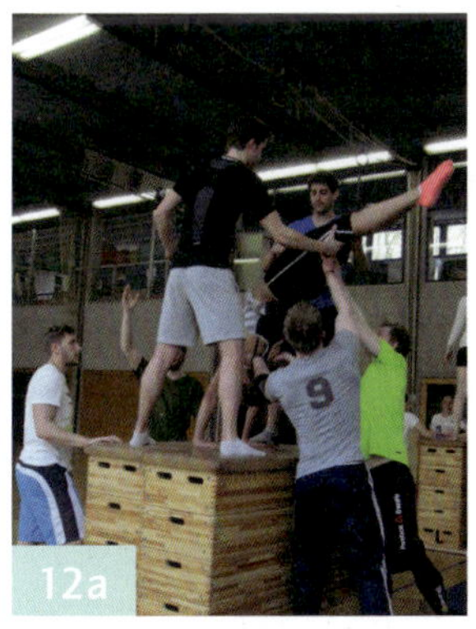

12a

Handstütz-Sprungüberschlag über den „Kastentisch" mit 6 Helfern

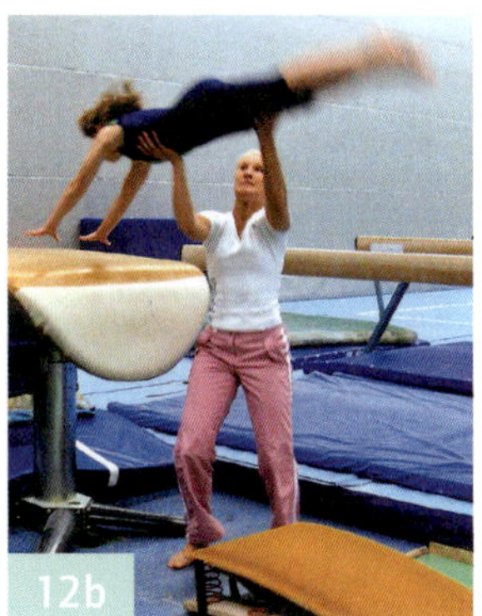

12b

... und am Sprungtisch

Bei größeren Gruppen in der Schule und im Verein mit unterschiedlichem Leistungsniveau können die Grundübungen an verschiedenen Gerätestationen auch als Stationsturnen parallel angeboten werden (Aufbauten siehe Fotos 13a-c).

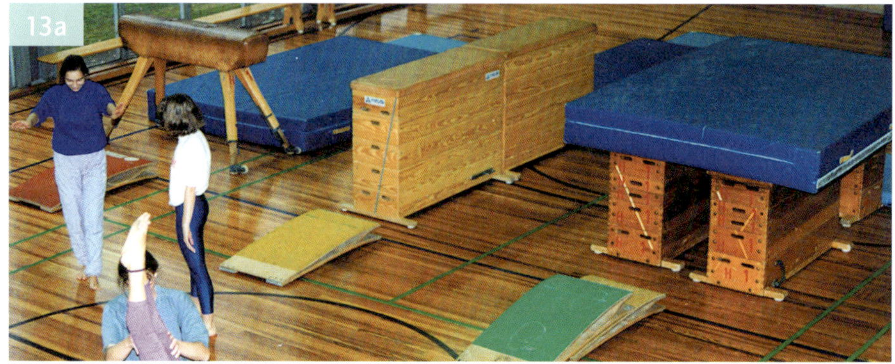

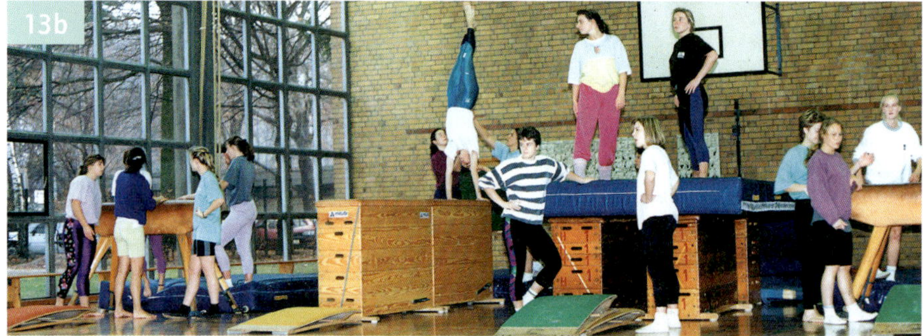

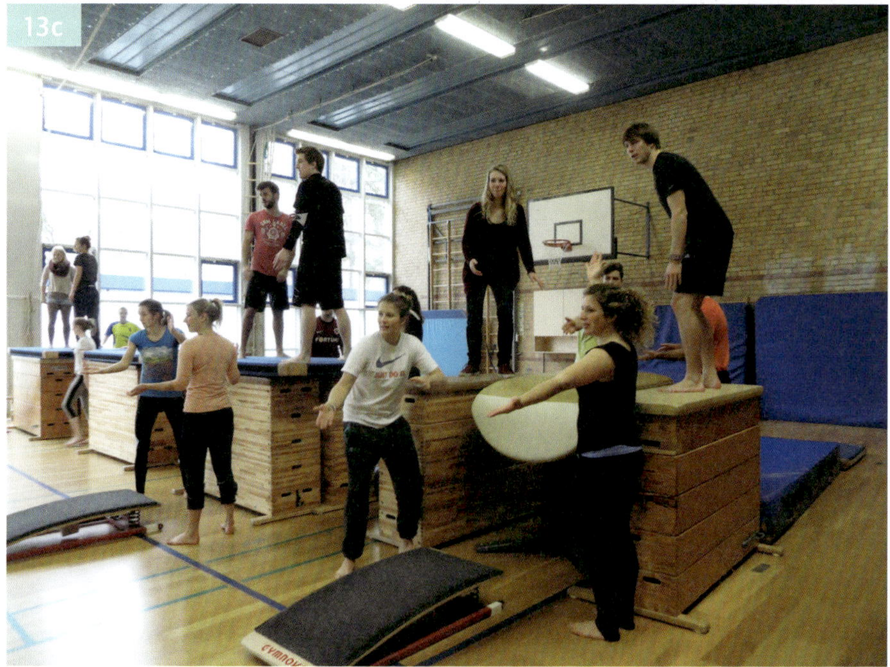

Stationsturnen zum Handstütz-Sprungüberschlag

3 „Yamashita": Handstütz-Sprungüberschlag mit Abbücken in der zweiten Flugphase

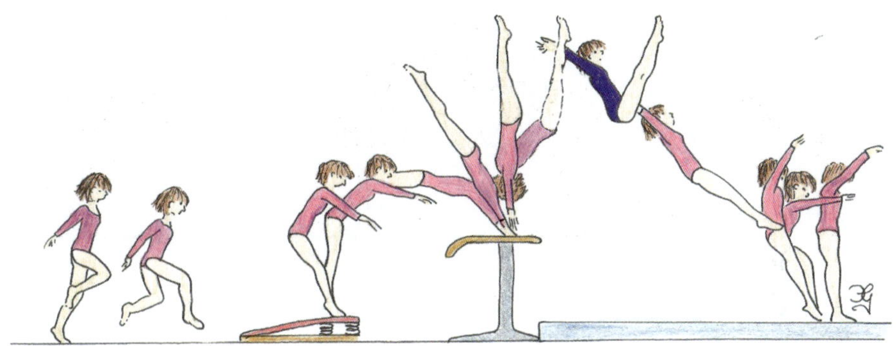

Als höherwertigere Variation des Handstütz-Sprungüberschlags zählt der „Yamashita", im DTB-Wettkampfprogramm allgemeines Gerätturnen weiblich 2015, zu den anspruchsvolleren Handstütz-Sprungüberschlägen. Als zweithöchste Schwierigkeitsstufe P8 wird er im Wahlwettkampf Turnfesten für Frauen und Männer angeboten. Als „A-Teil" hat er nach internationalen Wertungsvorschriften einen Ausgangswert von 2,60 Punkten, als Kürsprung im nationalen Gerätturnen eine Wertigkeit von 3,60 Punkten („D-Note") *plus* maximal 10 Punkte für Technik und Haltung („E-Note")!

Dieser Handstütz-Sprungüberschlag mit Beugen und Strecken der Hüfte in der zweiten Flugphase basiert auf einem gekonnten Handstütz-Sprungüberschlag gestreckt. Er *fordert* für ein Gelingen vor allem einen Sprung mit *flacher erster und hoher zweiter Flugphase* (alle Informationen hierzu sind aus dem Kapitel des Basissprungs Handstütz-Sprungüberschlag S. 134f. zu entnehmen). Im Rahmen dieses Buches kann nur auf wesentliche Technikveränderungen, im Vergleich zum Handstütz-Sprungüberschlag gestreckt, und wesentliche methodische Schritte zum Yamashita hingewiesen werden.

Wenn nachfolgend von einer Methodik über das Pferd ausgegangen wird, so können – so weit bereits vorhanden – die Aufgabenstellungen auch auf den modernen Sprungtisch übertragen werden.

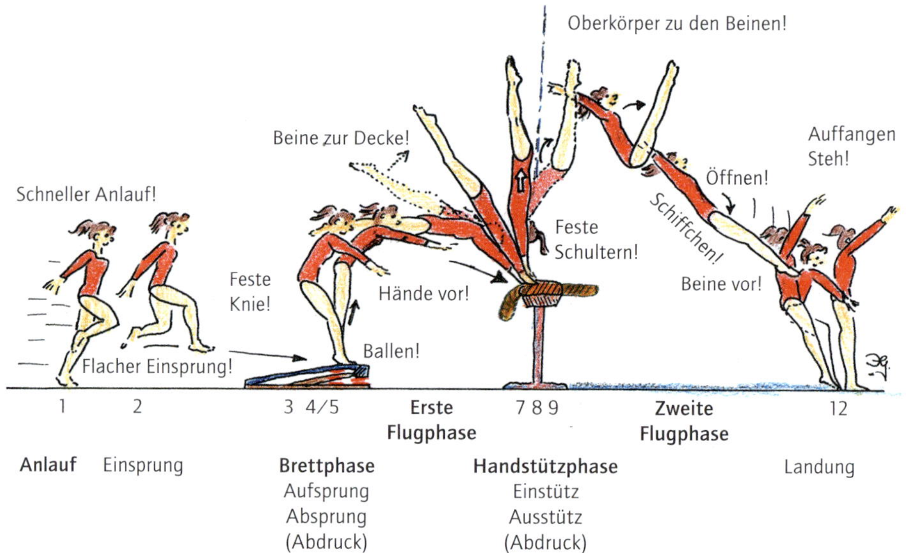

Abb. 23: Bewegungsmerkmale Handstütz-Sprungüberschlag gestreckt

Bewegungsmerkmale

Anlauf

1 Steigerungslauf auf den Fußballen mit leicht vorgeneigtem Körper.

Brettphase: Prellabsprung

2 *Einsprung:* Flacher, weiter, einbeinig abgesprungener Einsprung auf das Sprungbrett, Beine werden geschlossen, Arme parallel genommen.

3 *Aufsprung:* Mit vorgezogenen Beinen, aufrechtem Oberkörper und völlig gespanntem Körper Aufsprung auf das Sprungbrett.

4 *Stützrotation:* Mit gespanntem Körper und dem Vorschwingen der Arme rotiert der sich weiter streckende Körper in die Vorlage auf dem Sprungbrett.

5 *Absprung/Abdruck:* In Körpervorlage wird die Kraft aus dem Sprungbrett in den völlig durchgespannten Körper aufgenommen und in die erste Flugphase katapultiert.

Erste Flugphase („Hilfsflugphase")

6 Der Körper rotiert relativ flach steigend vorwärts, der Arm-Rumpf-Winkel wird durch Oberkörperabsenkung und Vorziehen der Hände zum Pferd/Kasten ge-

streckt, die Beine strecken den Hüftwinkel durch schnellkräftiges Zurückrotieren nach hinten oben.

Stützphase auf dem Pferd: Prellabdruck

7 *Einstützphase/Aufstütz:* Der Körper stützt bei ca. 45° (Körperlängsachse zur Senkrechten) gestreckt gegen das Pferd.

8 *Stützrotation:* Der Körper rotiert in möglichst kurzer Stützdauer zwischen dem Gegenstemmen und Abprellen/-stoßen um die Hand-Pferd-Kontaktstelle.

9 *Abdruck* mit Streckung aus dem Schultergürtel heraus. Der Körper verlässt bei sehr guten Springern noch vor der Senkrechten völlig gestreckt das Gerät.

Zweite Flugphase („Hauptflugphase")

10 Mit Ansteigen des Körperschwerpunkts wird der Oberkörper schnellkräftig in Richtung Beine beschleunigt. Die Arme können an die Seite genommen werden (rotationsbeschleunigend, da Verringerung der Trägheit). Die Beine rotieren relativ geringfügig weiter, sodass es bildlich gesprochen aussieht, als ob sie kurz in der Luft stehen bleiben.

11 Nach Erreichen einer „Schwebesitzposition" in der Luft wird der Hüftwinkel durch aktives Absenken der Beine geöffnet. Die Arme gehen in Hochhalte zur Reduzierung der Rotationsgeschwindigkeit, der Kopf wird zwischen den Armen gehalten, der Blick ist nach vorne gerichtet, der Körper fliegt in einer „Schiffchenposition".

Landephase

12 *Stützaufnahme und Phase des „Auffangens":* Die Füße setzen mit den Fußballen zuerst vor dem KSP auf, der Körper wird vom Restrotationsbetrag „aufgestellt" und „ausgebremst". Die Knie- und Hüftgelenke werden leicht gebeugt, der Körperschwerpunkt bleibt über Kniehöhe. Der Oberkörper ist leicht nach vorne gebeugt und die Arme sind in Hochhalte.

Lern- und Leistungsvoraussetzungen

Konditionelle Voraussetzungen:

- Grundsätzlich alle, die beim Handstütz-Sprungüberschlag gestreckt verlangt werden (vgl. Seite 134f.).
- Zusätzlich für das schnellkräftige Abbücken *die Schnellkraft der hüftbeugenden Muskulatur:*
  Die gerade Bauchmuskulatur (M. rectus abdominis), die Lenden-Darmbein-Muskulatur (M. iliopsoas) und der vierköpfige Schenkelstrecker (M. quadriceps femoris), der auch Haltearbeit als Kniestrecker leistet!

Technische Voraussetzung:

- Sehr gut beherrschter Handstütz-Sprungüberschlag gestreckt.

Lernschritte

1. Grundübung: Handstand, Umfallen über die gewinkelte Rückenlage

Ziel: Bewusstmachung des „Stehenlassens" der Beine.

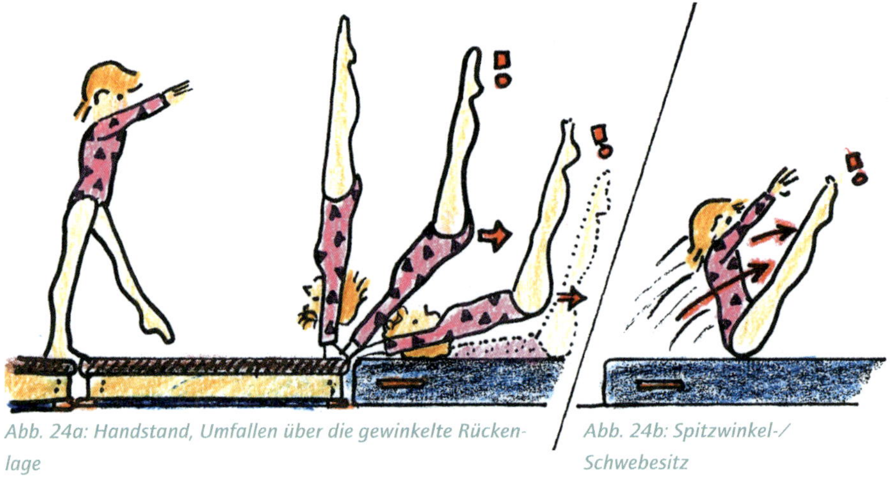

Abb. 24a: Handstand, Umfallen über die gewinkelte Rückenlage

Abb. 24b: Spitzwinkel-/ Schwebesitz

Aufgabe: Aus dem (erhöhten) Stand vor einem Weichboden in den Handstand aufschwingen. Im Handstand von 1-2 Helfern zwischen deren Händen (am Oberschenkel haltend) in völlig gespanntem Zustand abwinkeln, in die gewinkelte Rückenlage abgleiten, im zweiten Durchgang schon zügiger fallen lassen in die gewinkelte Rückenlage. Kurz in der Position liegen bleiben und die Beine visuell selbst überprüfen, ob sie senkrecht gehalten werden. 1-2 Helfer können zunächst die Oberschenkel umfassen und die *senkrecht gehaltenen* (!) Beine nach hinten führen, während der Übende mit gestreckten Armen und gestrecktem Arm-Rumpf-Winkel, in der Hüfte abklappend, in die Rückenlage fällt. Der Übende bleibt zwei Sekunden – mit den gestreckten Armen und senkrecht gehaltenen Beinen – auf der Matte liegen (Abb. 24a).

2. Grundübung: Handstand, Umfallen über die gewinkelte Rückenlage zum Schwebesitz (Spitzwinkelsitz)

Ziel: Bewusstmachung des Hochbringens des Oberkörpers bei senkrecht gehaltenen Beinen für die zweite Flugphase.

Aufgabe: Erweiterte 1. Grundübung:

a) Der Turnende fällt alleine in die Rückenlage und lässt sich seine Beinhaltung verbal/taktil korrigieren. Eine Helferhand kann *hinter* den Beinen als Orientierungshilfe für die Senkrechte gehalten werden. Danach fasst er auf Zuruf: „Füße greifen!" schnellkräftig seine Füße/Unterschenkel (Abb. 24b).

b) S. o., jedoch nach dem Fallen in die flüchtige Rückenlage fließend zum Schwebesitz hochschnellen. Die Aktion erfolgt vom Oberkörper zu den Beinen, nicht umgekehrt! Zuruf: „Füße!" Die Beine dürfen *nicht* zurück zum Rumpf gezogen werden! Extrem falsch wäre in dieser Hinsicht das Zurückklappen der Beine in die Kipplage.

c) Aus dem Angehen in den Handstand aufschwingen, zum Abbücken fallen, flüchtiger, nun in den Sitz rotierender Schwebesitz.

3. Grundübung: Sprung in den Handstand mit Abbücken auf einem nicht zu hohen Mattenberg

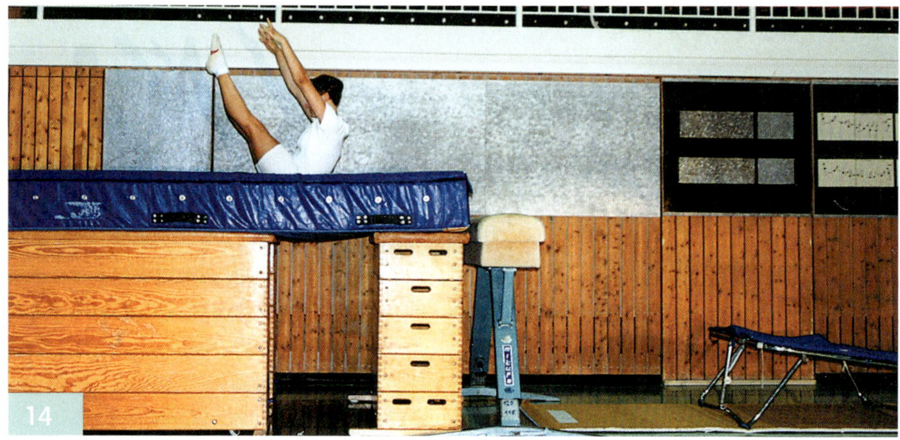

Sprung in den Handstand mit Abbücken auf einem nicht zu hohen Mattenberg

Ziel: Schulung der Körperhaltung während der zweiten Flugphase in Kombination mit Anlauf-Absprung und erster Flugphase.

Zum Gerätaufbau „Mattenberg" siehe Handstütz-Sprungüberschlag (S. 155).

Aufgabe:

a) Aus dem Anlauf Sprung auf das Minitrampolin, Stütz auf dem Mattenberg und Flug in den Handstand auf die weiche Erhöhung, in die gewinkelte Rückenlage fallen (siehe Grundübung 1), kurz in der Position liegen bleiben und die Beine visuell selbst überprüfen, ob sie annähernd senkrecht gehalten werden (Foto 14).

b) S. o. und danach zum Schwebesitz hochschnellen; Zuruf: „Füße greifen!" Weitere Erläuterungen siehe 1. und 2. Grundübung.

c) Siehe Foto 3b jedoch mit Stütz (Foto 14) auf einem Kasten/Pferd/Sprungtisch. *Hinweis:* Das Stützgerät sollte etwas tiefer als der dahinter befindliche Mattenberg sein (vgl. Foto 14).

4. Grundübung: Handstütz-Überschlag mit Abbücken vom halbhohen Kastensteg

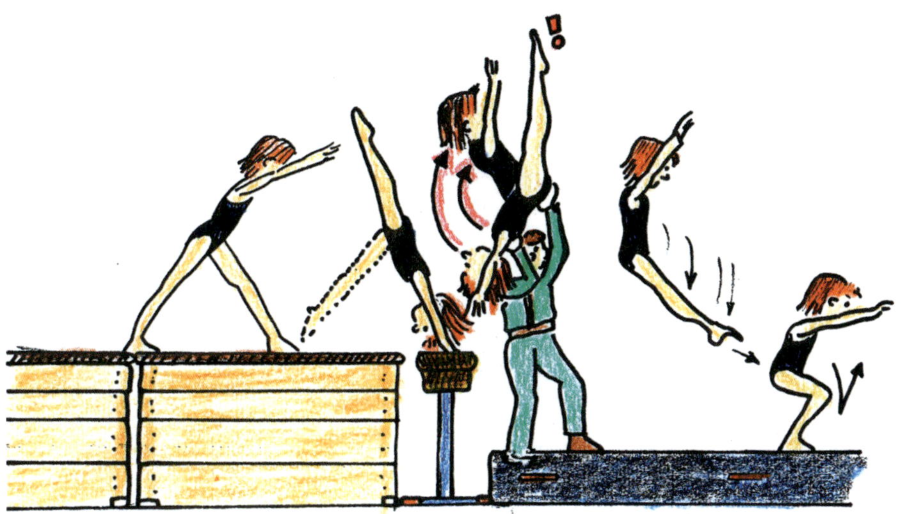

Abb. 25: Handstütz-Überschlag mit Abbücken vom halbhohen Kastensteg

Ziel: Schulung der gesamten zweiten Yamashita-Flugphase und des Landeverhaltens.

Aufgabe: Aus dem *Stand* auf dem Kastensteg in den Handstand aufschwingen und mit zwei Helfern beim Abbücken und Öffnen zur Landung tragen lassen (Abb. 25). Diese Helfer halten mit der nahen Hand an der Schulter und mit der fernen Hand unter dem Gesäß und drücken energisch den Oberkörper hoch (Foto 15). Soll der Körperschwerpunkt mehr hochgehalten werden, dann stützt die ferne Hand im Bereich „Oberkante Unterhose", soll das Halten der Beine unterstützt werden, drücken diese Hände im Bereich „Unterkante Gesäß" dagegen. Die Landungssicherung erfolgt durch Umgreifen mit der Gesäßhand zum Oberarm.

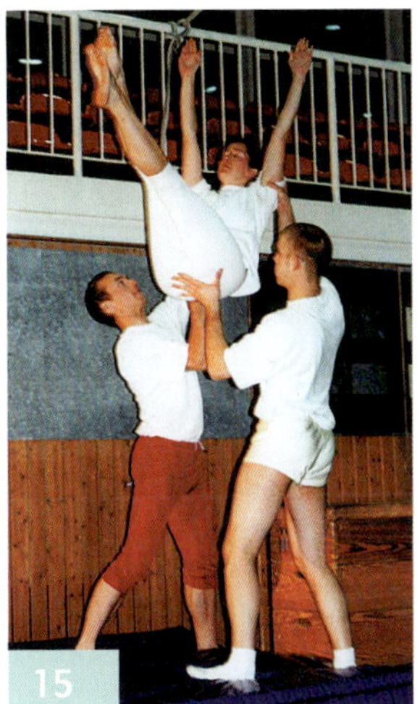

Hilfestellung beim Abbücken

Einstiegsübung, Vertiefen und Festigen: Aus dem Stand zu Beginn des ersten längs gestellten Kastens am Ende des zweiten längs gestellten Kastens in den Handstand aufschwingen. Einnehmen der gestreckten Körperspannung, von zwei Helfern, die, dicht nebeneinander stehend, mit der nahen Hand zwischen Hals und Oberarm in die Schulter greifen und mit der fernen Hand unter dem Gesäß („Unterkante Gesäß") stützen, *über die Handstandhöhe, zur Decke hin ab- drückend*, in den Stand auf eine Landematte (z. B. fester Weichboden) tragen lassen. Das Angehen/Anhüpfen mit jedem Übungsdurchgang beschleunigen (vgl. S. 169, Abb. 25 und Foto 11, S. 159).

5. Grundübung: Yamashita über das Pferd/den Sprungtisch mit Absprunghilfe Minitrampolin und vier Helfern

Alternative: Sprung über den Kastentisch (2 Kästen nebeneinander mit einer aufgelegten Turnmatte) mit Absprunghilfe Minitrampolin.

Tipp: Im Nachwuchsbereich wird ein Sprungbrett (ggf. mit einer Matte oben drauf) vor das Minitrampolin als erhöhte Absprungebene für den einbeinigen Absprung zum Minitrampolin als Höhenausgleich gelegt.

Ziel: Kennenlernen der Gesamtbewegung mit Absprunghilfe.

Aufgabe: Aus dem Anlauf Absprung aus dem Minitrampolin und Sprung in den Handstand zum Überschlagen mit Abbücken in den Stand.

Hilfegebung: Zwei Helfer stehen dicht am Trampolin und unterstützen mit der nahen Hand unter dem Oberschenkel die Rotation mit dem Absprung vom Tuch, die ferne Hand unterstützt die Hüftstreckung und lenkt die Bewegung durch Gegendruck am Bauch (vgl. S. 149, Fotos 3a-c und S. 161, Fotos 12a/b).

Zwei weitere Helfer im Landebereich halten wie am Kastensteg mit der nahen Hand an der Schulter und mit der fernen Hand unter dem Gesäß. Sie drücken energisch den Oberkörper hoch und tragen dabei den Körperschwerpunkt (vgl. Abb. 25).

- Zunächst wird eine Hilfegebung zwischen Minitrampolin und Pferd/ Sprungtisch/Kastentisch abgebaut, dann die zweite. Mit zunehmendem Beherrschungsgrad kann aus der Hilfegebung hinter dem Gerät eine Sicherheitsstellung werden, die, ca. 1,00 m entfernt stehend, an Rücken und Bauch die Turnenden gegebenenfalls eingabelt („Sandwich", vgl. Abb. 22).

→ Im Hinblick auf das Springen über ein *längs gestelltes Sprunggerät oder als Alternative für den Sprungtisch:* Sprung über den Kastentisch.

Yamashita als Vorderstützsprung: Es kann als *„Kastentisch"* auf zwei dicht und quer gestellten Kästen eine Turnmatte gelegt werden. Beim „Vorderstützsprung", der im allgemeinen Turnbereich üblich ist, stützen die Hände weit nach vorne am Ende der aufgelegten Matte. Zunächst sollte der Kastentisch nicht zu hoch sein (vierteilige Kästen/1,00 m hoch, dann fünfteilige Kästen/1,20 m hoch). Als „Hinterstützsprung" kann er mit Absprunghilfe Minitrampolin, für Leistungsstarke als Differenzierung angeboten werden. Der Handstütz erfolgt auf dem vorderen Drittel des Kastentischs oder des Sprungtischs. Nach einer flachen ersten Flugphase „stemmt" sich der Turnende im Stütz gegen das Sprunggerät und wird in eine hohe und weite zweite Flugphase „katapultiert".

Zielübung: Yamashita vom Sprungbrett über das Pferd/den Sprungtisch

Aus dem Anlauf Absprung vom Sprungbrett zum Handstütz-Sprungüberschlag mit Abbücken in der zweiten Flugphase.

Erst mit vier, dann mit drei, dann mit zwei Helfern (siehe Grundübung 5). Aus den zwei Helfern hinter dem Pferd werden Sicherheitsstellungen. Schließlich steht nur noch einer zum Sichern hinter dem Gerät.

Hinweis: Statt „Füße greifen" sollte später nur noch der Hinweis „Oberkörper hoch" oder „Nase auf die Knie" lauten, um die Arme zur Verringerung der Trägheit um die Breitenachse in Seithalte führen zu können. Zur Landung können sie, bei Gefahr eines Nachvornefallens, wieder hochgenommen werden.

4 Handstütz-Sprungüberschlag mit Längsachsendrehungen in der ersten und zweiten Flugphase

Als höherwertigere Variation des Handstütz-Sprungüberschlags wird der Handstütz-Überschlag mit Längsachsendrehungen in der ersten und zweiten Flugphase als höchste Schwierigkeitsstufe „P9" angeboten. International hat er eine Wertigkeit von 3 Punkten, im nationalen Kürwettkampf (KM) kommt noch ein „Bonuspunkt" dazu, die Wertigkeit der „D-Note" beträgt damit 4 Punkte für allgemeine Gerätturnwettkämpfe. Mit maximal 10 noch dazukommenden Technik- und Haltungspunkten (=„E-Note") ist er damit um 0,4 Punkte höherwertiger als ein Yamashita-Sprung (S. 163).

Für die Männer wird kein Sprung mit Längsachsendrehung in der ersten Flugphase angeboten. Bei ihnen wird der Handstütz-Sprungüberschlag in der P8 als Alternative zum Yamashita-Sprung mit einer halben, in der P9 als primärer Sprung (für Turnfeste) mit einer ganzen Längsachsendrehung in der zweiten Flugphase angeboten. Die nachfolgenden methodischen Schritte zur Schulung der zweiten Flugphase können auf die Sprünge der Männer übertragen werden.

Die Handstütz-Sprungüberschläge mit Längsachsendrehungen basieren auf sehr gut gekonnten Handstütz-Sprungüberschlägen gestreckt. Alle Basisinformationen zur grundsätzlichen Erklärung des Sprungs sind aus dem Kapitel des Basissprungs Handstütz-Sprungüberschlag zu entnehmen (S. 132ff.). Im nachfolgenden Teil wird exemplarisch auf den Handstütz-Sprungüberschlag mit Vierteldrehung in der ersten und Dreivierteldrehung in der zweiten Flugphase methodisch eingegangen. Die Methodik zum Sprung „1/2 rein – 1/2 raus" ist entsprechend. Die Methodik für die ganze Schraube in der zweiten Flugphase kann mit nachfolgenden Gerätaufbauten verknüpft werden.

Wenn auf den nächsten Seiten von einer Methodik über das Pferd ausgegangen wird, so können – so weit bereits vorhanden – die Aufgabenstellungen auch auf den Sprungtisch übertragen werden.

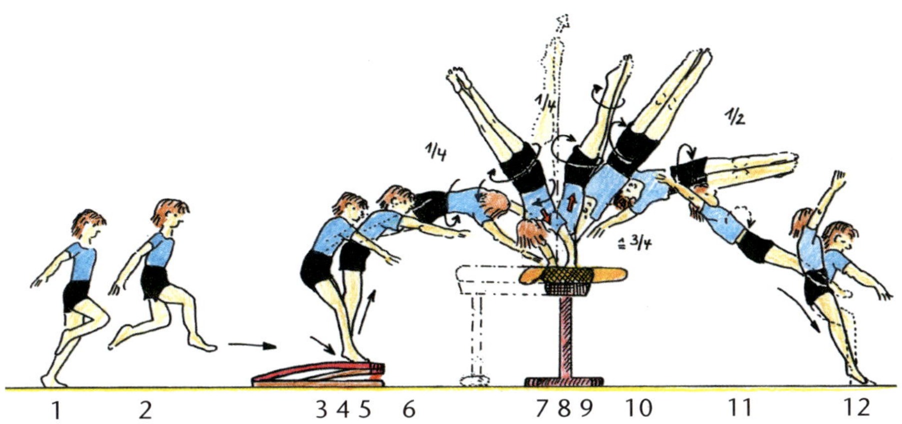

Abb. 26: Handstütz-Sprungüberschlag mit Viertel-Drehung in der ersten und halber Drehung in der zweiten Flugphase

Bewegungsmerkmale

Anlauf

1 Steigerungslauf auf den Fußballen mit leicht vorgeneigtem Körper.

Brettphase: Prellabsprung

2 *Einsprung:* Flacher, weiter, einbeinig abgesprungener Einsprung auf das Sprungbrett, Beine werden geschlossen, Arme parallel genommen.

3 *Aufsprung:* Mit vorgezogenen Beinen, aufrechtem Oberkörper und völlig gespanntem Körper Aufsprung auf dem Sprungbrett.

4 *Stützrotation:* Mit gespanntem Körper und Vorschwingen der Arme rotiert der sich weiter streckende Körper in die Vorlage auf dem Sprungbrett.

5 *Absprung/Abdruck:* In Körpervorlage wird die Kraft aus dem Sprungbrett in den völlig durchgespannten Körper aufgenommen und dieser in die erste Flugphase katapultiert.

Erste Flugphase („Hilfsflugphase")

6 Der Körper rotiert relativ flach steigend vorwärts, der Arm-Rumpf-Winkel wird durch Oberkörperabsenkung und Vorziehen der Hände zum Pferd/Kasten gestreckt, die Beine strecken den Hüftwinkel durch schnellkräftiges Zurückrotieren nach hinten oben. Durch Körperverwringung, eingeleitet durch den nach-

folgend zweitaufgesetzten Arm, der über Kopf zieht, verdreht sich der Körper mit einer Vierteldrehung in der Luft.

Stützphase auf dem Pferd: Prellabdruck

7 *Einstützphase/Aufstütz:* Der Körper stützt bei ca. 45° (Körperlängsachse zur Senkrechten) gestreckt im Seitstütz gegen das Pferd/den Sprungtisch.

8 *Stützrotation:* Der Körper rotiert in möglichst kurzer Stützdauer zwischen dem Gegenstemmen und Abdrücken um die erste, dann die zweite Hand-Sprunggerät-Kontaktstelle.

9 Der Körper verlässt bei sehr guten Springern noch vor der Senkrechten völlig gestreckt das Gerät: *Abdruck* mit Streckung aus dem Schultergürtel und leichtem Drehabstoß der Hände. Anschließend, nachdem die zuerst aufgesetzte Hand unter den Körper gezogen wurde, eine Dreivierteldrehung *weiter*drehen (*gefühlsmäßig* ein *Gegen*drehen).

Zweite Flugphase („Hauptflugphase")

10 Mit leichtem Ansteigen des Körperschwerpunkts dreht der gestreckte Körper mit Dreivierteldrehung weiter in die in der ersten Flugphase eingenommene Drehrichtung.

11 Vor der Landung ist der Körper fertig gedreht und hat eine „Schiffchenhaltung" eingenommen. Die Arme sind in Hochhalte zur Reduzierung der Rotationsgeschwindigkeit, der Kopf wird zwischen den Armen gehalten, der Blick ist nach vorne gerichtet.

Landephase

12 *Stützaufnahme und Phase des „Auffangens":* Die Füße setzen mit den Fußballen zuerst vor dem KSP auf, der Körper wird vom Restrotationsbetrag „aufgestellt" und „ausgebremst". Die Knie- und Hüftgelenke werden leicht gebeugt, der Körperschwerpunkt bleibt über Kniehöhe. Der Oberkörper ist leicht nach vorne gebeugt und die Arme sind in Hochhalte.

Lern- und Leistungsvoraussetzungen

Konditionelle Voraussetzungen:

- Grundsätzlich alle, die beim Handstütz-Sprungüberschlag verlangt werden (vgl. S. 134f.).
- Zusätzlich, für das schnellkräftige Drehen, die Schnellkraft in der Rumpfverwringung (u. a. schräge Bauchmuskulatur/Mm. obliqui abdominis und die tiefe, aufrichtende Rückenmuskulatur/M. erector spinae sowie die die Drehung unterstützende Muskulatur des Schultergürtels).

Technische Voraussetzung:

- Sehr gut beherrschter Handstütz-Sprungüberschlag gestreckt.

Lernschritte

1. Grundübung: Aufschwingen zur Radwende mit Umfallen in die Bauchlage

Ziel: Schulung des Hineinschraubens in die Viertellängsachsendrehung mit Weiterdrehen (weitere Vierteldrehung) nach der Senkrechten.

Aufgabe: Aus dem (erhöhten) Stand vor *einem Weichboden* in die langsame Radwende mit schnellem Schließen der Beine über der Handstützsenkrechten aufschwingen. Die Arme schwingen im Ansatz über unten nach vorne und werden relativ eng auf der Linie der Bewegungsrichtung aufgesetzt. Aus der Handstandposition weiterdrehen und mit völlig gespanntem Körper (vor allem im Mittelkörper kein Hohlkreuz, Hüfte eher leicht gewinkelt/„gebunden"!) in die Bauchlage fallen lassen. Im zweiten Durchgang schon zügiger hineindrehen, weiterdrehen und fallen lassen.

Hinweis: Soll eine halbe Längsachsendrehung in der ersten Flugphase erlernt werden, so muss deutlicher das Hineinschrauben mit halber Drehung in den Handstand durch Überkopfziehen des zweitaufgesetzten Armes mit Aufsetzen der Hände quer zur Bewegungsrichtung geübt werden. Mit so verändertem Drehverhalten bleiben die nachfolgenden methodischen Grundschritte gleich.

2. Grundübung: Aufschwingen zur Radwende mit Umfallen in die Bauchlage und Weiterdrehen in die Rückenlage

Ziel: Erstes Kennenlernen der Drehrichtung und -aktion in der zweiten Flugphase.

Aufgabe: Erweiterte 1. Grundübung: Der Turnende fällt in die Bauchlage, mit der Landung initiiert er sofort ein Drehen in die Rückenlage. Verbale Begleitung: „Drehen – fallen, ‚abtitschen' und drehen". Es kann für einige Turner für die Bewegungsvorstellung zur Drehrichtung hilfreich sein, wenn *in der Bauchlage* die bei der Radwende *erstaufgesetzte* Hand, unter den Bauch gehend, den Körper (von der Vorstellung her) in die Rückenlage zieht, als ob auf der Seite jemand an der Hand zieht. Zum Beispiel geht bei Rad links (die Hände werden nach links aufgesetzt) die linke Hand – in der Bauchlage aufkommend – unter den Bauch.

Hinweis: Biomechanisch ist das geforderte Drehen ein WEITERdrehen, vom Gefühl aber eher ein „GEGENdrehen". Deshalb bezeichnen viele diesen Sprung auch als Sprung mit Dreiviertelgegendrehung oder als „1/2 rein – 1/2 raus", was biomechanisch falsch ist. Der Mensch, der auf dem Kopf steht und das gleiche räumliche Bezugssystem nimmt, empfindet eine anfängliche Linksdrehung komischerweise plötzlich als Rechtsdrehung. Dies kommt vor allem durch die zeitliche Unterbrechung der Stützaufnahme zum Ausdruck. Wer ein Rad „links" turnt, weil er die Hände nach links setzt, macht im Radansatz aber eine Rechtsdrehung! Somit muss er auch aus der Bauchlage nach rechts (d. h. vorwärts um die rechte Schulter) weiterdrehen.

3. Grundübung: Aufschwingen zur Radwende (1/4- + 1/4-Drehung) mit Umfallen und halber Drehung in die Rückenlage

Ziel: Turnen der vollständigen Drehaktion der zweiten Flugphase.

Aufgabe: Erweiterte 2. Grundübung: Der Turnende fällt nach der Radwende zunächst kurzfristig vorlings (!), *um kurz vor* der Landung sofort ein Drehen in die Rückenlage einzuleiten. Verbale Begleitung: „Drehen, fallen und dreh'n".

Hinweis: Denkt der Turnende zu früh an das Drehen in die Rückenlage, entsteht fast immer – aus Orientierungsproblemen heraus – nur eine einfache Vierteldrehung, d. h., er macht einen „Radüberschlag"/ein „Araberrad". Es ist zwingend notwendig, erst flüchtig vorlings zur Landefläche anzufallen, bevor die halbe Restdrehung in die Rückenlage initiiert wird!

4. Grundübung: Sprung in den Handstand mit Vierteldrehung in der ersten Flugphase, Vierteldrehung zum Fallen in die Bauchlage auf einem Mattenberg

Ziel: Schulung der Vierteldrehung in der ersten Flugphase und des Weiterdrehens der zweiten Flugphase in Kombination mit Anlauf-Absprung und erster Flugphase.

Zum Gerätaufbau „Mattenberg" siehe Handstütz-Sprungüberschlag (S. 155).

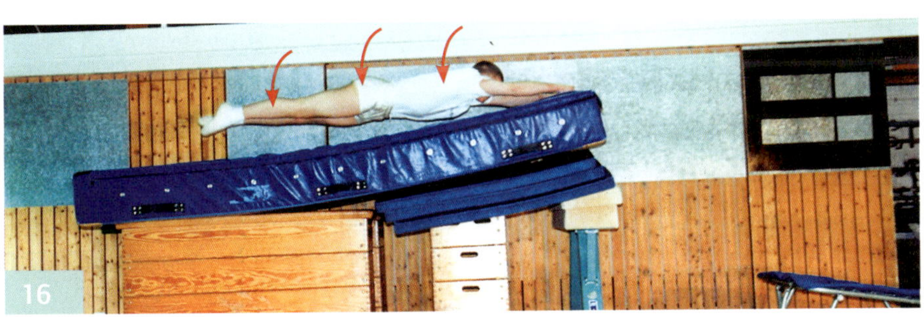

Sprung mit Längsachsendrehung in die Bauchlage auf dem Mattenberg

Aufgabe: a) Aus dem Anlauf, Sprung auf das Minitrampolin und Flug mit Vierteldrehung in den „Seit-"Handstand auf die weiche Erhöhung oder auf dem Pferd, in die Bauchlage fallen (vgl. 1. Grundübung) (Foto 16). Deutlich sollte der technische Aspekt betont werden, die Drehung *nicht* aus dem Tuch einzuleiten, sondern nach Verlassen durch Einleitung über das Überkopfziehen des zweitaufgesetzten Arms! Verbale Unterstützung: „Steigen ... dreh'n!"

→ Soll mit einer halber Drehung in die erste Flugphase hineingeschraubt werden, muss der zweitaufgesetzte Arm energischer nach Verlassen des Tuches über den Kopf ziehend den Körper drehen, die Hände werden parallel auf dem Pferd/den Weichboden gesetzt (Fotos 17a/b). B I

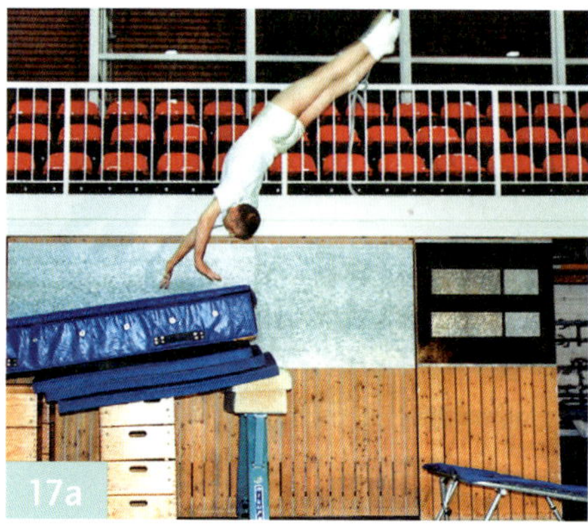
17a

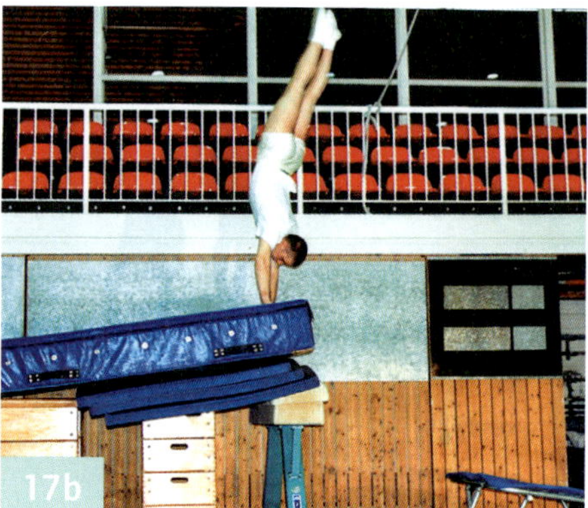
17b

Sprung mit halber Längsachsendrehung

Alle weiteren methodischen Schritte auf dem Mattenberg werden aus den Grundübungen 2 und 3 übertragen: b) Landung in der Bauchlage mit sofortigem Drehen in die Rückenlage, dann zuletzt c) *vor* der Landung schnellkräftig in die Rückenlage drehen.

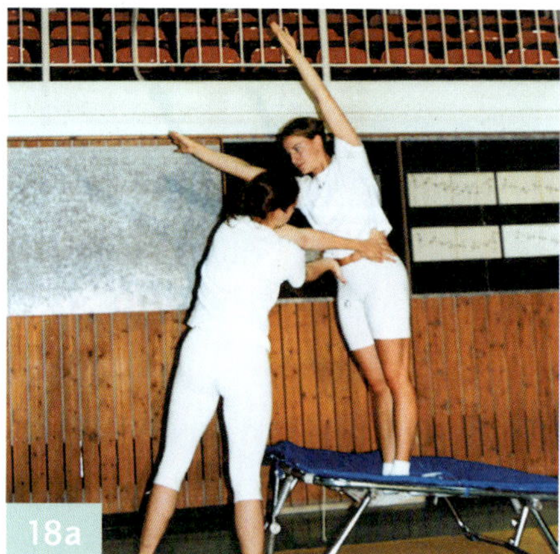
18a

Hilfegebung in der ersten Flugphase

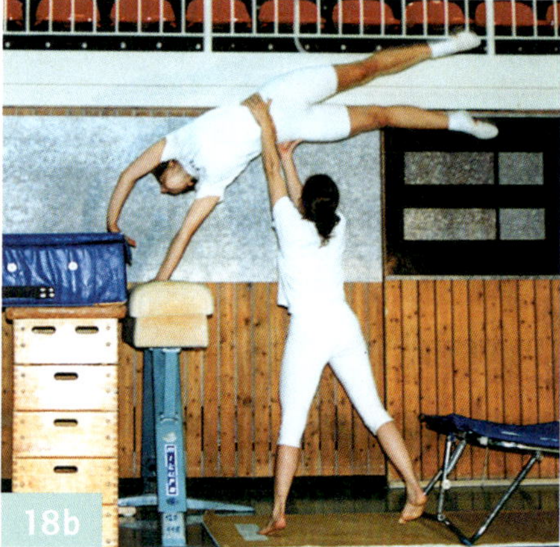
18b

... als Hub- und Drehhilfe

Hilfegebung: Ein Helfer steht zwischen Minitrampolin und Mattenberg auf der Bauchseite des Springers. Die nahe Hand des Helfers geht an die ferne Hüfte und der Absprung wird damit unterstützt. Die ferne Hand geht an die nahe Hüfte des Springers, dreht diese nach oben zur Vierteldrehung. In der ersten Flugphase wird der fliegende Körper mit den helfenden Händen an der Hüfte über die Senkrechte gelenkt (Fotos 18a/b).

Gerade Anfänger neigen in den ersten Übungsdurchgängen dazu, in der ersten Flugphase nicht über die Senkrechte zu turnen, sondern fast wie zu einer Hockwende/Drehhocke, flach und mit einem angewinkelten Arm-Rumpf-Winkel die Hände aufzustützen. Dagegen kann der Helfer mit Unterstützung unter der Hüfte lenken und zudem gleichzeitig die Drehung unterstützen.

→ Im Hinblick auf den Längsachsensprung über den Sprungtisch kann nach den o. g. Übungen ein nicht zu hoher Sprungtisch (vierteilige Kästen/1,00 m hoch, dann fünfteilige Kästen/1,20 m hoch) vor einen (etwas höheren) Mattenberg gestellt werden. Beim „Vorderstützsprung", stützen die Hände weit vorne am Ende des längs gestellten Pferdes/Kastens/Sprungtischs. Der Übende fällt dann auf den Mattenberg, wie oben beschrieben.

→ Für das angestrebte Ziel, über den *Sprungtisch* zu turnen, kann dieser vor den Mattenberg gestellt werden. Im Leistungsbereich muss der Turner den Sprung jedoch als „Hinterstützsprung" turnen, das heißt, er stützt seine Hände, nahezu gegen die „Zunge" des Sprungtischs stemmend, vorne auf. Mit Absprunghilfe Trampolin fällt der Übende nach dem Abdruck vom Sprungtisch wieder auf den Mattenberg.

→ In weiteren Turnstunden sollten die Übungen am Mattenberg mit Absprunghilfe *Sprungbrett* durchgeführt werden. Der Mattenberg sollte nie zu hoch sein. Eine niedrigere Stützstelle ist auf Grund eines sauberen Stützverhaltens im Rahmen der Technikschulung zu empfehlen.

5. Grundübung: Radwende vom hohen Kastensteg und Umspringen zum Weiterdrehen

Ziel: Kennenlernen der Drehrichtung und des Landeverhaltens.

Aufgabe: Aus dem Stand auf dem Kastensteg in die Radwende aufschwingen, mit gestrecktem Körper Flug zur Landung vorlings und Landung; sofort in geforderte Drehrichtung umspringen.

Tipp: Als Turnender zum Helfer (s. u.) umspringen, als ob man ihn umarmen möchte.

Hilfegebung: Der Helfer steht auf der Stützseite der Turnerhände, leicht rücklings zum Kastensteg und fängt mit den Händen an der Hüfte (nahe Hand geht an die entfernte, die andere an die nahe Hüfte (Fotos 19a/b). Das Umspringen nach der Landung wird unterstützt, indem die nahe Hüfte in Bewegungsrichtung nach oben weggedrückt wird (Foto 19b).

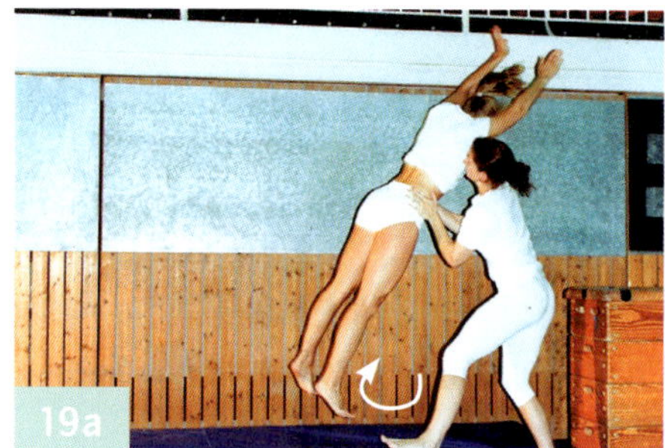

Vorübung: Abgang Radwende mit Umspringen

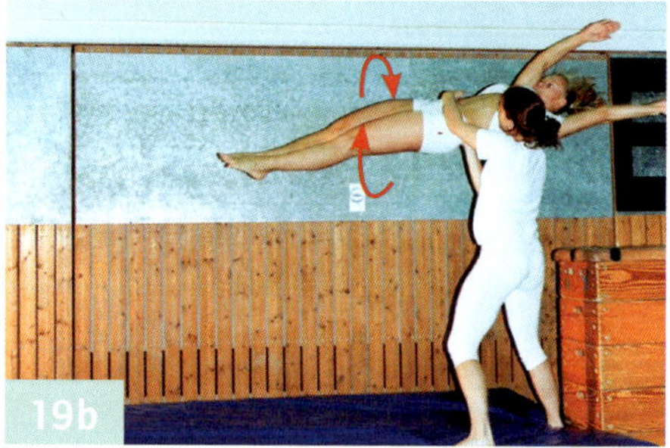

Hilfegebung steht mit dem Rücken zum Kasten

6. Grundübung: Radwende vom hohen Kastensteg mit halber Drehung zum Stand

Ziel: Schulung der vollständigen Drehung in der zweiten Flugphase.

Aufgabe: Aus dem *Stand* auf dem Kastensteg in die Radwende aufschwingen, mit gestrecktem Körper Flug und halbe Drehung in Richtung Helfer.

Tipp: Erst die Radwende bis zum (flüchtigen) Vorlingsverhalten zur Landefläche turnen, dann schnellkräftig die halbe Drehung durchführen, da sonst ungewollt ein „Radüberschlag" (s. o.) entsteht!

Hilfegebung: Der Helfer steht auf der Stützseite der Turnerhände, leicht rücklings zum Kastensteg und fängt mit den Händen an der Hüfte (nahe Hand geht an die entfernte, die andere an die nahe Hüfte (Foto 19a) in der Waagerechten auf, um sofort, an der nahen Hüfte drückend und an der fernen Hüfte ziehend, den Turner zu sich zu drehen (Foto 19b).

7. Grundübung: Handstütz-Sprungüberschlag mit Längsachsendrehungen in der ersten und zweiten Flugphase über das Pferd mit Absprunghilfe Minitrampolin und zwei Helfern

Für leistungsorientierte Turner: Sprung über den Kastentisch/Sprungtisch

Ziel: Kennenlernen der Gesamtbewegung mit Absprunghilfe.

Aufgabe: Aus dem Anlauf Absprung aus dem Minitrampolin und Sprung in den Handstütz-Sprungüberschlag mit Längsachsendrehungen. Bei den ersten Versuchen kann der Turnende zunächst noch eine Radwende mit anschließendem „Umspringen" über das Pferd turnen, um dann in den nachfolgenden Übungsdurchgängen, kurz vor der Landung, energisch die halbe Drehung zu turnen.

Hilfegebung: Ein Helfer steht dicht am Trampolin und unterstützt mit den Händen an der Hüfte (s. u.) das Turnen über die Senkrechte. Ein weiterer Helfer hält wie am Kastensteg ebenfalls an der Hüfte und dreht den Turner zum Rücklingsverhalten zu sich her.

- Zunächst wird die Hilfegebung zwischen Minitrampolin und Pferd abgebaut. Mit zunehmendem Beherrschungsgrad kann aus der Hilfegebung hinter dem Gerät eine Sicherheitsstellung werden, die, ca. 1,00 m entfernt stehend, an Rücken und Bauch den Turnenden eingabelt („Sandwich", vgl. Abb. 22, S. 150).

→ Im Hinblick auf das Springen über das *längs gestellte Pferd/den längs gestellten Kasten:*

a) Es kann für die männlichen Turner als Kastentisch auf zwei dicht und quer gestellten Kästen eine Turnmatte gelegt werden. Beim „Vorderstützsprung" stützen die Hände weit vorne am Ende der aufgelegten Matte. Zunächst sollte der Kastentisch nicht zu hoch sein (vierteilige Kästen/1,00 m hoch, dann fünfteilige Kästen/1,20 m hoch).

b) Danach erfolgt über ein nicht zu hohes, längs gestelltes Pferd, mit Absprunghilfe Minitrampolin und zwei Helfern, der Handstütz-Sprungüberschlag mit Längsachsendrehung.

Zielübung: Handstütz-Sprungüberschlag mit Längsachsendrehung in der ersten und zweiten Flugphase vom Sprungbrett über das Pferd/den Sprungtisch (Abb. 27)

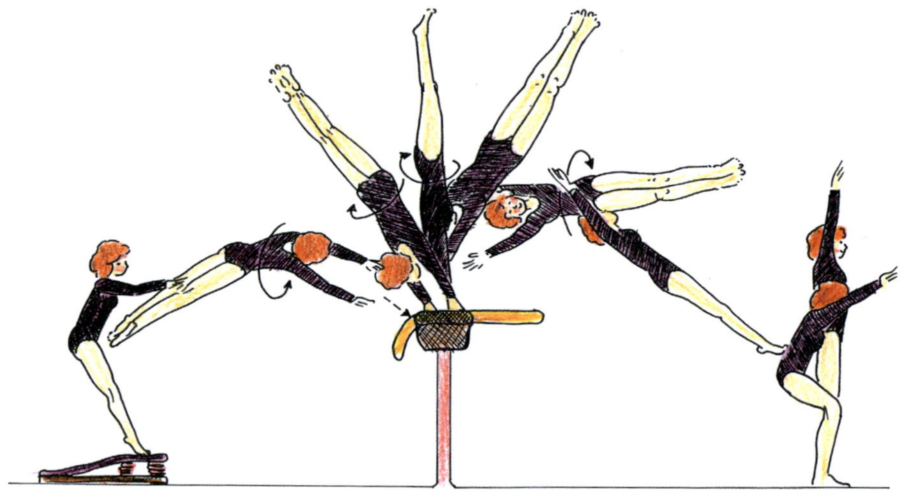

Abb. 27: Handstütz-Sprungüberschlag mit Längsachsendrehung in der ersten und zweiten Flugphase vom Sprungbrett über das Pferd/den Sprungtisch

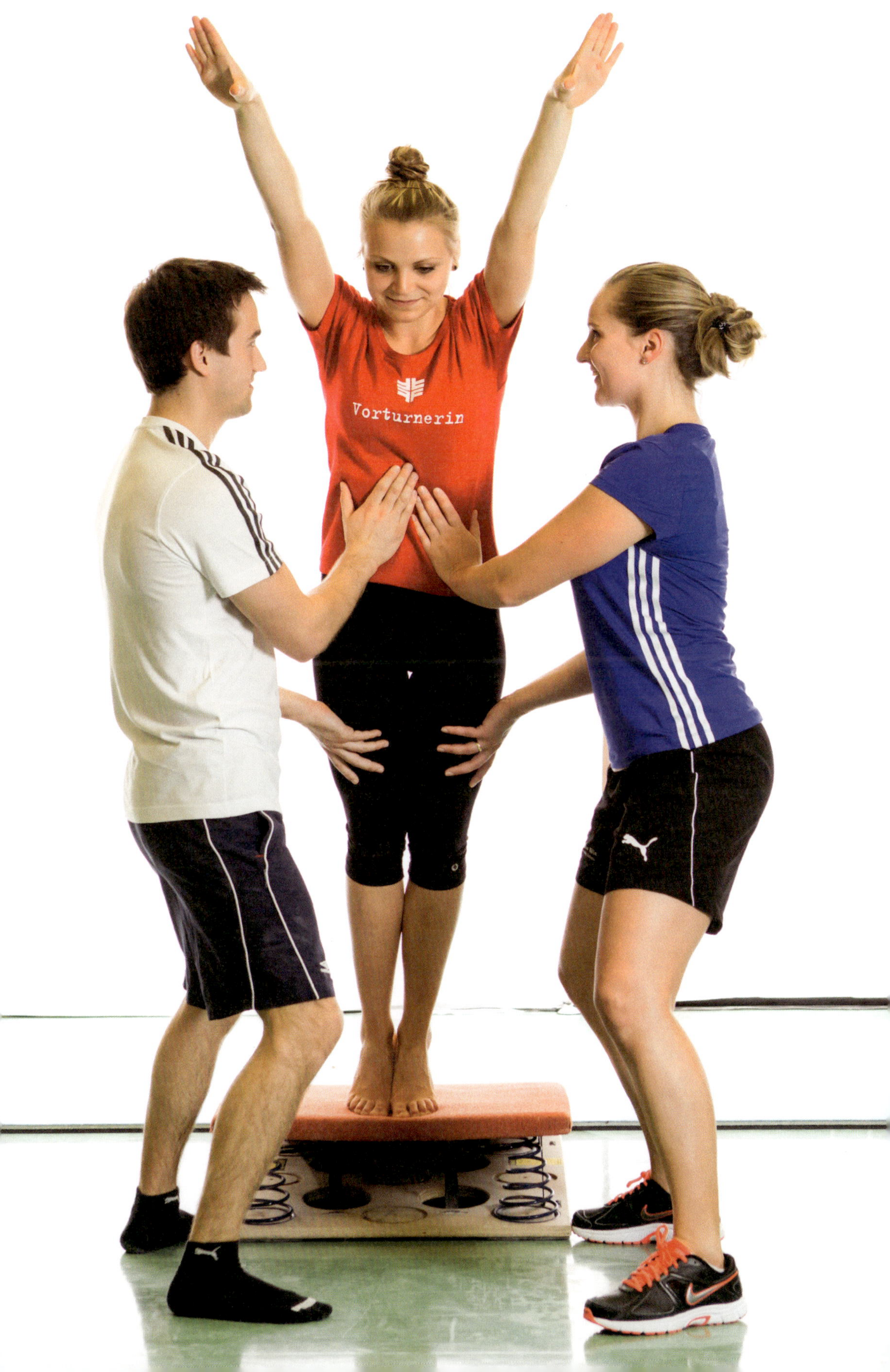
Vorturnerin

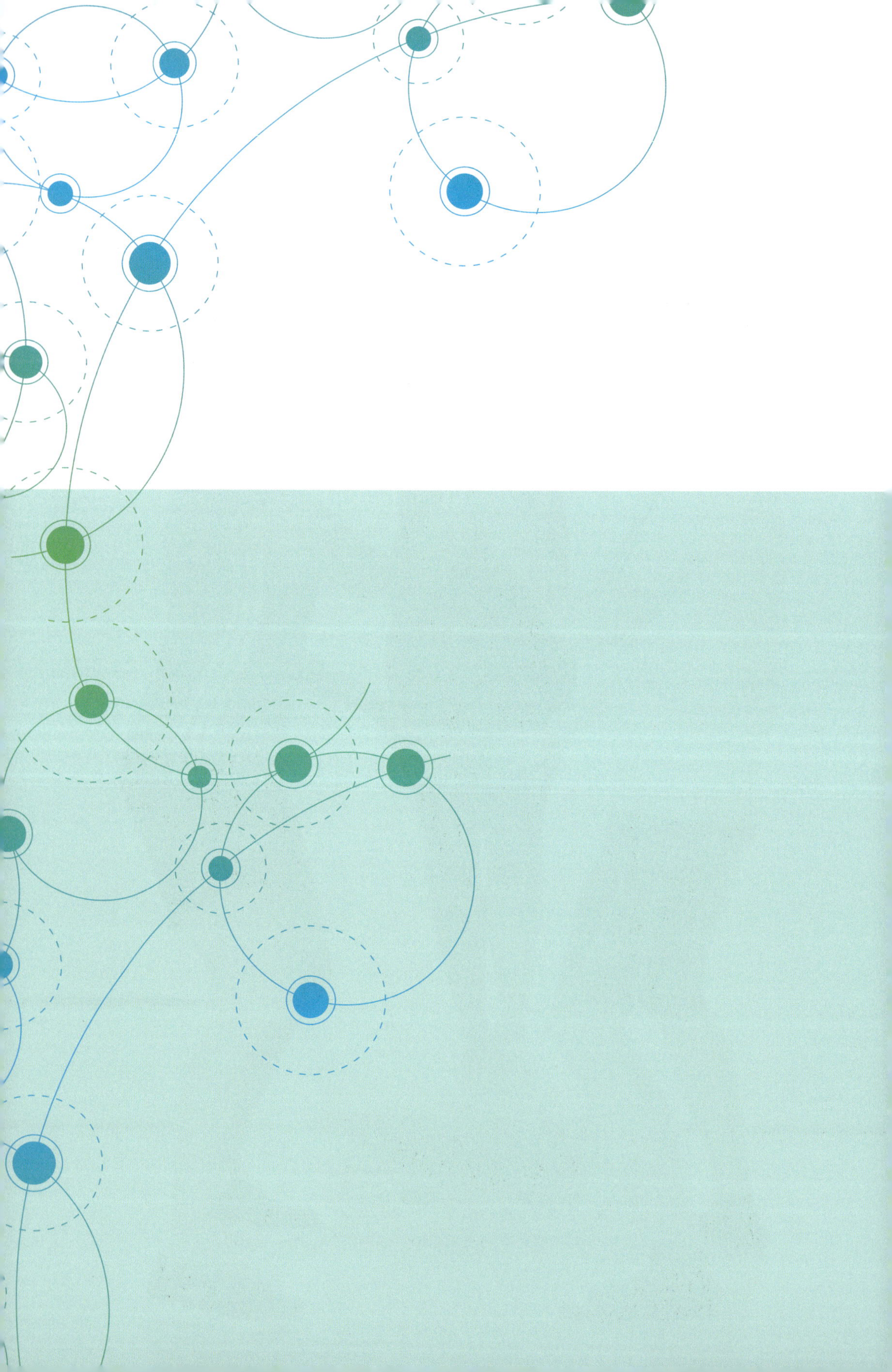

TEIL B

METHODIK ZU FERTIGKEITEN AN DEN GERÄTEN

Teil B

II HANG- UND STÜTZGERÄTE

Zu den *klassischen Hang- und Stützgeräten zählen u. a. das Reck, der Stufenbarren und der Parallelbarren.* Alle daran gezeigten Elemente werden aus dem oder in den Hang oder Stütz geturnt.

1 Reck/Stufenbarren

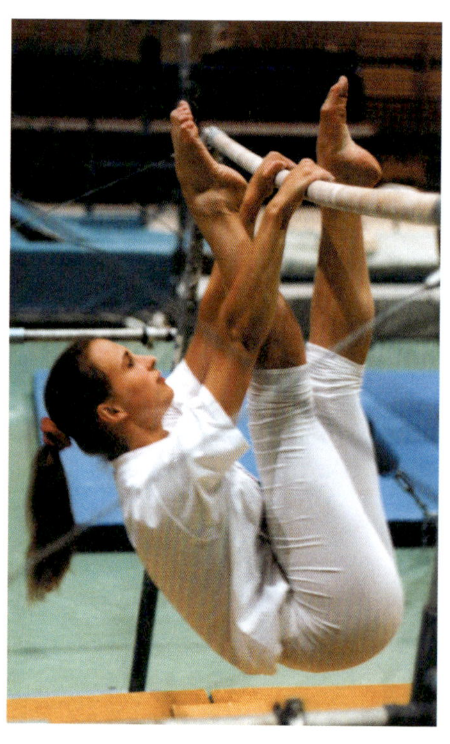

Die Fertigkeiten an den Hang- und Stützgeräten gliedern sich in Auf- und Abturnbewegungen (z. B. Aufschwung und -zug), in Felgen, Umschwünge, Stemmen und Kippen sowie Streckhangschwünge, zu denen hier auch der Unterschwung zählen soll. Je nach konditionell-koordinativer Anforderung gibt es unterschiedliche Niveaustufen, die sich in den Schwierigkeitsstufen der verschiedenen Fertigkeiten widerspiegeln. Diese gilt es, in der methodischen Heranführung zu beachten (Abb. 28). Die im vorliegenden Buch methodisch aufgearbeiteten Fertigkeiten ordnen sich hierbei wie folgt ein:

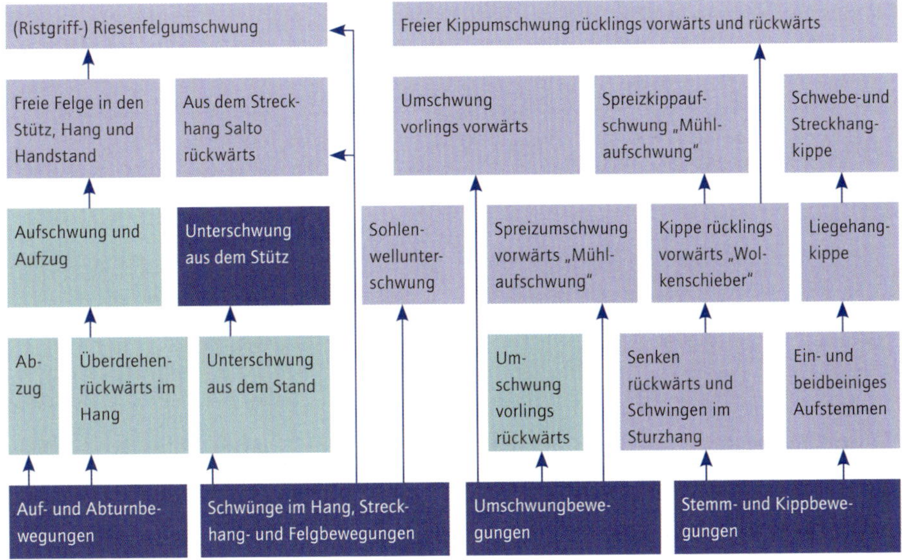

Abb. 28: Niveaustufen der Fertigkeiten an den Hang- und Stützgeräten Reck/Stufenbarren (die Pfeile weisen auf den Voraussetzungscharakter hin, die horizontale Ebene drückt die Zuordnung der Fertigkeiten zueinander über das Könnensniveau aus). Die als Fläche hellviolett unterlegten Fertigkeiten kennzeichnen die im „Basisbuch Gerätturnen" (2014) abgehandelten Elemente.

1.1 Rotation um feste Drehachsen: Handschutz und biomechanische Erläuterungen

Der Großteil der Bewegungen am Reck und Stufenbarren sind Drehungen um feste Drehachsen (Reckstange/Stufenbarrenholm), gehalten durch den festen Griff der Hände. Dabei entsteht eine große Reibung in den Handinnenflächen.

Schutz der Hände vor Blasen durch Reibung

Mit Griff der Stange muss bei den Elementen mehr als das eigene Körpergewicht gegen Schwer- und Fliehkräfte gehalten werden. Gerade durch das viele Üben bilden sich in den Händen schnell Blasen, die aufreißen, wenn dies nicht ein turnspezifischer Schutz verhindert. Seit Jahrzehnten sind bei den Turnenden die *Reckschutzriemchen* bekannt, die es inzwischen in den unterschiedlichsten Ausführungen gibt. Sehr viele Turnerinnen trainieren inzwischen aber auch mit einer sehr einfachen Lösung: Sie schützen ihre Handflächen mit einer Mullbinde. Dazu wird ca. ein Drittel einer Mullbinde abgeschnitten und die Mitte wird um den Mittelfinger über die Handflächen gelegt (Foto 20a). Mit den beiden Enden wird in Höhe des Handgelenks ein einfacher Knoten gemacht (Foto 20b) und die beiden freien Enden werden danach einfach um das Handgelenk gelegt und unterhalb des Handrists am Handgelenk einfach mit einer Schleife verknotet. FERTIG!

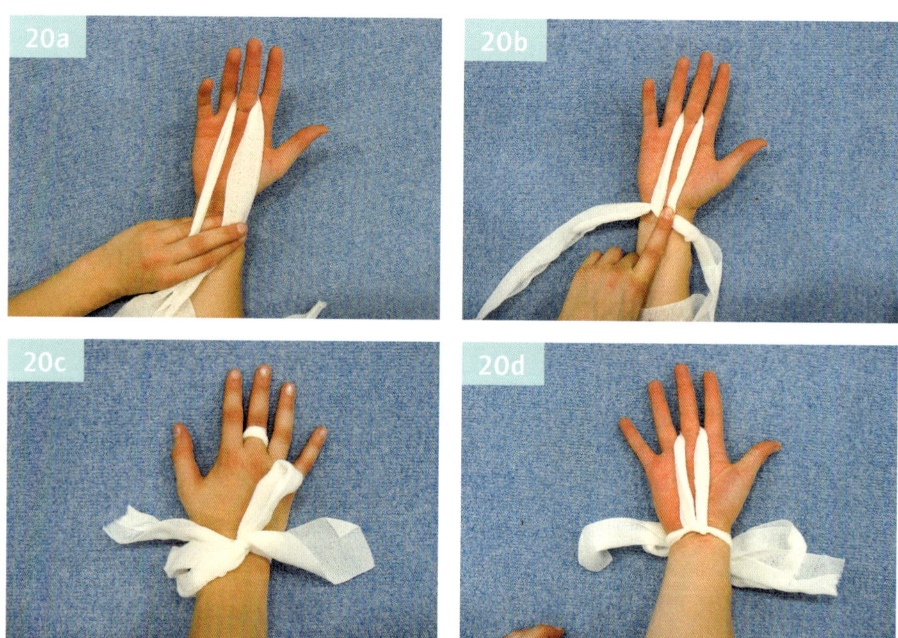

Einfacher Reckschutz mit Mullbinde

Drehungen um feste Drehachsen – eine biomechanische Erläuterung

Was sind Drehungen um feste Achsen, wie kommen sie zustande, wie rotiert man schnell und zum Hochkommen ausreichend um die Stange? Nachfolgend soll versucht werden, kurz und einfach aus der Biomechanik Antworten auf diese Fragen zu geben. Dieses Verständnis ist für die Technikschulung, das Erkennen von Fehlerursachen und für entscheidende Tipps zum erfolgreichen Gelingen bedeutsam.

Der *Bewegungszustand Drehung* wird als *Rotations- oder Dreh**geschwindigkeit*** bezeichnet und lässt sich als *Winkelgeschwindigkeit* (ω) messen: Rechnerisch ist es der zurückgelegte Winkel (ψ) während einer Rotation, „geteilt" durch die benötigte

Zeit (t). Die *Veränderung* des drehenden Bewegungszustands hingegen wird als *Rotations- oder Dreh***beschleunigung** bezeichnet und dementsprechend als *Winkelbeschleunigung* (α) gemessen: Es wird die Änderung der Winkel*geschwindigkeit* (α_1-α_0), „geteilt" durch die benötigte Zeit (t1-t0), berechnet.

Die Ursachen für eine solche Veränderung liegen im **Trägheitsgesetz** (= 1. Newtonsches Gesetz) und in der **exzentrischen Wirkung** einer **Drehkraft**. Der physikalische Begriff hierfür ist das **Drehmoment „Md"**, wobei ein „Moment" immer ein Produkt aus zwei Komponenten ist. Hier ist es das Produkt aus der Kraft „F", hier genauer die **Gewichtskraft (Fg)**, und des senkrechten Abstandes zur Drehachse (auch als „a" bezeichnet), hier bei der Drehung als **Radius „r" bezeichnet** (siehe Kap. 1.3): **Md = Fg x r**

Die „Gewichtskraft", die (fast) identisch mit dem Körpergewicht ist, kommt über den Massenmittelpunkt des Körpers (= **Körperschwerpunkt** (KSP)) zum Ausdruck. Bei konstantem Körpergewicht ist laut der o. g. Formel durch Einwirken der Schwerkraft das Drehmoment umso höher, je größer der Abstand „a" bzw. „r" ist. Am Reck ist es der gestreckte Körper beim Riesenfelgumschwung.

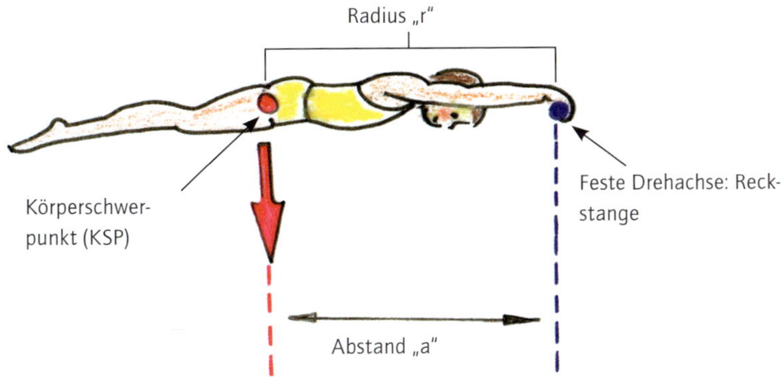

Abb. 29: Entfernung (Abstand „a") des Körperschwerpunkts (KSP) von der Drehachse (Reckstange) als Ursache für die Höhe des Drehmoments

B II

Rotationen um eine feste Drehachse, ob Umschwung- oder Felgbewegungen, unterliegen somit sowohl in der Ab- als auch in der Aufwärtsphase der Bewegungen gleichen Gesetzmäßigkeiten.

1. Abwärtsphase = Antriebsphase

Ziel: Vermehrung der kinetischen (= Bewegungs-)Energie.

1.1 Eine **hohe Ausgangsposition** bedeutet eine günstige Startenergie, die biomechanisch als **Lageenergie** bzw. als **potenzielle Energie (Epot)** bezeichnet wird. Hierfür musste jedoch vorher schon Energie aufgebracht werden, um auf die Höhe als Ausgangspunkt zu kommen. Diese vorher erbrachte Hubarbeit ist nun *gespeicherte* Energie = Lageenergie. Fällt ein (starrer) Körper gespannt und gestreckt aus einer sehr hohen Ausgangsposition, dem Handstand, in den Hang, so ist unter dem Aufhängepunkt diese Lageenergie in maximale **Bewegungsenergie**, d. h. in **kinetische Energie (Ekin),** für die Aufwärtsphase (s. u.) umgewandelt. Gleichzeitig kommt das **Pendelgesetz** zur Wirkung: Der Körper kommt – aus der Senkrechten gestreckt abwärts fallend – fast wieder auf der anderen Seite hoch. Die Reibung an den Händen und der Luftwiderstand verhindern das Vervollständigen der ganzen Rotation. Aber der Turner kennt Tricks, um doch noch hochzukommen (siehe Punkt 2). Praktische Konsequenz: In vielen vorbereitenden Übungen stellt man sich zu Übungsbeginn erhöht hin, um diese Energiequelle des lange fallenden Körpers für die Realisierung eines Elements auszunutzen (vgl. Ansatz zur Schwebekippe oder Sohlenwellunterschwung mit Absprung vom Kasten).

1.2 Die **Abwärtsphase** wird bei Rotationen um feste Drehachsen auch als **Antriebsphase** bezeichnet. Je *länger* sie dauert, umso mehr Energie steht für die eigentliche Realisierung eines Elements in der Aufwärtsphase zur Verfügung. D.h., je höher eine Bewegung angesetzt wird, umso mehr Zeit ist zum Fallen gegeben, umso länger kann ein Körper durch seine Gewichtskraft in Zusammenspiel mit der Schwerkraft beschleunigt werden. Da der Körper an einem Punkt „aufgehängt" ist, fällt er nicht senkrecht, sondern rotiert um seinen Aufhängepunkt. Für einen Riesenfelgumschwung ist es demnach mit einem gestreckt rotierenden Körper immer günstiger, aus dem Handstand auf der Reckstange beginnend zu turnen, als aus dem Stütz in die Waagerechte nach hinten abzustemmen (vgl. S. 218f. und Abb. 37).

1.3 Ein weiterer Punkt kommt für die Beschleunigung in der Abwärtsphase hinzu: Der Körperschwerpunkt, damit die Summe aller Massenteile des Körpers, muss von der Drehachse *im Bewegungsansatz* **„so früh es geht"** auch **„so weit es geht"** weggebracht werden. Um zum Beispiel beim Riesenfelgumschwung um die Stange zu kommen, muss sich der Turner, wie jeder weiß, mit Beginnen des Fallens aus dem Handstand von der Stange *weit weg*strecken. Um eine **exzentrische Wirkung** für die Auslösung und Erzeugung von Rotation um eine feste Drehachse zu haben, muss die Wirkungslinie der Schwerkraft (die Senkrechte vom Körperschwerpunkt) somit *so weit von der Griffstelle „Drehachse"* entfernt liegen, wie es haltbar und für nachfolgende Teilphasen sinnvoll ist (Abb. 29). Ist der Abstand „a" bzw. „r" des Körperschwerpunkts (Gewichtskraftpunkt Fg) weit von der Stange weg, also groß, dann ist ein **hohes Drehmoment** gegeben. Kommt die Zeit *„t"* dazu, wird von **Drehimpuls** *„L"* gesprochen: „Wenn ein Drehmoment (Md) eine zeitlang (t) wirkt, dann erhöht eine Drehmasse (I) über diese Zeit eine Winkelbeschleunigung (α), sodaß daraus für die Drehmasse eine Winkelgeschwindigkeit (ω) resultiert: $M \times t = I \times \alpha \times t = I \times \omega$"

„Der Drehimpuls ist sozusagen das Ergebnis von Drehmoment und Zeit" (Kassat, 1993, S. 135)

1.4 Je *früher* und *weiter* man im *Bewegungsansatz* seinen Körperschwerpunkt entfernt, umso mehr wirkt die von der Stange wegziehende Radial- bzw. Fliehkraft, die auch als **Zentripetalkraft** bezeichnet wird (die Kraft wirkt in Richtung Bahntangente und senkrecht dazu in Richtung des Krümmungsradius). Die **Zentrifugalkraft** hält die Zentripetalkraft im Gleichgewicht. Es muss enorm viel Haltekraft mit den Händen aufgebracht werden, um nicht von der Stange zu rutschen. Beim Riesenfelgumschwung, aber auch bei Turnanfängern, ist dieses Phänomen des Abrutschens („Abschmierens") von der Stange bei einem Sohlenwellunterschwung zu beobachten. Aus diesem Grund werden Riesenfelgumschwünge auch mit Handschlaufen erlernt sowie Handgelenksicherungen beim Riesenauf- und -umschwung als auch beim Mühl-/Spreizumschwung und Sohlenwellunterschwung gegeben. Aber auch die Beine fliegen dem Turner bei manchen Elementen von der Stange weg, wenn sie nur muskulär an der Drehachse gehalten werden. Dies kann man bei der Felge in den Handstand (vgl. S. 206f.) nach dem Ansatz mit hohem Rückschwung und zurückverlagertem Schultergürtel beobachten.

2. Aufwärtsphase = Realisierungsphase

Ziel: Den kinetischen Energieverlust und die hemmende Wirkung der Schwerkraft gering halten durch Näherung des Körperschwerpunkts an die Drehachse.

Viele Aspekte der oben beschriebenen Abwärtsphase gelten für die Aufwärtsphase auch – nur umgekehrt. Der Abstand des Körperschwerpunkts muss von der Drehachse verringert werden, um der Schwerkraft geringe Ansatzpunkte für ein „Zurückhalten" des Körpers zu bieten. Die Gesetzmäßigkeit der **Pendelverkürzung** kommt zur Wirkung, der Abstand „a" (= Radius „r" des Körperschwerpunkts) zur Drehachse wird verringert. Allein **innere Kräfte**, d. h. die **Muskelkräfte** des Turners, können dies initiieren: Die Körperwinkel müssen verkleinert werden, der Körperschwerpunkt an oder über die Stange gebracht werden (Abb. 30). Deutlich ist auch für Laien zu sehen, dass ein Turner bei einem Riesenumschwung durch ein (im Wettkampf nicht gewünschtes) Anhocken der Beine in der Aufwärtsphase leichter hochkommt.

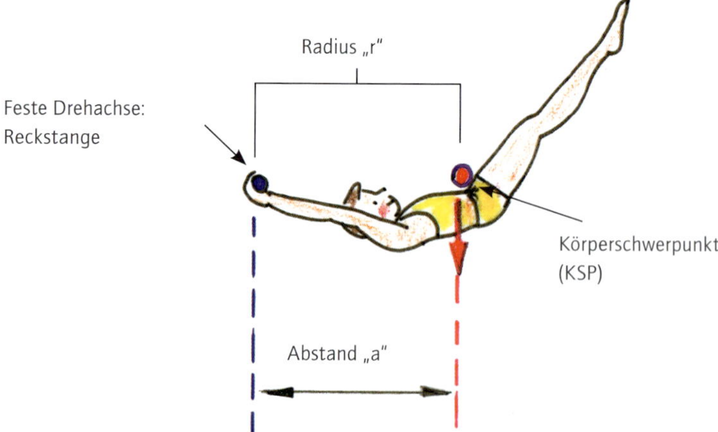

Abb. 30: In der Aufwärtsbewegung: Pendelverkürzung durch Annäherung des Körperschwerpunkts an die Drehachse gegen die negativ/hemmend wirkende Schwerkraft

Mit dem Aufwärtsturnen wird die Bewegungsenergie, die kinetische Energie Ekin, wieder in Lageenergie, die potenzielle Energie Epot, umgewandelt. Mit Er- reichen des Stützes zum Beispiel ist die maximale Lageenergie zum Erreichen der neuen gewünschten Endposition für ein nachfolgendes Element wieder erreicht – theoretisch kann das Spiel mit der Schwerkraft also wieder von vorne beginnen!

1.2 Umschwung- und Felgbewegungen

Umschwung- und Felgbewegungen sind Rotationen um feste Drehachsen, wobei immer auch ein Anteil an Rotationen um eigene Körperbreitenachsen stattfinden. Ausgangspunkt für Bewegungsanalysen und für die Zuordnung zu Strukturgruppen bildet aber das Rotieren um die feste Drehachse Stange bzw. Holm.

„Umschwungbewegungen sind Ganzrotationen um 360° um eine horizontale, feste Drehachse in vertikaler Ebene, wobei die Endposition der Ausgangslage entspricht" (Gerling, 2014, S. 305).

Wenn es Umschwünge in alle Bewegungsrichtungen gibt, so werden Felgen nur rückwärts geturnt und die Endphase wird statt rotatorisch translatorisch ausgeführt:

„Felgbewegungen sind rückwärts verlaufende Teilrotationen in vertikaler Ebene um horizontale, feste Drehachsen, die in Translation übergehen. Kennzeichnend ist eine damit verbundene Streckbewegung der großen Körperwinkel (Bein-Rumpf- und Arm-Rumpf-Winkel)" (Gerling, 2014, S. 305).

1.2.1 (Hüft-)Umschwung vorlings vorwärts

Schon Kinder auf dem Spielplatz bringen sich den Umschwung vorlings vorwärts bei. Oft nehmen sie dabei im Waageliegen die Arme in Verlängerung, um mit schnellem Absenken des Oberkörpers die Hände wieder zur Stange zu führen. Sie beugen meist die Beine, um damit besser die Stange einzuklemmen, oft umfassen sie bei der Vorwärtsrotation mit den Händen die Beine, um ein „Dranbleiben" an der Stange zu gewährleisten. Kinder im freien Bewegungsleben stützen sich dabei sogar auf den Unterarmen ab. Durch die enge Hockposition während der Rotation ist die Trägheit instinktiv zur Rotationsbeschleunigung verringert worden, eine günstige Lösung bei den kindlichen Hebelverhältnissen.

In der nachfolgenden Methodik wird der Umschwung jedoch mit gestreckten Beinen gelehrt. Zum einen gelingt vielen diese Ausführung auf Anhieb und sie eignen sich die Hockhaltung gar nicht erst an, zum anderen liegt *auch* in der gestreckten Beinhaltung ein biomechanischer Vorteil: Die gestreckten Beine werden in ihrer Abwärtsphase durch die Schwerkraft beschleunigt, bei Hüftfixierung und Halten der Stange am Körper hebelt dies den Oberkörper auf die Stange (actio = reactio). Wer die Hüfte jedoch in der Schnelligkeit nicht gewinkelt bekommt und mit gestreckter Hüfte von der Stange fällt, der darf natürlich beim Erlernen des Elements auch nach dem waagerechten Anfallen die Beine hocken, um damit automatisch die Hüfte zu beugen.

Der Umschwung vorlings vorwärts wird prinzipiell ganzheitsmethodisch und mit Hilfegebung gelehrt. Das Methodische daran ist, dass nacheinander leistungsbestimmende Bewegungsmerkmale verbal als Aufgabe zur schrittweisen Umsetzung gegeben werden, denn der Mensch kann sich nur auf *einen* Hinweis zur Umsetzung konzentrieren, ausgenommen, die umzusetzenden Hinweise liegen zeitlich-räumlich ausreichend weit auseinander.

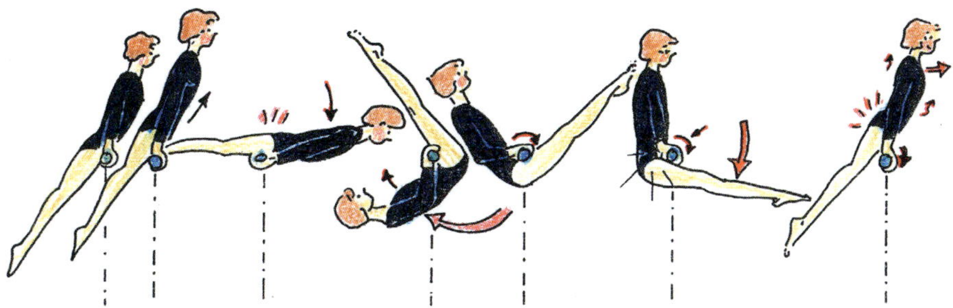

Abb. 31: Bewegungsmerkmale des Umschwungs vorlings vorwärts

Bewegungsmerkmale

Ausgangsposition

1 Stütz vorlings mit Ristgriff.

Bewegungsansatz

2 *Herausheben:* Um den Körper in Bewegungsrichtung ins rotationsauslösende Ungleichgewicht zu bringen, wird die Vorverlagerung des Körperschwerpunkts über/vor die Stange angestrebt. Aus dem Stütz erfolgt hierzu ein einleitendes Herausheben aus den Schultern und die Verlagerung des Hüft-Stangen-Kontakts zum Oberschenkel-Stangen-Kontakt hin, der Kopf wird in Verlängerung des Rumpfs gehalten.

Hauptphase

3 *Abwärtsphase: Anfallen bis zur Waagerechten.* Der gestreckte Körper rotiert um die Stützstelle (Drehachse Stange) und fällt wegen der aufgehobenen Balance bis zur Waagerechten an.

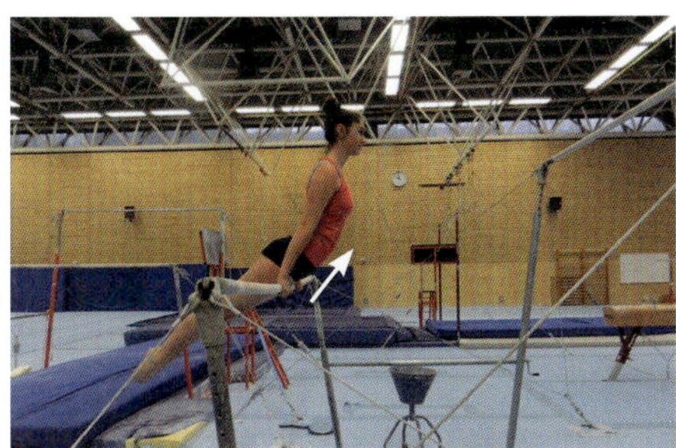

A Herausheben

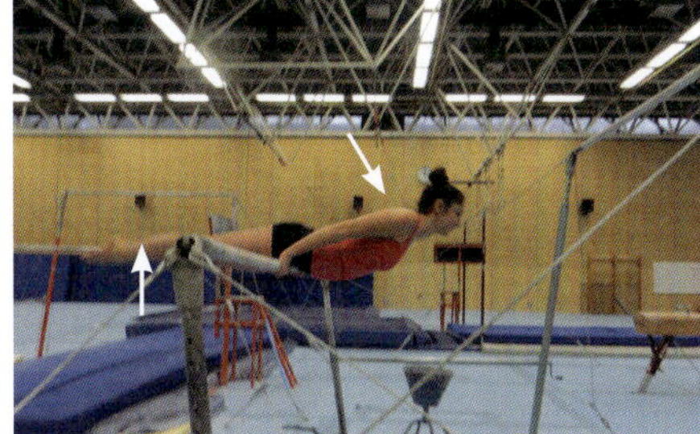

B Anfallen

4 *Schnellkräftiges Absenken des Oberkörpers* und Einnehmen eines Hüftwinkels, Beine werden „gedacht" etwas oberhalb der Waagerechten gehalten. Durch eine erste Verkürzung der Körperlänge entsteht zusätzliche Drehbeschleunigung.

5 Zurückrutschen an die Stange mit dem Hüftbeugepunkt und Rotation vorwärts bei konstantem Hüftwinkel.

6 *Aufwärtsphase: Oberkörper* wird schnellkräftig *stark gerundet* und die Arme werden gebeugt, damit wird die Masse weiter an die Drehachse herangezogen.

7 Die Beine schlagen abwärts und hebeln durch Zug der Schwerkraft am „langen Hebel Beine" bei anschließend fixierter Hüfte den Oberkörper hoch.
(Hinweis: Wird mit gehockten Beinen in dieser Phase geturnt, tritt stattdessen die Wirkung der Verringerung der Trägheit mit verbundener Erhaltung/Vergrößerung der Rotationsgeschwindigkeit in Kraft.)
Mit Druck der Hände auf die Stange wird die Hüfte an der Drehachse gehalten.

8 *Schnelles Nachstützen der Hände* und

9 *Vorschieben der Schulter* über die Stange.

Endposition

10 *Aufrichten in den Stütz.*

Lern- und Leistungsvoraussetzungen

Konditionelle Voraussetzungen:

- Sehr gute Stützkraft (vor allem der Armstrecker/M. triceps).
- Haltekraft zur Beibehaltung des Arm-Rumpf-Winkels (breiter Rückenmuskel/m. latissimus dorsi und großer Rundmuskel/M. teres major).
- Schnellkraft der Rumpf-Hüftbeuger (M. rectus abdominis und m. iliopsoas).
- **Konditionell-koordinative Voraussetzungen:**
- Körperspannung (vor allem des großen Gesäßmuskels und der Rückenstreckmuskulatur: M. glutaeus maximus und M. erector spinae).

Technische Voraussetzung:

- Schwingen im Hüfthang (= Kernbewegung).

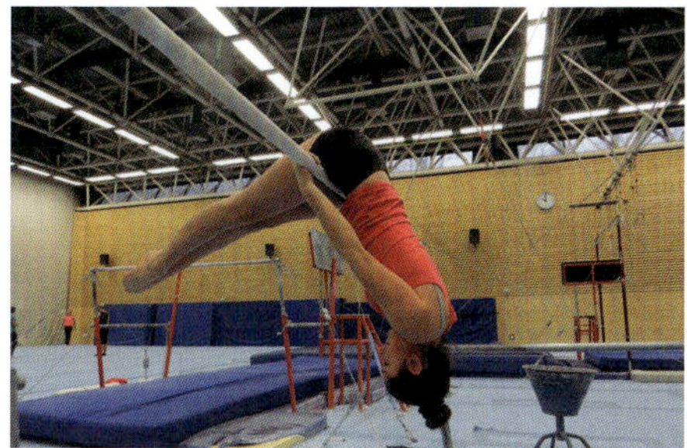
Hüfthang

Grundsätzliche Hilfegebung

Zwei helfende Partner stehen ganz dicht am Turnenden, sie gehen bei gebeugten Armen mit den Handinnenflächen – spätestens nach Passieren der Waagerechten mit dem Oberkörper – unter das Gesäß: mit der nahen Hand an den Bereich „Oberkante-Unterhose", mit der anderen Hand an den Bereich „Unterkante-Unterhose" fassend (Fotos 21a-b). Damit halten sie den Körperschwerpunkt (Hüfte) an der Stange (vor allem mit der „Unterkante-Unterhosen-Hand") und drehen mit der „Oberkante-Unterhosen-Hand" den Turnenden hoch zum Stütz. Die Helfenden können zum Fixieren des Körperschwerpunkts an der Drehachse und dem Hochhelfen beim Aufwärtsturnen des Turners unter der Stange durchtauchen (Foto 21c).

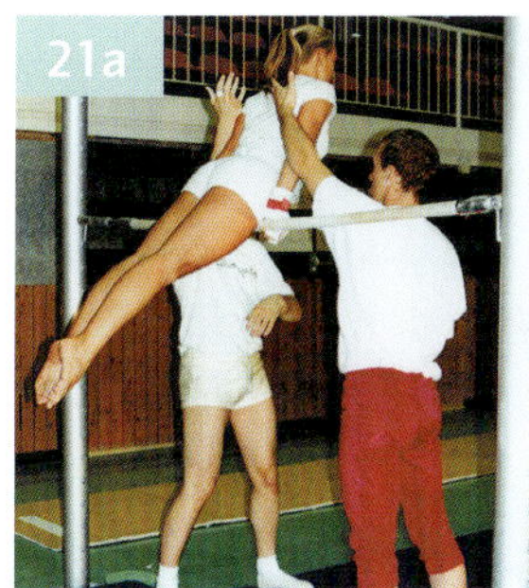
21a

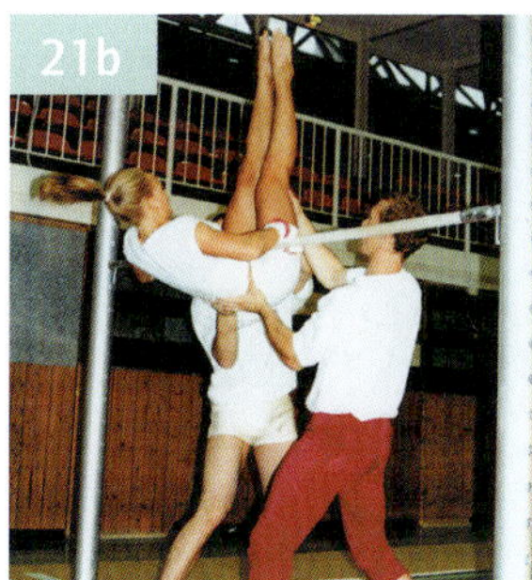
21b

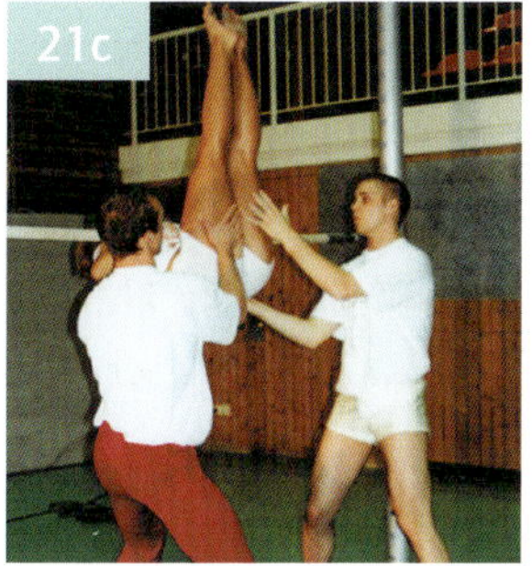
21c

Hilfegebung beim (Hüft-)Umschwung vorwärts

B II

Tipp: Um besser in den helfenden Griff hineinzukommen, kann – rotationsunterstützend – zunächst mit dem Absenken des Oberkörpers mit der nahen Hand der Handrücken der helfenden Hand auf den Rücken des Turnenden gelegt werden (Foto 21a). Mit der Bewegung dreht die Handinnenfläche ganz automatisch auf den unteren Rückenteil bzw. zum Gesäß (Foto 21b).

1. Grundübung: Herausheben und bis zur Waagerechten anfallen lassen, Schwingen im Hüfthang

Ziel: Kennenlernen des Bewegungsansatzes, Erfahren der einzunehmenden Körperspannung.

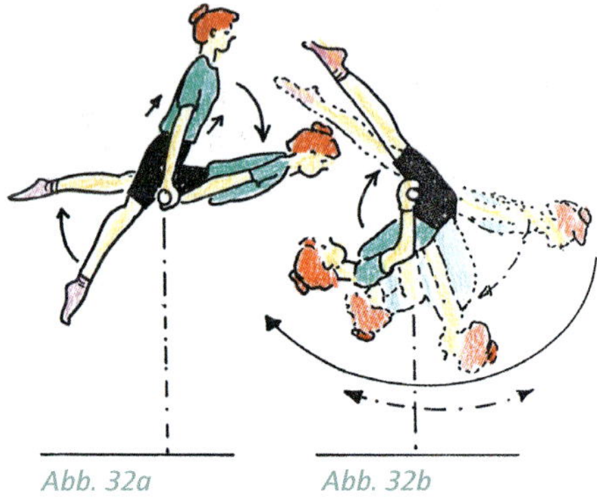

Abb. 32a Abb. 32b

Aufgaben: Aus dem Stütz vorlings von der Hüfte zu den Oberschenkeln herausheben (Abb. 32a), Schultern herunterdrücken und Kopf hochstrecken, Anfallenlassen des Oberkörpers bis zur Waagerechten und sich von einem Partner an den Schultern auffangen lassen (gegebenenfalls von zwei seit- lich stehenden Helfern am Bauch und unter den Schultern abstoppen lassen). Danach wird der Oberkörper abgesenkt und die Beine bleiben in der Waagerechten stehen. Bei konstantem Hüftwinkel pendelt der Übende abschließend vor und zurück.

Hinweis: Die Beine dürfen mit Absenken des Oberkörpers nicht zurück zum Oberkörper fallen! Gegebenenfalls hält ein Helfer zur Bewusstmachung eine Hand unter den Beinen, die mit dem Absenken des Oberkörpers nicht berührt werden darf.

2. Grundübung: Herausheben, Anfallen und energisch den Oberkörper abwinkeln zum Umschwung

Ziel: Kennenlernen der Oberkörperaktion, verknüpft mit dem Erfahren der Vorwärtsrotation um die Stange.

Aufgaben: Aus dem Stütz vorlings herausheben, anfallen lassen und schnellkräftig den Oberkörper, mit Vornehmen des Kopfs zur Brust, zu den Beinen bringen (Abb. 32b). Und wieder: Auf keinen Fall dabei die Beine zum Oberkörper abwärts zurückfallen lassen. Sie müssen sozusagen, wenn der Oberkörper das Abwinkeln initiiert, „gehalten" werden.

Verbale Unterstützung: „Herausheben – anfallen – beiß dir ins Knie!" Zwei Helfer stehen seitlich zum Reck und unterstützen mit angewinkelten Armen und dicht nebeneinander stehend unter dem Körperschwerpunkt das Halten der Hüfte an der Stange.

3. Grundübung: Umschwung vorlings vorwärts und Hände zum Stütz umsetzen

Ziel: Lenkung der Aufmerksamkeit auf das Umsetzen der Hände aus der Hang- in die Stützposition, die Hüfte durch Druck der Hände auf die Stange anpressen.

Aufgabe: Aus dem Stütz vorlings herausheben, anfallen lassen und schnellkräftig den Oberkörper zu den Beinen bringen, Hände wie beim Motorradfahren – Gas wegnehmen – rutschen um die Stange nach vorne zum Nachstützen, zum bildlichen Herandrücken der Stange an die Hüfte und zum Hochstützen. Zwei Helfer helfen, wie oben beschrieben.

Verbale Unterstützung: „Hände!", Stütz!", „Drück!"

Spielerische Variation/Trainingshilfe für hohe Wiederholungszahl (mit/ohne Partnerhilfe):

Mit Seilhilfe 1: Im Stütz steht der Übende mit einem oder beiden Beinen in einer Seilschlaufe (Länge = Beinlänge), die um die Stange befestigt ist. Die Übungsaufgabe ist die Gleiche wie oben beschrieben. Durch den Druck der Füße gegen das Seil kann der Schwerpunkt, vor allem in der Aufwärtsphase, gut gegen die Stange gehalten werden. Die Hände lernen, nachzustützen und der Körper wird durch die Stemmbewegung der Arme an die Stange gepresst (Abb. 33).

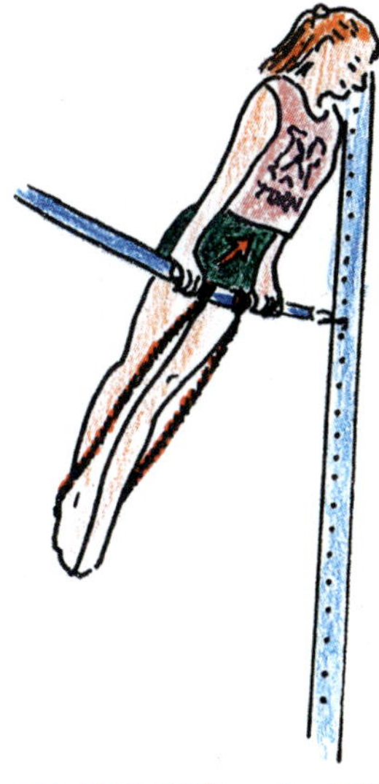

Abb. 33: Seilhilfe an den Füßen

Mit Seilhilfe 2: Ein Seil wird im Stütz am Reck um das Gesäß gelegt, hiermit wird die Hüfte an der Stange gehalten. *Seilbefestigung:* Auf die Stange wird ein Seil gelegt, sodass die Seilmitte über der Stange liegt (Foto 22).

B II

Der Turner springt in den Stütz, das Seil befindet sich zwischen der ersten Hand und der Hüfte. Ein Partner geht mit den beiden langen Seilenden *hinter* dem Stützenden

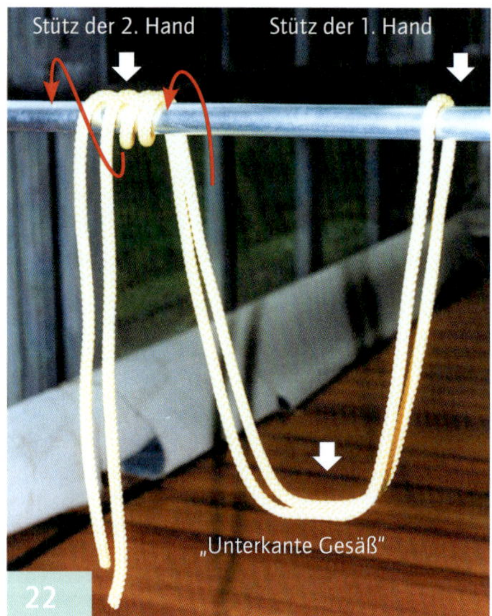

herum, legt das Seil stramm unter dem Gesäß an und die Seilenden *über* die Stange, danach wird das Seil nochmals um die Stange gewickelt (ohne dass es sich überkreuzt). Der Übende stützt nun seine zweite Hand auf die entstandene Seilumwicklung (vgl. Gerling, 2007, S. 140 und Abb. 34). Es muss darauf geachtet werden, dass zu Beginn der Bewegung das Seil stramm unter dem Gesäß sitzt!

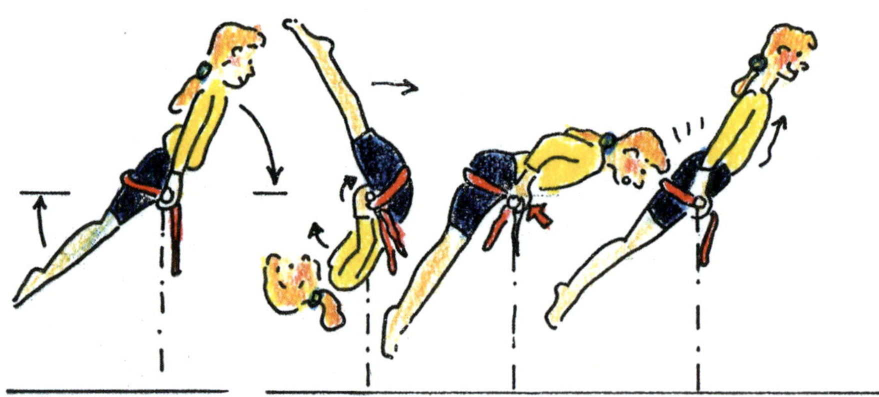

Abb. 34: (Hüft-)Umschwung vorwärts mit Seilhilfe am Körperschwerpunkt

Mit Trapezsitz: Ein Trapez oder eine Stange wird eng an der Reckstange befestigt, der Übende stützt dazwischen. In der Aufwärtsphase des Umschwungs vorwärts kann er es nun als „Sitz" nutzen, falls er nach dem Umschwung wegfallen sollte. Eine hohe eigenständige Übungswiederholung ist damit möglich. Das Trapezrohr kann auch mit einer „freien Röhre" überstülpt sein, auch Ummantelungen für Rohrleitungen sind brauchbar, damit rotiert die Unterlage Stange bei Benutzung mit.

4. Grundübung: Umschwung vorwärts und Vorverlagern des Schultergürtels über die Schulter zum Stütz

Ziel: Lenkung der Aufmerksamkeit auf den abschließenden Teil der Umschwungbewegung, Auffordern zum Kämpfen, um hochzukommen.

Aufgabe: Aus dem Stütz vorlings herausheben, anfallen lassen, schnellkräftig den Oberkörper abwinkeln, rotieren, Hände nachstützen und mit rundem Oberkörper – ausgehend von den inzwischen gebeugten Armen – rüber- und hochziehen zum Stütz.

Verbale Unterstützung: „Komm rüber/hoch! Komm, komm, komm!" Zwei Partner helfen, wie oben beschrieben, und feuern an.

5. Grundübung/Zielübung: Umschwung vorwärts und aktiver Einsatz der gestreckten Beine

Ziel: Bewegungsoptimierung. Bewusstmachung und Erfahren der Beinaktivität als Hilfe zur Bewegungsrealisierung.

Aufgabe: Umschwung vorlings vorwärts, dabei nach dem Nachstützen der Hände zum Hochkommen aktiv die Beine runterschlagen und sofort durch Hüftfixierung wieder abbremsen. Das Hochhebeln des Oberkörpers soll erlebt werden. Abbau der Hilfeleistung und mit einer Hilfegebung „so viel wie nötig, so wenig wie möglich" unterstützen, zum Schluss alleine turnen.

Bewegungsverbindungen

- Umschwung vorlings vorwärts mit sofortigem anschließenden (hohen) Rückschwung zum Umschwung vorlings rückwärts. B II
- Aufschwung – Umschwung vorlings vorwärts – Rückschwung zum Umschwung vorlings (Rückschwung und Niedersprung), Unterschwung.
- Klassische Verbindung im Leistungsturnen: Kippe vorlings vorwärts (Lauf-, Schwebe-, Liege- oder Langhangkippe) und sofort Herausheben zum Umschwung vorlings vorwärts.

1.2.2 Spreizumschwung/„Mühlumschwung" vorwärts

Der Spreizumschwung, auch „Mühlumschwung" genannt, ist neben dem Sitzumschwung (der in diesem Buch thematisch bedingt nicht abgehandelt wird) DAS Spielplatzturnelement. Dabei wird der Spreizumschwung nicht nur – wie in der Schule und im Verein – vorwärts geturnt, sondern auch rückwärts und seitwärts. Eine besondere Lust ist es für solche Spielplatzkinder, diese „Mühle" dann unzählige Male hintereinander zu turnen. Dies sollte in der unterrichtlichen Situation aufgegriffen werden.

In der nachfolgenden Technik und Methodik wird der Spreizumschwung nur als Vorwärtsrotation vorgestellt, da dies innerhalb von Übungen in Schule und Verein das übliche Element ist.

Der Spreizumschwung vorwärts wird prinzipiell ganzheitsmethodisch und mit Hilfegebung gelehrt. Das Methodische daran ist, dass nacheinander auf die leistungsbestimmenden Bewegungsmerkmale zur schwerpunktmäßigen Umsetzung hingewiesen wird.

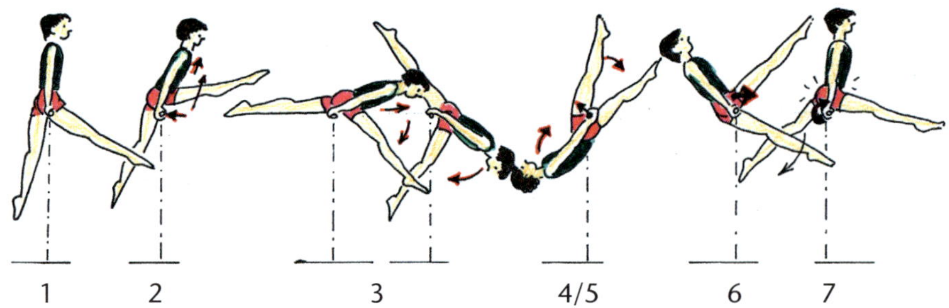

Abb. 35: Bewegungsmerkmale Spreiz-/Mühlumschwung

Bewegungsmerkmale

Ausgangsposition

1 Seitspreizsitz (Seitsitz mit quer gegrätschten Beinen) mit Kammgriff.

Bewegungsansatz

2 *Herausheben:* Einleitendes Herausheben aus den Schultern in den flüchtigen freien Stütz und Verlagerung des Stangenkontakts auf die Vorderseite des

hinteren Oberschenkels (hohe Körperschwerpunktlage). Das vordere Bein wird gestreckt angehoben, der Kopf wird in Verlängerung des Rumpfs gehalten.

Hauptphase

3 *Abwärtsphase: Anfallen bis zur Waagerechten.* Mit einem „großen Schritt" nach vorne bei gestreckten Armen Vorverlagern und Absenken des gestreckten Oberkörpers mit Vorziehen des Kopfs. *Ziel:* Gewichtsverlagerung ins rotationsauslösende Ungleichgewicht durch Wegverlagerung der Körpermassen vom Drehpunkt (Stange). Der gestreckte Körper beginnt, mit Oberschenkelkontakt an der Stange, um die feste Drehachse (Stützstelle Stange) zu fallen und zu rotieren.

4 *Aufwärtsphase: Oberkörper* wird nun schnellkräftig *stark gerundet* und die Arme werden leicht gebeugt, damit wird die Masse an die Drehachse herangezogen und die Trägheit verringert. Der Spreizwinkel der Beine verringert sich.

5 Das vordere Bein nimmt mit der Rückseite Stangenkontakt auf und hebelt als „Beinstütz" den Körper weiter hoch, während das hintere Bein nach unten hinten schwingt (Beinwinkel öffnet sich wieder), um den Körper mit hochzuhebeln.

6 *Schnelles Nachstützen der Hände* mit Druck auf die Stange und *Vorschieben der Schulter* über die Stange.

Endposition

7 Ausbalancieren der Seitsitzposition und *Aufrichten in den Seitsitz/-stütz.*

Lern- und Leistungsvoraussetzungen

Konditionelle Voraussetzung:

- Sehr gute Haltekraft der Hände.

Konditionell-koordinative Voraussetzung:

- Körperspannung.

Grundsätzliche Hilfegebung

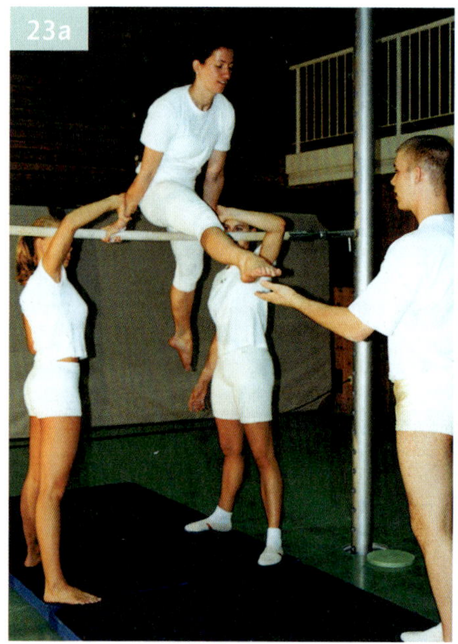

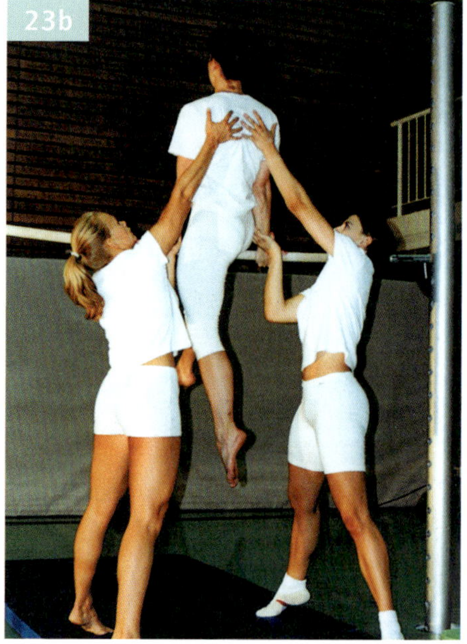

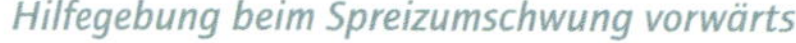

Hilfegebung beim Spreizumschwung vorwärts

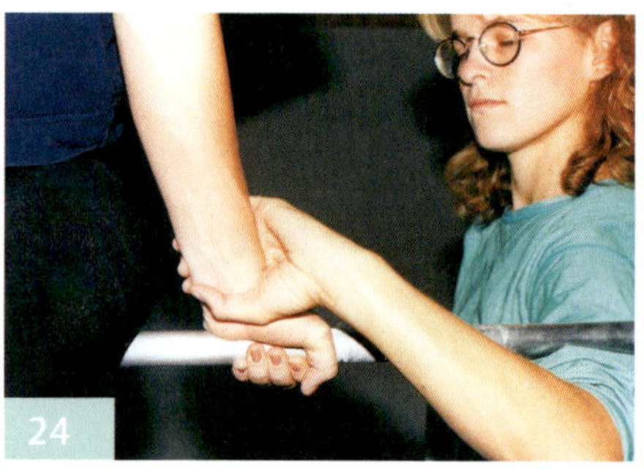

Handgelenksicherung beim Spreizumschwung

Zwei helfende Partner stehen auf der Seite der Aufwärtsphase, d. h. hinter dem Rücken des Turnenden und greifen unter der Stange durch so umfassend an das Handgelenk (Foto 23a), dass sie ihren eigenen Handrücken sehen können, der Daumen umschließt das Handgelenk (= Handgelenksicherung und Drehhilfe)

(Foto 24). Während der aufschwingenden Phase fasst die entfernte Hand unter die Schulter und drückt mit einem langen Hebel den Oberkörper zum Seitstütz/-sitz hoch (Foto 23b).

Lernschritte

1. Grundübung: Herausheben und gestrecktes Anfallen mit Partnerhilfe

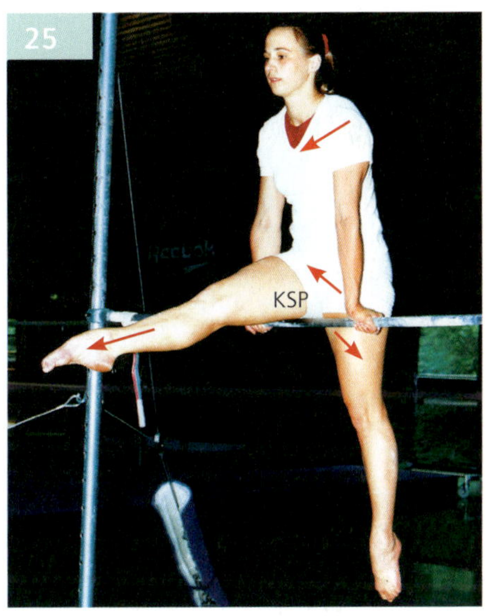

Ziel: Kennenlernen und Erfahren des Bewegungsansatzes (Foto 25).

Aufgabe: Aus dem Seitsitz gespreizt aus den Schultern herausstützen, den Körperschwerpunkt anheben und die hintere Oberschenkelvorderseite an die Stange pressen. Das vordere Bein wird von einem oder zwei Helfern hochgehalten. Der Oberkörper wird dann gerade auf das vordere Bein bis zum leichten Anfallen bis zur Waagerechten abgesenkt, die Helfenden tragen an der Oberschenkel- und Unterschenkelunterseite des vorderen Beins den Turnenden dabei. Der Turner geht anschließend wieder zurück in den Spreizsitz, um noch ein zweites Mal den Ansatz auszuprobieren.

2. Grundübung: Spreizumschwung vorwärts mit zwei Helfern und einer Orientierungshilfe

Ziel: Erfahren des Spreizumschwungs mit Hilfegebung im Bewegungsansatz.

Aufgabe: Ein Partner steht vor dem Übenden und hält eine Hand etwa eine Handbreite entfernt etwas unterhalb des Fußes (Foto 24a). Der Übende soll versuchen, mit dem in der 1. Grundübung ausprobierten Ansatz einen „großen Schritt" auf die Hand des dritten Helfers hin zu machen. Zwei weitere Helfer stehen auf der

Rückenseite, sichern mit Handgelenksicherung und heben den Übenden am Bewegungsende an den Schultern zum Sitz hoch (Foto 23b).

3. Grundübung/Zielübung: Spreizumschwung mit einer/ohne Hilfegebung

Ziel: Vorbereitung auf das hilfeunabhängige Turnen.

Aufgabe: Spreizumschwung mit Konzentration auf die leistungsbestimmenden Bewegungsmerkmale der Endphase (Oberkörper beugen, Nachstützen der Hände, Schultern über die Stange verlagern . . .). Abbau der Hilfegebung.

Bewegungsverbindungen

- Aus dem Hangstand mit Ristgriff an der Stange vorlaufen und ein Knie mit sofortigem Knieaufschwung einhängen. Wechsel zum Kammgriff und Strecken des vorderen Beins zum Spreizumschwung, Rückspreizen eines Beins, Vor- und Rückschwung zum Niedersprung, Unterschwung.
- Aus dem Aufschwung/Umschwung nach einem Rückschwung sofort Überspreizen (oder Durchhocken) eines Beins, Griffwechsel in Kammgriff und Spreizumschwung, halbe Drehung mit Nachspreizen des anderen Beins zum Stütz vorlings, Rückschwung (Niedersprung) und Unterschwung.
- Aus dem Hangstand vorlaufen oder vorschweben, Durchbücken eines Beins zum Spreizkippaufschwung (vgl. S. 262ff.), Spreizumschwung, halbe Drehung über das vordere Bein mit Nachspreizen des anderen Beins, Vorschwung, Rückschwung, Umschwung vorlings vorwärts (vgl. S. 193ff.) mit anschließendem Unterschwung aus dem Stütz (vgl. S. 279ff.).

1.2.3 Freie Felge in den Stütz (Felgumschwung), Hang und Handstand

Wer sicher einen gestreckten Hüftumschwung und einen Handstand beherrscht, der wird mit Hilfegebung auch eine Felge in den Handstand erleben können. Die Felgbewegung ist eine fußwärts gerichtete Teilrotation (Ansatz wie zum Hüftumschwung), die in Translation übergeht (Streckung zum Hang oder Handstand). Je nach Ausgangsenergie, d. h., je nachdem, wie hoch und wie weit weg im Bewegungsansatz der Körperschwerpunkt von der Drehachse entfernt war (z. B. durch einen hohen Rückschwung, im günstigsten Fall bis hoch in den flüchtigen Handstand), kann die Felge a) in den freien Stütz (Felgumschwung) mit anschließendem Ablegen der Hüfte oder b) mit anschließendem Strecken nach hinten unten in den Hang oder natürlich c) in den Handstand geturnt werden.

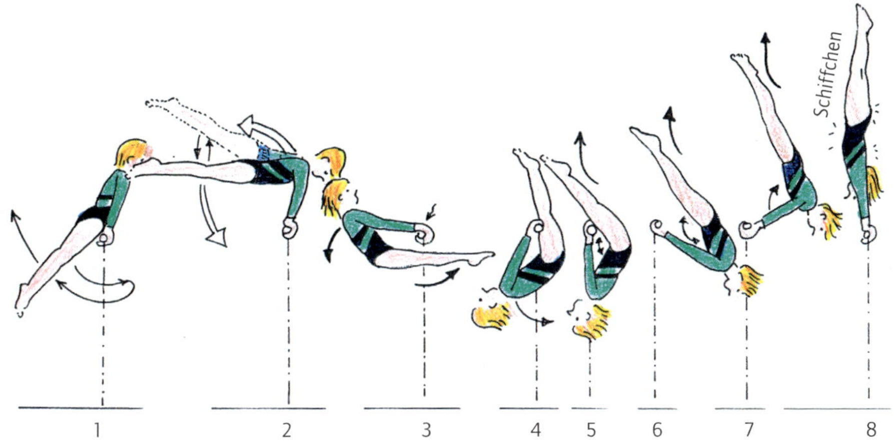

Abb. 36: Bewegungsmerkmale bei der Freien Felge in den Handstand

Bewegungsmerkmale

Bewegungsansatz

1 Aus dem Stütz Vorschwung der Beine und Rückschwung zum freien, gestreckten Stütz. Die Schultern befinden sich über (nicht vor!) der Stützstelle, der Körper schwingt über die waagerechte Position.

Abwärtsphase (Antriebsphase)

2 Energisches Zurücknehmen der Schultern, leichtes Winkeln in der Hüfte mit B II
Vorschwingen der Beine.

3 Heranbringen der Oberschenkel unter die Stange/den Holm durch Verkleinerung des Arm-Rumpf-Winkels (Stemmbewegung). Der Oberkörper fällt durch die Gewichtskraft.

4-5 In dieser Körperhaltung Rotation rückwärts um die feste Drehachse, bis die Arme die Senkrechte passieren.

Aufwärtsphase (Realisierungsphase)

5-6 Wenn die Arme, von der unteren Senkrechten gemessen, ca. 45° erreicht haben, schnellkräftiges Öffnen des Hüftwinkels.

6 Fixieren des Hüftwinkels und schnellkräftiges Öffnen des Arm-Rumpf-Winkels, wenn die Arme die Waagerechte passieren.

7 Nachstützen der Hände und Reststreckung des Schultergürtels, Ganzkörperstreckung in der Senkrechten.

Lern- und Leistungsvoraussetzungen

Konditionelle Voraussetzungen:

- Haltekraft der Hände.
- Sehr gute Haltekraft der gestreckten Arme (dreiköpfiger Armstrecker/M. triceps brachii).
- Sehr gute Muskelkraft zur Verkleinerung und zum Halten des Arm-Rumpf-Winkels (breiter Rückenmuskel/M. latissimus dorsi, großer Rundmuskel/M. teres major und großer Brustmuskel/M. pectoralis major).
- Schnellkraft zum Öffnen des Arm-Rumpf-Winkels (u. a. Trapezmuskel/M. trapezius, Deltamuskeln/Mm. deltoidei, Säge-Rautenmuskel-Schlinge/M. serratus-rhomboideus-Schlinge).
- Schnellkraft der Hüftstrecker (großer Gesäßmuskel/M. glutaeus maximus) und Haltekraft der Hüftbeuger (gerade Bauchmuskulatur/M. rectus abdominis, Lenden-Darmbein-Muskulatur/M. iliopsoas und vierköpfiger Schenkelstrecker/M. quadriceps femoris).

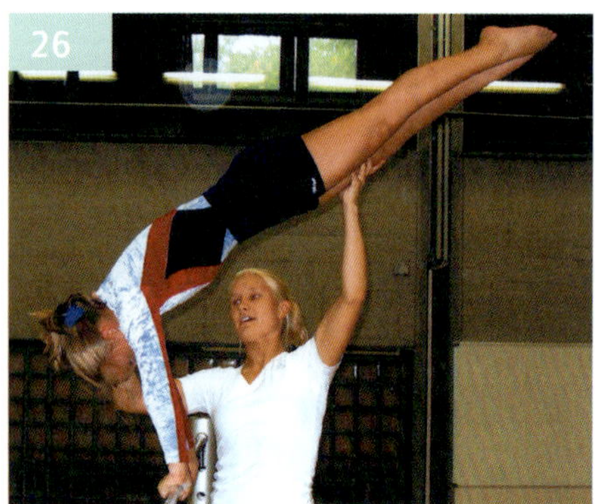

Trainerhilfe beim hohen Rückschwung: Die nahe Hand geht von vorne an die Schulter/an den oberen Oberarm und drückt den Schultergürtel zurück. Diese Aktion ist gleichzeitig ein Widerlager für die ferne Hand, die den Körper unter dem Oberschenkel anhebt.

Technisch-koordinative Voraussetzungen:

- *Rückschwung in den freien Stütz mit Schiffchenhaltung* (Foto 26) für den Bewegungsansatz.
- *Hüftaufschwung* für Grundübung 2: Felgüberschwung.
- *Umschwung* für Grundübung 3: Umschwung mit Oberschenkel-Stangen-Kontakt.
- *Freie Felge* aus dem Stütz in den freien Stütz/Hang für Felge in den Handstand.
- *Felgrolle* (in den Handstand) am Boden.

Grundsätzliche Hilfegebung

Zwei Helfende greifen mit der nahen Hand (von außen hinten) an die Schulter (Foto 27a) und unterstützen die Rotationsbewegung aufwärts bis über die Stange. Die ferne Hand kommt unterstützend an der Schulter hinzu (Foto 28c/d).

Hinweis: Die Schultern dürfen nicht einfach senkrecht hochgedrückt werden, sondern müssen einen Radius der Schultern bei gestreckten Armen nachzeichnen: d.h. eher an den Schultern von der Stange wegziehend, die Schultern/den Körper hoch- und über die Stange drücken.

a) 1-2 weitere Helfer stehen auf der anderen Seite und fangen für den freien Stütz mit der entfernten Hand am Oberschenkel den Turnenden in der Waagerechten auf, die ferne Hand geht tragend unter den Bauch (Foto 27c/d).

b) Die Helfer stehen – mit einem Fuß über der Stange stehend – erhöht auf Kästen, um mit den Händen dem Turner entgegenzugehen und mit dem Umfassen der Oberschenkel den Turnenden in den Handstand zu ziehen (Fotos 28b-e).

Abbau der Hilfegebung:

a) Auf der Erhöhung stehend, mit der fernen Hand den Oberschenkel in die Senkrechte lenken/ziehen. Die nahe Hand umfasst von außen hinten die Schulter und zieht den Schultergürtel in die Stangen- bzw. Holmsenkrechte.

b) Der Trainer steht vor der Stange und „klinkt" sich mit der nahen Hand in die Schulter ein und zieht über vorne oben den Turner in die Senkrechte. Die ferne Hand drückt am Rücken Richtung Stangen-/Holmsenkrechte (vgl. Foto 27b). Im Handstand wird der Rumpf von beiden Händen umfasst (die nahe Hand wechselt zum Bauch) (vgl. Foto 30d).

Lernschritte

1. Grundübung: Aufschwung mit schnellem Nachstützen der Hände zum aufrechten, gespannten Stütz

Ziel: Ausgehend vom bekannten Hüftaufschwung, verdeutlichen des *schnellen* Umsetzens der Hände zum schnellen, aufrechten Stütz mit völlig gestreckten Armen.

Aufgabe: Aus dem Stand am schulter- bis kopfhohen Reck/Holm Hüftaufschwung mit *schnellem Nachstützen* der Hände, Durchstrecken der Arme und Einnehmen der gespannten Körperhaltung.

Hilfegebung: Beide Hände unterstützen leicht am Körperschwerpunkt. Gegebenenfalls kann die unter der nächsten Grundübung beschriebene Hilfegebung bereits eingeführt werden.

2. Grundübung: Felgüberschwung (bei leistungsstarken Turnern schon mit gestreckten Armen) in den flüchtigen freien Stütz in „Schiffchenhaltung"

Ziel: Verknüpfung des schnellen Nachstützens der Hände und Halten der gestreckten Arme mit anschließendem aufwärts „Abstemmen" (Öffnen des Arm-Rumpf-Winkels).

Aufgabe: Aus dem Stand am schulter- bis kopfhohen Reck/Holm, Hüftauf- und -überschwung (nun durch Translation nach der Rotation zum *Felgüberschwung* geworden) mit *schnellem Nachstützen* der Hände, Durchstrecken der Arme und Einnehmen der gespannten Körperhaltung mit anschließendem Abstemmen (Öffnen des Arm-Rumpf-Winkels bei gestreckten Armen) in den freien „Liege-"Stütz (Schiffchenhaltung), zum Stand vorlings vor der Stange absenken.

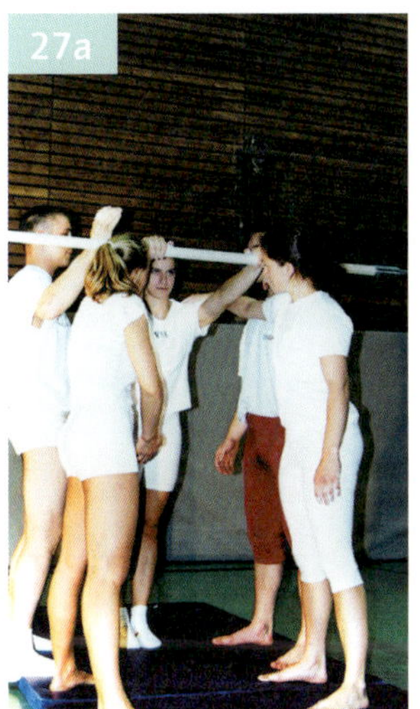
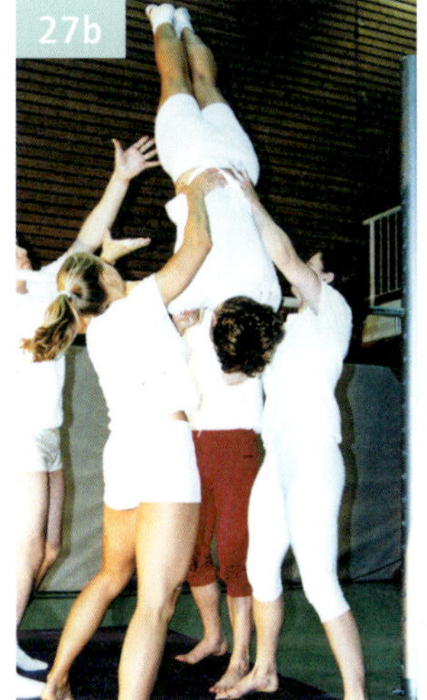
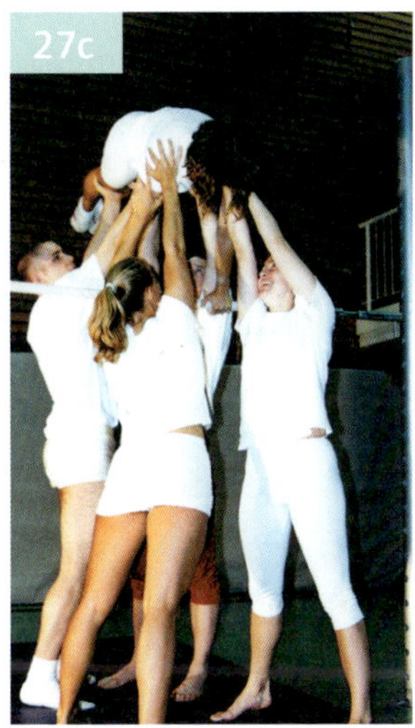

Hilfegebung zu viert beim Felgüberschwung aus dem Stand

Hilfegebung: Zwei Helfende greifen mit der nahen Hand (von außen hinten) in die Schulter und unterstützen die Rotationsbewegung aufwärts bis über die Stange. Die ferne Hand kommt unterstützend an der Schulter hinzu (Foto 27c/d). Geht der Körper *nicht* über die Senkrechte, drückt die körperferne Hand schnell gegen das Gesäß („Oberkante-Unterhose") (Foto 27b). Droht er vor Erreichen der Senkrechten sogar ins Hohlkreuz zu gehen, dann kann kurzfristig an den Oberschenkeln gegengedrückt werden, die ferne Helferhand wechselt zum Hochschieben danach aber sofort an die Schulter (Foto 27c/d). 1-2 weitere Helfer stehen auf der anderen Seite und fangen mit der gerätfernen Hand am Oberschenkel den Turnenden in der Waagerechten auf, die gerätnahe Hand geht tragend unter den Bauch (Foto 27d).

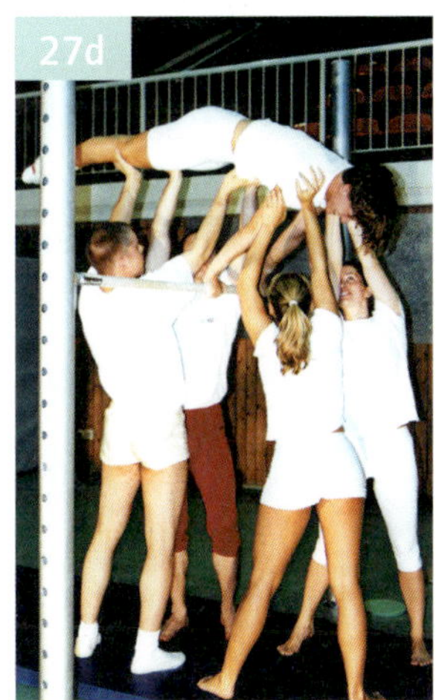

Hilfegebung bei der Phase: freien Stütz

Variation: Der Turnende steht auf einem zwei- bis dreiteiligen Längskasten und springt – bei gestreckten Armen – mit Zurücknehmen des Oberkörpers und gleichzeitigem Heranführen der Oberschenkel an die Stange zum freien Felgüberschwung (s. o.) ab. Den Felgüberschwung aus diesem Ansatz zu turnen setzt eine sehr gute Stemm- und Haltekraft zur Verkleinerung und zum Halten des Arm-Rumpf-Winkels voraus. Die Hilfegebung unterstützt, wie oben beschrieben.

3. Grundübung: Umschwung mit schnellem Zurücknehmen der Schulter, Vorbringen der Beine und Halten des verkleinerten Arm-Rumpf-Winkels

Ziel: Ausgehend vom bekannten Hüftumschwung, Erlernen des neuen Bewegungsansatzes für die Felgbewegung:

- Halten der Schulter während des hohen Rückschwungs über der Stützsenkrechten,
- ... mit Vorbringen der Beine: Zurückziehen der Schultern
- ... und Heranführen der Oberschenkel an die Stange.
- Während der Rückwärtsrotation: Bei fixiertem, kleinen Arm-Rumpf-Winkel Oberschenkel an der Stange halten.

Aufgabe: Turnen des Umschwungs nach oben (siehe unter *Ziele* beschriebene neue Kriterien). Mit jedem Übungsdurchgang soll versucht werden, ein Bewegungsmerkmal nach dem anderen perspektivisch für die Felge umzusetzen.

4. Grundübung/Teillernziel: Freier Umschwung in den freien („Liege-") Stütz

Ziel: Verknüpfung der erlernten Bewegungen von Grundübung 2 und 3 zum neuen Element: *Felge in den freien Stütz/Hang.*

Aufgabe: Mit dem Rückschwung bleibt der Schultergürtel über der Stützstelle. Mit Zurücknehmen der Schultern werden die Oberschenkel an die Stange/den Holm gezogen. Rotation mit Oberschenkel-Stangen-Kontakt um die Stange und wie beim Felgüberschwung (Grundübung 2) wird der Arm-Rumpf-Winkel – wenn die Beine die Stange/den Holm überturnen – bei völlig gestreckten Armen schnellkräftig geöffnet. Die Hände stützen mit Überturnen der Beine nach (Zuruf: „Hände!"). Der Turnende befindet sich dann flüchtig in einer „Liegestützposition in der Luft" (vgl. Fotos 26 und 27d).

Hilfegebung: Siehe 2. Grundübung. Die Helfenden vor der Strange kommen erst verspätet an den Schultergürtel. Sie müssen rechtzeitig mit den Händen der Bewegung entgegengehen und sehr schnell zufassen!

Zwischenübung: Felgrolle in den Handstand am Boden/bodennahe Reckstange (vgl. Gerling, Band 1, 2005, S. 66-73)

Ziel: Bewusstmachung der technischen Merkmale der Aufwärtsphase zum Handstand: Hüftstreckung mit Streckung des Arm-Rumpf-Winkels bei völlig gestreckten Armen.

Aufgabe: Rückenlage, Arme befinden sich gestreckt in Verlängerung des Rumpfs (u. U. mit Griff einer 10 cm über dem Boden befindlichen Reckstange), mit leicht gewinkelter Hüfte zurückrollen, Hüftstreckung und bei gestreckten Armen Arm-Rumpf-Winkel aktiv öffnen und in den Handstand hochturnen. Körperstreckung mit Fixierung so gut turnen, dass der Turnende sich im Handstand vom Boden löst und die Hände nachstützt.

Variationen: Ausgangsposition verändern.

a) **Aus einer Schräglage, z. B. auf dem Sprungbrett mit aufgelegter Matte, aus der Rückenlage Felgrolle turnen.**

b) **Trampolin unter eine Reckstange stellen und aus der Rückenlage im Tuch und Griff an der Stange (abfedernd) hochturnen zum Handstand.**

c) **Stützstelle erhöhen und mithilfe größerer Kraftanstrengung zur Verdeutlichung Arm-Rumpf-Winkel zum Handstand öffnen.**

Hilfegebung: Zwei Helfende umfassen die Oberschenkel und unterstützen das Hochturnen.

5. Grundübung: Freie Felge in den Handstand (mit vier Helfenden)

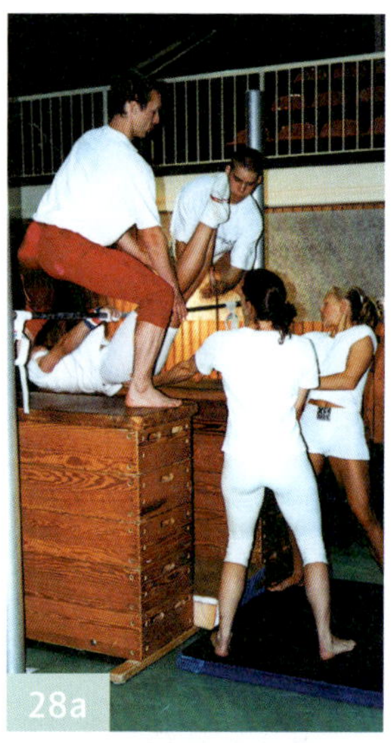
28a

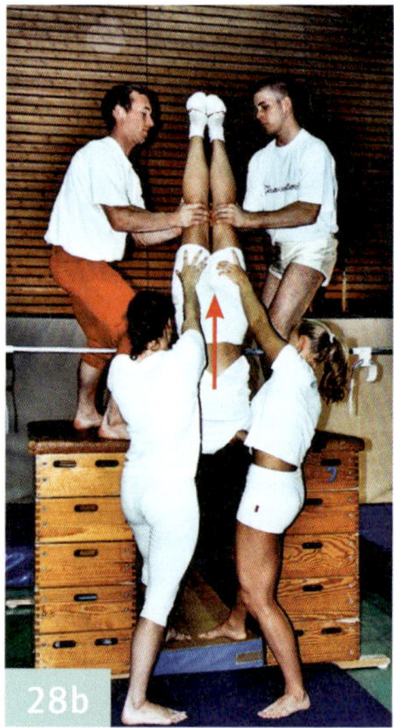
28b

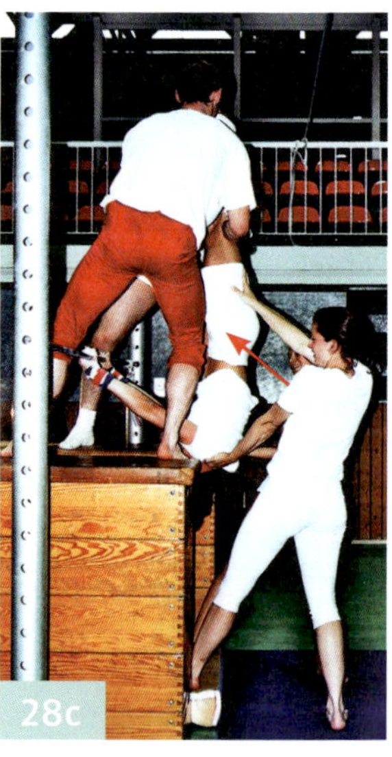
28c

Hilfegebung bei der Felge in den Handstand mit 4 Helfern

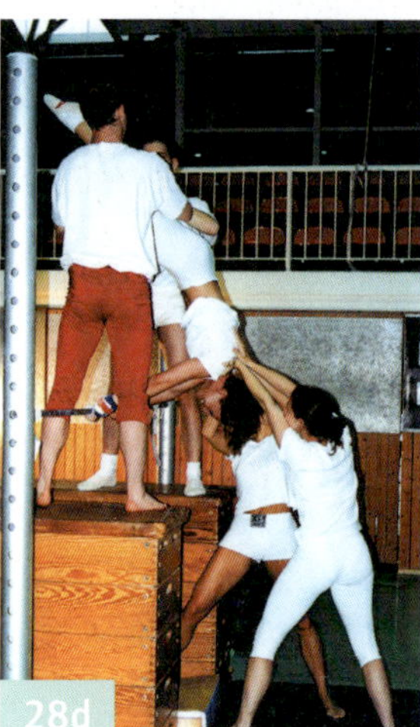
28d

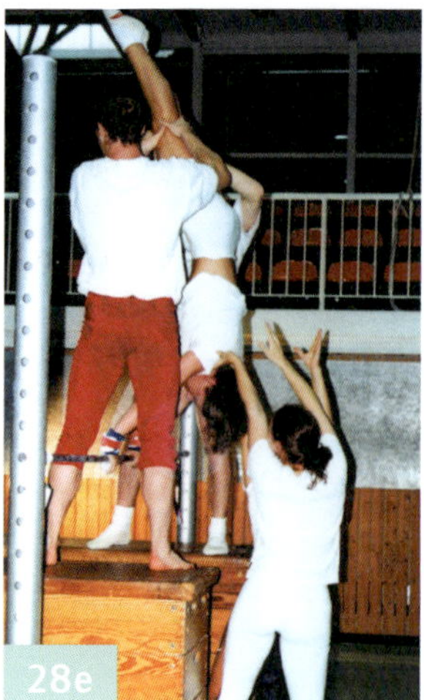
28e

Ziel und Aufgabe: Turnen der Zielübung mit lenkender und unterstützender Hilfegebung. Der ehemals freie Stütz wird zum Handstand erweitert: Die Streckung des Arm-Rumpf-Winkels erfolgt nun rechtzeitiger, d. h. nach Passieren der Arme unter der Stange. Nach ca. 45° werden die Füße nach Hüftstreckung durch Öffnen des Arm-Rumpf-Winkels in die Senkrechte gelenkt.

Geräteaufbau und Hilfegebung: Zwei vier- bis fünfteilige Kästen stehen als Kastengasse unter der Reckstange, eine gute Fußlänge unter der Stange nach vorne herausragend. Zwei Helfende stellen sich – mit einem Fuß über der Stange stehend – darauf und ziehen am Oberschenkel den Turnenden in den Handstand (Fotos 28b-d). Zwei weitere Helfende stehen vor der Stange (Foto 28a) und gehen mit den Händen jeweils unter eine Schulter, wenn der Turnende aus dem freien Umschwungansatz die Felge in den Handstand turnt (Fotos 28b/c).

Hinweis: Die freie Felge in den Handstand kann auch aus dem Stand von einer Erhöhung (dreiteiliger Kasten) mit Absprung in die Positionen 2-4 der oben (Abb. 36) abgebildeten Felge geturnt werden. Dies erfordert aber eine sehr gute Stemmkraft zur Verkleinerung und zum Halten des Arm-Rumpf-Winkels aus diesem Ansatz. Es entfällt damit der Rückschwung in den freien Stütz bei zurückgenommenen Schultern.

Zielübung: Freie Felge in den Handstand (mit begleitender Hilfegebung)

a) Freie Felge in den Handstand mit einem oder zwei Helfern, welche die Bewegung, erhöht stehend, korrigierend am Oberschenkel und an der Schulter (Foto 29) begleiten.

b) Wird der Ablauf bei gut zu haltenden, leichten Turnern nahezu alleine gekonnt, kann der Trainer vor der Stange stehen und den einleitenden Rückschwung mit der fernen Hand unter dem Bauch und mit der nahen Hand unter der Oberseite des

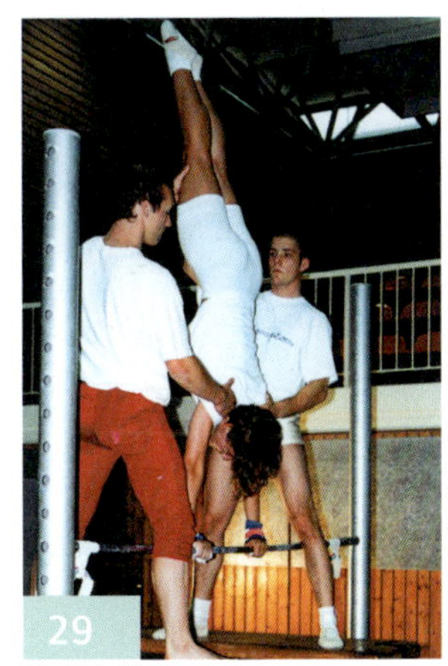

Stabilisierende Hilfe für die Streckung zum Handstand

B II

Oberschenkels unterstützen (Fotos 30a/b). In der Aufwärtsphase zum Handstand wird er, daran anschließend, die Turnerin in der Aufwärtsbewegung am Oberschenkel unterstützen (Foto 30c, ggf. mit der nahen Hand unter der Schulter, wie oben beschrieben). Der Handstand wird zum Schluss durch Umfassen des Rumpfs stabilisiert (Foto 30d).

Bewegungsverbindungen

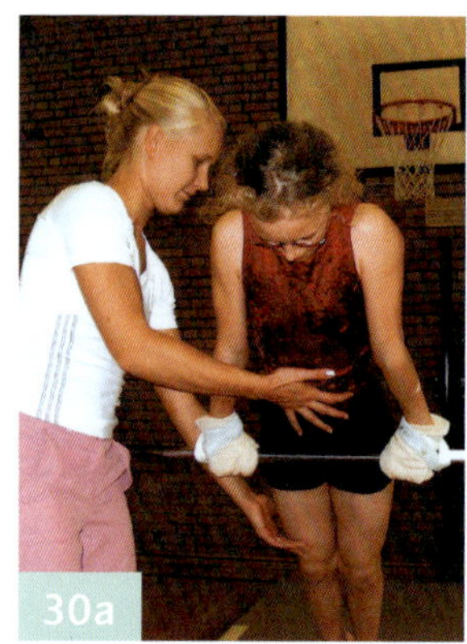
30a

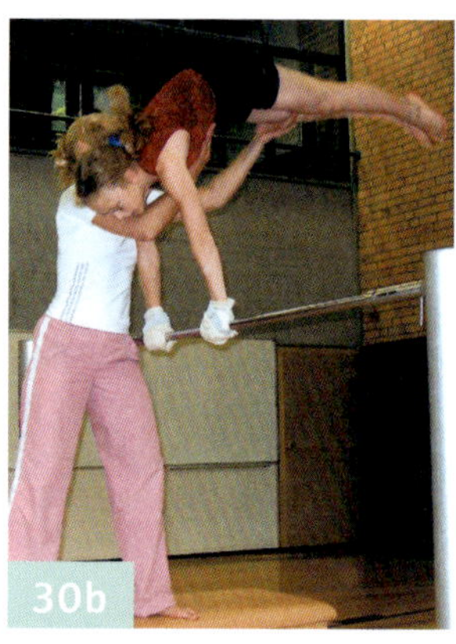
30b

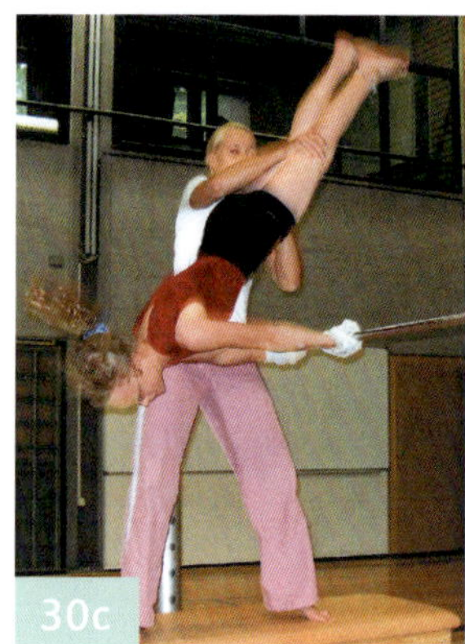
30c

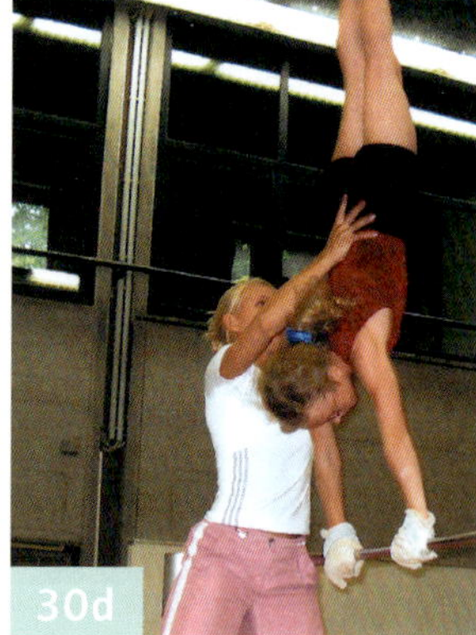
30d

Trainerhilfe bei Leistungsturnern für Freie Felge in den Handstand

- Kippe vorlings vorwärts mit hohem Rückschwung in den freien Stütz, Vorschwingen zur Felge in den Handstand.
- Kippe vorlings vorwärts, Umschwung vorlings vorwärts und hoher Rückschwung in den freien Stütz, Vorschwingen zur Felge in den Handstand.
- Felge in den Handstand, Aufgrätschen und Sohlenwellunter- oder -umschwung.
- Felge in den Handstand und halbe Handstanddrehung.

1.2.4 Vom Riesenaufschwung zum (Ristgriff-) Riesenfelgumschwung rückwärts: „Riesenfelge"

Der erste Riesenumschwung ist der mit Ristgriff und rückwärts geturnte Riesenfelgumschwung. Der Begriff „rückwärts" ist nicht so logisch, da sich die Körpervorderseite in Bewegungsrichtung bewegt. Aber wie am Boden beim „Handstandlaufen rückwärts" bewegt man sich, aus dem Handstand „zurückfallend", rückwärts um die Stange. Dieser Riesenfelgumschwung, der bei den männlichen Turnern erstmals in der P8 und bei den Frauen in der P9 der DTB-Pflichtübungen verlangt wird, nennen viele Turner verkürzt *Riesenfelge* oder liebevoll auch einfach *„Riesen"*.

Als Umschwungbewegung rotiert der Körper mit 360° um die feste Drehachse Stange, wobei strukturgemäß die Endposition der Anfangsposition entspricht: Handstand. Als Felgbewegung ist, um in den Handstand zu gelangen, in der Aufwärtsbewegung der fußwärts gerichtete, nach dem rotatorischen auch der translatorische Bewegungsanteil zu erkennen.

Im *Leistungsturnen* wird der Riesenfelgumschwung als Folge des Übens der Schwünge am Hochreck so intensiv geübt, dass schließlich die Vorschwünge (mit *Schlaufen*) so hoch geturnt werden, dass die Turnenden in den Handstand gelangen.

Nachfolgend wird eine Methodik für *breitensportliche* Turner mit vier gleich schweren Helfern am Reck bzw. Hochreck aufgezeigt. Dabei ist ein Turnen mit *Schlaufen* noch nicht unbedingt nötig. Sobald aus dem hohen Rückschwung in den Handstand der Riesenfelgumschwung geturnt wird und dies zudem nur mit 1-2 Helfern gesichert wird, kann ein Üben mit Schlaufen dringend empfohlen werden.

Die nachfolgende Methodik am Reck gilt auch für Turner*innen*. Erst wenn sie den Riesenfelgumschwung am Hochreck (mit „Schlaufen") beherrschen, sollten sie dieses Element am Stufenbarren mit dem erschwerten Bewegungsansatz in der Abwärtsphase (mit Passieren des unteren Holms, dies gilt vor allem für größere Turnerinnen bei nicht zu weit gestelltem Barren) trainieren.

Bewegungsmerkmale

Bewegungsansatz

1 (Flüchtiger) Handstand (maximale, potenzielle bzw. „Lage-"Energie).

Abwärtsphase (Antriebsphase)

2 Mit leicht gewinkelter und „gebundener" Hüfte („Schiffchenhaltung") bis ca. 45° rückwärts abwärts fallen (vgl. Foto 31a).

3 Herausstrecken aus den Schultern und Hüft- streckung zur frühzeitigen, maximalen Entfernung der Körpermassen von der Drehachse für ein hohes Drehmoment.

4 Nach Passieren der Waagerechten den Körper in die leichte, gespannte Überstreckung bringen, die Muskulatur der Körpervorderseite ist durch die Bogenspannung für die Beinschnepperbewegung der Aufwärtsphase vorgespannt. In dieser Körperhaltung um die feste Drehachse weiter rotierend fallen.

5 Die Schultern, dann die Hüfte und zuletzt die Füße passieren die Senkrechte.

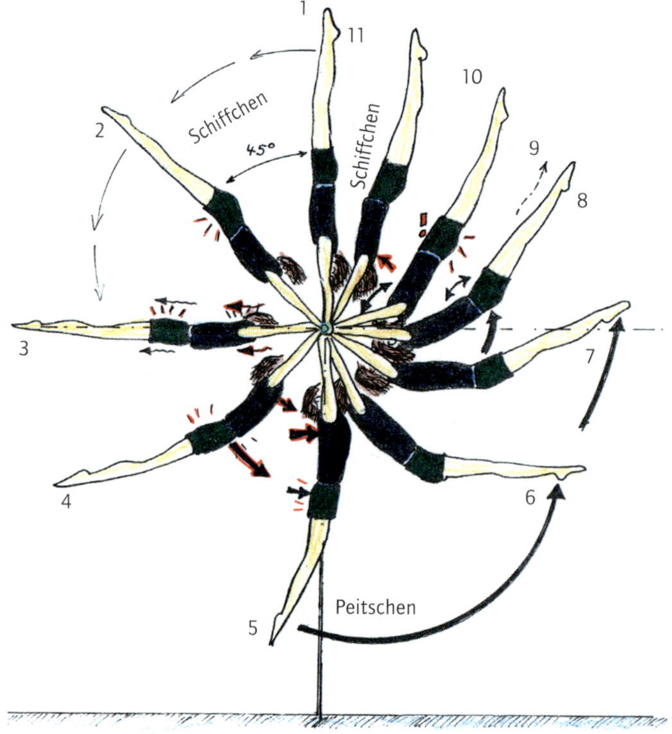

Abb. 37: Riesenfelgumschwung rückwärts: „Riesenfelge"

Aufwärtsphase (Realisierungsphase)

5-6 Aus der Aktivüberstreckung schnellkräftiges, schnepperndes Vorbringen der Beine. Der Hüftwinkel und der Arm-Rumpf-Winkel verkleinern sich. Der Körperschwerpunkt wird damit der Drehachse genähert und das Prinzip der Pendelverkürzung beginnt zu wirken. Die Rotationsbewegung kann gegen die nun negative, hemmende Wirkung der Schwerkraft erhalten werden.

7 Mit gewinkeltem Körper bis zur Waagerechten aufwärts rotieren.

8-9 Abbremsen der Beinschwungbewegung, schnellkräftige Hüftstreckung und Fixierung des gestreckten Hüftwinkels.

9-10 Fortführung der Aufwärtsrotation in eine *„Schiffchenposition"*: Mit Hüftfixierung Impulsübertragung auf den Rumpf bis zur Griffstelle, schnellkräftige Streckung des Arm-Rumpf-Winkels und ggf. erstes Nachstützen der noch in der Hangposition befindlichen Hände.

11=1 Weiteres, korrigierendes Nachstützen der Hände und, so weit notwendig, Reststreckung des Schultergürtels, Ganzkörperstreckung in der Senkrechten zum (flüchtigen) Handstand in der „Schiffchenposition" (Foto 31b).

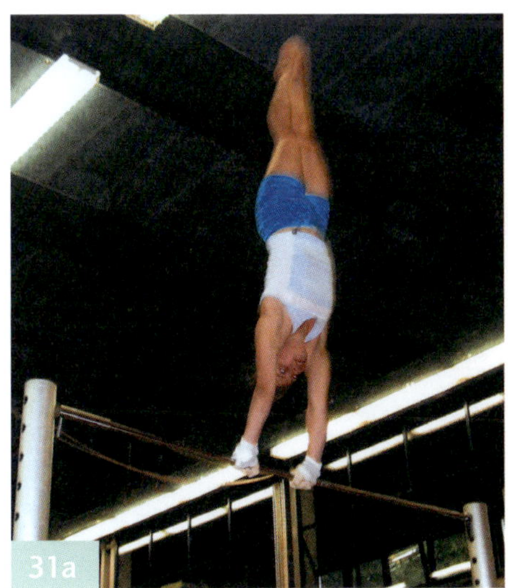

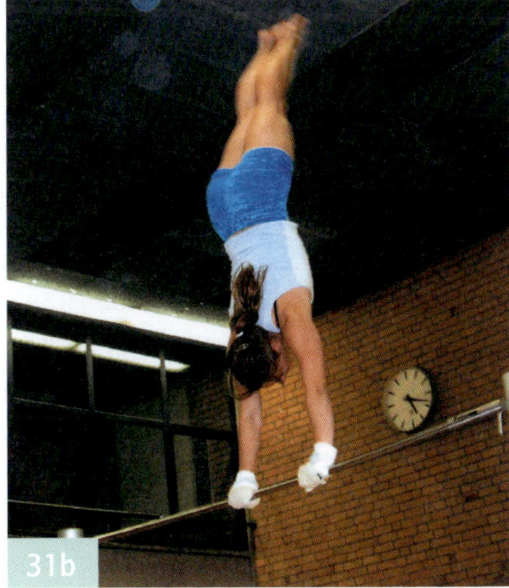

Schiffchenposition im Bewegungsansatz (Foto 31a) und Endphase (Foto 31b) der Riesenfelge

Lern- und Leistungsvoraussetzungen

Konditionelle Voraussetzungen:

- Sehr gute Haltekraft der Hände und der gestreckten Arme (dreiköpfiger Armstrecker/M. triceps brachii) *(→ Übungsbeispiel zum Trainieren siehe Fotos Ü123a/b).*
- Schnelles Einnehmen und Halten der *Schiffchenposition* unter erschwerten Bedingungen *(→ Übungen hierzu siehe Seite 66ff. und Fotos Ü56-Ü70).*
- Schnellkraft zum Öffnen des Arm-Rumpf-Winkels (u. a. Trapezmuskel/M. trapezius, Deltamuskeln/Mm. deltoidei, Säge-Rautenmuskel-Schlinge/M. serratus-Mhomboideus-Schlinge) *(→ Übungen hierzu siehe Seite 79ff. und Fotos Ü71-Ü75).*
- Schnellkraft der Hüftstrecker (großer Gesäßmuskel/M. glutaeus maximus). *(→ Übungen hierzu siehe Seite 40f. und Fotos Ü86-Ü88).*

Technisch-koordinative Voraussetzungen:

- Schwingen im Streckhang mit „Schneppertechnik" und Streckung des Arm-Rumpf- und Hüftwinkels in der Aufwärtsphase in „Schiffchenposition".
- *Freie Felge* aus dem Stütz in den Handstand (vgl. vorhergehendes Kap. 1.2.3).
- *Felgrolle* (in den Handstand) am Boden.

Grundsätzliche Hilfegebung

1-2 Helfende stehen vor der Stange und greifen mit der nahen Hand, unter die Stange gehend, *um das Handgelenk*, wobei die eigenen Finger, auf dem Handgelenk liegend, für den Helfer zu sehen sind (Handgelenksicherung und Drehhilfe, vgl. Foto 25). Anfänger verlieren häufig den Griff schon beim Rückschwingen (!), da die Drehrichtung ein Öffnen der Hand bedingt. Je nach Energie kann es zu einer gefährlichen Drehung vorwärts kommen. Seltener, aber dennoch zu beobachten, ist das *„Abschmieren"* nach vorne. Bei entsprechender Energie ist die Verletzungsgefahr hierbei größer, da der Turner in diesem Rücklingsverhalten kaum eine Möglichkeit hat, sich abzufangen.

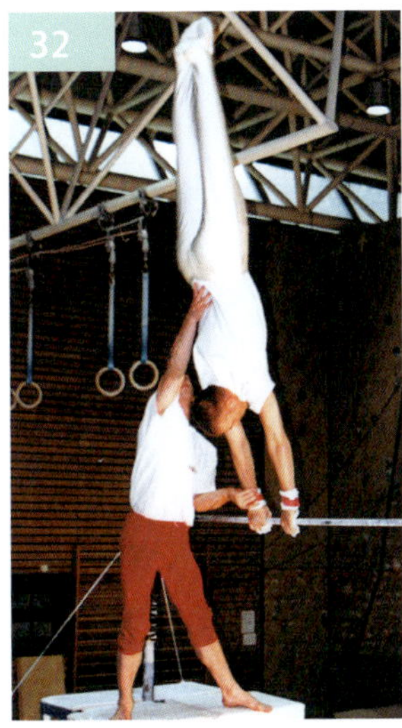

Begleitende Hilfe beim „Riesen"

In der Aufwärtsphase zum Handstand unterstützen sie die Aufwärtsbewegung des Körperschwerpunkts und lenken den Körper in die Senkrechte (Abb. 38a und Foto 32). Unter Umständen kann in der Aufwärtsphase mit der nahen Hand auch an der Schulter die Reststreckung des Arm-Rumpf-Winkels für die Handstandphase unterstützt werden.

1-2 weitere Helfer können bei weniger leistungsstarken Turnern zusätzlich auch – für den gestreckten Hang nach dem Handstand –, auf der anderen Seite stehend, den Turnenden vor der Waagerechten in der Abwärtsbewegung mit der entfernten Hand am Oberschenkel und mit der fernen Hand tragend, unter dem Bauch (vgl. Abb. 38b) auffangen.

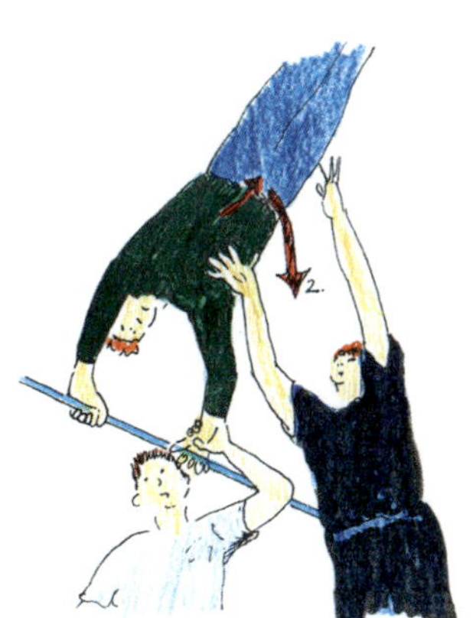
Abb. 38a: Hilfegebung beim Bewegungsansatz zum „Riesen"

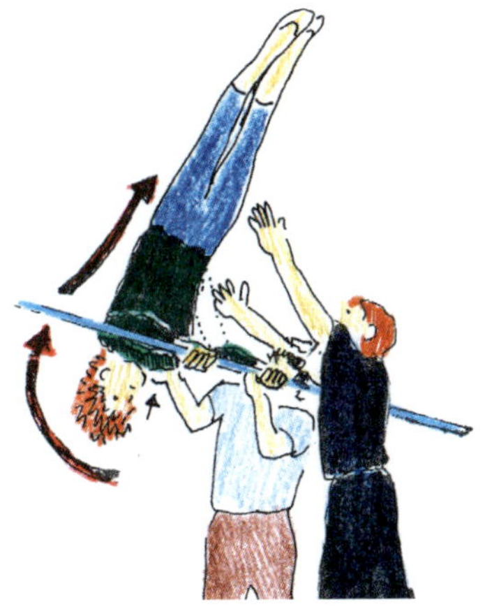
Abb. 38b: Hilfegebung nach „Riesen" zum Hang (Felgüberschwung)

Häufige Fehler

- Beim Versuch, den Körper zu krümmen, *bückt* der Turner ab. Es entsteht kein Winkel, keine Krümmung → Körperhaltung über Schiffchenhaltung am Boden bewusst machen.
- *„Durchschaufeln"*: Beim Versuch, während des Abschwungs den Körper gestreckt (oder leicht nach vorne gekrümmt) zu lassen, hängt der Turner nicht aus, überstreckt den Körper nicht ausreichend (lange) und passiert die untere Senkrechte zunächst mit den Füßen und nicht in der Reihenfolge: Schulter – Brust – Hüfte – Füße. → Früher die Bogenspannung einnehmen und diese länger halten.
- Erreichen des *Handstands in überstreckter Körperposition* oder gar ein Zurückschwingen, ohne in den Handstand zu kommen, durch zu frühes „Aushängen" (Überstrecken) in der Abwärtsphase → mit den Beine länger vor der peitschenartigen *Vor*bewegung warten.
- *Gebeugte Arme* und vor dem Handstand kein gestreckter Arm-Rumpf-Winkel beim Passieren der Stützsenkrechten → fehlender Schwung. Der Turner will seinen Körper als Hebel reduzieren und seinen Körperschwerpunkt dichter an die Drehachse Reckstange bringen. → Noch deutlicher auf die schwungverstärkenden Aktionen eingehen, das heißt, beim Abschwung lang machen und danach einen kräftigen, peitschenartigen Schlag beim Vorschwung trainieren (vgl. Bessi, 2003, S. 306 und 311).

Lernschritte

Vorbemerkung: Turnen mit Reckschlaufen und PVC-Röllchen

Das Training der langen Schwünge und des Riesenfelgumschwungs sollte möglichst mit Reckschlaufen erfolgen. Die – kurz als „Schlaufen" – bezeichneten Befestigungshilfen der Hände gibt es in verschiedenen Größen und werden mit Handschuhen, die die Reibungen an den Händen reduzieren, benutzt. Auch kann mit PVC-Röllchen an der Reckstange trainiert werden, die sich unter den Händen mit um die

Reckstange bewegen. Im Anhang dieses Buches (vgl. Seite 384ff.) werden Hinweise und Erläuterungen hierzu gegeben.

1. Grundübung: Wiederholung der Basisübung für das Streckhangschwingen: Vom hohen Kasten in Bogenspannung abwärts fallen und anschließendes, schnepperndes Winkeln, Strecken und Fixieren der großen Körperwinkel zur Schiffchenposition

Ziel: Einstieg über die Kernbewegung der Aufwärtsphase des Riesenfelgumschwungs.

Aufgabe:

a) Aus dem Grätschstand auf den hohen Kästen einer Kastengasse etwas weiter als Körper- und Armlänge von der überreichhohen Reckstange entfernt stehend, mit gespanntem Körper und gestrecktem Arm-Rumpf-Winkel an die Stange in den überstreckten Hang springen. Bis unter die Senkrechte mit Halten der leichten Überstreckung abwärts rotieren. Mit der Aufwärtsbewegung schnellkräftig die Beine vorhochschlagen, der Arm-Rumpf-Winkel verkleinert sich mit. Kurz vor dem Umkehrpunkt des Schwungs schnellkräftiges Strecken mit anschließendem Fixieren des Hüftwinkels in Schiffchenhaltung (vgl. S. 116, Fotos Ü126a/b).

b) S. o., jedoch nach der Hüftfixierung schnellkräftiges Nachstrecken im Schultergürtel. Nach der Umsetzung der Bewegungsmerkmale fällt der Turner gestreckt abwärts, geht flüchtig in die Bodenspannung und winkelt in der Aufwärtsphase des Rückschwungs die Hüfte, um dann wieder zum Vorschwung erneut überstreckend abwärts zu fallen. Bei guter Schwungverstärkung wird diese erste Grundübung (= Basisübung für das Schwingen im Streckhang (vgl. S. 120f.) 2-3 x in Verbindung wiederholt.

Hilfegebung: 1-2 Helfer stehen vor der Stange und unterstützen die Körper- streckung. Die nahe Hand „klinkt" sich über außen von hinten in die Schulter zwischen Hals und Oberarm ein, die ferne Hand stützt und lenkt unter dem Körperschwerpunkt im Bereich „Oberkante-Unterkante-Gesäß" (vgl. auch Foto Ü136).

2. Grundübung: Aus dem Vorschwung im Streckhang Riesenfelgaufschwung in den Stütz

Ziel: Aus dem Vorschwung mit Hüftstreckung und -fixierung die Stange überturnen.

Aufgabe: Aus dem Stand auf dem Kasten Vorschwung und in der Aufwärtsphase Winkeln der großen Gelenke (s. o.). Die Füße bleiben aufwärts gerichtet und schnelle Hüftstreckung zum Riesenaufschwung in den Stütz mit Nachstützen der Hände vor dem Ablegen auf der Stange.

Hilfegebung: Zwei Helfer vor der Stange helfen wie in Grundübung 1, jedoch auf den Kästen stehend. Zwei weitere stehen auf hohen Kästen hinter der Stange und fangen den Turnenden in der Waagerechten mit der entfernten Hand am Oberschenkel auf, die nahe Hand geht dabei tragend unter den Bauch (vgl. Abb. 38b). Die Helfer legen den Turner nach flüchtigem, freien Stütz mit der Hüfte an der Stange ab.

3. Grundübung: Riesenfelgüberschwung aus dem Abstemmen/ „Abwerfen" in den flüchtigen freien Stütz und Strecken zum Hang

Ziele:

a) Für die Abwärtsphase: Über die Technik des Abstemmens in den gespannten, leicht überstreckten Hang erhöhte Ausgangsposition und erhöhte potenzielle Energie.

b) Für die Aufwärtsphase: Verknüpfung der schnellen Hüftstreckung und Fixierung mit Nachstützen der Hände und Öffnen des Arm-Rumpf-Winkels zur gestreckten Körperhaltung.

Aufgaben:

a) Aus dem Stütz mit gestreckten Armen nach hinten unten den Körper von der Stange abstemmen, Vorschwung und Riesenaufschwung in den freien Stütz, Strecken des Arm-Rumpf-Winkels zum Hang (Abb. 39).

b) Mit zunehmendem Können das Abstemmen über ein sehr hohes Rückschwingen in den flüchtigen, freien Stütz mit anschließendem Strecken des Körpers

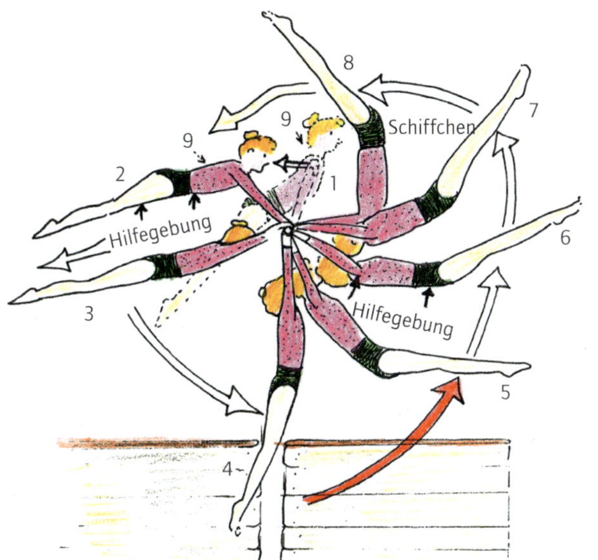

Abb. 39: Riesenfelgüberschwung aus dem Abstemmen/ „Abwerfen" in den flüchtigen freien Stütz und Strecken zum Hang

einleiten, wobei die Helfer mit der nahen Hand an der Schulter (als Widerlager) eingreifen können. An den Oberschenkeln heben sie im Rückschwung den Körper an (vgl. Foto 33a/b). Der Riesenfelgüberschwung wird nach Überturnen der Stange mit schnellkräftigem, weiten Öffnen des Arm-Rumpf-Winkels und Strecken des Gesamtkörpers – noch vor der Waagerechten – optimiert.

Hilfegebung: Für die Aufwärtsphase zum erneuten freien Stütz stehen zwei Helfende vor der Stange, greifen mit der nahen Hand (von außen hinten) an die Schulter und unterstützen die Rotationsbewegung aufwärts bis über die Stange. Die ferne Hand kommt unterstützend an der Schulter hinzu. Geht der Körper *nicht* über die Senkrechte, drückt die körperferne Hand schnell gegen das Gesäß („Oberkante-Unterhose"). Die ferne Helferhand wechselt zum Hochschieben danach aber sofort weiter an die Schulter (vgl. Fotos 28b/c). 1-2 weitere Helfer stehen auf der anderen Seite und fangen mit der entfernten Hand am Oberschenkel den Turnenden sowohl beim einleitenden Abstemmen als auch nach dem **Riesenfelg*über*schwung** in der Waagerechten auf, die gerätferne Hand geht unter den Oberschenkel, die gerätnahe Hand tragend unter den Bauch (vgl. Foto 27d und Abb. 38a).

Zwischenübung: Felgrolle von der Schrägen in den Handstand an der Reckstange

Ziel: Bewusstmachung der technischen Merkmale der Aufwärtsphase zum Handstand: Hüftstreckung und -fixierung mit Streckung des Arm-Rumpf-Winkels bei völlig gestreckten Armen.

Aufgabe: Rückenlage auf einem schräg gestellten Kasten (ca. 40°). Arme befinden sich gestreckt in Verlängerung des Rumpfs mit Griff einer ca. 40 cm über dem Boden befindlichen Reckstange, die Beine werden in der Luft noch vor der Senkrechten gehalten. Mit schnellkräftiger Hüftstreckung bei gestreckten Armen hochschnellen, Hüftwinkel fixieren und die Schulter über die Stange schieben: Reststreckung des Arm-Rumpf-Winkels als aktives Öffnen. Nachstützen der Hände und Hochturnen in den Handstand (Abb. 40). Diejenigen, die die Körperstreckung mit Gelenkfixierung sehr gut turnen, können sich im Handstand vom Reck fast zum Nachstützen der Hände lösen.

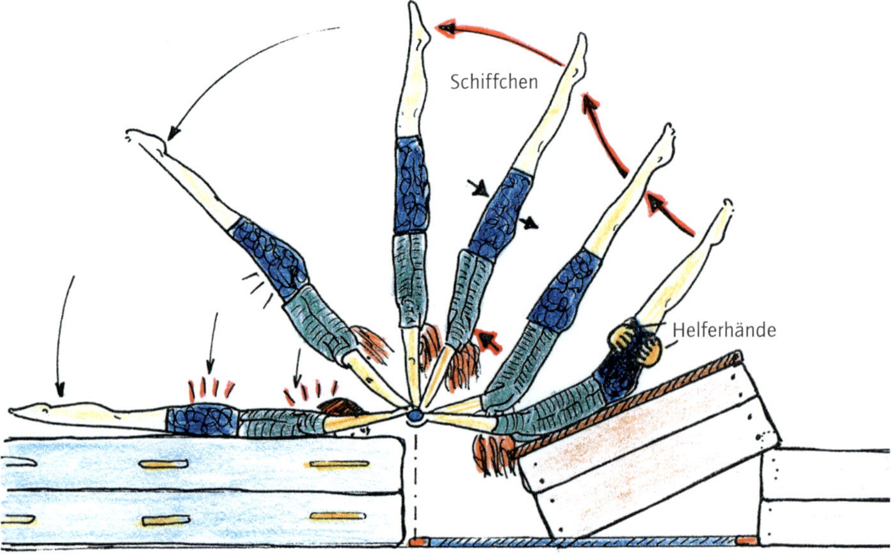

Abb. 40: Felgrolle von der Schrägen in den Handstand an der Reckstange

Hilfegebungen: Die Helfenden stehen auf der Seite der Ausgangsposition, ggf. auch im Grätschstand über der Reckstange.

a) Zwei Helfende umfassen die Oberschenkel und unterstützen das Hochturnen.

b) Zur Unterstützung der Arm-Rumpf-Winkelstreckung bei leistungsstärkeren Turnern: Die stangennahen Hände gehen auf die Oberschenkelvorderseite, die fernen Hände heben den Turnenden unter den Schultern durch Unterstützung der Arm-Rumpf-Winkel-Streckung.

4. Grundübung: Hoher Rückschwung über 90° von der Senkrechten mit Strecken des Arm-Rumpf-Winkels zum Hang („Abstemmen") mit anschließendem Riesenfelgumschwung in den Handstand (mit Reckschlaufen)

Ziel: Zielübung mit zunächst dosiertem Schwung.

Aufgabe: Aus dem Stütz (möglichst mit Reckschlaufen!), hoher Rückschwung mit Körperstreckung in die Schiffchenposition (Erreichen dieser Position noch weit vor der Waagerechte der Abwärtsphase) mit sich sofort anschließendem Strecken des Arm-Rumpf-Winkels (= *„Abstemmen"*), Riesenfelgumschwung in den Handstand mit erneut eingenommener Schiffchenposition.

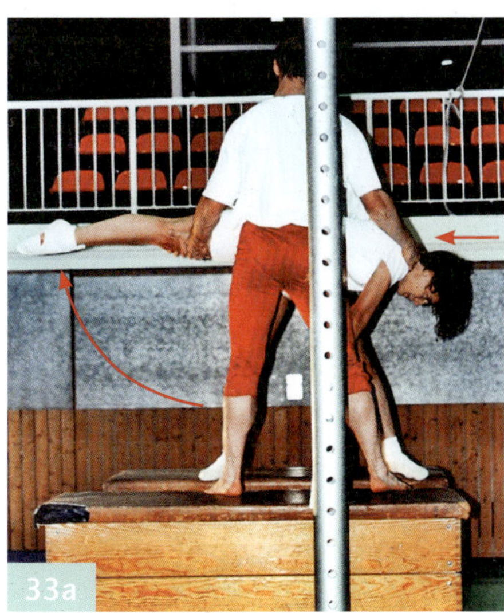

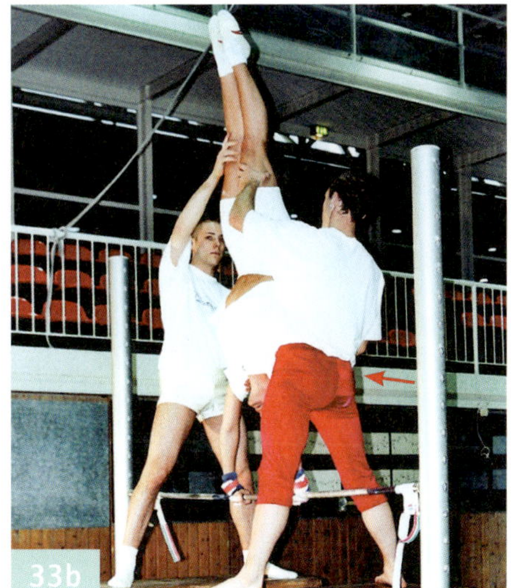

Hilfegebung beim Rückschwung in den Handstand

B II

Hilfegebung: Ein Üben mit Schlaufen wird empfohlen. Wenn ohne Schlaufen geturnt wird, sichern die Helfer vor der Stange das mögliche Abrutschen der Hände von der Stange, indem sie das Handgelenk fest umfassen (siehe grundsätzliche Hilfegebung, Foto 32). Die zweite Hand lenkt und unterstützt am Schwerpunkt (Foto 32) bzw. unter der Schulter das Aufwärtsturnen in den Handstand. 1-2 weitere Helfer können, nach dem Handstand die Abwärtsphase unterstützend, den Körper mit der nahen Hand am Bauch und der fernen Hand wie bisher helfen.

Hinweise:

- **Möglichst mit „Schlaufen" (s. o.) turnen!**
- **Empfohlen wird vorbereitend und begleitend das Üben des Rückschwungs in den Handstand mit zwei Helfern (siehe 5. Grundübung und Fotos 33a/b).**

5. Grundübung: Aus dem Handstand Riesenfelgumschwung in den Handstand (mit begleitender Hilfegebung und Reckschlaufen)

Rückschwung in den Handstand mit vier, später zwei erhöht stehenden Hilfegebungen, schließlich steht nur noch ein Helfer erhöht vor der Stange, sichert am Handgelenk und unterstützt unter dem Körperschwerpunkt bzw. am Rumpf (Foto 32).

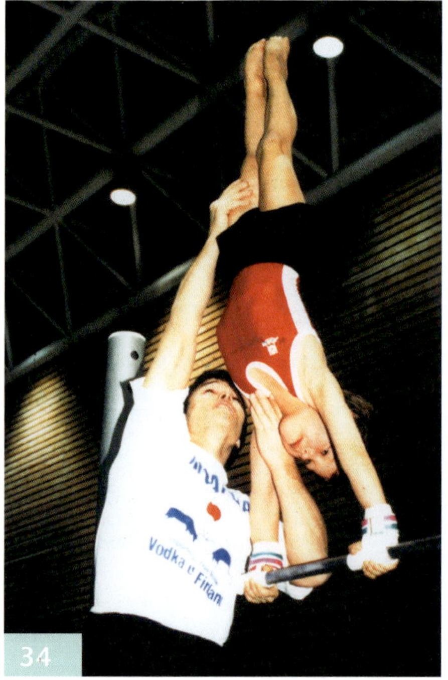

34

Trainerhilfe bei einem Leistungsturner beim Rückschwung in den Handstand

Hinweis: Möglichst mit „Schlaufen" turnen!

Vorbereitende und begleitende Übung zum Verbessern des Rückschwungs in den Handstand mit zwei Helfern:

- Für breitensportliche und schwerere Turner: Zwei Helfer stehen erhöht, z. B. auf hohen Kästen. Für den Rückschwung in den Handstand hebt die ferne Hand, den Rückaufschwung unterstützend, unter den Oberschenkeln (Foto 33a) und die nahe Hand greift von vorne in den Schultergürtel (Foto 33a) und unterstützt das Öffnen des Arm-Rumpf-Winkels zur Streckung in die Senkrechte (Foto 33b).

- Für Leistungsturner und kleinere Turner mit sehr guter Körperspannung: Die nahe Hand geht von der Seite und dann von hinten an die Schulter (Widerlager) und die ferne Hand unterstützt die Aufschwungbewegung des Körpers in die Senkrechte an einem Oberschenkel (Foto 34).

Zielübung: Zwei und mehr Riesenfelgumschwünge hintereinander

In der obersten Pflichtübung des DTB P9 werden bei den Männern am Reck zwei hintereinander geturnte Riesenfelgumschwünge mit Ristgriff verlangt. Diese sollten – auch zum Stabilisieren der Riesenfelge – im Training mit Schlaufen (Foto 35) und/oder PVC-Röllchen (vgl. Abbildungen im Anhang Kap. VI) mehrmals hintereinander geturnt trainiert werden.

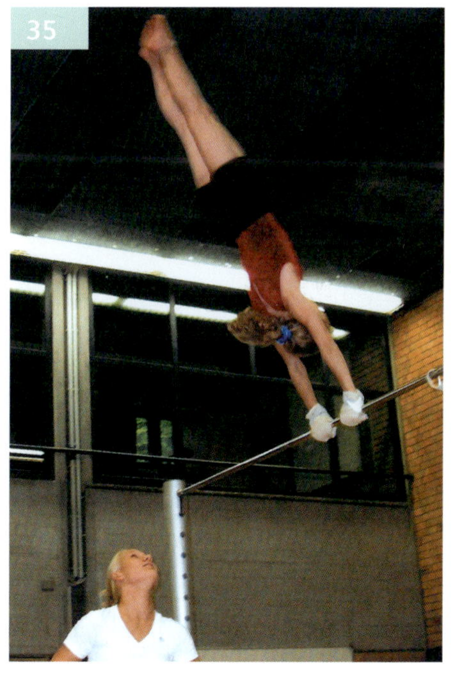

„Riesenfelge" kurz vor der Stützsenkrechten

Weiterführung für Turnerinnen: Riesenfelgumschwung am Stufenbarren
Alle Leistungsturnerinnen lernen den Riesenfelgumschwung zuerst am Hochreck, bevor er auf das Turnen am oberen Holm am Stufenbarren, aus dem Innenseitverhalten geturnt, übertragen wird. Dort muss dann die veränderte Technik im zweiten Teil der Abwärtsphase auf Grund des unteren Holms erlernt werden (Abb. 41, Nummer 2 und 3): Das schnellkräftige Grätschen muss kurz vor Passieren des unteren Holms mit schnellem Schließen der Beine und sehr schnellem Überstrecken

des Körpers unterhalb des Holms (Füße "stechen" unter den Holm, vgl. Abb. 41, Nummer 4) neu dazugelernt werden. Der untere Holm kann hierzu abgepolstert werden oder anstelle des unteren Holms wird ein Mattenberg (auch hinter einem Hochreck gelegen) aufgebaut. (Für das „Stechen" der Füße nach Passieren des Hindernisses wird eine dünne Turnmatte als "unterer Holm" weit überstehend auf dem Mattenberg (= Höhe des unteren Holms) gelegt.)

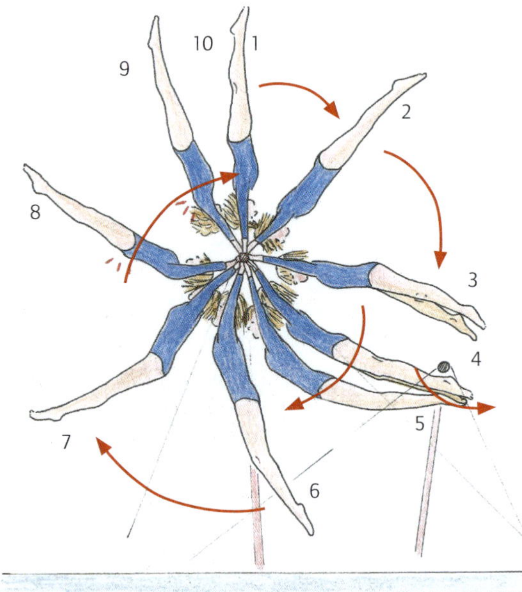

Abb. 41: Riesenfelge rückwärts mit Ristgriff von einer größeren Turnerin (mit Öffnen und Schließen der Beine am unteren Holm) geturnt.

Bewegungsverbindungen

- Streckhangkippe vorlings vorwärts mit Rückschwung in den hohen, freien Stütz/flüchtigen Handstand, Abwärtsschwingen zum Riesenfelgumschwung in den Handstand.
- Kippe vorlings vorwärts, Umschwung vorlings vorwärts und hoher Rückschwung in den freien Stütz, Abwärtsschwingen zum Riesenfelgumschwung in den Handstand.
- Freie Felge in den Handstand und Riesenfelgumschwung.
- Riesenfelgumschwung in den Handstand, Aufgrätschen und Sohlenwellunterschwung.
- Riesenfelgumschwung in den Handstand und halbe Handstanddrehung.

1.3 Kippbewegungen – Was sind Kippen und wie funktionieren sie?

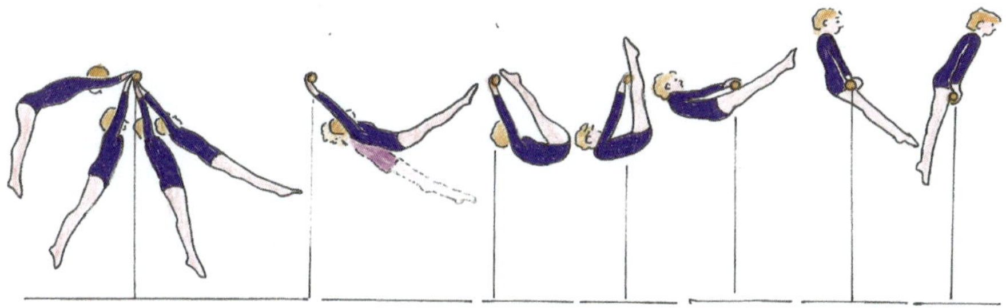

Kippen gelten als schwer und doch wünscht sich jeder, einmal eine Kippe turnen zu können.

An Hang- und Stützgeräten sind Kippbewegungen Rotationen in vertikaler Ebene um feste bzw. annähernd feste Drehachsen, wobei der Körper – aus einer tieferen Ausgangslage in eine höhere Endposition – aufwärts turnt. Fast alle Kippen sind zudem Schwungkippen. Beide Sachverhalte kommen als Zusatz im Begriff „Kipp-*aufschwung*" zum Ausdruck. Wenn Kippbewegungen auch diese beiden Strukturgruppen beinhalten, wird in der Regel nachfolgend auf die Zusatzbezeichnung verzichtet, da es durch Weglassen der Bezeichnung „Aufschwung" nicht mit einer anderen Bewegung zur Verwechslung kommen kann.

Kennzeichnend für *alle* Kippbewegungen an den Hang- und Stützgeräten – vor allem für die, die aus einer Ruhelage, wie die Oberarmkippe am Parallelbarren, geturnt werden – sind vor allem zwei Merkmale, die es in Verknüpfung zu erlernen gilt:

1 Der Körper wird *aus einer tiefen Hüftbeuge* schnellkräftig bis zu einer Fixierung – vor Erreichen des 180°-Bein-Rumpf-Winkels – *gestreckt*. B II
2 Dies ist verbunden mit einem *schnellkräftigen Schließen des Arm-Rumpf-Winkels*, wobei dies mit gestreckten Armen erfolgen muss und als Stemmen bezeichnet wird.

Da dieses Öffnen des einen großen Körperwinkels mit dem Schließen des anderen großen Körperwinkels koordinativ schwierig zu bewältigen – da „unmenschlich" –

ist, wird dieses Koppeln von Bewegungsaktionen in der Methodik besonders berücksichtigt. Diese koordinative Fähigkeit wird als **Kopplungsfähigkeit** bezeichnet und drückt immer ein höheres motorisches Könnensniveau aus.

Die Schwungkippen werden vorlings vorwärts wie die Lauf-, Schwebe-, Liegehang- und Langhangkippe geturnt, aber auch rücklings und dies vorwärts und rückwärts. Gängig ist hier die Kippe rücklings vorwärts aus dem gewinkelten Sturzhang rücklings (Kipphang), die überall auch als **Wolkenschieber** bezeichnet wird. Die Kippen aus der Ruhe (z. B. aus dem Kipphang) werden nur vorwärts und nur dort geturnt, wo es keine Begrenzung „Stange" gibt, also am Parallelbarren und an den Ringen.

Und wie und warum funktioniert diese Kippe?

1 Da fast alle Kippen *Schwungkippen* sind, ist zum einen eine ausreichende *Lageenergie* = potenzielle Energie Epot und mit daraus folgender *Bewegungsenergie* = kinetische Energie Ekin zu schaffen. Sowohl im Bewegungsansatz (z. B. mit Absprung nach hinten oben oder von einem Kasten in den gewinkelten Hang zur Schwebekippe) als auch im Umkehrpunkt vor dem Rückweg zum Aufwärtsturnen auf die Stange muss die *Körperschwerpunktlage* als potenzielle Energie *optimal* hoch sein (vgl. Abb. 29, Seite 187). Durch Reibungsverlust an der Griffstelle und auch durch Luftwiderstand kann der Körperschwerpunkt im Umkehrpunkt nach einem Vor- bzw. Rückschwung nicht gleich hoch wie im Bewegungsansatz bzw. Bewegungsausgangspunkt schwingen. Für eine optimale Höhe im Bewegungs*ansatz* muss demnach gesorgt werden. Eine optimale Schwunghöhe des Körperschwerpunkts bedeutet einen Zeitgewinn für die Durchführung der notwendigen Bewegungshandlungen (s. u.).

2 Zum anderen muss in der Aufwärtsphase des Rückwegs zur Stange (= Hauptphase der Kippe) das Prinzip der *Pendelverkürzung* (vgl. Abb. 30, Seite 190) zur Wirkung kommen: Würde man nach dem Vorschwung (s.o.) in dieser Körperhaltung bleiben und zurückpendeln, dann käme der Körperschwerpunkt auf der anderen Seite nur unzureichend wieder hoch. Damit der Körperschwerpunkt aber bis in Stangenhöhe und zur Stange hochkommt (damit verbunden der Schultergürtel auch zum Stütz über die Stange gelangt), muss das „Körper-

schwerpunktpendel" verkürzt werden. Dies geschieht, *indem vor allem mit gestreckten Armen über eine Stemmbewegung die Stange* – bildlich gesprochen – *an den Beinen entlang, in die Hüfte gezogen wird.* Dabei öffnet sich der Hüftwinkel (s. u.). Der Körperschwerpunkt wird mit diesen beiden charakteristischen Aktionen der Kippe – Hüftwinkelöffnung und Arm-Rumpf-Winkelschließung – an die Drehachse Stange herangeführt (= Pendelverkürzung).

Auch für die Kippen aus der Ruhelage, wie die Kippe aus dem Kipp-/Sturzhang gewinkelt und die Oberarmkippe am Parallelbarren, sind die weiteren biomechanischen Gesetzmäßigkeiten erfolgbestimmend.

3 Zum einen wird noch vor Erreichen der völligen Streckung des Bein-Rumpf-Winkels dieser schnellkräftig durch innere Kräfte, d. h. durch die Muskulatur, fixiert. Dies bewirkt einen Energieübertrag, der als **Impulsübertragung** bezeichnet wird. Dieses Weiterleiten von Energien, hier des Drehimpulses, auf den Rumpf bis zur Stange kann nur zum Turnen in den Stütz wirken, wenn der Körper mit Stemmbewegungen der Arme die Stange dicht am Körperschwerpunkt hält (Foto 36). Die Reckstange wird quasi zur Drehachse des gespannten Körpers. Ist der Oberkörper dann (fast aufrecht) gedreht worden, können die *Hände* vom bisherigen Hang zum Stütz nachgreifen.

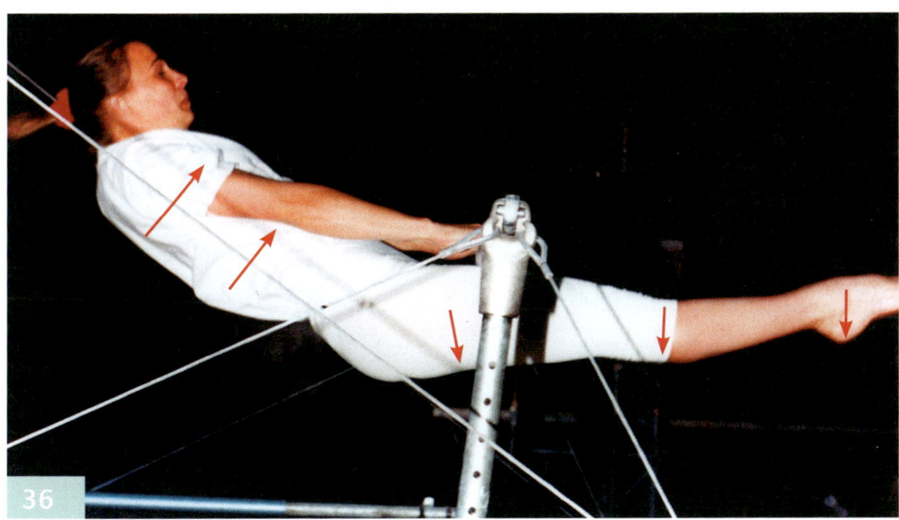

36

Stemmkraft bei Kippbewegungen

4 Wenn die Hüfte nach der Hüftöffnung schnell fixiert wird (Foto 37) und der Körper fast oben ist, kann die Masse der Beine durch schnellkräftiges Absenken unter *Schwerkrafteinwirkung* die Masse des Oberkörpers auf der anderen Seite *hochhebeln*. Für ein hohes Drehmoment müssen die Beine hierzu gut gestreckt sein. Damit das *Hebelgesetz* wirken kann, muss die *Trägheit* auf der Rumpfseite durch leichtes Runden des Oberkörpers (hierzu Kopf nach vorne ziehen) *verringert* werden. Die Energie der durch die Schwerkraft begünstigten und muskulär schwungvoll beschleunigten, fallenden Beine wird damit durch Hüftfixierung auf den Rumpf übertragen (...denn beim Abbremsen und Fallen der „schweren" Beine muss die Energie ja irgendwo hin). Hier tritt die Gesetzmäßigkeit „actio = reactio" in Kraft. Dies wiederum funktioniert nur, wenn kraftvoll der Arm-Rumpf-Winkel klein gehalten wird, die Stange also mit den gestreckten Armen in der Hüftbeuge gehalten wird.

Dieses Zusammenspiel von biomechanischen Mechanismen ermöglicht das (schwungvolle) „Auf"-Kippen. Neben der Kraft spielt somit die Technikausführung für das Gelingen einer Kippe eine große Rolle. Vor allem diejenigen, die nicht so viel Kraft haben, sollten sich auf das Antrainieren einer guten (komplexen) Technikausführung konzentrieren. Aber auch die Turner, die eine Übung ohne Energieverschwendung ökonomisch durchturnen möchten, sollten anstreben, Techniken zu optimieren.

1.3.1 Liegehangkippe

Die Liegehangkippe wird als *Einstiegskippe* empfohlen, da der untere Holm (bzw. bei den männlichen Turnern das Pferd, o. Ä. am höheren Reck) als „Gerätehilfe" im Bewegungsansatz (hier: Liegehang) den Körperschwerpunkt so lange zurückhält, bis die Ausgangsposition des Spitzwinkelhangs eingenommen wurde, d.h., bis die Füße/Unterschenkel die obere Stange erreicht haben.

Da das „Aufstützen" mit gestreckten Armen (= Aufstemmen) für den Menschen ungewohnt ist, er sich immer zum Hochkommen über die gebeugten Arme aufstützen möchte, ist intensiv daran zu arbeiten, dass die Arme zum Aufstemmen gestreckt bleiben. Nur dann kann später erfolgreich der Körper über die Kippbewegung hochgehebelt werden (s. o.). Damit gehen die ersten Lernschritte vom Bewusstmachen und Festigen der Aufstemmbewegung aus, fast schleichend wird die typische Bein-Hüft-Bewegung in das Aufstemmen eingearbeitet. Dies ist notwendig, da das Öffnen und Schließen zweier großer Körperwinkel zum gleichen Zeitpunkt bewusst nicht zeitgleich gesteuert werden kann, eine Aktivität muss zumindest automatisiert sein. In diesem Fall schleift man die Stemmbewegung zunächst ein.

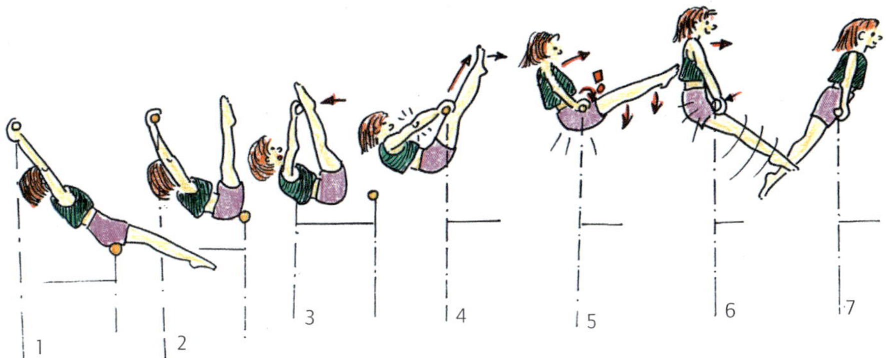

Abb. 42: Liegehangkippe am schulischen Stufenbarren

Bewegungsmerkmale

Ausgangsposition

1 Liegehang auf dem unteren Holm mit Ristgriff am oberen Holm (bei Hochreck auf einem Pferd/Bock/Kasten).

Bewegungsansatz

2-3 Anristen der Füße an den oberen Holm zum flüchtigen Spitzwinkelhang vorlings, wobei der Körperschwerpunkt noch annähernd über der Stützstelle des unteren Holms (o. Ä.) bleibt. B II

Hauptphase

3-4 Beginn der Hüftstreckung und Verkleinerung des Arm-Rumpf-Winkels durch Schubbewegung der Beine nach schräg oben vorne und Rückpendeln des Körperschwerpunkts.

4-5 ... mit zielgerichteter Annäherung an die Drehachse. Bildlich gesprochen, wird die Stange mit den Händen schnellkräftig, an der Vorderseite der Beine entlang, bis in die Hüfte gezogen.

5 Fixieren des leicht gebeugten Hüftwinkels (Impulsübertrag) und, aus der Hangposition der Hände, Vordrehen zum Aufstützen.

6 Die Beine schwingen bei fixierter Hüfte weiter rückwärts zum Hochhebeln des Oberkörpers und Vorbringen des Schultergürtels.

Endposition

7 Aufstützen und gegebenenfalls Nachstrecken der Hüfte zum aufrechten Stütz vorlings.

Lern- und Leistungsvoraussetzungen

Konditionelle Voraussetzungen:

- Sehr gute Stützkraft zum Halten der gestreckten Arme (dreiköpfiger Armstrecker/M. triceps brachii).
- Sehr gute Muskelkraft zur Verkleinerung des Arm-Rumpf-Winkels (breiter Rückenmuskel/ M. latissimus dorsi, großer Rundmuskel/M. teres major und großer Brustmuskel/M. pectoralis major).
- Schnellkraft der Hüftstrecker (großer Gesäßmuskel/M. glutaeus maximus) und Haltekraft der Hüftbeuger (gerade Bauchmuskulatur/M. rectus abdominis, Lenden-Darmbein-Muskulatur/M. iliopsoas und der vierköpfige Schenkelstrecker/M. quadriceps femoris).
- Mindestbeweglichkeit im Hüftbereich/Dehnfähigkeit der Oberschenkelrückseite (M. biceps femoris/Mm. ischiocrurales).

Technisch-koordinative Voraussetzung:

- Beidbeiniges Aufstemmen mit gestreckten Armen.

Grundsätzliche Hilfegebung

Zwei Helfer stehen relativ dicht voreinander (beim Turnen am oberen Holm/ von der hohen Reckstange in der Regel auf einer Erhöhung) und unterstützen mit beiden

Händen unter dem Körperschwerpunkt: Die entfernte Hand im Bereich „Oberkante-Unterhose" hält den Körperschwerpunkt so lange zurück, bis der Fußrist den oberen Holm/die hohe Reckstange erreicht hat, die nahe Hand im Bereich „Unterkante-Unterhose" drückt die Beine unterstützend in die Senkrechte. Beide Hände heben anschließend während der Hüftstreckung unter dem Gesäß den Körperschwerpunkt an die Drehachse Holm/Reckstange (vgl. Foto 37a/b).

Lernschritte

1. Grundübung: Beidbeiniges Aufstemmen aus dem Stand

Ziel: Kennenlernen bzw. Ausarbeiten der gestreckten Armaktivität.

Aufgaben:

a) Aus dem Stand vorlings vor der schulterhohen Stange 2 x federn am Ort und beim dritten Mal mit gestreckten Armen in den Stütz aufstemmen. 1-2 Helfer können durch Umfassen des Oberschenkels den Körperschwerpunkt hoch und dann an die Stange herantragen. Ständiger Zuruf: „Arme lang!", „Nicht in den Ellbogen beugen!" „Feste Arme!" (Abb. 43).

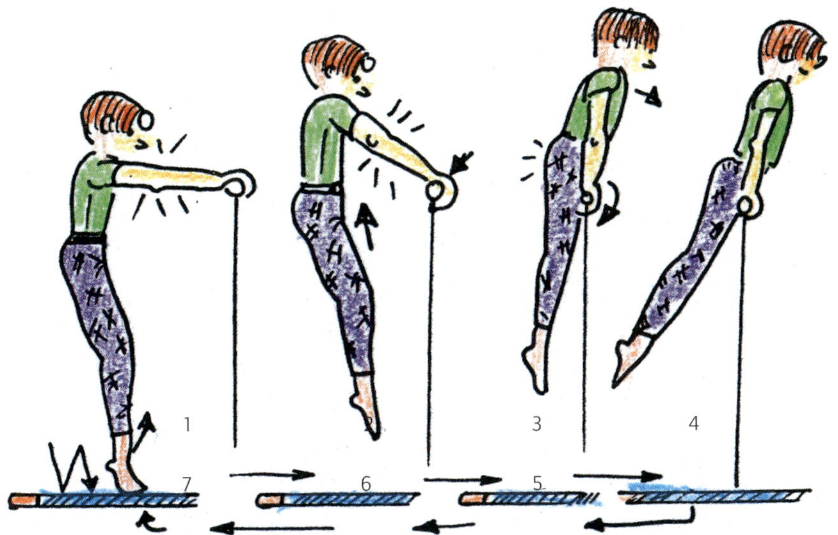

Abb. 43: Aufstemmen aus dem Stand/Federn

b) Serie, das *Aufstemmen mehrmals wiederholen*: Aufstemmen mit geraden Armen, Abstemmen zum Niedersprung, Zwischenfederung, erneutes Aufstemmen,...

c) *Leistungssteigerung:* Aufstemmen, Abstemmen und mit der Landung sofort zum erneuten Aufstemmen *Abprellen vom Boden*, Aufstemmen...

Tipp: In Serie geturnt, ist „Aufstemmen-Abstemmen" mit anschließendem „Auf- und Abprellen von einem Sprungbrett zum erneuten Aufstemmen" ein ideales, ergänzendes Krafttraining für Kippen (vgl. S. 89, Fotos Ü119/Ü120)!

2. Grundübung: Beidbeiniges Aufstemmen aus dem Hockhangstand mit Hilfegebung

Ziele: Aufstemmen aus einer Position mit tiefer Körperschwerpunktlage aus fast gestrecktem Arm-Rumpf-Winkel; Bewusstmachung des Vordrehens der Hände zum Aufstützen.

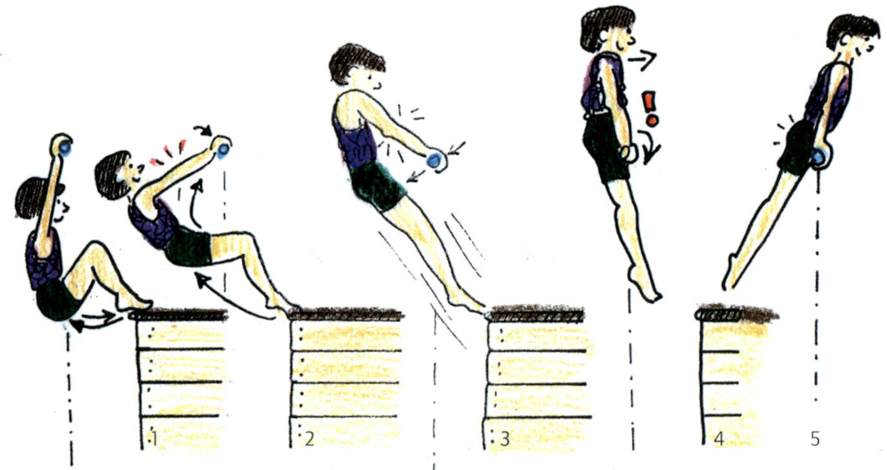

Abb. 44: Beidbeiniges Aufstemmen an der Reck-Kasten-Kombination

Aufgabe: Aus dem Hockhangstand mit Aufsatz der Fußballen auf dem unteren Holm/auf das Pferd o. Ä. 1-2 x zurückpendeln durch leichte Beinstreckung im Hangstand, beim dritten Rückpendeln direkt den Körperschwerpunkt in Richtung oberen Holm/hohe Reckstange bei gleichzeitiger Stemmbewegung der Arme führen und in den Stütz vorlings aufstemmen (Abb. 44).

Hilfegebung: Zwei Helfer stehen (wenn nötig erhöht) dicht beim Turnenden und heben mit der von der Abdruckstelle nahen Helferhand im Bereich „Unterkante-Unterhose" und mit der fernen Helferhand im Bereich „Oberkante-Unterhose" die Hüfte (nach leichtem Rückschwung des Turnenden) direkt an den Holm/die Reckstange. Die Hilfestellung sollte mit zunehmenden Übungsdurchgängen „so viel wie nötig, so wenig wie möglich" gegeben werden.

Hinweise:

- **Wird das Aufstemmen mit Abdruck vom Pferd, Bock oder Kasten geturnt, sollte ein Partner am Abdruckgerät gegebenenfalls gegenhalten.**
- **Hinweis nach ein, zwei Übungsdurchgängen: Hände über die Stange zum Aufstützen vordrehen. Der Kopf muss dabei vorgezogen werden. Die Zurufe der Helfenden: „Hände!" und „Kopf!" sind hilfreich.**

Vertiefung: Nach dem Aufstemmen mit geraden Armen, mit Vorziehen der Füße auf den unteren Holm/das Pferd o. Ä. mit gestreckten Armen zurückstemmen und in den flüchtigen Hockhangstand absenken, danach die Aufstemmübung ohne Zwischenschwung sofort anschließend wiederholen...

3. Grundübung: Einbeiniges Aufstemmen aus dem Hockhangstand mit Hilfestellung

Ziel: Kennenlernen der Beinbewegung bei der Verknüpfung mit der gelernten Stemmbewegung.

Aufgabe: Aus dem einbeinigen Hockhangstand das gestreckte zweite Bein mit dem Fußrist an die Stange heranführen,1-2 x zurückschwingen in dieser Position und einbeinig aufstemmen (Abb. 45). Wird ein Fuß vor dem Aufstemmen an die obere Stange gelegt und das Bein beim Aufstemmen an der Stange gehalten, so ist mit dem Aufstemmen automatisch an diesem hochgehaltenen Bein die spätere Bein- und Hüftaktivität zu beobachten. Es „schleicht" sich sozusagen fast unbemerkt bei der bekannten Bewegung Aufstemmen die für die Kippe notwendige Restaktivität der Beine ein.

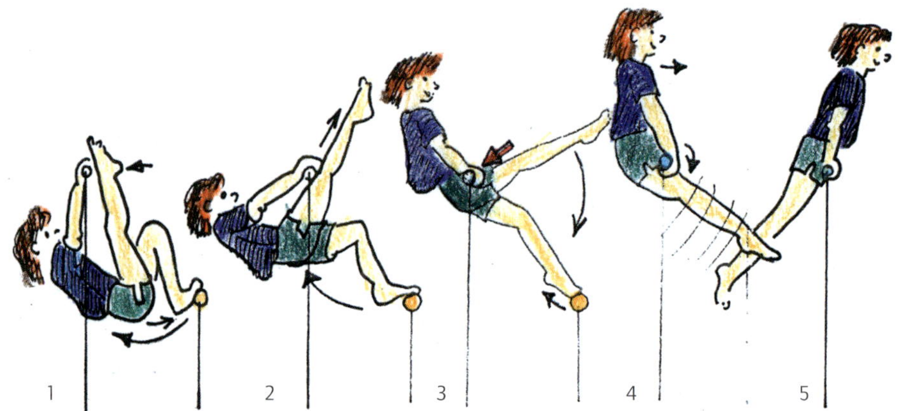

Abb. 45: Einbeiniges Aufstemmen am engen Stufenbarren

Hilfegebung: Ein Helfer hält das Bein beim Vor- und Rückpendeln unter dem Oberschenkel an der Stange, mit dem Aufstemmen ist diese helfende Hand ein Widerlager, auf dem sich der Turnende zum Stütz zusätzlich aufstützen kann (Foto 37a/b).

Hinweis nach ein, zwei Übungsdurchgängen: Die Hände über die Stange zum Aufstützen vordrehen und die Schultern energisch über den Holm stützen, der Kopf wird dabei gut vorgezogen. Zuruf: „Hände! Schultern vor!" Der Zuruf der Helfenden: „Komm! Kämpf! Komm hoch!", ist zusätzlich hilfreich.

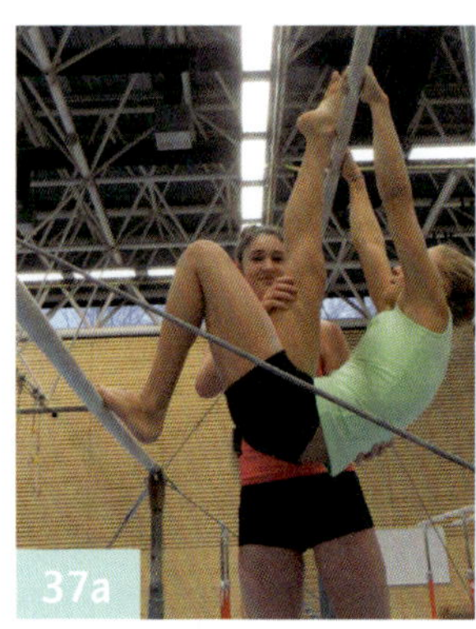

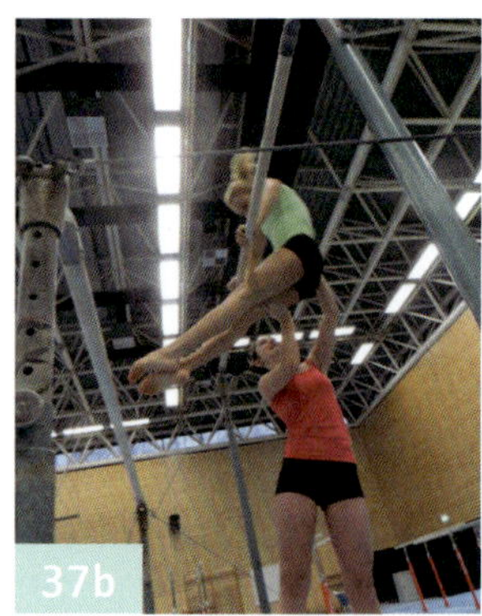

Einbeiniges Aufstemmen am Stufenbarren mit Hilfegebung

Vertiefung: Wiederholung durch Absenken mit gestreckten Armen und Aufsetzen des anderen Beins, Hochführen des vorherigen Abdruckbeins, Zwischenpendeln, um nun mit dem anderen Bein aufzustemmen.

Einbeiniges Aufstemmen rechts und links in Serie ohne Zwischenpendeln.

4. Grundübung: Liegehangkippe mit Hilfegebung

Ziel: Lernziel mit Bewegungslenkung und -unterstützung. Das, was beim Aufstemmen ein Bein gemacht hatte, sollen nun beide Beine gleichzeitig machen: Liegehangkippe!

Aufgabe: Aus dem Liegehang relativ ruhiges Heranführen der Füße an den unteren Holm (tiefe Hüftbeuge!), schnellkräftiges Aufstemmen mit Schubbewegung der Beine nach oben vorne in Richtung Decke („... in die Decke pieksen!") und damit Öffnen des Hüftwinkels („Strümpfe/Turnhose/Leggings anziehen").

Hilfegebung: Zwei Helfende stützen vor allem mit einer Hand unter dem Oberschenkel, um die Hüfte an die Stange zu bringen. Nach einigen Übungsversuchen sollte an das Drehen der Hände zum Aufstützen erinnert werden!

Verbale Bewegungsbegleitung: „Füüüüße ... -Pieksen! – Stemmen! ... Stütz!"

Zielübungen: Liegehangkippe in Serie und in Bewegungsverbindungen

Ziel: Festigen des Bewegungsablaufs.

Liegehangkippe in Serie: Die Liegehangkippe wird vorwärts und „rückwärts" geturnt. Die Liegehangkippe wird in den Stütz vorlings geturnt, aus dem Stütz erfolgt das „Abkippen" in den Liegehang. Dabei schwingen mit Absenken des Körperschwerpunkts die Beine an den oberen Holm, es wird eine tiefe Hüftbeuge eingenommen. Zeitgleich öffnet der Arm-Rumpf-Winkel bei völlig gestreckten Armen. Es folgt ein Vorpendeln in den flüchtigen Spitzwinkelhang, bis sich der Körperschwerpunkt/das Gesäß über dem unteren Holm (Pferd) befindet, dann erst die Beine absenken in den Liegehang, Liegehangkippe erneut turnen.

Tipp: Dies ist ein ideales Kippentraining (mit begleitender) Hilfegebung und gilt als gerätturnspezifisches Krafttraining.

Einfache Bewegungsverbindungen am engen (Schul-)Stufenbarren

- Sprung in den Streckhang, Vorschwung, Rückschwung und Überbücken/-hocken/-grätschen in den Liegehang. Aus dem Liegehang, Liegehangkippe, Rückschwung, Umschwung vorlings *rückwärts*, Absenken rückwärts in den Liegehang und erneute Liegehangkippe ...
- Klassisches Stufenbarren-Krafttraining durch anspruchsvollere Übungsverbindung: aus dem Liegehang, Liegehangkippe, Rückführen der Beine und Herausheben zum Umschwung vorlings *vorwärts*, Rückschwung und Umschwung vorlings *rückwärts* und Absenken in den Liegehang, erneut Liegehangkippe und den Ablauf wiederholen.

Hinweis: Begleitende Hilfegebung nach dem Prinzip „so viel wie nötig, so wenig wie möglich" ist sinnvoll, um eine gute Technikausführung zu gewährleisten.

1.3.2 „Schwebekippe": Kippe/Kippaufschwung vorlings vorwärts aus dem gewinkelten Hang

(unter Berücksichtigung der Laufkippe, Fall- und Langhangkippe)

Es wird nachfolgend die Schwebekippe abgehandelt. Wer sich die Laufkippe als Erstes aneignet, kann sich davon später kaum wieder lösen. Umgekehrt, wer die Schwebekippe erlernt, kann bei fehlender Haltekraft, z. B. bei selbstständigem Turnen ohne Hilfe, automatisch durch Abdruck im Umkehrpunkt die Form der *Laufkippe* – hier besser als *Abdruck*kippe zu bezeichnen – turnen.

Da die *Langhangkippe* (auch *Streckhangkippe* genannt) der Schwebekippe gleicht und die Körperhaltung sich nur durch die Geräthöhe im Bewegungsansatz ändert, wird sie als Variation im Anschluss an die Grundübungen beschrieben.

Die *Fallkippe* (manchmal noch als *Sturzhangkippe* bezeichnet) ist zwar ein schwieriges Element, da hierfür viel Haltekraft die Voraussetzung ist. Mit einer guten Hilfegebung ist sie jedoch als methodischer Schritt zur Verdeutlichung des „Kippstoßes" – d.h. zur schnellkräftigen Stemmbewegung mit Hüftstreckung – sehr wirkungsvoll und wird deshalb als Grundübung 3 integriert. Ziel ist es in diesem Fall *nicht*, die Sturzhangkippe *ohne Hilfe* zu beherrschen, bevor in den nächsten Grundschritt 4 weitergegangen wird. Es kann sogar auf diese Grundübung 3 verzichtet werden, wenn die Liegehangkippe technisch bereits gut gekonnt wird. Die „einbeinige Sturzhangkippe" mit Seilhilfe als Grundübung 2, die als einbeiniges Aufstemmen von der Liegehangkippe ähnlich bekannt ist (vgl. S. 234ff.), ist hingegen ein sehr gutes, regelmäßig durchführbares *Ergänzungs*training, was ohne Hilfestellung durchgeführt werden kann.

Die *Schwebe- und Langhangkippe* wird den *Anfängern nicht mit Überstreckung* nach dem Vorschwung angeboten. Wenn einigen Autoren die Vorspannung auch als ein bewegungstechnischer Gewinn erscheint („Vorspannung" der Muskulatur für die anschließende „Schnepperbewegung"), so ist es zum einen für das Beibehalten der *Ganzkörperspannung* günstiger, sich *nicht* zu überstrecken.

Zudem ist der *Weg der Füße zur Stange bei Nichtüberstreckung kürzer.* Dies ist, zeitlich gesehen, vor allem bei fehlender Schnellkraft, von Bedeutung.

Drittens: Das Strecken im Vorschwung ohne visuelle Körperkontrolle mit anschließendem schnellkräftigen Anwinkeln ist *komplex und somit koordinativ* anspruchsvoll. Der Kippansatz ist bei leicht *gewinkelter Körperstreckung leichter umzusetzen.*

Viertens: Anfänger kommen durch die Überstreckung in der Vorschwungbewegung sehr schnell in eine *Konterbewegung.* Sie *schlagen* nach Körperüberstreckung mit den Beinen *an die Reckstange.* Der Körperschwerpunkt wird zudem schneller *unter* die Reckstange gedrückt, was das *Verkürzen des Körperschwerpunktpendels* (im Bezug zur Reckstange) zeitlich schwer möglich macht, das bedeutet wiederum, dass *der Kippstoß anschließend schwerer umzusetzen ist.* Gut durchtrainierte Leistungsturner, die die Kippe beherrschen, können natürlich eine gewinkelte oder gestreckte Kippe im vorderen Umkehrpunkt mit Körperüberstreckung „austurnen". Es gibt Verbindungen, da müssen sie es sogar machen, ...aber nicht die Turnanfänger!

Die Schwebekippe wird zunächst nur mit geschlossenen Beinen geübt, um stets gegenseitige Hilfe zu ermöglichen. Später können die Beine auch – was leichter ist – gegrätscht werden und erst im Umkehrpunkt geschlossen werden (was den meisten Turnern am liebsten ist).

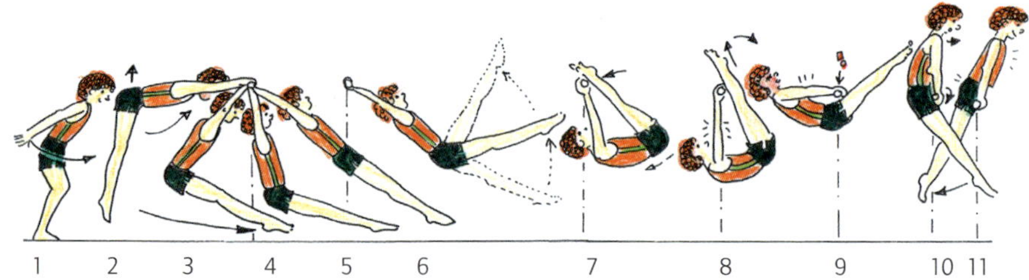

Abb. 46: „Schwebekippe" aus dem Vorschwung im gewinkelten Hang

Bewegungsmerkmale

Ausgangsposition

1 Stand vor der kopfhohen Stange.

Bewegungsansatz

2 Absprung nach hinten oben mit Vorschwingen der gestreckten Arme, Öffnen des Arm-Rumpf-Winkels und Greifen der Stange mit Ristgriff zum gewinkelten Hang.

3 Vorschwingen im gewinkelten Hang.

4 Die Füße gehen ca. 10 cm gleitend über den Boden nach vorne.

5 Der Körper schwingt unter der Stange nach vorne vor und der Bein-Rumpf-Winkel öffnet sich bis ca. 175° (bei Leistungsturnern auch weiter), der Arm-Rumpf-Winkel ist nahezu gestreckt.

6-7 Schnelles Winkeln in der Hüfte zum Anristen der Füße an die Stange.

Hauptphase

7 Flüchtiger Spitzwinkelhang vorlings und

7-8 Beginn der Hüftstreckung und der aktiven Verkleinerung des Arm-Rumpf-Winkels durch Zug- und Druckbewegung der Arme sowie Schubbewegung der Beine nach schräg oben vorne,

9 ... dabei Rückhochpendeln des Körperschwerpunkts mit zielgerichteter Annäherung an die Drehachse, während weiterhin die gestreckten Arme den Körperschwerpunkt stemmend an die Stange herandrücken.

10 Fixieren des leicht gebeugten Hüftwinkels. Ganzkörperrotation vorwärts mit Abschwingen der Beine und Hochschwingen des Oberkörpers mit Vorbringen des Schultergürtels und Vordrehen der Hände zur Stützaufnahme.

Endposition

11 Restaufstützen und ggf. Nachstrecken der Hüfte zum aufrechten Stütz vorlings.

Lern- und Leistungsvoraussetzungen

Konditionelle Voraussetzungen:

- Vgl. Liegehangkippe (S. 232). Zudem insbesondere Haltekraft der Hände, Haltekraft der Hüftbeuger (gerade Bauchmuskulatur/M. rectus abdominis, Lenden-Darmbein-Muskulatur/M. iliopsoas) und der vierköpfige Schenkelstrecker (M. quadriceps femoris).

Technisch-koordinative Voraussetzung:

- Liegehangkippe.

Grundsätzliche Hilfegebung

Zwei Helfer stehen im Querstand voreinander vor dem Gerät und heben in der Realisierungsphase (während des „Kippstoßes") mit *beiden Händen unter dem Körperschwerpunkt den turnenden Körper.* Die entfernte Hand nimmt jedoch zunächst unter den Knien die schwebenden Beine, um sie beim Vorschweben zu tragen, unterstützen dann das Winkeln zum Heranführen der Beine (vgl. Fotos 39c/d) und rutschen unter den Oberschenkel, um dem Turnenden ein Widerlager für das Aufstützen zu bieten. Im Prinzip heben schließlich beide Hände den Körperschwerpunkt während der Hüftstreckung an die Drehachse Holm/Reckstange und entlasten damit die Aufstemmbewegung der Arme.

Lernschritte

1. Grundübung: Beidbeiniges Aufstemmen aus dem Schwingen im gewinkelten Hang mit zwei Helfern

Ziel: Überlernen des Aufstemmens aus der neuen Situation „gewinkelter Hang" = „Schwebehang", d. h. aus dem Ansatz des gestreckten Arm-Rumpf-Winkels.

Aufgabe: Die Übende geht in den gewinkelten Hang (= Schwebehang). **Zwei Helfer** stellen sich im Querstand seitlich zur Stange und umfassen mit der fernen Hand von oben den Fußrist (Daumen um das Fußgelenk legen!), mit der nahen Hand greifen sie unter das Gesäß bzw. den Oberschenkel im Bereich „Unterkante-Unterhose". Damit bilden die gestreckten Beine für die Helfer einen langen Hebel zum Hochhebeln des Körpers. Der Turnende wird im gewinkelten Hang mit dem Gesäß 2 x leicht nach hinten angeschwungen, beim dritten Mal stemmt sich der Turnende energisch in den Stütz auf, die Helfenden drücken den Körperschwerpunkt an die Stange (dicht stehen!) und drücken gleichzeitig die Beine am Fußrist (= langer Hebelarm) nach unten (Abb. 47).

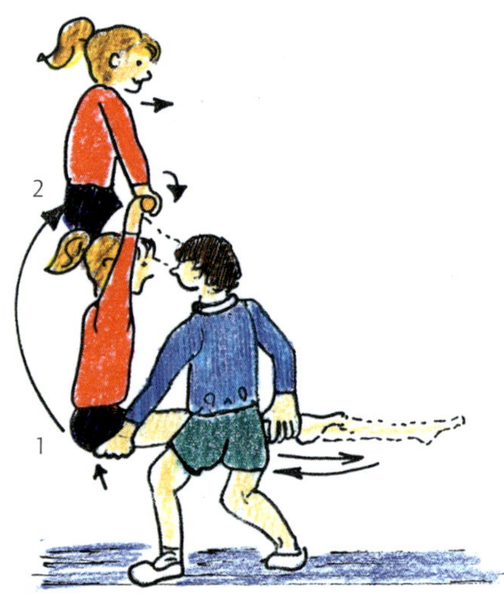

Abb. 47: Hilfegebung beim Aufstemmen aus dem Schwingen im gewinkelten Hang

Vertiefung: Aus dem Stütz wird die gleiche Bewegung für eine Übungswiederholung wieder rückwärts geturnt: Die Helfenden drücken den Turnenden mit dem Gesäß nach hinten, der sich wiederum mit geraden Armen in den gewinkelten Hang abstemmt. Der Arm-Rumpf-Winkel muss gestreckt sein, bevor der eigentliche Abwärtsschwung im gewinkelten Hang beginnt (Vermeidung des „Sackschwungs"). Der Turnende schwingt wieder vor und das Aufstemmen aus dem Schwebehang wird wiederholt.

2. Grundübung: Einbeiniges Aufstemmen mit Seilhilfe

Ziel: Vertiefen der Stemmbewegung mit Beinführung für den Kippstoß.

Aufgabe: Ein Seil wird als Seilschlaufe kürzer als eine Beinlänge an der Reckstange befestigt. Der Turner hält sich mit Ristgriff an der Stange und geht mit einem Fuß in die Schlaufe, das andere Bein wird mit dem Fußrist gestreckt senkrecht an der Stange (mit der fernen Hand eines Helfers) gehalten. Das Gesäß ist eng am gehockten, stützenden Bein. Der Turner pendelt 1-2 x zurück und stemmt sich mit dem letzten Rückpendeln in den Stütz. Das stützende Bein streckt sich und das gestreckte Bein geht über oben nach vorne unten in Form eines Kippstoßes. Mit Erreichen der Hüftstreckung wird das Spielbein zur Hüftfixierung abgebremst (Foto 38a-d).

Hilfegebung: Die nahe Hand fasst im Bereich „Oberkante-Unterhose", die ferne Hand stützt unter dem Oberschenkel.

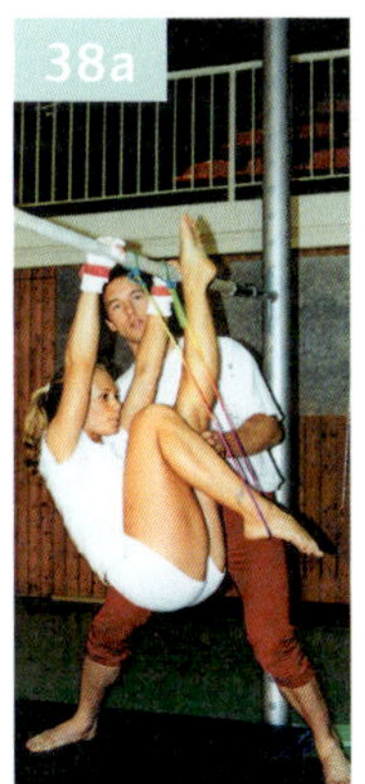

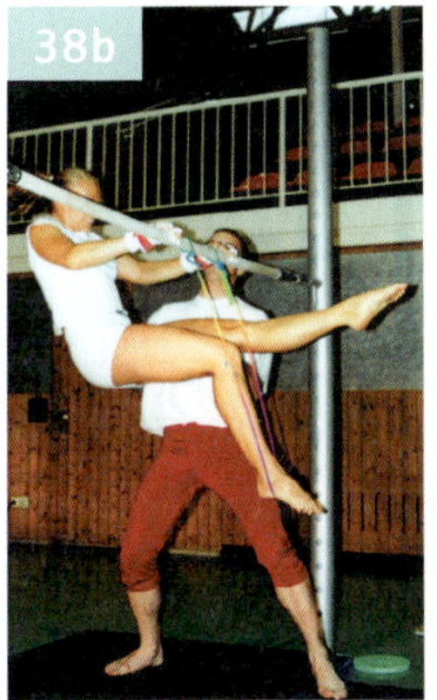

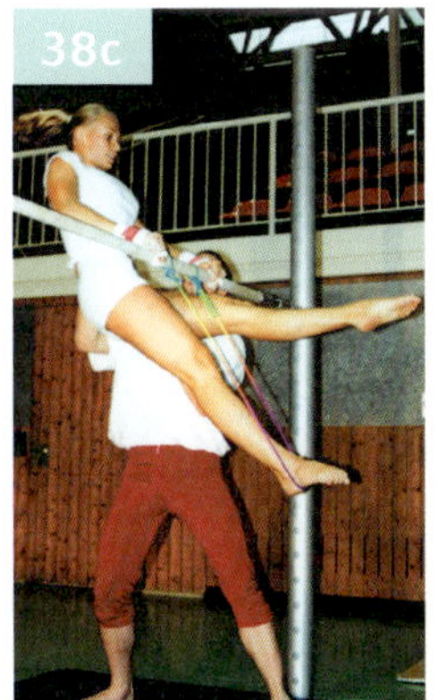

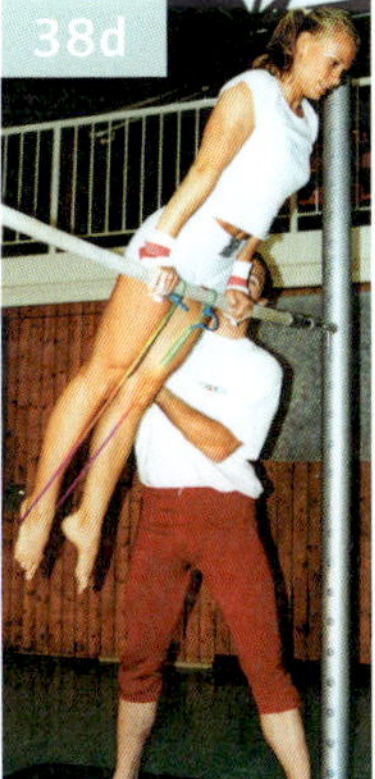

Seilhilfe beim einbeinigen Aufstemmen

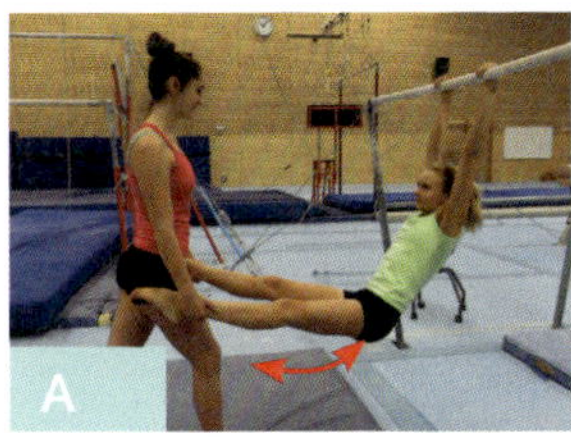

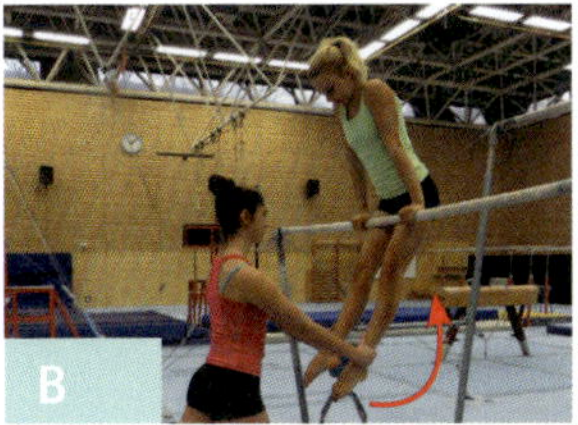

Variation zur Abb. 47: Aufstemmhilfe bei guten, leichteren Turnern vorlings zur Turnerin beim Schwingen im gewinkelten Hang (A) mit gegrätschten Beinen, Rückschwung zum Aufstemmen in den Stütz (B)

3. Grundübung: „Fallkippe": Kippe aus dem Senken in den Spitzwinkelhang mit zwei Helfern

Ziel: Bewusstmachung des energischen „Kippstoßes".

Aufgabe: Aus dem Sturzhang vorlings, mit Halten der Beine durch zwei Helfer mit der fernen Hand gegen die Unterseite Oberschenkel/Knie, 2 x zurückpendeln und beim dritten Mal energisch und schnellkräftig mit einem „Kippstoß", d.h. Schubbewegung der Beine über schräg vorne abwärts und energische Stemmbewegung der Arme, in den Stütz aufkippen.

Vertiefung: *Sturzhangkippe vorlings (Fall-/Spitzwinkelhangkippe) in Serie:* Aus dem Stütz mit gestreckten Armen absenken, das Gesäßes zurückschieben und die Beine an der Stange bis zu den Fußristen entlangschieben, in den Spitzwinkelhang absenken, vorschwingen, zurückschwingen mit Aufkippen in den Stütz. Im Umkehrpunkt sollte der Körperschwerpunkt (vorstellbar in diesem Fall als Lichtpunkt an der Hüfte) eine kleine „Schleife" über vorne oben nach unten zeichnen, bevor er zurückpendelt (Abb. 48, Foto 4/5). Dann ist ein optimaler, bewegungserleichternder Bewegungsrhythmus gefunden.

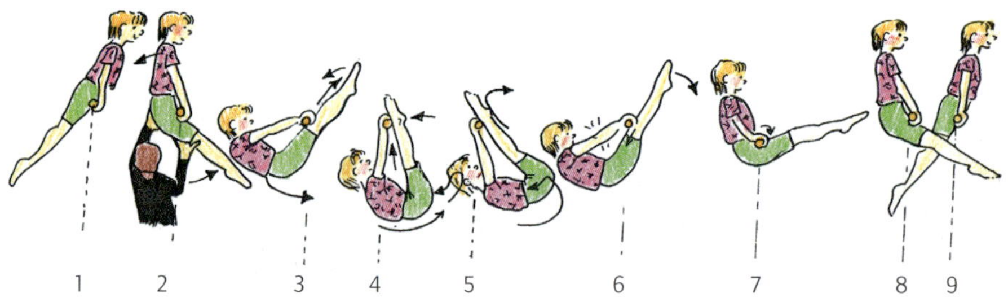

Abb. 48: „Fallkippe": Kippe aus dem Senken in den Spitzwinkelhang

Tipp: Es ist spannend, den Rhythmus im Umkehrpunkt sehen zu lernen! ... erst recht, dies dann beim Turnen zu „fühlen".

Hilfegebung: Sie unterstützt mit beiden Händen unter dem Körperschwerpunkt („Oberkante-Unterkante-Unterhose"), wobei die fernen Hände der Helfenden etwas weiter unter die Oberschenkel gehen, um die Beine stützend an der Stange zu halten und beim Aufstemmen ein Widerlager für den hochturnenden Körper zu bieten.

4. Grundübung: „Anschweben" mit Geräthilfe aus dem gewinkelten Hangstand in den gewinkelten Hang

Ziel: Kennenlernen des Bewegungsansatzes „Anschweben".

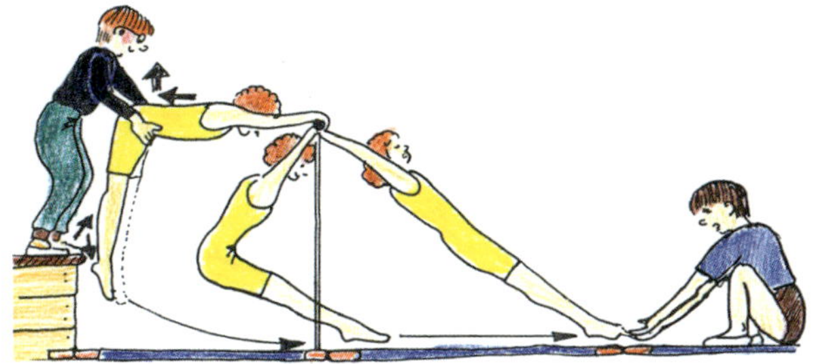

Abb. 49: Aus dem Hangstand von einer Erhöhung „vorschweben"

Aufgabe: Aus dem Stand auf einer kleinen Erhöhung (Kastendeckel oder zweiteiliger Kasten, auf einem Sprungbrett oder Doppelbrett ...) gewinkelter Hangstand mit Fassen der Stange. Vorheben eines Beins (Vororientierung für den Ausgangspunkt und Weg der Füße), leichter einbeiniger Absprung nach hinten oben mit Schließen der Beine in den gewinkelten Hang (Abb. 49 und Fotos 39a/b), Vorschwingen und Führen der Beine – 10 cm über dem Boden schwebend – nach vorne bis zu einer

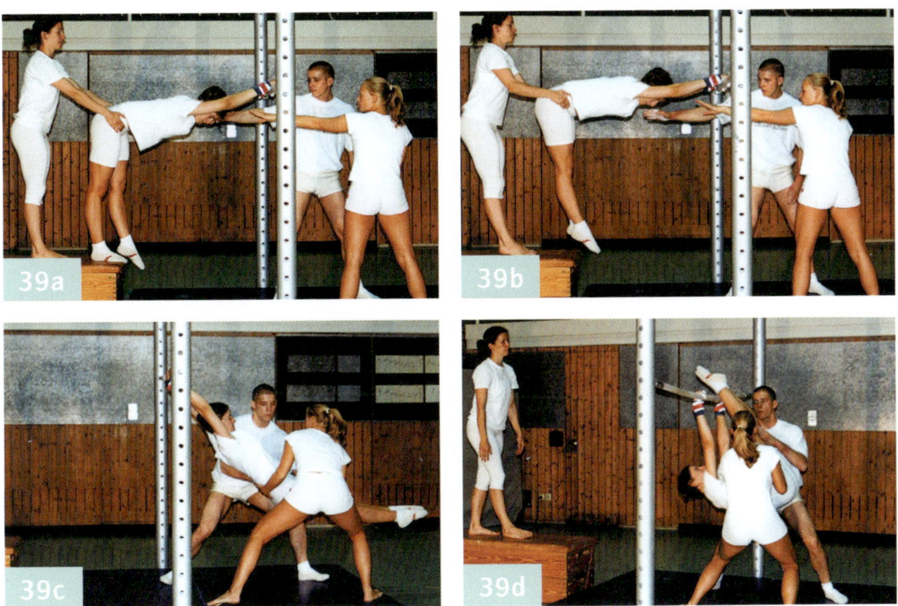

Schwebekippe mit 4 Helfern von einer Erhöhung

B II

annähernden Hüftstreckung (nicht Überstreckung!) (Abb. 49). Zur Verdeutlichung des Ansatzes kann sich ein Helfer hinter den Übenden auf die Erhöhung stellen, die Hüfte umfassen und mit Absprung den Turnenden in die Arm-Rumpf-Winkelstreckung nach hinten oben ziehen. Zudem ist damit eine Zeitverzögerung für das Schließen der Beine gegeben.

- Durch Runterdrücken des Schultergürtels mit den nahen helfenden Händen sollte vor dem Turnen auf den gestreckten Arm-Rumpf-Winkel im Bewegungsansatz korrigierend eingewirkt werden! Es entsteht sonst mit dem Vorschwingen ein Absacken (= „Sackschwung"), was unangenehm ist.
- Ein Partner kann im Umkehrpunkt die Hände als Orientierung 10 cm über dem Boden haltend anbieten, die der Turnende treffen soll.
- Können die Beine durch Runterklappen der Unterschenkel nicht gehalten werden, so halten zwei Partner beim Vorschweben die Beine jeweils unter der Wade und den Oberschenkeln (gut dazu bücken und mitgehen!).
- Nach zwei, drei Durchgängen kann beidbeinig abgesprungen werden.
- Der Übende kann auch auf einer schiefen Ebene (schräg gestelltes Sprungbrett oder Kastenteil an den Kastenrahmen eingehängt) stehen und die Schräge bis zum Schwebehang hinabrutschen und vorschwingen.

5. Grundübung: Schwebekippe mit Gerät- und Partnerhilfe

Ziel: Turnen der Zielübung unter erleichterten Bedingungen durch Verknüpfung der 1.-4.Grundübung.

Aufgabe: Aus dem Schwebekippenansatz mit Gerät- und Partnerhilfen – wie in Grundübung 4 beginnend – vorschwingen und im Umkehrpunkt die Füße schnellkräftig mit Unterstützung durch die Helfenden unter den Beinen an die Stange führen (Foto 39a-d) und aufkippen: Schwebekippe.

Zielübung: Schwebekippe (mit Bewegungsbegleitung)

Aus dem gewinkelten Hangstand (ohne Absprunghilfe einer Erhöhung) mit Ristgriff an der Stange Absprung nach hinten oben und vorschwingen/vorschweben zur Schwebekippe mit zwei Helfern. Ein dritter helfender Partner kann zunächst noch im Bewegungsansatz an der Hüfte den Arm-Rumpf-Winkel streckend nach hinten oben kurz anheben (vgl. Grundübung 4).

Variation des Ansatzes: Arme sind im Stand in Rückhalte, mit Vorschwingen der Arme in den gewinkelten Hang springen (Gesäß nach hinten oben, Arm-Rumpf-Winkel gestreckt! Vgl. Abb.46, Bild 1-2).

Variation der Kippbewegung: Langhangkippe

Aus dem gewinkelten Hangstand auf einem hohen Kasten vor einem sprunghohen Reck oder auf dem unteren Holm eines Stufenbarrens mit Ristgriff zur hohen Stange Vorhalten eines gestreckten Beins – das Standbein ist leicht gebeugt – Absprung mit Schließen der Beine und Führen der Füße nach vorne unten unter den Aufhängepunkt (= unter die Stange), Vorschwingen bis zur Körperstreckung (Schultergürtel schwingt mit vor in die Arm-Rumpf-Winkelstreckung!), Füße schnellkräftig zur Stange führen und aufkippen (Abb. 50).

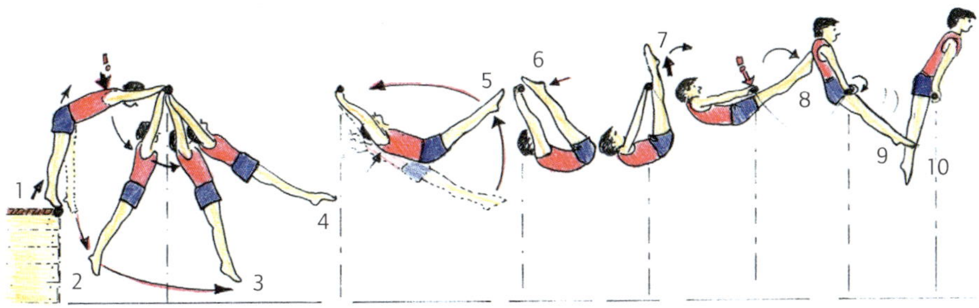

Abb. 50: Aus dem Hangstand Langhangkippe

B II

- Der Bewegungsansatz des Vorschwingens mit gestrecktem Schultergürtel kann zunächst isoliert ausprobiert werden, die Helfer schieben dabei von hinten die Schultern in die Streckung nach vorne oben. Schließlich die Langhangkippe *beidbeinig abgesprungen* turnen.

Zielübung: Schwebe- und Langhangkippe in Serie und in Bewegungsverbindungen: Festigen des Bewegungsablaufs

- Schwebekippe oder Langhangkippe in den Stütz. Aus dem Stütz mit gestreckten Armen rückschwingen und das Gesäß zurückschieben. Mit Vorhochhalte der Beine in den gewinkelten/gestreckten Hang turnen (wie in der Vertiefung der Grundübung 1), vorschweben/-schwingen und erneut die Schwebe- bzw. Langhangkippe turnen (gute Hilfe geben!). 2-3 x in Serie hintereinander turnen.
- Schwebe- oder Langhangkippe in den Stütz, Rückschwung und Umschwung vorlings rückwärts, Rückschwung in den gewinkelten Hangstand und Übungswiederholung.
- Stufenbarren: Anlauf, (Stützsprunghocke, Oberkörper aufrecht halten!) über den unteren Holm mit Griffwechsel zum oberen Holm in den Langhang (Streckhang) überhocken, Beine zur Körperstreckung abwärts führen, schnepperndes Vorbringen der Beine zur flüchtigen Schiffchenposition und Winkeln zur Kippe in den Stütz (Abb. 51).

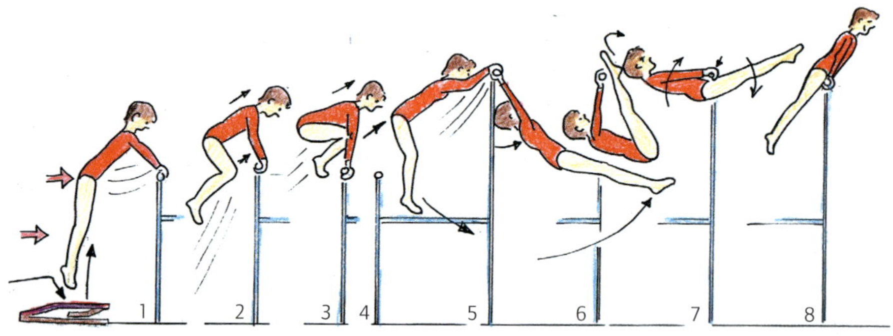

Abb. 51: Langkippe am Stufenbarren aus dem Überhocken über den unteren Holm mit Griffwechsel zum oberen Holm

- *Klassisches, gerätturnspezifisches Krafttraining* durch anspruchsvollere Übungsverbindung: Schwebekippe oder Langhangkippe, Rückführen der Beine und Herausheben zum Umschwung vorlings vorwärts, Rückschwung und Umschwung vorlings rückwärts, Rückschwung in den gewinkelten Hang zur erneuten Schwebekippe bzw. Langhangkippe, Umschwung vorlings vorwärts, usw.

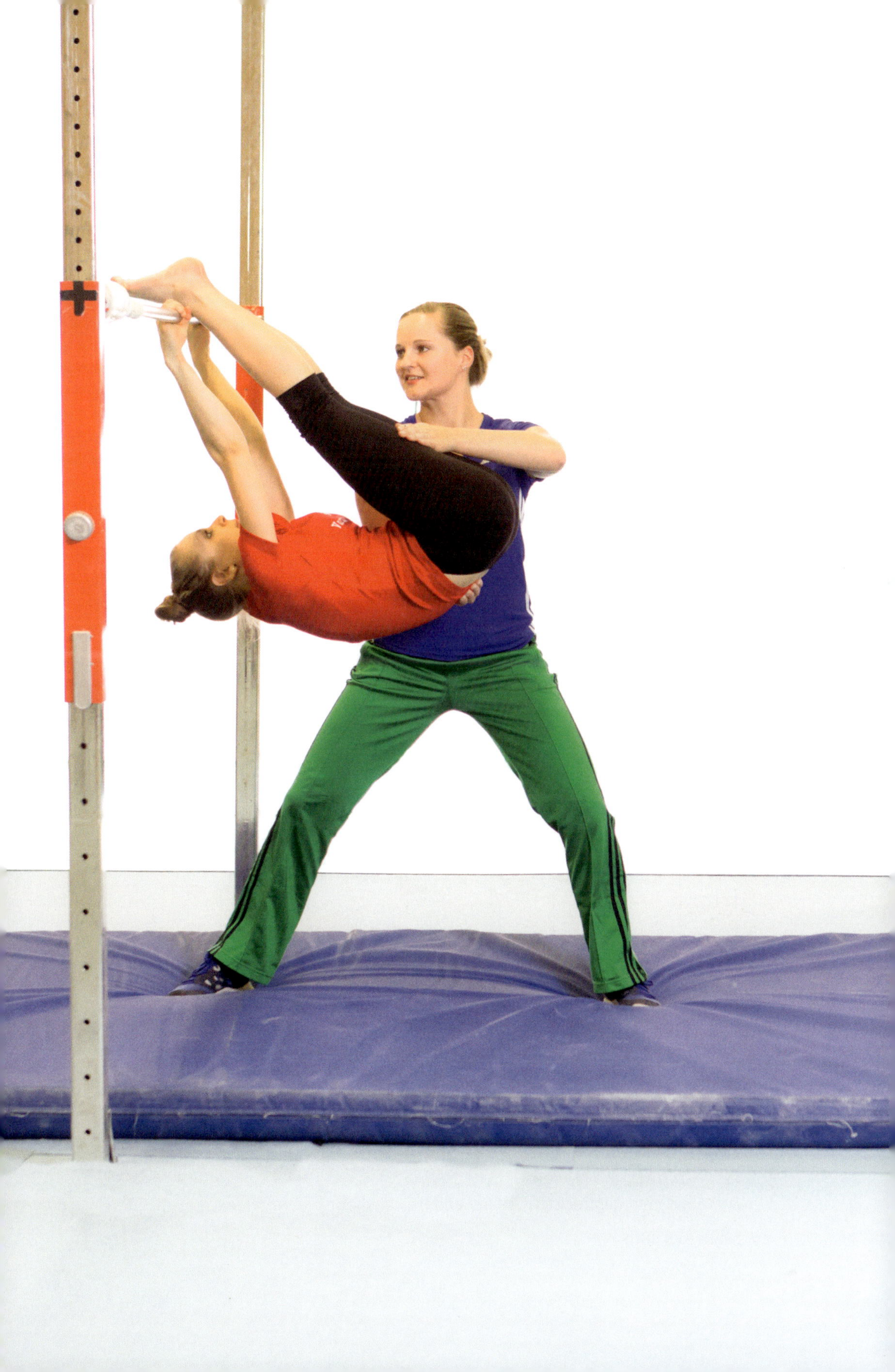

1.3.3 „Wolkenschieber“: Kippe/Kippaufschwung rücklings vorwärts *(einschließlich Ellgriffaufschwung und „Durchschub“)*

Das Aufschwingen bzw. -kippen aus dem Sturzhang in den Sitz ist die eigentliche Kippe vorlings vorwärts. Alle Gesetzmäßigkeiten der Kippe (vgl. S. 231ff.) kommen auch bei der Kippe *rücklings* vorwärts zur Wirkung: Aus der tiefen Hüftbeuge erfolgt eine schnelle Hüftstreckung mit anschließender Hüftfixierung und Drehimpulsübertragung auf den Rumpf. Zeitgleich wird der geöffnete Arm-Rumpf-Winkel während der Stemmbewegung verkleinert und lenkt den Körperschwerpunkt – als Pendelverkürzung – an die Stange. Der einfachste Ansatz, mit hoher Energiegewinnung die Kippe zu turnen, ist aus dem Senken rückwärts in den Sturzhang rücklings (Kipphang). Es dient der Vorbereitung: Lageenergie wird in Bewegungsenergie umgewandelt. Um in die Position zum *„Wolkenschieber“*, wie die Kippe rücklings vorwärts in den Turnhallen genannt wird, zu kommen, können aus dem Anschweben im gewinkelten Hang oder aus dem Vorschwingen im Streckhang die Beine auch durchgebückt werden, um anschließend den „Wolkenschieber zu turnen. Dieses Element ist auch als *„Durchschub“* bekannt.

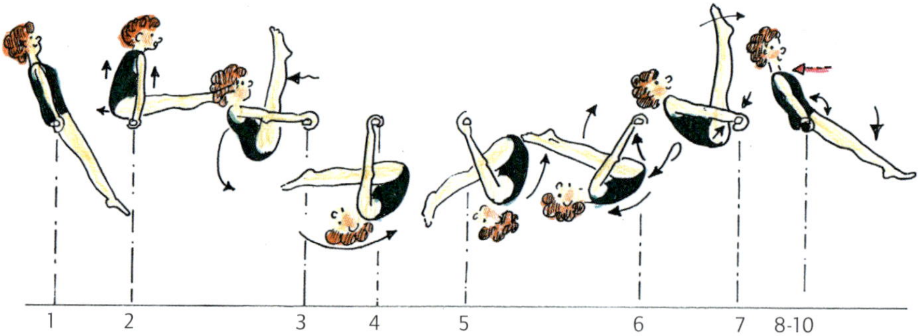

Abb. 52: Kippe (Kippaufschwung) rücklings vorwärts

Bewegungsmerkmale

Ausgangsposition

1 Sitz auf der Reckstange mit Ristgriff.

Bewegungsansatz

2 Anheben der gestreckten Beine und Herausheben zum freien, gewinkelten Stütz rücklings.

3 Mit dem Zurückschieben des Gesäßes in die tiefe Hüftbeuge und dem Öffnen des Arm-Rumpf-Winkels mit völlig gestreckten Armen rückwärts absenken und weites Entfernen der Körpermasse von der Drehachse.
4 ... in den Sturzhang rücklings gewinkelt (Kipphang) übergehen. unter dem Aufhängepunkt befinden sich die Beine parallel zum Boden.
5 Der Körper schwingt im Sturzhang rücklings gewinkelt (Kipphang) weiter bis in eine hohe Umkehrposition.

Hauptphase

6 Zurückschwingen und unter dem Aufhängepunkt – beginnend mit Verkleinerung des Arm-Rumpf-Winkels (Stemmbewegung) – den Körperschwerpunkt an die Drehachse lenken (Pendelverkürzung).
7 Kurz vor dem Umkehrpunkt befindet sich das Gesäß an der Stange.
8 Schnellkräftig wird die Hüfte durch „Schlagen" der Beine über die Stange geöffnet und bei Hüftstreckung fixiert (Drehimpulsübertrag, actio = reactio), zudem hebelt die Schwerkraftwirkung der Teilmasse Beine auf der einen Seite, die Teilmasse Rumpf auf der anderen Seite – bei Hüftfixierung und Körper-Stangen-Kontakt – aufwärts.
9 Die Hände drehen nach der Hangposition vorwärts zur Stützaufnahme.

Endposition

10 Die Kippe rücklings vorwärts endet im Sitz/Stütz rücklings. Gegebenenfalls den Schultergürtel zum Abbremsen der Vorwärtsrotation zurücknehmen.

Lern- und Leistungsvoraussetzungen

Konditionelle Voraussetzungen:

B II

- Hohe Grifffestigkeit/Haltekraft der Hände.
- Dehnfähigkeit der Muskulatur der Beinrückseiten (M. biceps femoris).
- Beweglichkeit im Hüftgelenk.
- Schnellkraft der Hüftstrecker (M. glutaeus).
- Stemmkraft der Arme/des Rumpfs (vgl. Kippen vorlings vorwärts).

Technisch-koordinative Voraussetzungen:

- Schwingen im Sturzhang rücklings (Kipphang).
- Senken rückwärts in den Sturzhang rücklings (für den Bewegungsansatz).

Grundsätzliche Hilfegebung

Zwei Helfer stehen dicht hinter dem sitzenden Turner und halten mit der nahen Hand am Gesäß („Oberkante-Unterhose") und mit der fernen Hand am Rücken/ unter den Schulterblättern (langer Kraftarm). Im Bewegungsansatz wird der Turnende in die Abwärtsbewegung zum Sturzhang getragen (Foto 40a) bzw. begleitet, mit der Aufwärtsbewegung wird das Gesäß wieder an die Stange gelenkt und der Oberkörper kraftvoll mit langem Hebelarm unter den Schulterblättern aufgerichtet (Foto 40b).

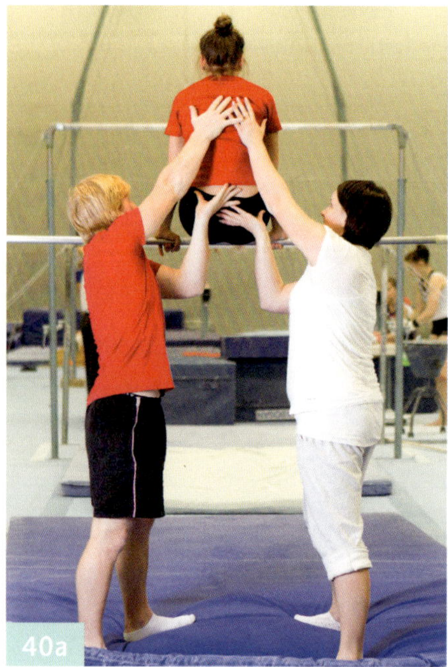

Aus dem Sitz/freien gewinkelten Stütz rücklings . . .

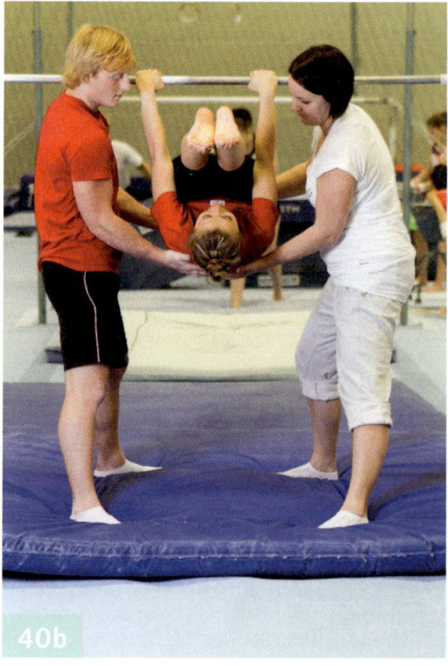

Senken rückwärts in den gewinkelten Sturzhang

Lernschritte

1. Grundübung: Schwingen im Sturzhang rücklings mit Partnerhilfe

Ziel: Optimieren der Kernbewegung „Schwingen im Sturzhang".

Aufgabe: Aus dem Hockhangstand rückwärts überdrehen in den gewinkelten Sturzhang. Der Übende schaut die Knie an (nicht den Kopf hängen lassen!) und richtet seine Füße und das Gesäß auf eine Höhe aus (Beine sind parallel zum Boden). Ein Partner gibt Rückmeldung über die eingenommene Position (Abb. 53a).

Übungsvertiefung: Überdrehen rückwärts gehockt in den Sturzhang, ein Partner bringt den Hängenden im Sturzhang ins Pendeln.

Tipp: In der Erwärmung kann schon ein Zurückrollen in die Rückenlage mit gestreckten Beinen über Kopf geturnt werden (Kipplage). Der Übende richtet seine Beine parallel zum Boden aus, streckt – wie zum Hang an einer Stange – seine Arme Richtung Decke und prägt sich die Position im Raum ein (Abb. 53b).

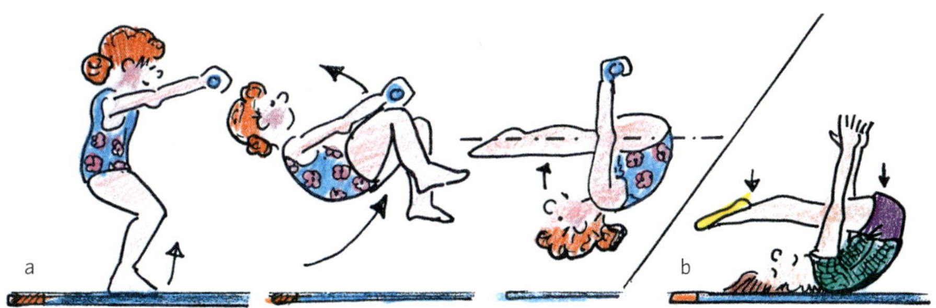

Abb. 53a/b: Überdrehen rückwärts in den gewinkelten Sturzhang bzw. in die Kipplage mit senkrecht gehaltenen Armen

B II

2. Grundübung: Senken rückwärts in den Sturzhang rücklings und Schwingen im Sturzhang

Ziel: Kennenlernen des Bewegungsansatzes in Verknüpfung mit der Kernbewegung (siehe Grundübung 1).

Aufgabe: Aus dem Sitz auf der Reckstange mit Ristgriff die gestreckten Beine zum gewinkelten Stütz anheben, in den freien, gewinkelten Stütz rücklings mit Zurückschieben des Gesäßes in die tiefe Hüftbeuge herausheben und mit *völlig gestreckten Armen* (!) rückwärts absenken. Öffnen des Arm-Rumpf-Winkels und weites Entfernen der Körpermasse von der Drehachse. Rückschwingen im Sturzhang rücklings gewinkelt (Kipphang), vorschwingen, rückschwingen und vorschwingen. Die Sturzhangposition dabei dahingehend korrigieren, ob sich die Beine unter dem Aufhängepunkt parallel zum Boden befinden. Zwei Helfer tragen mit der nahen Hand am Gesäß und mit der fernen Hand unter den Schulterblättern den Übenden in den Sturzhang und korrigieren taktil die Position.

3. Grundübung: Kippe rücklings vorwärts aus dem Absenken rückwärts und mit Zwischenschwung

Ziel: Turnen der Zielfertigkeit aus hoher Ausgangslage.

Aufgabe: Übungsablauf wie in Grundübung 2, nur mit dem zweiten Vorschwung tragen die Helfer den gewinkelten Körper mit dem Gesäß an die Stange und danach öffnet der Turnende durch Überschwingen der Stange mit den Beine zum Sitz. Der Oberkörper muss von den Helfern durch *dichtes Stehen* am Übenden und *energisches Drücken unter den Schulterblättern* hochgedrückt werden.

4. Grundübung: Kippe rücklings vorwärts mit Partnerhilfe

Ziel: Turnen der Zielübung ohne korrigierenden Zwischenschwung: „Wolkenschieber".

Aufgabe: Aus dem Sitz in den Sturzhang absenken, Rückschwung, Vorschwung zur Kippe rücklings vorwärts mit zwei unterstützenden Helfern.

Zielübungen: „Wolkenschieber" (Kippe rücklings vorwärts)

1-2 Helfende begleiten mit Fingerspitzengefühl nach dem Prinzip „So viel wie nötig, so wenig wie möglich" die Bewegung (Foto 41), danach wird mit Sicherheitsstellung (ohne Körperberührung) und schließlich ganz alleine geturnt.

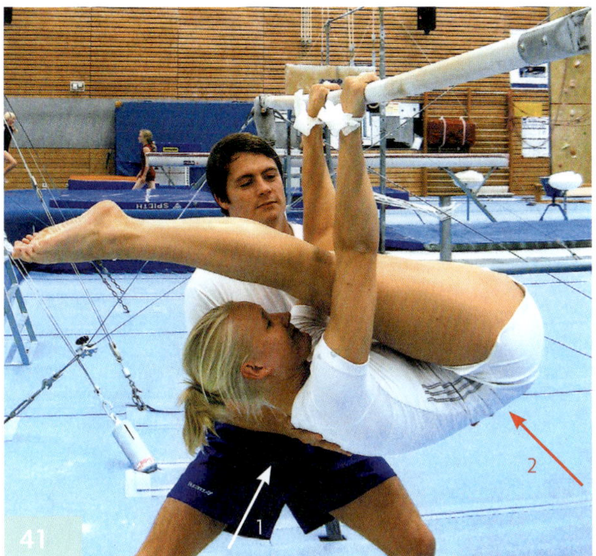

Hilfegebung: Die ferne Hand unterstützt an der Schulter (1), die nahe Hand steuert im Lendenbereich (2) „so viel wie nötig, so wenig wie möglich".

41

Bewegungsverbindungen

- Aufschwung und Überspreizen eines Beins, Nachspreizen des zweiten Beins zum Sitz, Herausheben und Sitzumschwung (Knieumschwung mit beiden Beinen), sofort rückwärts in den Sturzhang weiterrotieren und Kippe rücklings vorwärts in den Sitz turnen, Unterschwung aus dem Sitz zum Stand rücklings.
- Schwebekippe in den Stütz, Rückschwung mit Durchhocken eines Beins, Nachspreizen des zweiten Beins (oder Durchhocken beider Beine) zum Sitz, rückwärts senken und Kippe rücklings vorwärts, Griffwechsel des nachfolgenden Stützarms zum Kammgriff und halbe Drehung zum Stütz vorlings, Rückschwung, Umschwung und Unterschwung aus dem Stütz in den Stand rücklings.

Kippe rücklings vorwärts als Aufgang: Durchhocken/-bücken aus dem Stand/Angehen-Absprung

Stand vorlings auf dem Sprungbrett oder aus dem Angehen mit Ristgriff zur Stange, Absprung mit Durchhocken der Beine und anschließende Beinstreckung, rückschwingen, vorschwingen zur Kippe rücklings vorwärts.

„Ellgriff(kipp)aufschwung" rücklings vorwärts

Bewegungsbeschreibung: Aus dem Stand rücklings mit Kammgriff zur Stange, Stand auf einer Erhöhung (z. B. Sprungbrett), Absprung nach hinten oben in den flüchtigen „Ellhang" und Vorwärtsrotation des Körpers („vorwärts einrollen") in den Sturzhang gewinkelt, vorschwingen mit direkt angeschlossener Kippe rücklings vorwärts (Abb. 54).

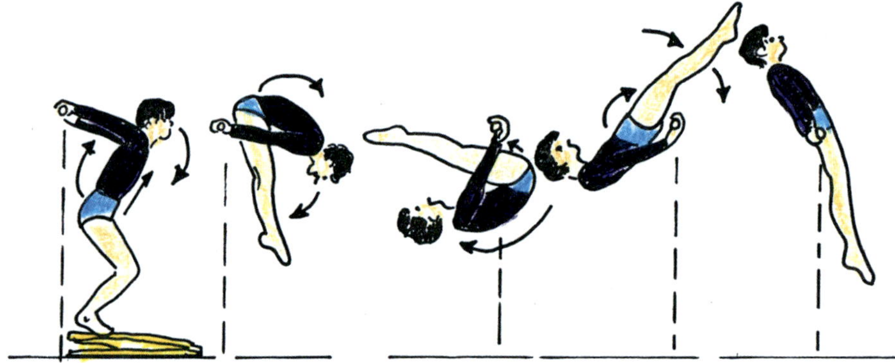

Abb. 54: Aus dem Stand rücklings mit Kammgriff: Ellgriffkippaufschwung

Hilfegebung: Zwei Helfer stehen auf der anderen Seite (Seite der Aufwärtsphase) und fassen unter der Stange von der Seite (von außen) auf die Schulter des Turnenden, die ferne Hand geht unter das Gesäß, mit der Innenhand auf den Bereich „Unterkante Unterhose" und drückt den Turnenden damit in die Rollbewegung. Mit Erreichen der Sturzhangphase wechseln die Hände sehr schnell in die Hilfegebung für die Kippe rücklings vorwärts (s. o.).

Hinweis: Für ein anschließendes erneutes Senken rückwärts zur Kippe rücklings vorwärts müssen die Hände wieder in den Ristgriff umgesetzt werden!

„Durchschub": Vorschweben/-schwingen und Durchbücken zur Kippe rücklings vorwärts

Der „Durchschub" ist eine Mischung aus dem Ansatz „Schwebekippe" und dem Turnen des „Wolkenschiebers": Aus dem Stand Sprung in den gewinkelten Hang und bis zur Ganzkörperstreckung vorschwingen, dabei vor allem den Arm-Rumpf-Winkel strecken, um die Distanz Hüfte-Reckstange auf Beinlänge zu bringen. Schnellkräftiges Einbücken im Rückschwung zum Sturzhang rücklings gewinkelt mit anschließender Kippe rücklings vorwärts (Abb. 55).

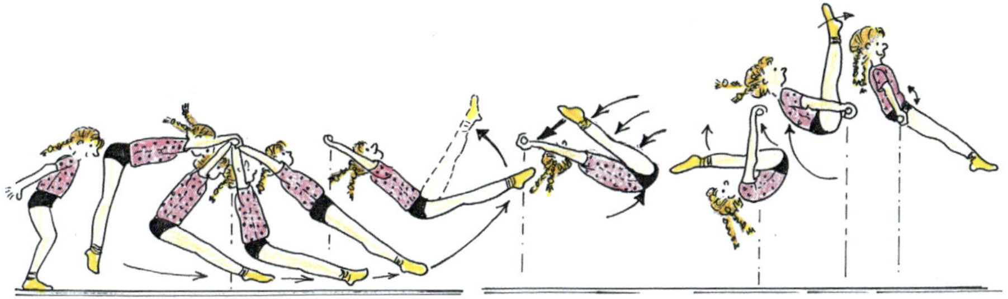

Abb. 55: „Durchschub": Vorschweben im gewinkelten Hang und Durchbücken der Beine zur Kippe rücklings vorwärts (Wolkenschieber)

Die beiden Helfer stehen vor der Reckstange/dem Holm und halten zunächst mit den fernen Händen unter den Knien das Vorschweben, mit der nahen Hand gehen sie unter den Bereich „Oberkante-Unterhose" und halten nun, während die ferne Hand das schnelle Einbücken mit unterstützt, den Körperschwerpunkt als Zeitverzögerung möglichst lange von der Stange weg. Mit der Kippbewegung gehen sie schnell – unter der Stange durchtauchend – mit der Bewegung mit, um schließlich wie beim „Wolkenschieber" (Abb. 56) mit der einen Hand zum Aufrichten des Oberkörpers an die Schultern und mit der anderen Hand unter den Schwerpunkt zu greifen. Damit begleiten sie die Kippbewegung rücklings vorwärts bis in den Sitz.

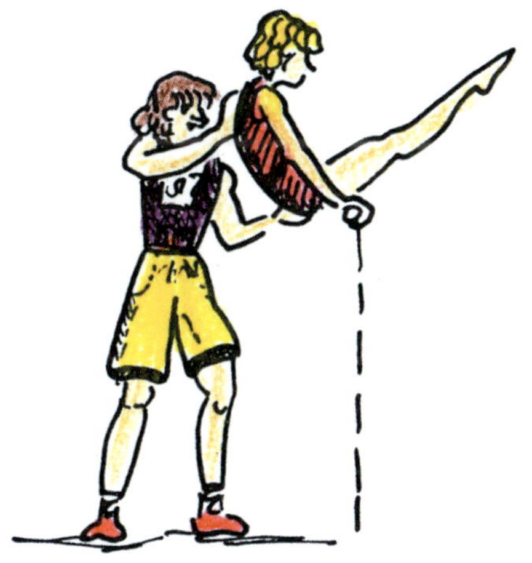

Abb. 56: Helfergriff beim „Wolkenschieber"

1.3.4 „Mühlaufschwung": Spreizkippaufschwung vorwärts

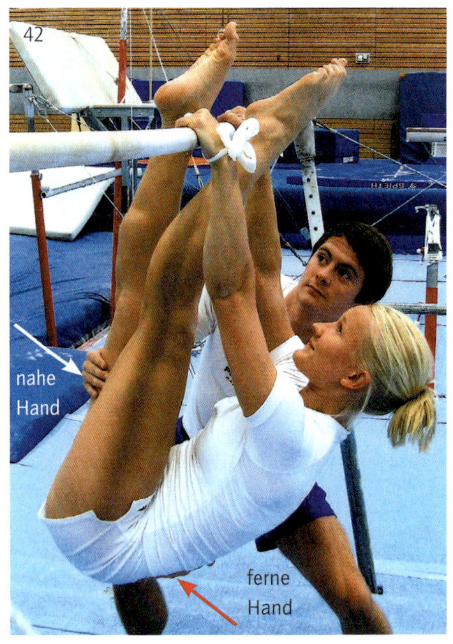

Spitzwinkelhang gespreizt

Diese gespreizte Kippe ist in allen Turnhallen Deutschlands als „Mühlaufschwung" bekannt. Der „Mühlaufschwung" ist leichter als eine Lauf- bzw. Schwebekippe zu lernen, aber natürlich schwerer als ein Aufschwung. Er ist in der Ü7 des Gerätturnabzeichens des Deutschen Turner-Bundes als Pflichtaufgang der Turnerinnen vorgegeben und für die älteren Schülerinnen ab der 11. Klasse in der Ü7 des Bundesjugendspielwettkampfs Gerätturnen. Aber auch die männlichen Turner haben dieses Element in einer ihrer DTB-Pflichtübungen, und zwar in der P5 der breitensportlichen Variante A. Es wird aus dem Spreizsitz mit Absenken und mit Wiederaufkippen geturnt, wie auch nachfolgend in Grundübung 1 beschrieben.

Der Spreizkippaufschwung bzw. „Mühlaufschwung" enthält zwei Basisformen an Kippen, die bereits in diesem Buch behandelt wurden: der Kippaufschwung vorlings vorwärts aus dem gewinkelten Hang („Schwebekippe" und Laufkippe) und die Kippe rücklings vorwärts („Wolkenschieber"). Der Bewegungsansatz kann sowohl aus dem Vorschwingen im gewinkelten Hang als auch aus dem Vorlaufen in den Hang angesetzt werden, wichtig ist wieder, wie bei der Schwebekippe, das hohe Hochpendeln bei nahezu gestrecktem Körper.

Nach dem Vorschweben/-schwingen werden beide Beine gestreckt an den Körper geklappt, um die Füße an die Stange zu lenken, nur, ein Fuß bleibt mit dem Fußrist vor der Stange *(= vorlings)*, der andere wird unter der Stange durchgesteckt und berührt für einen Moment beinahe mit der Ferse von unten die Stange *(= rücklings)* (Foto 42).

Dem Strecken des Arm-Rumpf-Winkels im Vorschwingen kommt hier, bei der gespreizten Kippe, besondere Bedeutung zu. Nur so ist eine ausreichende Distanz zwischen Hüfte und Reckstange für die Beinlänge gegeben, um das Bein unproblematisch unter der Stange durchzubücken. Nun beginnt das Gemisch aus Kippe *vorlings* mit dem einen Bein (wie bei der Schwebekippe) und aus Kippe *rücklings* mit dem anderen Bein (wie beim „Wolkenschieber" oder auch beim „Durchschub"). Nur eines ist bei allen Kippen wieder gleich: das Aufstemmen mit gestreckten Armen und die schnelle Hüftstreckung (= „Kippstoß") mit Fixieren der Hüfte. Da der Spreizkippaufschwung eine Variante der o. g. Kippformen vorlings und rücklings ist, sind fast alle ergänzenden methodischen Ideen und Hilfen aus den zuvor abgehandelten Kippelementen für die Praxis wertvoll.

Lern- und Leistungsvoraussetzungen

Technische Voraussetzungen:

- Mindestens Liegehangkippe mit Bewegungsbegleitung.
- Zu empfehlen: „Schwebekippe" und „Wolkenschieber" (Kippe rücklings vorwärts) mit begleitender Hilfegebung.

Konditionelle Voraussetzung:

- Vgl. Kippen vorlings und rücklings der vorhergehenden Seiten. Zudem sollte zum Einnehmen einer tiefen Hüftbeuge bei gestreckten Beinen eine gute Dehnfähigkeit der Körper- und Beinrückseite gegeben sein.

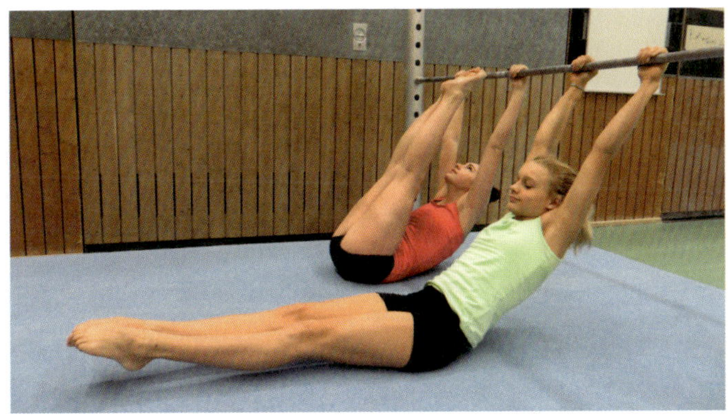

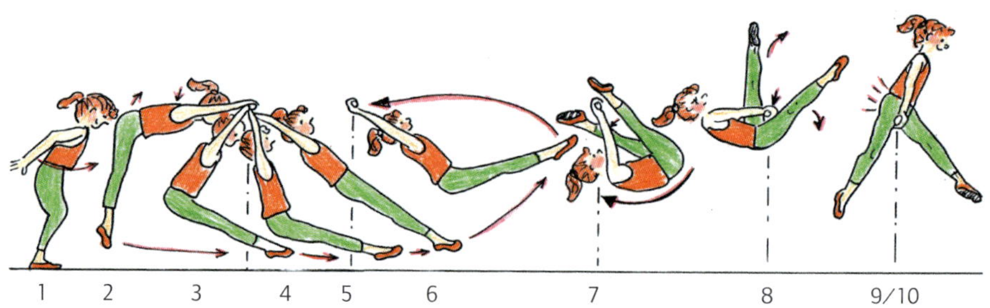

Abb. 57: „Mühlaufschwung": Spreizkippaufschwung vorwärts

Bewegungsmerkmale

Ausgangsposition

1 Stand vorlings vor der kopfhohen Stange.

Bewegungsansatz

2 Absprung nach hinten oben mit Vorschwingen der gestreckten Arme, Öffnen des Arm-Rumpf-Winkels und Greifen der Stange mit Ristgriff zum gewinkelten Hang.

3 Vorschwingen im gewinkelten Hang.

4-5 Die Füße gehen ca. 10 cm gleitend über den Boden nach vorne und der Hüftwinkel öffnet sich, der Arm-Rumpf-Winkel streckt sich auf 180°.

Hauptphase

6-7 Schnelles Anristen der Füße an die Stange zum flüchtigen Sturzhang vorlings mit Durchbücken eines Beins in die Rücklingsposition.

7 Beginn der Hüftstreckung und der Verkleinerung des Arm-Rumpf-Winkels durch Schubbewegung der Beine nach schräg oben vorne bei spitzem (fast geschlossenem) Beinwinkel und Rückhochpendeln des Körperschwerpunkts.

8 Über die Stemmbewegung der Arme zielgerichtete Annäherung des „Schritts" an die Drehachse.

9 Fixieren des leicht gebeugten Hüftwinkels und Ganzkörperrotation vorwärts mit Abschwingen der Beine und Hochschwingen des Oberkörpers. Vordrehen der Hände zur Stützaufnahme und Vorbringen des Schultergürtels. Das hintere Bein kann etwas intensiver abwärts schwingen und den Körper – mit Wider-

lager am Drehpunkt der Unterseite des Oberschenkels des vorderen, oberen Beins – hochhebeln.

Endposition

10 Aufstützen und Nachstrecken der Hüfte zum aufrechten Spreizstütz/-sitz.

Grundsätzliche Hilfegebung

Zwei Helfer stehen vor der Reckstange/dem Holm und halten zunächst mit den fernen Händen unter den Knien das Vorschweben, mit der nahen Hand gehen sie unter den Bereich „Oberkante-Unterhose". Dort halten sie den Körperschwerpunkt zeitverzögernd möglichst lange von der Stange weg, während die ferne Hand das schnelle Einbücken des vorderen Beins unterstützt. Mit der Kippbewegung gehen die Helfenden schnell – unter der Stange durchtauchend (vgl. Foto 43) – mit der Bewegung mit, um schließlich, wie beim „Wolkenschieber", mit der einen Hand zum Aufrichten des Oberkörpers an die Schulter zu gehen und mit der anderen Hand, unter den Schwerpunkt gehend, den „Schritt" an die Stange zu führen.

Lernschritte

Es wird davon ausgegangen, dass die Aufstemmbewegung und die Bein-Hüft-Tätigkeit für die Kippbewegung bekannt ist. Für das Aneignen einer sauberen Technik und als Ergänzungstraining werden die ersten Grundübungen der Kippen vorlings und rücklings in den vorhergehenden Kapiteln empfohlen.

1. Grundübung: Pendeln im gespreizten Sturzhang und Aufstemmen mit Aufkippen

B II

Ziel: Kennenlernen der gemischten „Vorlings-rücklings-Kippbewegung".

Aufgabe: Aus dem Hockhangstand an der kopfhohen Stange Heben eines Beins und Durchbücken zum Rücklingsverhalten des Beins, das andere Bein wird vorlings vor der Stange gehalten, die Hüfte ist maximal gebeugt und der Körperschwerpunkt hängt tief. Zwei helfende Partner stehen rechts und links fast unter der Stange, halten mit der einen Hand am Oberschenkel die Beine in der tiefen Hüftbeuge und gehen zunächst mit der anderen an den Rücken. Der Turnende wird 2 x in dieser Position zurückgependelt, beim dritten Mal kippt er mit Hilfegebung, die den Körperschwerpunkt (den „Schritt") an die Stange schiebt und zum Schluss am Rücken/Schulterbereich den Turnende hochhebelt, energisch in den Spreizstütz/-sitz hoch.

Die **Hilfegebung** geht dabei mit der Bewegung mit, indem sie am Ende der Bewegung – mit Unterstützen des Aufstemmens – etwas unter der Stange auf die andere Stangenseite durchtaucht.

Verbale Hilfe: „Zieh die Stange in den Schritt!"

Hinweise: „Nicht schummeln und das vordere Bein anwinkeln!" (kein Knieaufschwung!) und „Beine zusammenhalten!", „... nur ganz zum Schluss hinteres, unteres Bein zum letzten Hochhebeln etwas abwärts schwingen".

2. Grundübung: Absprung mit Gegenbücken eines Beins und Spreizkippaufschwung

Ziel: Festigen der neuen Bewegung ohne Zwischenpendeln mit höherem Ausgangspunkt (höhere Lageenergie).

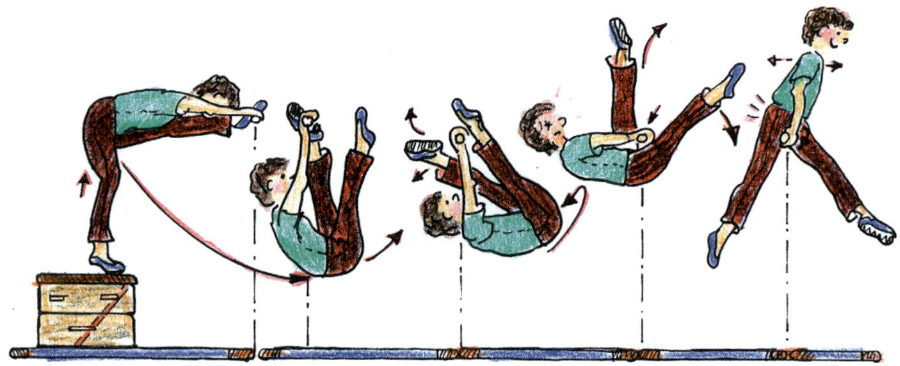

Abb. 58: Aus dem Aufbücken eines Beins vorpendeln und Spreizkippaufschwung

Aufgabe: Aus dem Stand auf einer Erhöhung Ristgriff und Aufsetzen eines Fußes gegen die Stange, das Bein ist gestreckt. Absprung vom Standbein und Heranführen des Beins mit dem Fußrist an die Stange. Im Umkehrpunkt geht der gegengesetzte Fuß von der Stange unter die Stange zum gewinkelten, gespreizten Sturzhang. Im ersten Versuch erfolgt noch ein Vor- und Rückpendeln in dieser Position. Mit den nächsten Übungsversuchen erfolgt nach dem Umkehrpunkt die Kippbewegung in den Spreizsitz (Abb. 58).

Hilfegebung: Ein Helfer kann auf der Erhöhung stehen und an der Hüfte mit Anheben nach hinten oben den Körperschwerpunkt hochhalten, um das Gegenbücken eines Beins zu erleichtern (vgl. Fotos 40a/b.). Zwei weitere Helfer stehen zwischen Stange und Erhöhung und unterstützen die Kippbewegung am Gesäß und mit der fernen Hand am Schultergürtel.

Übungsvertiefung: *Aus dem Spreizsitz in den gespreizten Spitzwinkelhang absenken* und Spreizkippaufschwung: aus dem Spreizsitz hochstützen und mit geraden Armen das Gesäß nach hinten unten schieben. Die Stange wird, bildlich gesprochen, zwischen den Beinen bis zu den Füßen geschoben, im Spitzwinkelhang bis zum Umkehrpunkt mit einem kleinen Bogen aufwärts pendeln, dann Zurückpendeln des Körperschwerpunkts und Beginn des Spreizkippaufschwungs zum Spreizsitz.

Hinweis: Die Übung kann nach dem Absenken auch mit einem Zwischenpendeln geturnt werden, um die gespreizte Spitzwinkelhangposition zu korrigieren bzw. zu optimieren.

Hilfegebung: Zwei Helfende begleiten die Bewegung abwärts, wie sie bei der Aufwärtsbewegung bei der 2. Grundübung beschrieben wurde.

3. Grundübung: Vorschweben und Spreizkippaufschwung mit Hilfen

Ziel: Turnen der Zielform unter erleichterten Bedingungen.

Aufgabe: Von einer kleinen Erhöhung (Kastendeckel oder Sprungbrett) Absprung in den gewinkelten Hang mit gestrecktem Arm-Rumpf-Winkel (vgl. hierzu Grundübung 4 der Schwebekippe, S. 146/197); Vorschweben in die Körperstreckung, tiefe Hüftbeuge mit Einbücken eines Beins und Spreizkippaufschwung mit Hilfegebung (s. o.).

Hinweis: Es kann nach dem Einbücken auch mit einem Zwischenpendeln geturnt werden, um die gespreizte Sturzhangposition zu korrigieren/optimieren. Dies sollte nur im Einzelfall angeboten werden, da damit der Ausgangsschwung für die nachfolgende Kippbewegung reduziert wird.

Hilfegebung: Siehe „Grundsätzliche Hilfegebung", S. 265.

Zielübung: Spreizkippaufschwung vorwärts/„Mühlaufschwung"

Zielübung mit begleitender Hilfegebung, jedoch ohne Geräthilfe. Mit zunehmendem Können Abbau der Partnerhilfe.

Variationen des Bewegungsansatzes

- Spreizkippaufschwung aus der Liege- oder Langhangkippe.
- Aufgang: Kurzer Anlauf, Ristgriff an der Stange und Absprung und nach hinten oben mit einbeinigem Durchhocken/-bücken, Vorpendeln mit Strecken und engem Zusammenspreizen der Beine, nach dem Umkehrpunkt Spreizkippaufschwung turnen.

Bewegungsverbindung: „Mühlaufschwung" und „Mühlumschwung" vorwärts

Ziel: Festigen des neu gelernten Ablaufs mit einem anschließenden, bekannten Turnelement.

Aufgabe: Aus dem Liegehang oder aus dem Vorschweben im gewinkelten oder gestreckten Hang (auch mit Auftippen als Laufkippe möglich) oder aus dem Stand mit Anspringen zum einbeinigen Einbücken, Mühlaufschwung in den Spreizsitz, Griffwechsel zum Kammgriff.

Die **Hilfegebung** greift nun zur Griffsicherung mit der stangennahen Hand unter der Stange durch an das Handgelenk, (vgl. Fotos 24a/b), Herausheben und „Mühlumschwung" (vgl. Abb. 35).

1.3.5 Freie Kippumschwünge rücklings

Rotiert ein Körper mit einer ganzen Drehung von 360° um eine feste Drehachse, ohne dass der Körper die Stange berührt, wobei die Anfangsposition der Endposition entspricht, wird das Element als *freier* Umschwung bezeichnet. Dies wird von einigen Turnern auch im Rücklingsverhalten sowohl vorwärts als auch rückwärts gezeigt, wobei sie kaum ihre zusammengeklappte Körperhaltung während der ganzen Drehung um die Reckstange verändern, bis sie wieder im freien gewinkelten Stütz angelangt sind.

Gelingt das Element jedoch nur, indem – *bei gleichzeitiger Verkleinerung des Arm-Rumpf-Winkels* – der *Hüftwinkel schnellkräftig geöffnet* wird, ist ein Anteil der Strukturgruppe der Kippe für das Gelingen mit entscheidend, und die Technik wird dann als „freier *Kipp*umschwung rücklings" bezeichnet. Diese letzte Technik wird von der Mehrheit geturnt, nur sehr gute Leistungsgerätturner können „reine" freie Umschwünge rücklings vorwärts oder rückwärts zeigen. Leistungsturner entwickeln aus den freien (Kipp-)Umschwüngen rücklings die aus dem Handstand angesetzten freien (gegrätschten) Umschwünge vorwärts („Endoumschwung") und rückwärts („Stalderumschwung") in den Handstand.

Nachfolgend wird eine Möglichkeit des Erlernens der Kippumschwünge rücklings rückwärts (psychisch einfacher) und vorwärts (mehr Angst im Ansatz der Bewegung beim ersten Kennenlernen) aufgezeigt. Vorwärts geturnt ist der realisierende Bewegungsteil bekannt: „Wolkenschieber" (vgl. S. 254ff.). Bei der Rückwärtsbewegung ist die Kippbewegung ungewöhnlich, denn der *Rumpf* muss sich schnellkräftig *von den Beinen* – und nicht wie sonst umgekehrt – *entfernen*. Die Kernbewegung ist bei beiden das Schwingen im *gewinkelten Sturzhang* und damit die wesentliche Lernvoraussetzung. Um den Bewegungsablauf leisten zu können, sollten zudem sehr gute Haltekräfte in den Händen und im Rumpf gegeben sein.

1.3.5.1 Freier Kippumschwung rücklings rückwärts

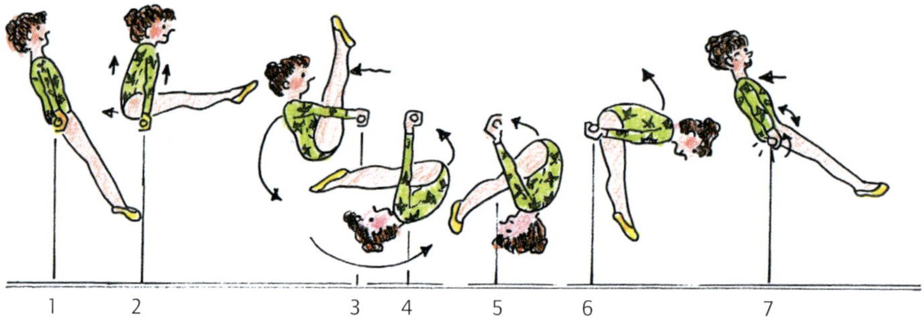

Abb. 59: Kippumschwung rücklings rückwärts

Bewegungsmerkmale

Ausgangsposition

1 Sitz auf der Reckstange mit Ristgriff.

Bewegungsansatz

2 Anheben der gestreckten Beine und mit Zurückschieben des Gesäßes in die tiefe Hüftbeuge gehen. Öffnen des Arm-Rumpf-Winkels, zum freien, gewinkelten Stütz rücklings herausheben.

Hauptphase

3 Absenken rückwärts mit völlig gestreckten Armen und weitem Entfernen der Körpermasse von der Drehachse.

4 Zurückschwingen in den Sturzhang rücklings gewinkelt (Kipphang). Unter dem Aufhängepunkt befinden sich die Beine parallel zum Boden.

5 Der Körper schwingt im Sturzhang rücklings gewinkelt (Kipphang) weiter mit Annäherung des Körperschwerpunkts an die Reckstange (Pendelverkürzung), die Beine bewegen sich in die Senkrechte.

6 Mit Gesäß- bzw. Oberschenkel-Stangen-Kontakt schnellkräftiges, muskulär durch die Rückenstrecker initiiertes Aufrichten des Oberkörpers mit Zurücknehmen der Schulter.

Endposition

7 Hüftfixierung und Nachstützen der Hände. Der Kippumschwung rücklings rückwärts endet im Sitz/Stütz rücklings.

Lern- und Leistungsvoraussetzungen

Konditionelle Voraussetzungen:

- Hohe Grifffestigkeit/Haltekraft der Hände.
- Dehnfähigkeit der Muskulatur der Beinrückseiten (M. biceps femoris).
- Beweglichkeit im Hüftgelenk.
- Schnellkraft der Hüftstrecker (M. glutaeus).
- Stemmkraft der Arme/des Rumpfs

Technisch-koordinative Voraussetzung:

- Senken und Schwingen im Sturzhang rücklings (Kipphang).

Grundsätzliche Hilfegebung

Zwei Helfer stehen vor der Reckstange. Die nahe Hand greift unter der Stange durch und umfasst von vorne so das Handgelenk, dass die eigenen Finger zu sehen sind (Handgelenksicherung und Drehhilfe, Abb. 60). Die ferne Hand greift in der Aufwärtsphase, so früh es geht, von vorne an die Schulter/Oberarm und richtet mit einem langen Hebel (Kraftarm) den Turner zum Sitz auf.

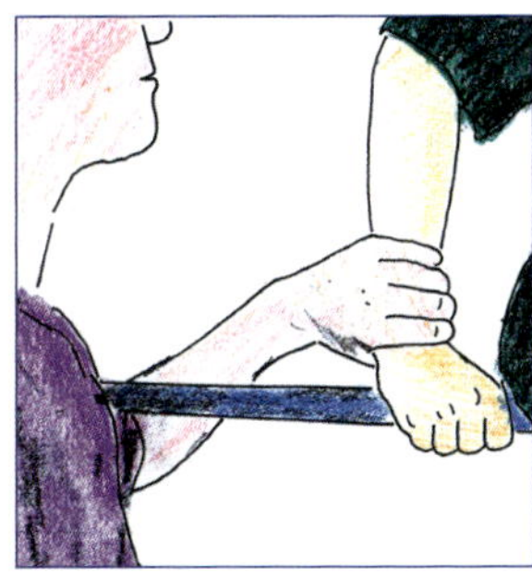

Abb. 60: Handgelenksicherung

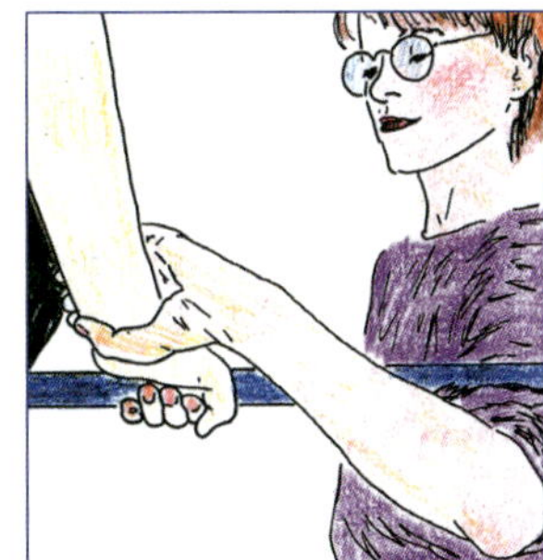

1. Grundübung: Aus dem gewinkelten Sturzhang Aufkippen rückwärts mit Partnerhilfe

Ziel: Kennenlernen des unbekannten, aufwärts zu turnenden Bewegungsendes über Bewegungslenkung von außen; Einprägung einer räumlichen Bewegungsvorstellung.

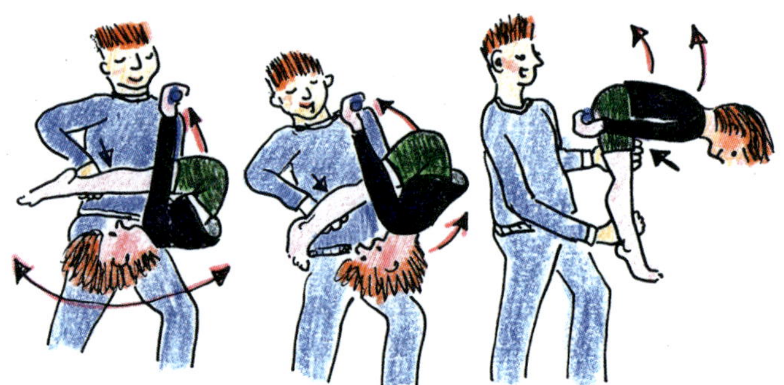

Abb. 61: Bewegungsführung für den Bewegungsansatz Kippumschwung rücklings rückwärts

Aufgabe: Der Turner befindet sich im gewinkelten Sturzhang (Kipphang). Zwei Helfer stehen rechts und links neben den gestreckten waagerechten Beinen und umfassen mit den fernen Händen von oben den Fußrist (Daumen um das Fußgelenk!) und mit der nahen Hand gehen sie zwischen (!) den Armen unter den Oberschenkel in die Hüfte. Die Beine bilden nun für die Helfer einen langen Hebel. Mit diesem Helfergriff schwingt der Turner 1-2 x nach vorne, wobei die Helfer mit ihrem helfenden Griff das Gesäß mit jedem Vorschwung schon in Richtung Stange lenken. Beim letzten Mal wird der Körperschwerpunkt mit der helfenden Hand in der Hüfte an die Stange gelenkt, zeitgleich werden die Beine am Fußrist in die Senkrechte gedrückt. Mit Stangenkontakt muss sich der Turner aus eigener Muskelkraft schnellkräftig aufwärts strecken und die Hände zum Stütz nachstützen (vgl. Abb. 61, zur Veranschaulichung hier nur mit einem Helfer abgebildet).

2. Grundübung: Senken in den Sturzhang, Zwischenpendeln und Aufkippen rückwärts

Ziel: Verknüpfung des Bewegungsansatzes mit dem neu erlernten Aufwärtsteil der Fertigkeit.

Aufgabe: Aus dem Sitz in den freien, gewinkelten Stütz rücklings heben und mit Nachhintenschieben des Gesäßes in den gewinkelten Sturzhang absenken. Zwischenpendeln und Kippe rücklings rückwärts. Während des Zwischenpendelns greifen die Helfer wie in der 1. Grundübung zu, um den Turner hochzuhebeln.

Zielübung: Freier (Kipp-)Umschwung rücklings rückwärts ohne Zwischenpendeln

Ziel: Turnen der Gesamtbewegung ohne Zwischenschwung und mit veränderter, sichernder Hilfegebung am Handgelenk und an der Schulter (vgl. „Grundsätzliche Hilfegebung).

Hinweis: Nach dem Senken in den gewinkelten Sturzhang muss das Gesäß – bei gestreckten Armen! – direkt an die Stange gebracht werden, sonst dreht der rückwärts um den Körperschwerpunkt rotierende Körper in der Luft unkontrolliert weiter, sodass der Turner schließlich auf den Füßen landet!

Verbale Hilfen: „Sturzhang – Gesäß an die Stange!", „Oberkörper hoch!" „Hände", „Guck nach vorne!", „Schulter zurück!"

Mit zunehmendem Können die Hilfegebung abbauen.

Bewegungsverbindung:

Freier Kippumschwung rücklings rückwärts in den Sitz, erneutes Herausheben und Senken in den Sturzhang zur anschließenden Kippe rücklings vorwärts („Wolkenschieber"). B II

1.3.5.2 Freier Kippumschwung rücklings vorwärts

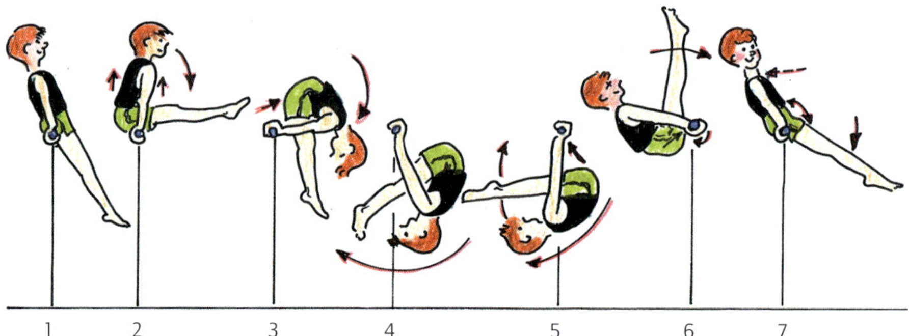

Abb. 62: Freier Kippumschwung rücklings vorwärts

Bewegungsmerkmale

Ausgangsposition

1 Sitz auf der Reckstange mit Kammgriff.

Bewegungsansatz

2 Anheben der gestreckten Beine und mit Zurückschieben des Gesäßes zum freien, gewinkelten Stütz rücklings herausheben.

Hauptphase

3 Absenken vorwärts mit völlig gestreckten Armen und weitem Entfernen der Körpermasse von der Drehachse.

4-5 Abwärtsschwingen in den Sturzhang rücklings gewinkelt (Kipphang). Unter dem Aufhängepunkt befinden sich die Beine parallel zum Boden.

5-6 Der Körper schwingt im Sturzhang rücklings gewinkelt (Kipphang) weiter mit Annäherung des Körperschwerpunkts an die Drehachse.

6 Aufwärtsschwingen vorwärts und mit weiterem aktiven Verkleinern des Arm-Rumpf-Winkels (Stemmbewegung) – den Körperschwerpunkt an die Drehachse lenken (Pendelverkürzung).

6-7 Kurz vor einem möglichen Umkehrpunkt befindet sich das Gesäß an der Stange. Schnellkräftig wird die Hüfte durch „Schlagen" der Beine über die Stange geöffnet und bei Hüftstreckung fixiert (Drehimpulsübertrag, actio = reactio), zudem hebelt die Schwerkraftwirkung der Teilmasse Beine auf der einen Seite, die Teilmasse Rumpf auf der anderen Seite – bei Hüftfixierung und Körper-Stangen-Kontakt – aufwärts. Die Hände drehen nach der Hangposition vorwärts zur Stützaufnahme.

Endposition

7 Die Kippe rücklings vorwärts endet im Sitz/Stütz rücklings. Gegebenenfalls den Schultergürtel zum Abbremsen der Vorwärtsrotation zurücknehmen.

Lern- und Leistungsvoraussetzungen

Konditionelle Voraussetzungen:

- Hohe Grifffestigkeit/Haltekraft der Hände.
- Dehnfähigkeit der Muskulatur der Beinrückseiten (M. biceps femoris).
- Beweglichkeit im Hüftgelenk.
- Schnellkraft der Hüftstrecker (M. glutaeus).
- Stemmkraft der Arme/des Rumpfs.

Technische Voraussetzung:

- Kippe rücklings vorwärts („Wolkenschieber") (S. 252).

Grundsätzliche Hilfegebung

Zwei Helfer stehen hinter der Stange und umfassen mit der nahen Hand, unter der Stange durchgreifend, das Handgelenk (die eigenen Finger muss der Helfer sehen, Daumen um das Handgelenk! Abb. 60). Die ferne Hand richtet am Schultergürtel den aufwärts rotierenden Körper zum Sitz auf (vgl. Abb. 56 und Foto 40a).

1. Grundübung: Wiederholung der Kippe rücklings vorwärts aus dem Senken rückwärts in den Sturzhang gewinkelt

Ziel: Festigen der Realisierungsphase des Zielelements aus einem beschleunigten Ansatz.

Aufgabe: Vgl. Methodik zur Kippe rücklings vorwärts/„Wolkenschieber", Zielübung (S. 258).

Hilfegebung: Zwei Helfer stehen hinter der Stange und unterstützen mit der nahen Hand am Körperschwerpunkt und mit der fernen Hand am Schultergürtel die Abwärts- und Aufwärtsbewegung.

2. Grundübung: Absenken vorwärts aus dem freien, gewinkelten Stütz in den Sturzhang gewinkelt (Kipphang) mit Bewegungsverlang- samung durch Partnerhilfe

Ziel: Kennenlernen und Üben des neuen Bewegungsansatzes.

Aufgabe: Aus dem Sitz auf der Reckstange mit Ristgriff die gestreckten Beine anheben und mit Zurückschieben des Gesäßes zum freien, gewinkelten Stütz rücklings herausheben. Absenken vorwärts mit völlig gestreckten Armen und weitem Entfernen der Körpermasse von der Drehachse. Abwärtsschwingen in den Sturzhang rücklings gewinkelt (Kipphang). Unter dem Aufhängepunkt befinden sich die Beine parallel zum Boden.

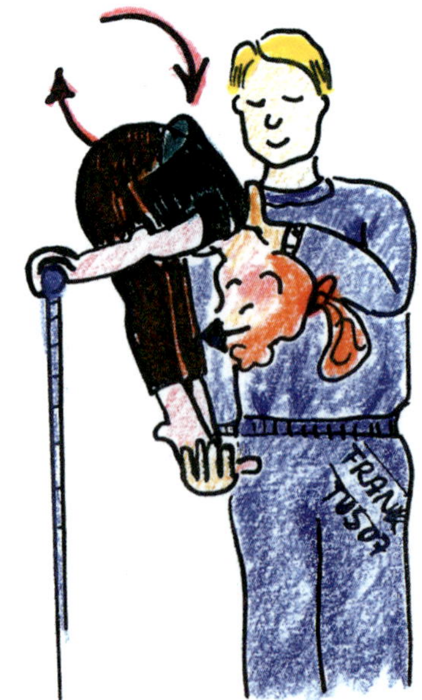

Abb. 63: Hilfegebung für den Bewegungsansatz Kippumschwung rücklings vorwärts

Hilfegebung: Zwei Helfer stehen vor der Reckstange und bieten die nahen Hände zum Aufstütz für die Füße des Turners an. Während so die Beine in der Senkrechten nach Einleiten des Absenkens vorwärts fixiert werden, beugt sich der Oberkörper auf die Knie und die Helfer fassen – zwischen Oberarm und Hals („Oha-Griff") – von vorne in die Schulter. So eingehakt, wird der Turner in den Sturzhang gewinkelt (Kipphang) gelenkt (Abb. 63, zur Veranschaulichung nur mit einer Hilfe dargestellt). Wird bei den ersten beiden Versuchen der Ablauf noch in Zeitlupe geturnt (Angst wird abgebaut!), beschleunigt sich mit den nächsten Übungsdurchgängen das Absenken vorwärts mit anschließendem Schwingen im Sturzhang. Die Helfer halten nur noch „so viel wie nötig, so wenig wie möglich".

3. Grundübung: Freier Kippumschwung vorwärts mit Zwischenschwung und vier Helfern

Ziel: Verknüpfung des neuen Bewegungsansatzes und der bekannten Kippbewegung „Wolkenschieber" mit Möglichkeit der Korrektur nach neuem Bewegungsansatz im Sturzhang durch den Zwischenschwung.

Aufgabe: Aus dem Sitz mit zwei Helfern vorwärts absenken, wie in der 2. Grundübung beschrieben, Zwischenschwung, „Wolkenschieber", wie in der 1. Grundübung bereits geturnt.

Hinweis: Die Beine und das Gesäß dürfen auf keinen Fall unter der Stange durch nach hinten schwingen! Der Turner „schießt" in diesem Fall unter der Stange zum Stand durch und hängt ruckartig dabei im Ellhang in den Schultern. Das Durchschwingen der Senkrechten im gewinkelten Sturzhang ist konsequent abzuwarten, danach erst die Beine „über die Stange schlagen". Die Helfer müssen wachsam – so früh es geht – den Schultergürtel greifen und hochdrücken.

Genaue Hilfegebung: Siehe 1. Grundübung.

4. Grundübung: Freier Kippumschwung vorwärts mit veränderter Sicherheitsstellung

Ziel: Turnen der Zielübung mit Handgelenksicherung und Hilfe zum Aufrichten in den Sitz.

Hilfegebung: Siehe „Grundsätzliche Hilfegebung".

Zielübung: Freier Kippumschwung vorwärts

Hilfegebung nach dem Prinzip „so viel wie nötig, so wenig wie möglich".

Bewegungsverbindungen

- Aus dem Sitz freier Kippumschwung rücklings vorwärts zum Sitz, vom Kamm- in den Ristgriff umgreifen und rückwärts zum gewinkelten Sturzhang senken und Kippe rücklings vorwärts („Wolkenschieber") in den Sitz.
- *Männerturnen:* Turnen des freien Kippumschwungs rücklings vorwärts (gegebenenfalls aus dem Handstand in den gewinkelten Hang einbücken) in den freien, gestreckten Stütz und weiterrotieren als Überschwung in den Ellhang (Vorbereitung zum *„Adlerschwung"*). Zwei Helfer stehen zusätzlich vor der Stange und nehmen, mit der entfernten Hand unter den Beinen (Knie/Oberschenkel) und der nahen Hand unter dem Rumpf fassend, den Turner entgegen.

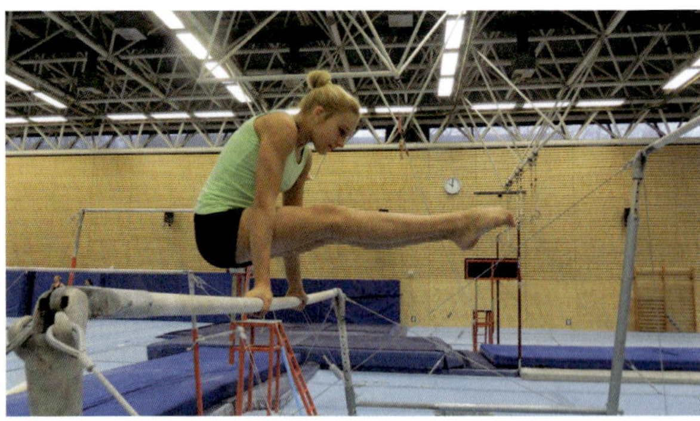

Sarah zeigt einen hohen gewinkelten Stütz mit Kammgriff als Bewegungsansatz für einen Kippumschwung rücklings vorwärts

1.4 Felgunterschwung- bzw. Felgabschwungbewegungen

Unterschwünge sind fußwärts gerichtete Teilrotationen, die in Translation übergehen. Damit gehören sie der Strukturgruppe der Felgbewegungen an. Die „Schwünge unter der Stange mit Rotation und Felgbewegungen" werden als *„Unter- oder Abschwünge"* in der Regel als Abgänge geturnt. In den neuen P-Übungen des DTB wird bei den Ausschreibungen für Unterschwung der Begriff *Felgabschwung* verwendet. Vereinfacht wird nachfolgend im Text jedoch nur noch „Unterschwung" geschrieben, da keine Verwechslungen mit anderen Elementen möglich sind.

1.4.1 Felgunterschwung (Felgabschwung) aus dem Stütz

Der Unterschwung aus dem Stütz wird in der Regel im direkten Anschluss, d.h. ohne Zwischenschwung, nach einem Umschwung vorlings rückwärts geturnt. Dabei wird die Rotationsgeschwindigkeit in Horizontalgeschwindigkeit umgelenkt und so für den Unterschwung ausgenutzt.

Sowohl im Gerätturnabzeichen des Deutschen Turner-Bundes (DTB) als auch in den Bundesjugendspielen wird in der zweithöchsten Übungsstufe, der Ü6 ein Unterschwung aus dem Stütz verlangt und in den Pflichtübungen des DTB in der P6.

Für den *allgemeinen* Turnbereich in Schule und Verein wird dringend angeraten, den Körperschwerpunkt nach dem Umschwung *nicht* mit einer tiefen Hüftbeuge und Heranführen der Schienbeine/Knie an die Stange abzusenken. Die breitensportlichen Turner haben weder die konditionellen noch die koordinativen Voraussetzungen, um das Absenken in den flüchtigen Spitzwinkelhang mit den Händen und im Bein-Rumpf-Bereich zu halten, noch aus dieser Position den tief abgesenkten Körperschwerpunkt wieder auf/über Stangenhöhe um ca. 1 m – in der Kürze der zur Verfügung stehenden Zeit – gegen die Schwerkraft anzuheben. Es soll angestrebt werden, mit Zurücksenken des gestreckten Körpers in die Waagerechte den Körperschwerpunkt (Hüfte) unter der Stange zu halten. Den Blick zur Stange gerichtet, zieht sich der Turnende unter der Stange unten durch. Die Füße streben zur Landung vor und der Turnende streckt sich von der Stange weg.

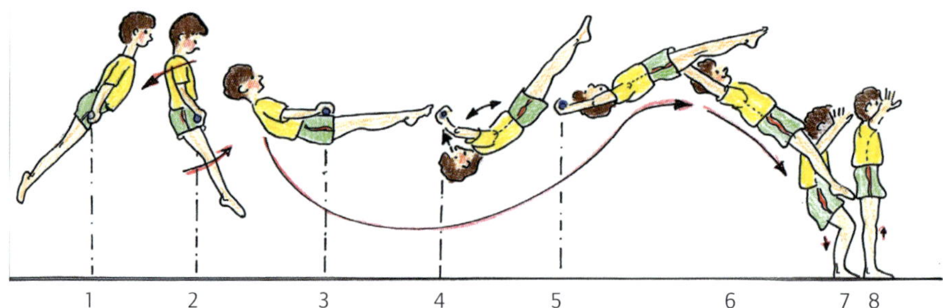

Abb. 64: Unterschwung aus dem Stütz

Bewegungsmerkmale

Bewegungsansatz

1 Stütz vorlings mit Ristgriff.

Hauptphase

2 Zurücknehmen der Schulter und zeitgleich Heben der Beine.

3 Bei gespanntem Körper und leicht gebeugter Hüfte bis in die Waagerechte anfallen. Während der Bewegung Halten des Körperschwerpunkts unterhalb der Stangenhöhe und Rotation abstoppen, wenn die Beine sich auf der Ebene der Stangenhöhe befinden.

4-5 Beginn der Translation: Mit Blick zur Stange unter der Stange Vorschwingen des gestreckten Körpers mit Strecken der Arme und aktivem Öffnen des Arm-Rumpf-Winkels bis in den flüchtigen Langhang.

5-6 Beginn der Rotation um die freie Drehachse (Körperschwerpunkt): Lösen des Griffs, Heben des Oberkörpers und mit Nachvorneführen der Füße Senken der gestreckten Beine während der Flugphase.

Landephase

7 Die Füße setzen mit den Fußballen zuerst vor dem Körper auf. Die Fersen senken sich ab und haltend-nachgebend wird der Körper durch Beugen in allen Gelenken aufgefangen. Die Arme bleiben jedoch in Hochhalte, um dadurch die Massenträgheit zur Reduzierung der Rotationsgeschwindigkeit um den Drehpunkt „Füße-Boden" zu vergrößern. Bei der Landung wird damit ein Nachvornefallen des Turners verhindert.

8 Aufrichten zum Stand, die Arme senken sich.

Lern- und Leistungsvoraussetzungen

Konditionelle Voraussetzungen:

- Haltekraft der Hände (Grifffestigkeit).
- Haltekraft zum Halten des verkleinerten Arm-Rumpf-Winkels (breiter Rückenmuskel/M. latissimus dorsi, großer Rundmuskel/M. teres major und großer Brustmuskel/M. pectoralis major).
- Schnellkräftiges Öffnen des Arm-Rumpf-Winkels (u. a. Trapezmuskel/M. trapezius, Deltamuskeln/Mm. deltoidei, Säge-Rautenmuskel-Schlinge/M. serratus M. rhomboideus-Schlinge).
- Gute Körperspannung.

Technische Voraussetzungen:

- Unterschwung aus dem Stand.
- Für die Übungsverbindung: Umschwung vorlings rückwärts.

Grundsätzliche Hilfegebung

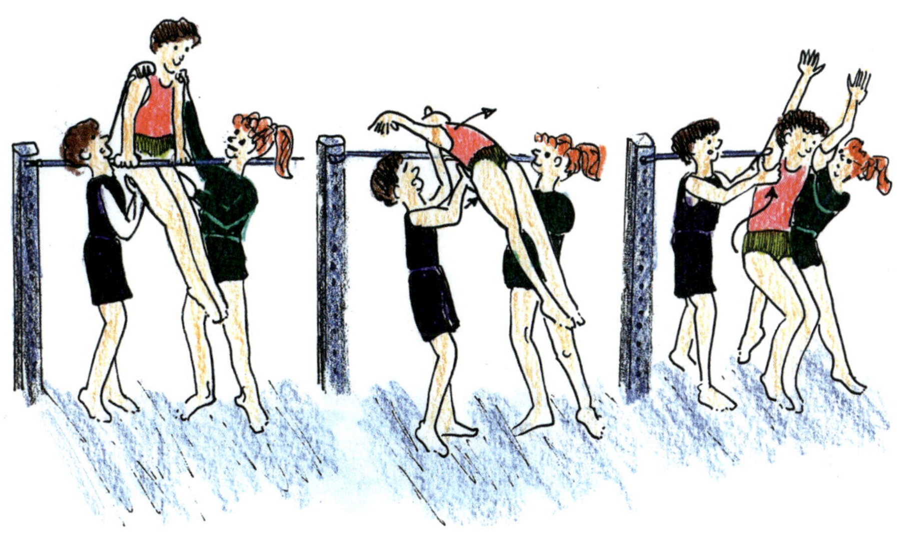

Abb. 65: Hilfegebung beim Unterschwung aus dem Stütz

Zwei Partner tragen den Übenden aus dem Waagehang unter der Stange bis zur Landung vor. Dafür müssen sie schon im Stütz des Übenden mit der fernen Handinnenfläche unter den Körperschwerpunkt gehen („V" zwischen Daumen und Zeigefinger der fernen Hand geht an die „Unterkante der Unterhose"). Mit dem Anfallen rückwärts wird die Hüfte mit diesem Griff unter der Stange gehalten (dicht unter dem Turner stehen!). Der Ellbogen (der helfenden Hand) wird dabei am eigenen Körper gegengestemmt. Die *nahe Hand* geht, zeitlich leicht versetzt, aber dann sehr schnell, an die Schulter und „klinkt" sich dort (von der Seiten kommend) von hinten ein (Fingerkuppen sind für den Helfer über der Schulter zu sehen). Diese Helferhand zieht den Übenden tragend unter der Stange nach vorne und richtet danach den Oberkörper in die Senkrechte auf. Mit der Landung wird die Schulter festgehalten („Anker auswerfen"), die nahe Hand unter dem Gesäß wechselt bei der Landung an den Schultergürtel und verhindert durch Umfassen des Oberarms von vorne ein Nachvornefallen des Turners (Abb. 65).

Tipp: Die Hilfegebung sollte zunächst beim Unterschwung aus dem Stand, z. B. beim Einturnen, einschließlich Absicherung der Landung, eingeübt werden. Zum einen können hierbei die Hände im Bewegungsansatz schon auf die Schulter gelegt werden, zum anderen wird der Helfergriff bei einem gekonnten Bewegungsablauf eingeübt und gefestigt.

Lernschritte

1. Grundübung: Zeitlupenunterschwung mit Partnerhilfe

Ziel: Ausprägen einer räumlichen Bewegungsvorstellung unter verlangsamten Bedingungen.

Aufgabe: Der Turnende lässt sich mit gestreckten Armen, leicht gewinkelter Hüfte und völlig gespanntem Körper in die Waagerechte zurückfallen (Kopf ist nach vorne genommen). Zwei hilfegebende Partner stehen sehr dicht am Gerät und tragen den Turnenden weit nach vorne in den Stand (Hilfegebung s. o.).

2. Grundübung: Beschleunigter Unterschwung aus dem Stütz mit Partnerhilfe

Ziel: Ausprägen einer räumlichen Bewegungsvorstellung unter beschleunigten, noch kontrollierbaren Bedingungen.

Aufgabe: Ablauf siehe 1. Grundübung. Der Übende geht bei gestrecktem Körper energisch mit dem Oberkörper zurück, fixiert schnell die Beine in der Waagerechten (Stangenhöhe) und lenkt die Bewegung mit leichtem Beugen der Arme unter der Stange und nachfolgendem (Weg-)Strecken des Körpers von der Stange in die Weite. Die Hilfegebung hält „so viel wie nötig – so wenig wie möglich".

3. Grundübung: Aufschwung – Unterschwung aus dem Stütz

Ziel: Festigen der Zielübung in einer Bewegungsverbindung sowie die Zielübung nach einer bekannten, noch nicht zu schnellen Bewegung turnen.

Aufgabe: Aus dem Stand Aufschwung mit schnellem Aufrichten in den gestreckten, gespannten Stütz, zügig gestreckt über den flüchtigen Waagehang zum Unterschwung aus dem Stütz rücksenken.

Hilfegebung: Die Helfer unterstützen den Aufschwung mit beiden Händen am Gesäß und wechseln danach zügig zum Unterschwunghelfergriff, wie gehabt.

Zielübung: Unterschwung direkt aus dem Umschwung vorlings rückwärts

Aufgabe: Umschwung vorlings rückwärts, Oberkörper zurücknehmen und Vorschwingen zum Unterschwung (Abb. 66).

B II

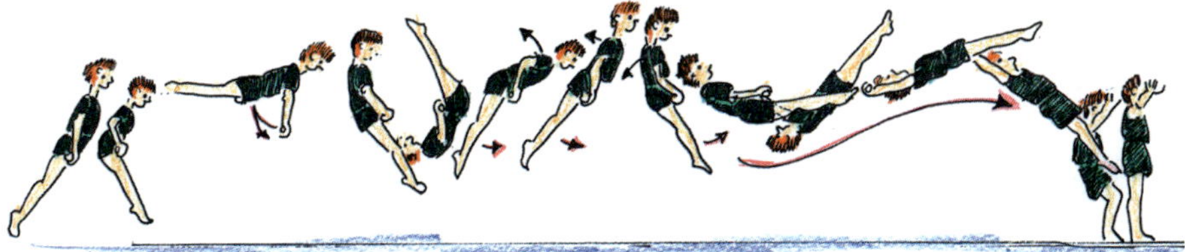

Abb. 66: Umschwung-Unterschwung

Hilfegebung: Beim Umschwung fassen beide Hände am Körperschwerpunkt („Oberkante-Unterkante-Unterhose"), mit Rücksenken zum Unterschwung geht die nahe Hand wieder an die Schulter und die ferne Hand bleibt unter dem Gesäß. Mit zuneh- mendem Können wird nur noch Landungssicherung am Rücken und am Bauch gegeben („Sandwichgriff") (Abb. 67).

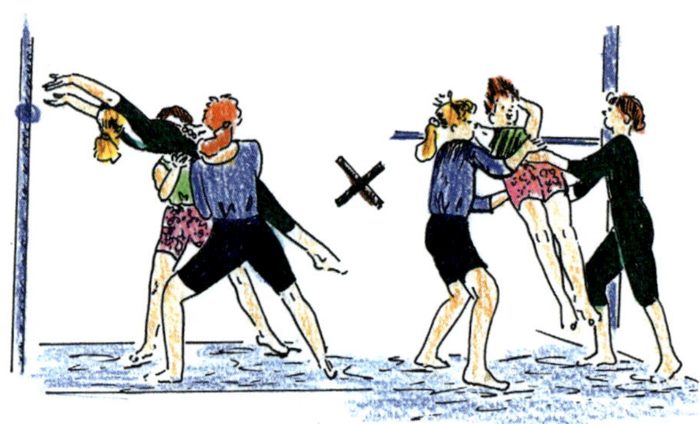

Abb. 67: Landungssicherung an Bauch und Rücken

1.4.2 Sohlen(-well-)unterschwung/Felgunterschwung aus dem Aufbücken oder Aufgrätschen

Der Sohlen*well*unterschwung, nachfolgend kurz auch *Sohlenunterschwung* genannt, wird aus dem Aufbücken oder Aufgrätschen als (Felg-)Unterschwung geturnt. Dieses Element wird in der Ausschreibung Gerätturnen weiblich der Pflichtübung in der Aufgabenvariante A des Deutschen Turner-Bundes als „Rückschwung zum Aufgrätschen und Grätschunterschwung in den Stand" beschrieben und in der P6 und P8 als Abgang verlangt. Er sollte aus einem hohen Rückschwung mit möglichst spätem Aufsetzen der Füße und einer guten Flugphase gezeigt werden. In der Ausschreibung Gerätturnen männlich wird dieses Element als *Felgabschwung* bezeichnet und in der P7 und P8 der Aufgabenvariante B aus dem Aufbücken verlangt.

Die ersten Lernschritte zum Sohlenunterschwung werden zunächst in gebückter Form erarbeitet, um eine gute Hilfegebung zu ermöglichen. Eine Übertragbarkeit zur gegrätschten Ausführungsform ist problemlos möglich und wird meist von den Turnern und Turnerinnen später bevorzugt. Die Stunde sollte als *Einstimmung* mit einer Wiederholung der technischen Lernvoraussetzungen beginnen: Laufen im

Hang durch die Bogenspannung mit Grifflösen (nochmals auf Arm-Rumpf-Winkelstreckung hinweisen), danach weite Unterschwünge aus dem Stand. Es ist darauf zu achten, dass die Füße/Unterschenkel für die Landung *nicht* unter den Körper gezogen werden!

Wird der Sohlenunterschwung aus dem Gegen- bzw. Aufgrätschen geturnt, sollten die Beine möglichst *eng an die Hände* gesetzt werden, damit der Körperschwerpunkt weit von der Drehachse entfernt ist. Praktisch formuliert: Sind die Beine zu weit gegrätscht, dann gibt es keinen Schwung für einen ausreichend weiten und hohen Sohlenunterschwung.

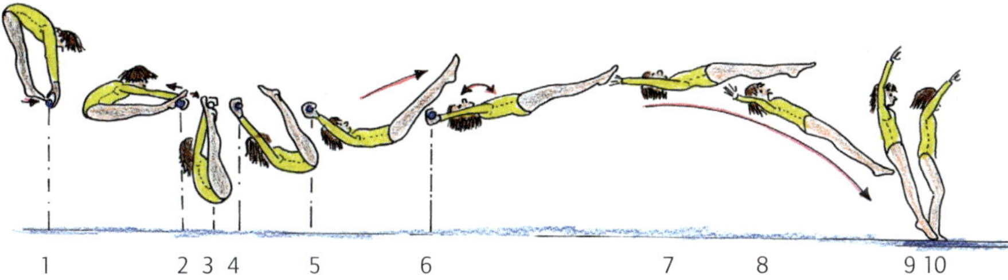

Abb. 68: Sohlenunterschwung (Grätsch-/Aufbückunterschwung)

Bewegungsmerkmale

Ausgangspositionen

Aus dem Stand auf dem unteren Holm, vorlings zum oberen Holm, Ristgriff am oberen Holm und *Absprung* mit Streckung des Arm-Rumpf-Winkels und Anheben des Körperschwerpunkts (Gesäß) oder aus dem Stütz hoher Rückschwung.

Bewegungsansatz

1 *Aufbücken* oder *enges Aufgrätschen* mit dem Mittelfuß, Nachgreifen der Hände für den Hang (Übergriff).

Hauptphase

2 *Abschwingen* des Körpers mit hohem Zug der Arme, d. h. der Holm wird bildlich „gegen die Fußsohlen" gezogen.

3 Nach dem Passieren der Senkrechten mit dem Körper

4 ... *lösen* sich in der Aufschwungphase bei ca. 45° die *Fußsohlen* vom Holm und streben nach vorne oben.

5 Mit dem *Öffnung des Hüftwinkels* in die Streckung geht die Rückwärtsrotation über in eine translatorische Fortbewegung in Holmhöhe.

6 Der *Arm-Rumpf-Winkel* wird aktiv *bis zur völligen Streckung geöffnet.*

7 *Der Griff wird gelöst*, Arme und Kopf bleiben in Verlängerung des Rumpfs.

8 Der *Körper fliegt mit gestrecktem Körper* (und guter „Bindung im Hüftbereich") weit vor.

Landephase

9 Die Füße setzen, mit den Fußballen zuerst, vor dem Körper auf.

10 Die Fersen senken sich ab und haltend-nachgebend wird der Körper mit Beugen in allen Gelenken *aufgefangen*. Die Arme bleiben zur Reduzierung der Rotationsgeschwindigkeit (vergrößerte Trägheit) in Hochhalte und werden erst in der Ruheposition abgesenkt.

Lern- und Leistungsvoraussetzungen

Konditionelle Voraussetzungen:

- Hohe Grifffestigkeit/Haltekraft der Hände.
- Dehnfähigkeit der Bein- und Rumpfrückseite und Beweglichkeit im Hüftgelenk.
- Streckfähigkeit im Arm-Rumpf-Bereich.

Technisch-koordinative Voraussetzungen:

- Unterschwung aus dem Stand.
- Schwingen im Sohlenhang (Hang mit gegengegrätschten/-gebückten Beinen).

Grundsätzliche Hilfegebungen

Gebückter Sohlenunterschwung an der kopfhohen Stange:

a) Zwei Helfer stehen seitlich vor der Stange und umfassen den im Ristgriff befindlichen Turner, unter die Stange gehend, mit der nahen Hand an seinem Handgelenk (Foto 43b), sodass er seinen eigenen Handrist sehen kann (Daumen um das Handgelenk). Mit dieser Handgelenksicherung und Drehhilfe wird nach der Flugphase der Unterschwungbewegung mit Hochhalten der Arme der aufrechte Stand gesichert. Auch bei einem zu frühen Abrutschen mit den Händen kann mit diesem Griff der Oberkörper und damit der Kopf hochgehalten werden. Die ferne Hand lenkt in der Flugphase unter dem Körperschwerpunkt (Bereich „Unterkante-Unterhose") den Körper über oben nach vorne (Foto 43c).

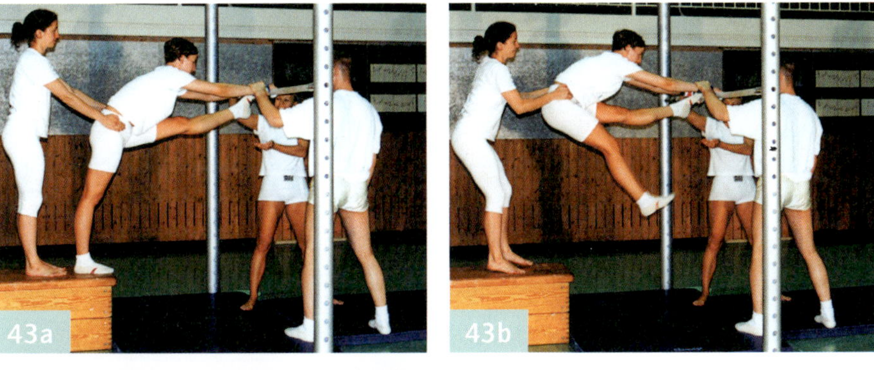

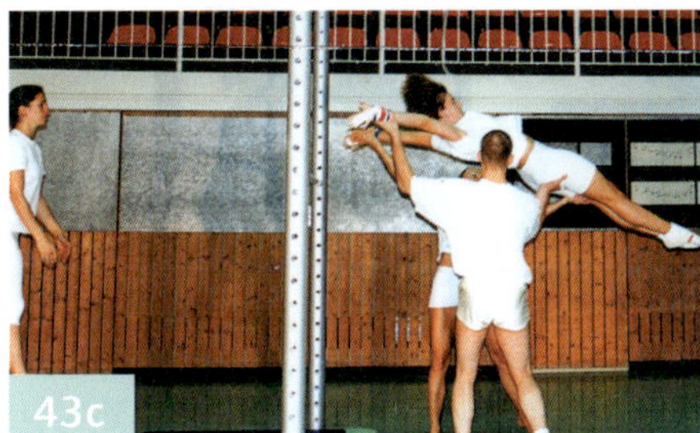

Hilfegebung beim gebückten Sohlunterschwung von einer Erhöhung

b) Die nahe Hand geht von außen hinten, zwischen Oberarm und Hals des Turners, in die Schulter und zieht und hebt den Turner während des Unterschwungs nach vorne und richtet den Rumpf auf. Die ferne Hand hilft, wie bei a) beschrieben, unter dem Körperschwerpunkt. Mit der Landung kann sie zur Landungssicherung schnell von vorne zum Oberarm gehen (Abb. 69, vgl. auch Helfergriff beim Unterschwung aus dem Stütz, Abb. 65). B II

Sohlenwellunterschwung gegrätscht und von der hohen Stange:

c) Landungssicherung: Der Turner wird mit der nahen Hand am Rücken und der fernen Hand am Bauch eingegabelt („Sandwich").

Lernschritte

1. Grundübung: Ausarbeiten der Lernvoraussetzung „Schwingen im Sohlenhang"

Ziel: Bewusstmachung und Erfahren des aktiven Zugs der Arme bei Druck der Sohlen gegen die Stange.

Aufgaben:

a) *Einstieg/Zwischenübung:* Grätsch- oder Schlussstand mit den Fußsohlen auf einer Matten- oder Kastendeckelkante. Bei gestreckten Beinen die Kante umfassen und die Matte/den Kastenwulst gegen die Fußsohlen ziehen (Abb. 70).

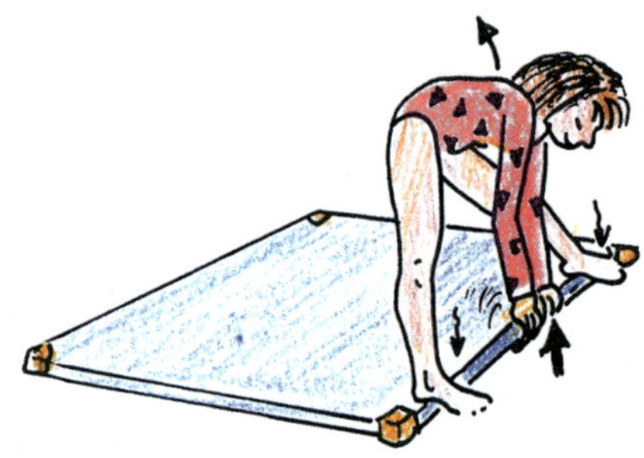

Abb. 70: Zug-Druck- Erfahrung für Sohlunterschwung

b) Sohlenhang am kopfhohen Reck: Aus dem Hangstand mit Ristgriff am kopfhohen Reck/Holm einen Fuß neben einer Hand oder zwischen den Händen gegen den Holm setzen, Absprung nach hinten oben und Gegensetzen des zweiten Fußes an die Stange (Abb. 71), mit gegengebückten/ -gegrätschten Beinen schwingen („Zieht den Holm kräftig gegen die Füße"), nach dem zweiten Vorschwung Füße lösen und den Körper zum kleinen Unterschwung strecken.

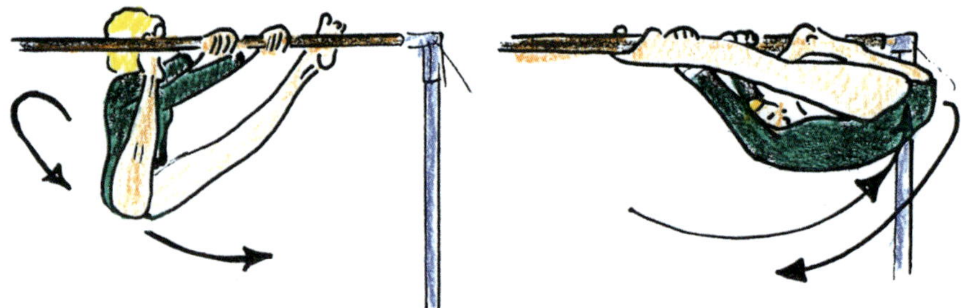

Abb. 71: Pendeln mit gegengegrätschten Beinen

2. Grundübung: Verlangsamtes Einnehmen der Ausgangsposition zum Sohlenunterschwung gebückt mit Gerät- und Partnerhilfe am kopfhohen Reck/Holm

Ziel: Kennenlernen des Abschwingens mit gebückten Beinen.

Geräteaufbau: Kopfhohes Reck, eine Erhöhung.

Aufgabe: Der Übende steht in 50-70 cm Entfernung auf einer Erhöhung (z. B. zweiteiliger Kasten/Blockkasten längs gestellt) vor dem kopfhohen Reck/Holm, Ristgriff, einen Fuß neben eine Hand oder zwischen den Händen gegen den Holm setzen, Absprung nach hinten oben und Gegensetzen des zweiten Fußes an die Stange, mit gegengebückten Beinen abschwingen („Zieht den Holm kräftig gegen die Füße"), Füße lösen und den Körper zum Unterschwung strecken (Abb. 72).

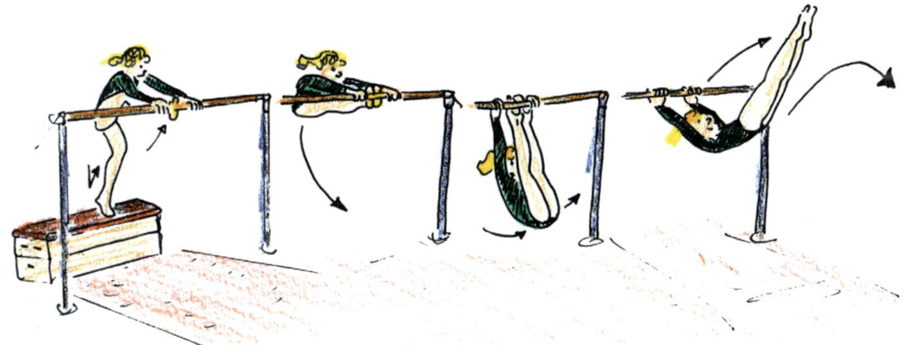

Abb. 72: Bückunterschwung mit Absprung von einer Erhöhung

Hilfegebung:

- Handgelenksicherung und unter dem Körperschwerpunkt, siehe „Grundsätzliche Hilfegebung" a).
- Eine dritte Hilfe kann auf der Erhöhung hinter dem Übenden stehen und den Bewegungsansatz erleichtern, unterstützen und verdeutlichen: Mit dem Absprung zieht sie durch Umfassen der Hüfte den Übenden in die Arm-Rumpf-Winkelstreckung und den Körperschwerpunkt nach hinten oben. Durch das Halten des Körperschwerpunkts und die damit verbundene Zeitverzögerung gelingt das Aufsetzen der Füße leichter (vgl. Foto 43a/b).

3. Grundübung: Gegenspringen zum Sohlenunterschwung mit Hilfen am kopfhohen Reck/Holm

Ziel: Sohlenunterschwung mit erhöhter Anforderung an die Haltekräfte der Hände (höhere Lageenergie → höhere Fliehkräfte).

Aufgabe: Hangstand mit Ristgriff (siehe 2. Grundübung) und von einer Erhöhung abspringen zum Gegenhocken/-bücken der Beine, schnelles Strecken der Beine und zum Unterschwung abschwingen.

Hilfegebungen: Siehe 2. Grundübung.

4. Grundübung: Sohlenunterschwung gebückt mit Bewegungsbegleitung und Sicherheitsstellung

Aufgabe: Abspringen und Gegenbücken oder auch enges Gegengrätschen der Beine und Abschwingen zum Unterschwung, erst mit Bewegungsbegleitung, nach einigen überzeugenden Versuchen mit Sicherheitsstellung turnen (s. u.).

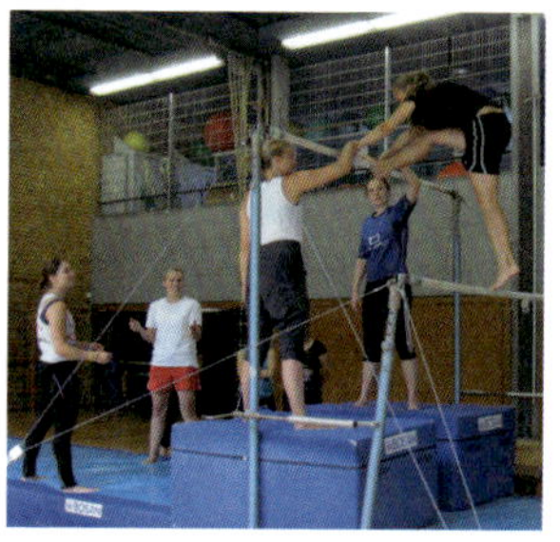

Bewegungsbegleitung *(nicht bei gegrätschten Beinen möglich)*: An der Schulter und unter dem Körperschwerpunkt, siehe „Grundsätzliche Hilfegebung" b).

Sicherheitsstellung: 1-2 Helfer stehen ca. 1 m von der Stange entfernt. Sie halten mit der nahen Hand den Rücken und sichern ein Nachvornefallen mit der fernen Hand am Bauch ab („Sandwich").

5. Grundübung: Sohlenunterschwung vom oberen Holm/Hochreck: Bück- oder Grätschsohlenunterschwung

Aufgabe: Die Grundübungen 2-4 werden auf die „Stufenbarrensituation" bzw. auf das Hochreck übertragen, wobei die Entscheidung, welche Einstiegsübung gewählt wird, dem Lernenden überlassen wird, der, je nach Angst, Selbstvertrauen, individueller Einschätzung und Können, sich entsprechend entscheiden wird: Sehr Ängstliche setzen – auf dem unteren Holm oder vor dem Hochreck auf einem Kasten stehend und die Stange im Ristgriff fassend – zunächst nur einen Fuß gegen den oberen Holm und beugen das Standbein. In der Abwärtsfallbewegung wird flüchtig zunächst das andere Bein kurz an den oberen Holm hingeführt, dann folgt schon die Unterschwungbewegung. Die Selbstbewussten turnen den Bewegungsansatz aus dem Absprung mit Gegenbücken oder -grätschen zum Sohlenunterschwung.

Hinweise zum Geräteaufbau: Alternativ kann auch vom hohen Pferd/fünfteiligen Kasten vor dem sprunghohen Reck geturnt werden. 1-2 dickere Landematten (feste Weichböden) liegen unter der sprunghohen Stange.

Bewegungsbegleitung/Sicherheitsstellung:

- Bei Bedarf können 1-2 Helfer in der Gasse am Oberschenkel in der abschwingenden Phase den Übenden bewegungsbegleitend abfangen (vgl. Abb. 69a).
- 1-2 Helfer sichern die Landung: 1-2 m vom Holm entfernt stehend, sichern sie am Rücken und Bauch haltend („Sandwich") die Turnerin bei der Landung.

Bewegungsverbindungen

- Vorgeschaltete Umschwünge vorlings (vorwärts und rückwärts) sowie alle Kippen vorlings bieten sich vor Sohlenunterschwüngen aus dem Stütz an.
- *Sohlenunterschwung* aus dem Außenseitstütz am unteren Holm *mit Griffwechsel* in den *Streckhang am oberen Holm*. Die Füße müssen hierzu etwas länger an der Stange gehalten werden. Hilfegebung ist, wie unter „Grundsätzliche Hilfegebung" b) beschrieben, an der Schulter und unter dem Körperschwerpunkt („Unterkante-Unterhose").
- *Sohlen(-well)umschwung („Brückumschwung" rückwärts):* Wird ab der Senkrechten in der Aufwärtsphase schnellkräftig gehockt, dann gelangt der Turner wieder auf die Stange (Hockstand). Die Ausgangsposition muss hierfür jedoch unbedingt der senkrechte Bückstand auf der Stange sein, noch günstiger, wenn der Körper vorher rückwärts beschleunigt in den Bückstand gelangte. Dieses Turnelement wird in der höchsten Schwierigkeitsstufe P9 des DTB-Aufgabenbuchs verlangt.

Variationen der Ausgangsposition Aufhocken/-bücken/-grätschen aus dem Stand und Stütz

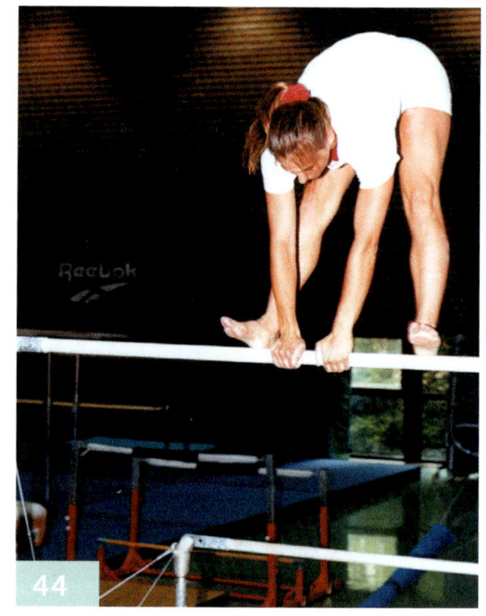

- Statt flaches *Gegen*bücken/-grätschen sollte zunehmend von *oben* das *Auf*bücken bzw. -grätschen (Foto 44) erfolgen, wie es auch in den Pflichtübungen des DTB verlangt wird. Ein Nachfassen der Hände für das Hangverhalten ist zudem so kurzfristig möglich.
- *Aus dem Stütz* hoher Rückschwung und mit Strecken der Beine *auf*hocken oder *auf*bücken oder aufgrätschen zum Sohlenunterschwung.

Hinweis: Zunächst sollte an der kopfhohen Reckstange das Aufhocken geübt werden (zwei Helfer umfassen, wie bei der Hocke am Kasten, die Oberarme mit Stützgriff). Um die Lageenergie durch die damit erhöhte Anforderung an die Haltekraft zu verringern, sollten die Beine zunächst erst während der abschwingenden Phase gestreckt werden. 1-2 Helfer verlangsamen die Abwärtsbewegung durch Tragen mit beiden Händen unter dem Körperschwerpunkt und den Oberschenkeln (Abb. 69a). Zwei weitere Helfer geben Griffsicherheit (bei gebückter Ausführung), wie oben beschrieben, oder begleiten an der Schulter und unter dem Oberschenkel (Abb. 69b). Bei Bewegungssicherheit wird der Bück-/Grätschsohlenunterschwung vom hohen Holm (vgl. Foto 45) bzw. vom Hochreck aus dem Stütz geturnt.

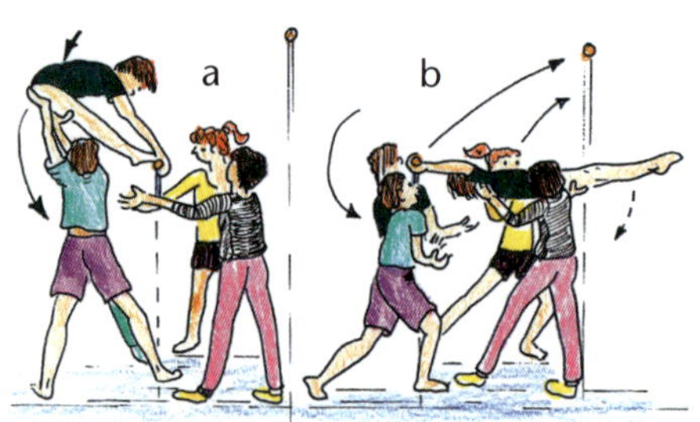

Abb. 69a/b: Hilfegebung beim Bückunterschwung

Variation der Flugphase: Drehungen, Winkeln und Salto vorwärts als Abgang aus dem Sohlengang

- *Sohlenunterschwung mit halber (DTB-Übung P9), später ganzer Drehung:* Der Hüftwinkel wird geöffnet, in der Endphase der Hüftstreckung drehen die Beine in Bewegungsrichtung vor, der Oberkörper einschließlich der hochgehaltenen Arme „schnellt" nach: → Katzenschraube bzw. Hula-Hoop-Drehung.
  Hinweis: An den Schaukelringen lassen sich diese Längsachsendrehungen am Ende des Vorschaukelns gut bewusst machen („Füße vor – Hüfte strecken –dreh'n!!!").
- Die Beine werden nach dem Lösen von der Stange in der Luft fast in der Senkrechten gehalten und mit Grifflösen schnellt der Oberkörper zu den Beinen, danach öffnet sich der Bein-Rumpf-Winkel zur Landung. Wenn am Pferdsprung der Yamashita geübt wird (Abbücken in der zweiten Flugphase), dann kann dieses Bücken auch in die Flugphase der Unterschwungbewegung eingebaut werden. Dementsprechend können aus diesem Kapitel zur Technikschulung auch die ersten Grundübungen übertragen werden (vgl. Grundübung 1 und 2, S. 164/165).
- *Aufbücken zum Sohlenteil-„umschwung" mit Unterschwung zum Salto vorwärts*

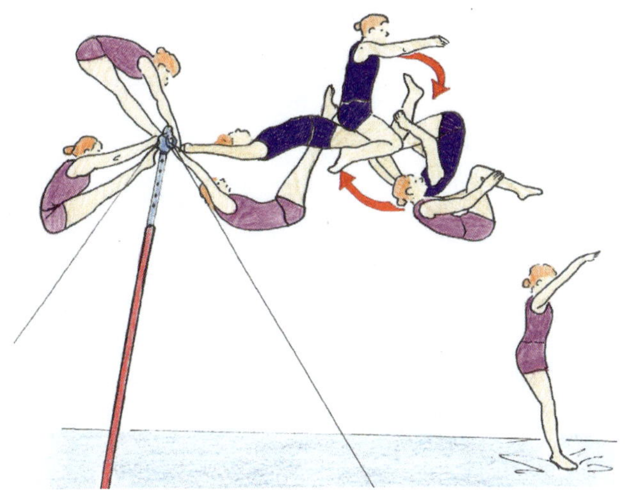

Unterschwung Salto vorwärts

B II

1.5 Salto rückwärts aus dem Vorschwung im Streckhang (Abgang)

Der Salto rückwärts von der hohen Stange ist sowohl im weiblichen als auch männlichen Gerätturnen der beliebteste Abgang. In den breitensportlichen Pflichtübungen wird im weiblichen Gerätturnen der Abgang erstmalig in der P8 gehockt oder gebückt verlangt, in der P8 der Männer und der P9 der Frauen kann er auch gebückt oder gestreckt geturnt werden. Im männlichen Gerätturnen muss der Saltoabgang in der P9 dann gestreckt gezeigt werden.

Die Methodik für den breitensportlichen Bereich wird über das Turnen an den Schaukelringen aufgebaut. Durch das lange Pendel „Ringe" ist mehr Zeit und Raum gegeben, die fertigkeitsbezogenen Aufgaben zu realisieren: Die Technik des Vorschwungs kann bewusst erlernt werden, der Zeitpunkt des Hochbringens des Körperschwerpunkts über Kopf ist deutlich erfahrbar, die Orientierungsfähigkeit kann für diese Situation geschult werden, die Angst, mit den Füßen hängen zu bleiben, ist nicht gegeben (angstfreies Techniklernen) und das Landeverhalten nach einer Rückwärtsrotation in gehockter Position kann automatisiert werden.

Der Bewegungsablauf wird nachfolgend *exemplarisch* am *Stufenbarren* beschrieben, da die Abwärts-/Antriebsphase durch den unteren Holm eine Besonderheit erfährt. Für den Ablauf der Abwärtsphase am *Hochreck* kann die Beschreibung der Bewegungsmerkmale dem Riesenfelgumschwung (S. 215) entnommen werden. Ab kurz vor der Hangsenkrechten und in der Realisierungsphase *gleichen sich dann wieder beide Ausführungen, die am Stufenbarren und am Hochreck.* Auch *die Methodik* ist im Prinzip *die Gleiche für das männliche und das weibliche Turnen.*

Bewegungsmerkmale

Antriebsphase

a) Ausgangsposition und Bewegungseinleitung:

1 Aus dem gewinkelten Stand auf dem unteren Holm mit Ristgriff am oberen Holm, Arm-Rumpf-Winkel ist gestreckt, Absprung nach hinten oben in eine

hohe Ausgangslage (oder aus dem Stütz am oberen Holm/vom Hochreck, Rückschwung mit Abstemmen in eine hohe Ausgangslage).

b) Abwärtsphase: Vorschwung im gewinkelten Hang, dann Streckhang:

2 Flüchtiger gewinkelter Hang, die Füße befinden sich *über* dem unteren Holm, Abschwingen mit Führen der Füße dicht am unteren Holm vorbei.

3 Strecken der Hüfte mit Führen der Beine *unter* den unteren Holm; gestrecktes (gegebenenfalls leicht überstrecktes) Vorschwingen und Passieren der Hangsenkrechten in Bogenspannung.

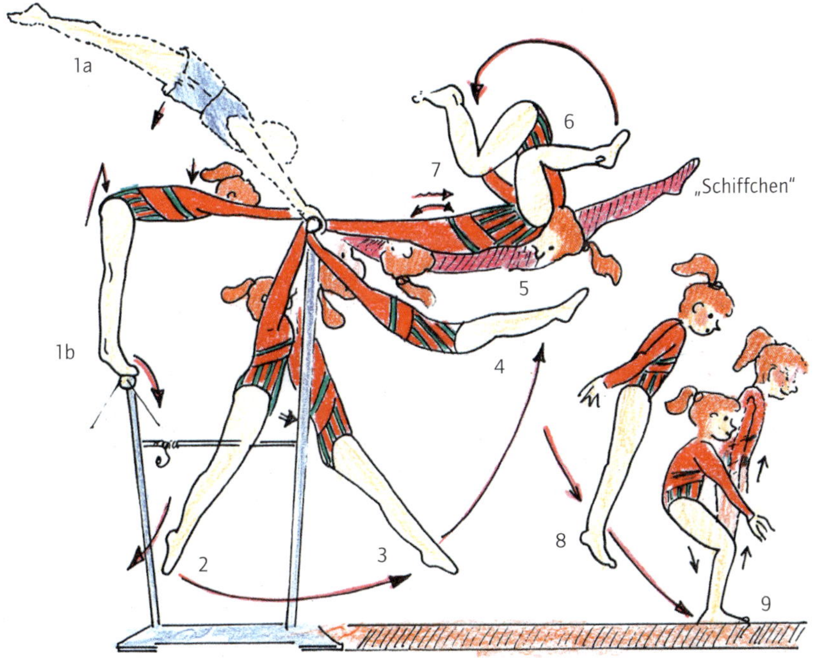

Abb. 73: Salto rückwärts gehockt aus dem Vorschwung

Realisierungsphase

a) Aufwärtsphase:

4 Winkeln in der Hüfte durch schnepperndes Vorhochführen der Füße.

5 Bei ca. 45° zur Stangenwaagerechten bei noch gestrecktem Arm-Rumpf-Winkel und flüchtiger „Schiffchenhaltung" Beginn der Beugung (des Anhockens) der Beine zum Rumpf hin.

b) Saltodrehung:

6 In der Waagerechten der Stange Lösen des Griffs und enge Hockposition und . . .

7 Saltorotation rückwärts.

8 Strecken der Beine zur Landungsvorbereitung.

Landung und Endposition

9 Haltendes Nachgeben in allen Gelenken mit schräg-vor-hochgeneigtem Körper und Aufrichten zum Stand, Arme in Hoch- oder Seithalte.

Lern- und Leistungsvoraussetzungen

Konditionelle Voraussetzungen:

- Ausgeprägte Haltekraft der Hände (Grifffestigkeit).
- Schnellkraft der hüftbeugenden Muskulatur (gerade Bauchmuskulatur/ M. rectus abdominis, Lenden-Darmbein-Muskulatur/M. iliopsoas und der vierköpfige Schenkelstrecker/M. quadriceps femoris).

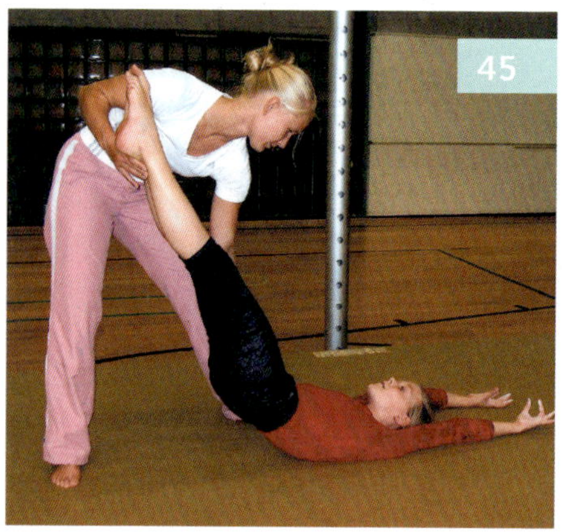

Verdeutlichung der Schiffchenhaltung für den Vorschwung

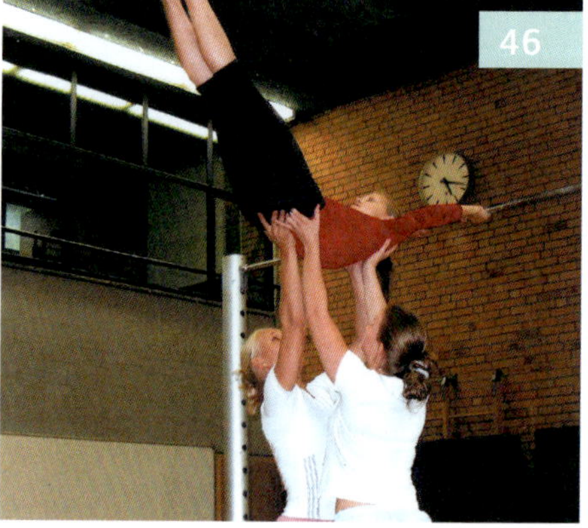

Übertrag der Schiffchenhaltung auf den Vorschwung im Hang für Salto rückwärts

Technisch-koordinative Voraussetzungen:

- Schwingen im Streckhang und Einnehmen der Schiffchenposition im Vorschwung (Fotos 45 und 46).

- Erfahrungen in gehockten, freien Rückwärtsrotationen, z. B. Überdrehen rückwärts gehockt aus dem Vorschaukeln an den Ringen oder mit Hilfegebung Salto rückwärts vom Minitrampolin.

Grundsätzliche Hilfegebung

Es gibt grundsätzlich zwei Möglichkeiten, den Salto rückwärts zu unterstützen.

Möglichkeit 1:

a) Zwei Helfer stehen im Landungsbereich: Mit dem Absprung „klinkt" sich die nahe Hand von außen hinter dem Oberarm in die Schulter ein und zieht und trägt den Turner von der Stange, danach kann die Rückwärtsrotation durch Zug an der Schulter unterstützt werden. Dieser „Schultergriff" ist gleichzeitig ein Widerlager für die zweite Helferhand: Die ferne Hand hebt unter dem Körperschwerpunkt (Bereich: „Oberkante-Unterhose!") das Gesäß über den Kopf (Foto 47a-d). Ist dies gelungen, geht diese Hand sofort an den Oberarm (Foto 47e) und umschließt ihn (nun mit der anderen Hand zum „Klammergriff" geworden). Damit wird der Körper für die Landung aufrecht gehalten (Helferhände sind zum Schluss verdreht).

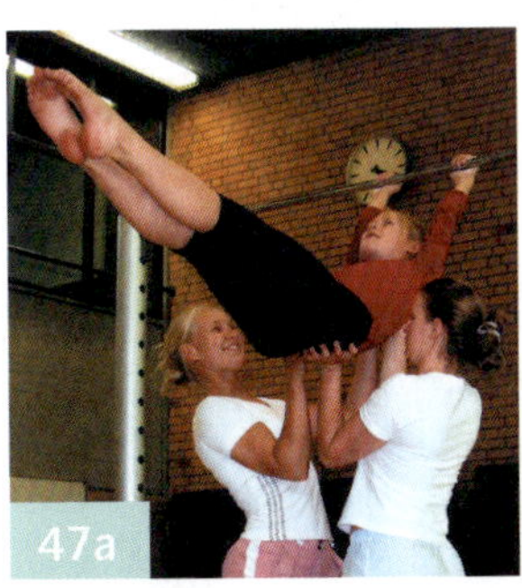
47a

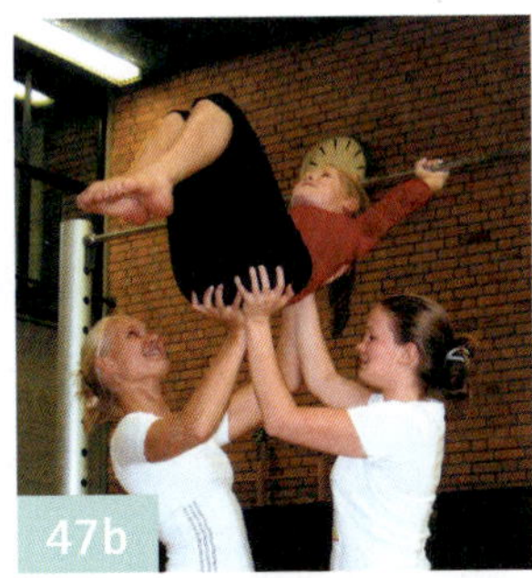
47b

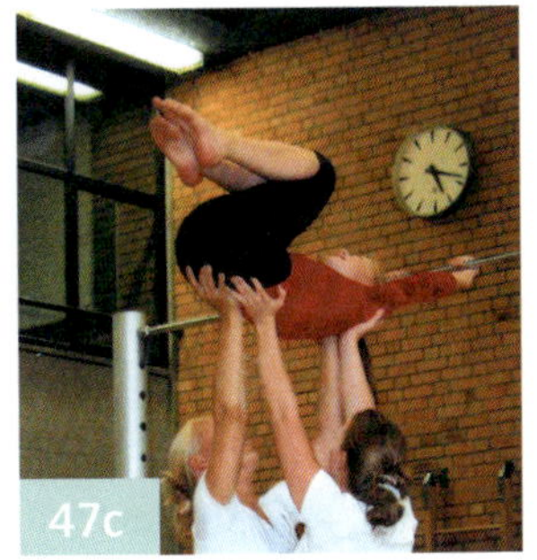
47c

Hilfestellung (1) beim Salto rückwärts aus dem Vorschwung

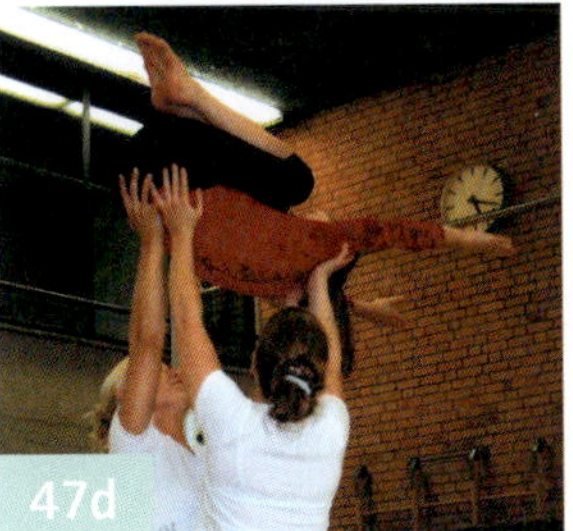
47d

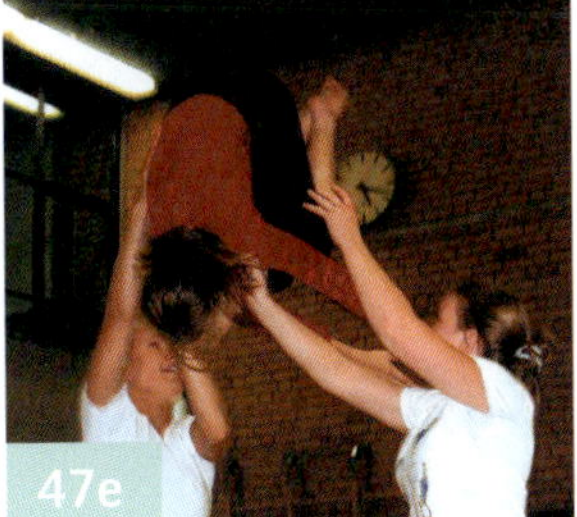
47e

B II

b) Bei sehr schweren und ängstlichen Turnerinnen können die Helfenden auch mit den fernen Armen ganz den Unterkörper umfassen und den Turnenden so auf ihren Schultern tragen (Foto 48). Diese Hilfegebung ist auch für eine alleinige Hilfe (Foto 49a/b) geeignet.

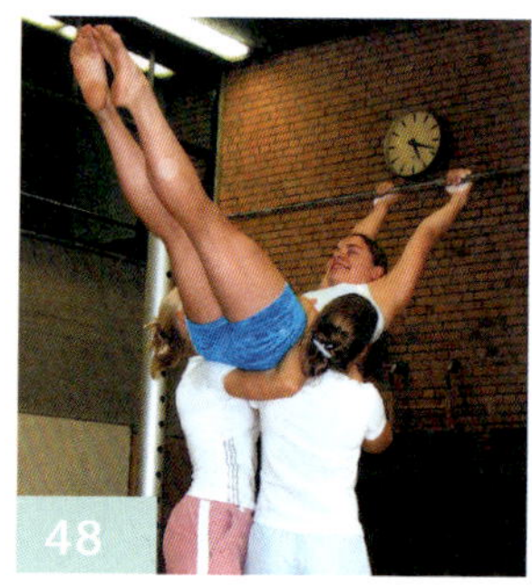

Tragende Hilfebei schweren Turnerinnen

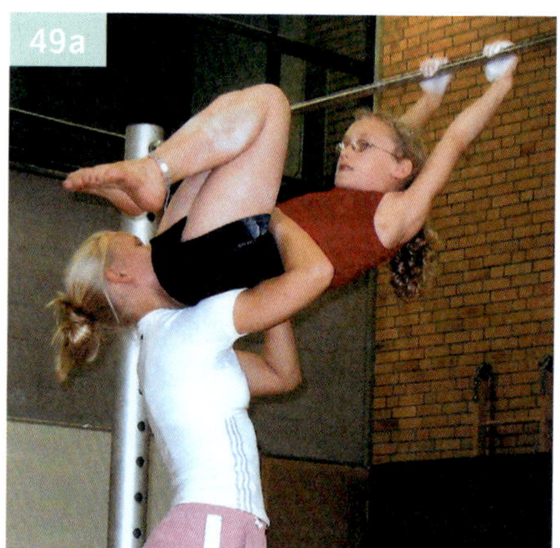

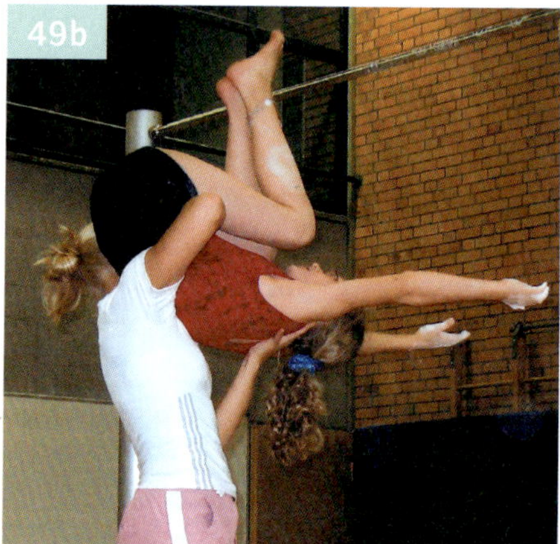

Alleinige Hilfestellung bei ängstlichen oder schweren Turnerinnen beim Salto rückwärts

Möglichkeit 2:

Es gibt noch einen alternativen Griffansatz, der bei guten Turnern oder bei leicht zu haltenden Turnern einzusetzen ist. Im Gegensatz zur oben beschriebenen ersten Möglichkeit geht die nahe Hand nicht an die Schulter, sondern gleich auf den Bauch, um nach einer halben Breitenachsendrehung den turnenden Körper auf der Bauchhand zu tragen (Fotos 50a-f). Dieser helfende Griff ist sehr gut auch allein als Bewegungsbegleitung (Fotos 51a-c) einzusetzen.

Nachfolgend wird in erster Linie in der Methodik die erste Möglichkeit eingesetzt.

Mit zunehmender Sicherheit wird nur noch Landungssicherung an Rücken und Bauch gegeben.

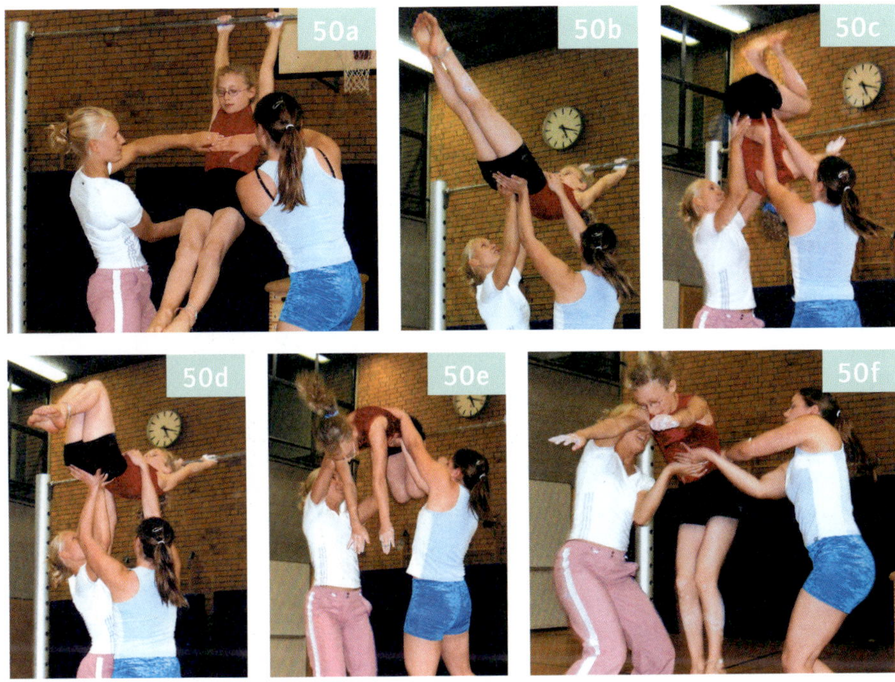

Hilfestellung (2) für den Salto rückwärts aus dem Vorschwung

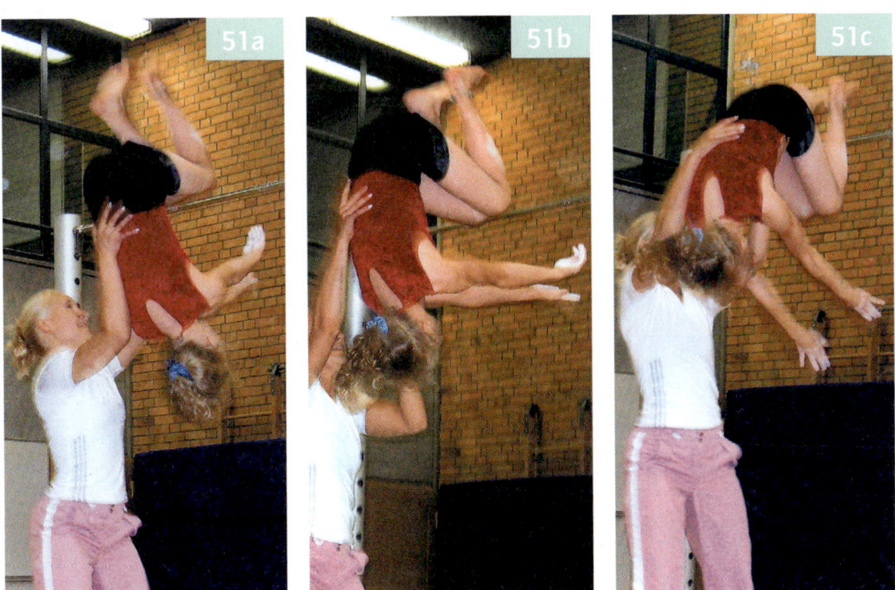

Alleinige Hilfe- und Sicherheitsstellung bei sicher geturntem Salto rückwärts

Lernschritte

1. Grundübung: Überdrehen rückwärts an der kopfhohen Stange/den kopfhohen Ringen (Tauen) oder am Parallelbarren

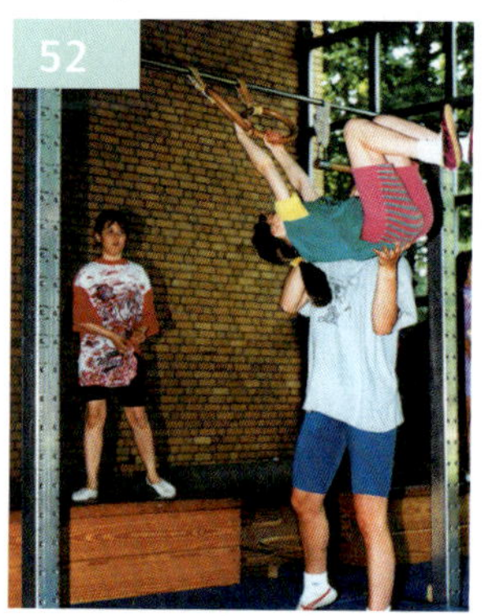

Ziel: Kennenlernen der Steuerung der „Salto-Rückwärtsbewegung" bis zur sicheren Landung.

Aufgabe: Aus dem Hangstand an den Ringen (auch an der Stange, zwischen den Barrenholmen oder an den Tauen möglich), Absprung und den Körper rückwärts über den Kopf drehen mit Anhocken der Beine. *Bewusstes Absenken der Füße* genau unter dem Aufhängepunkt, *bewusstes Lösen der Hände* und landen.

Variation: Aus dem Anspringen an die Ringe oder an das Trapez, die an der Reckstange befestigt sind, Vorschwung und zum Überdrehen mit Hilfe anhocken (Foto 52).

2. Grundübung: Salto rückwärts aus dem Vorschaukeln an den Ringen (Tauen)

Ziel: Kennenlernen der Gesamtbewegung der Zielfertigkeit unter vereinfachten Schwungbedingungen und ohne psychisches Hindernis „Stange" für die Füße.

Aufgabe: An den reichhohen Ringen 1-2 x vorschaukeln (nicht zu hoch), mit letztem Schrittabdruck vom Boden schnelles Hochbringen der Füße aufwärts und schnelles Überdrehen rückwärts gehockt mit Lösen des Griffs und gezielt gesteuerter Landung.

Mattensicherung: Drei hintereinander gelegte feste Weichböden liegen unter den Ringen.

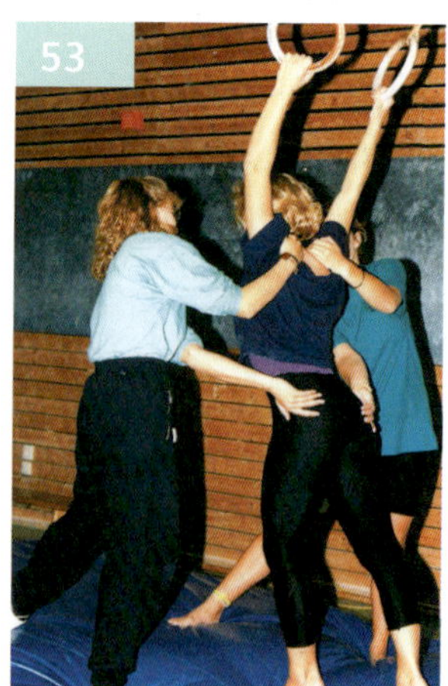

Griffansatz für das Überdrehen rückwärts

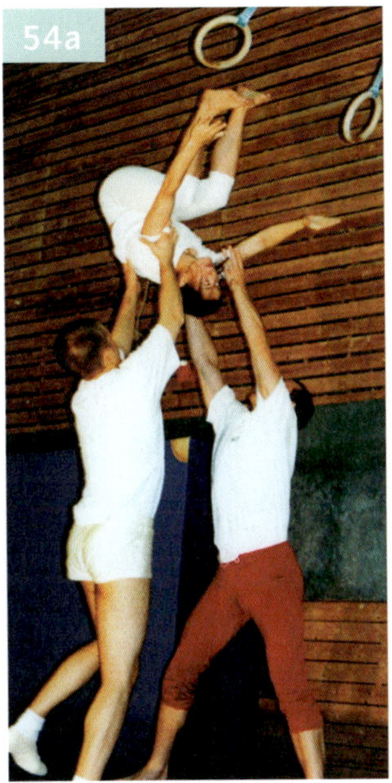

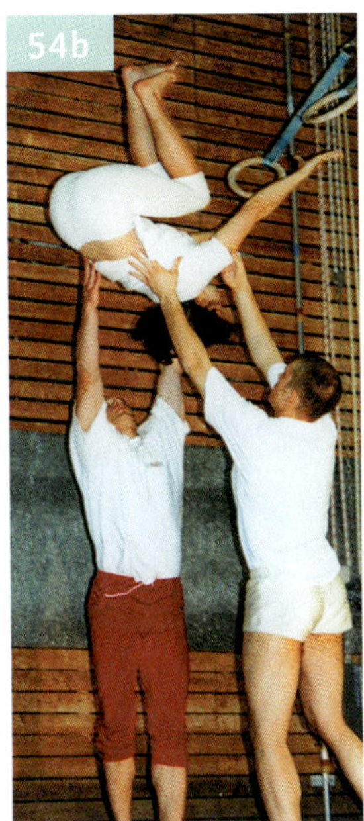

Helfergriffe beim „Salto rückwärts" an den Ringen

Hilfegebung: Die nahe Hand geht zwischen Oberarm und Hals („O-Ha-Griff") und wird zum Widerlager für die rotationsunterstützende Schwerpunktanhebung im Hüftbereich (Foto 53), danach stützt sie den Körper in der Luft (Fotos 54a/b). Vor der Landung geht die Hand vom Hüftbereich an den Oberarm, um die Landung mit aufgerichtetem Oberkörper abzusichern.

3. Grundübung: Üben des Ab- und Vorschwungs im Streckhang am Reck/Stufenbarren

Ziel: Kennenlernen des Bewegungsansatzes und der Technik des Vorschwingens im Streckhang.

Aufgabe: Gewinkelter Stand auf einem hohen Kasten mit Griff zur Reckstange oder auf dem unteren Holm mit Griff am oberen Holm, der Arm-Rumpf-Winkel ist gestreckt, Absprung mit dem Gesäß nach hinten oben, Abschwung mit gestrecktem Arm-Rumpf-Winkel, die Füße zielen auf einen Punkt unter der Hangsenkrechten der hohen Stange und der Körper streckt sich, bis er in der Senkrechten ist. Die Füße werden (wie an den Ringen) in der Aufwärtsbewegung energisch hochgenommen, die Hüfte winkelt sich aber nur leicht. Dabei mit viel Krafteinsatz den Arm-Rumpf-Winkel gestreckt halten. Die beiden Helfer ziehen und strecken den Schultergürtel nach vorne oben, die ferne Hand hebt unter dem Körperschwerpunkt.

4. Grundübung: Üben des Bewegungsansatzes vor dem Anhocken zum Salto

Aufgabe:

a) Üben des Vorschwungs im Streckhang mit „Schiffchenhaltung" und Öffnen des Arm-Rumpf-Winkels *vor* dem „Einrollen" zum Salto rückwärts am Reck/Stufenbarren. Bewusstmachung der Haltung am Boden und aus dem Vorschwung mit Einfrieren der Schiffchenposition im Hang (Foto 45 und 46)

Ziel: Kennenlernen der Technik des Vorschwingens im Streckhang mit Strecken im Arm-Rumpf-Bereich. Kennenlernen des Zeitpunkts für das schnelle, enge Anhocken (das „Einrollen") für die Salto-Rückwärtsrotation.

b) Danach Einbezug der Hockbewegung: Übungen siehe 4a), jedoch kurz vor der Waagerechten die Knie an den Bauch ziehen (vgl. Fotos 47a-d).

Für Fortgeschrittene: Wird dieser Ansatz gut beherrscht, kann die komplexere Form mit einbezogen werden: Aus dem gewinkelten Stand auf dem unteren Holm Absprung nach hinten oben, Füße am unteren Holm vorbeiziehen und („stechen") die Beine *unter* (!) den Holm zur frühen Körper(über)streckung lenken. Unter dem Aufhängepunkt: Vorschneppern der Beine und sich in der Waagerechten halten lassen (Hilfegebung s. o.) und in die Hockposition bei gestrecktem Arm-Rumpf-Winkel „einrollen".

5. Grundübung: Aus dem Stand bzw. dem Abstemmen Vorschwung in den Streckhang und Salto rückwärts gehockt

Ziel: Turnen der Zielfertigkeit mit zwei Helfern.

Aufgabe: Aus dem gewinkelten Stand abspringen oder aus dem Stütz in eine hohe Ausgangsposition mit möglichst gestrecktem Arm-Rumpf-Winkel abstemmen, Vorschwung zum Streckhang, Beine hochbringen, Beginn des Einrollens und Hände lösen (Foto 55) und zur Landung auf einem festen Weichboden drehen (optimal: mit aufgelegter flacher „Schlabbermatte" zur Dämpfung der Landung).

Hinweis: Technik und Hilfegebung für das Abstemmen, siehe Riesenfelgumschwung (S. 172ff.).

Zielübung

Aus dem Stütz Rückschwung mit Abstemmen rückwärts in den Streckhang (Reck)/ gewinkelten Hang (Stufenbarren) und Vorschwung zum Salto rückwärts (Foto 56). Mit zunehmender *Bewegungssicherheit* gehen die Helfer mit der nahen Hand nach der Dreiviertelsaltodrehung *nur noch sichernd* an den Rücken des Turners, die ferne Hand hält am Bauch, zunächst noch mit zwei Helfern dann nur noch eine Hilfegebung (Foto 56a). Danach wird der Salto mit Sicherheitsstellung (jetzt geht die nahe Hand bei der Landung an den Rücken, die ferne sichert bei den Mädchen und Frauen am Bauch, bei den Jungs und Männern an der Brust) geturnt (Foto 56 b), Schließlich wird der Salto rückwärts ganz alleine geturnt.

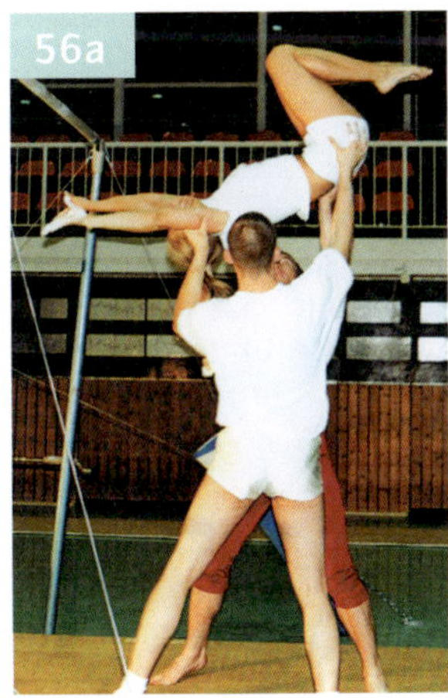

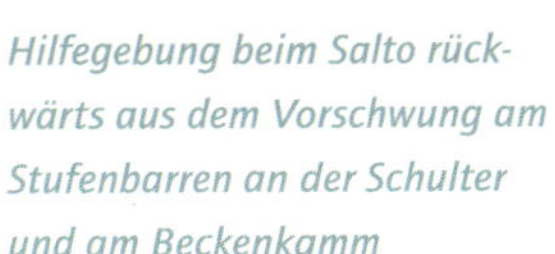

Hilfegebung beim Salto rückwärts aus dem Vorschwung am Stufenbarren an der Schulter und am Beckenkamm

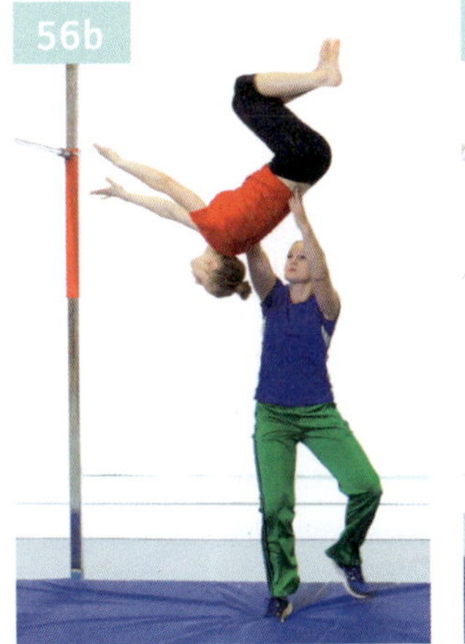

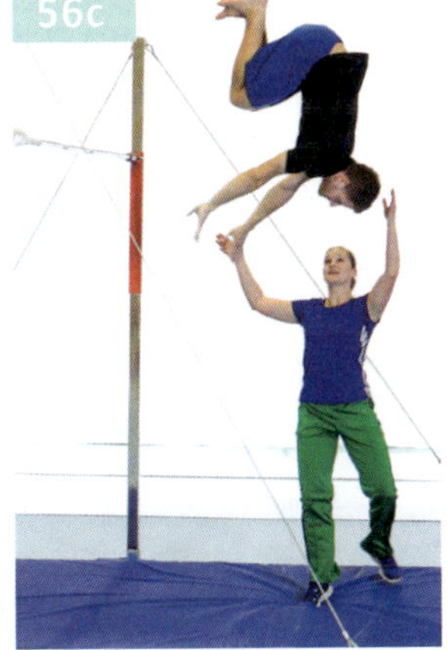

Salto rückwärts aus dem Vorschwung vom oberen Holm

B II

Erschwerte Variationen

Aus dem Abschwung Salto rückwärts gebückt (P8) und gestreckt (P9 der DTB-Übungen männlich und weiblich).

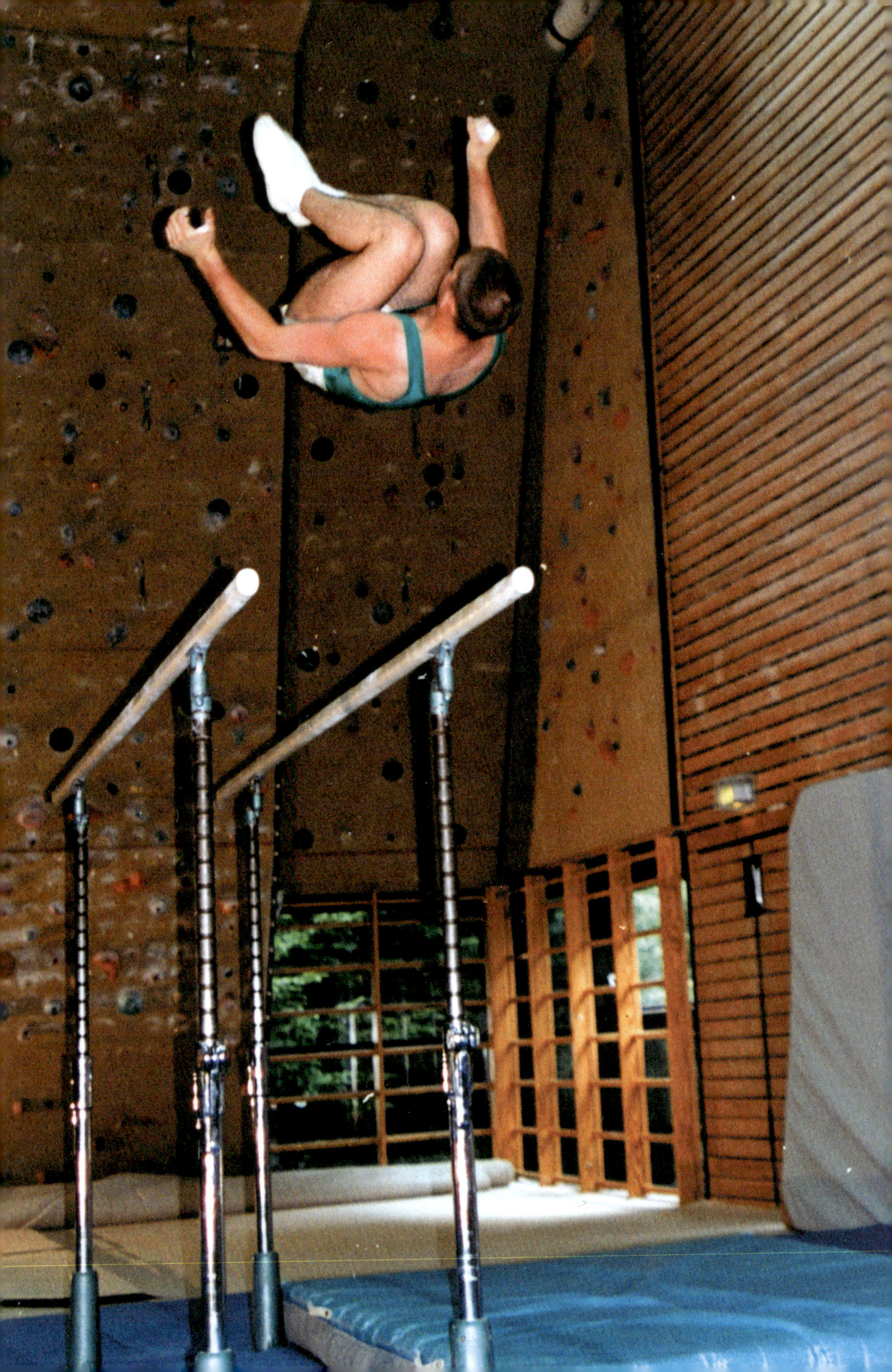

2 Parallelbarren

Wenn der Parallelbarren in der Schule bei den Bundesjugendspielen, dem Gerätturnabzeichen auch von Mädchen gewählt werden kann, so ist es doch vorwiegend das Wettkampfgerät der männlichen Turner.

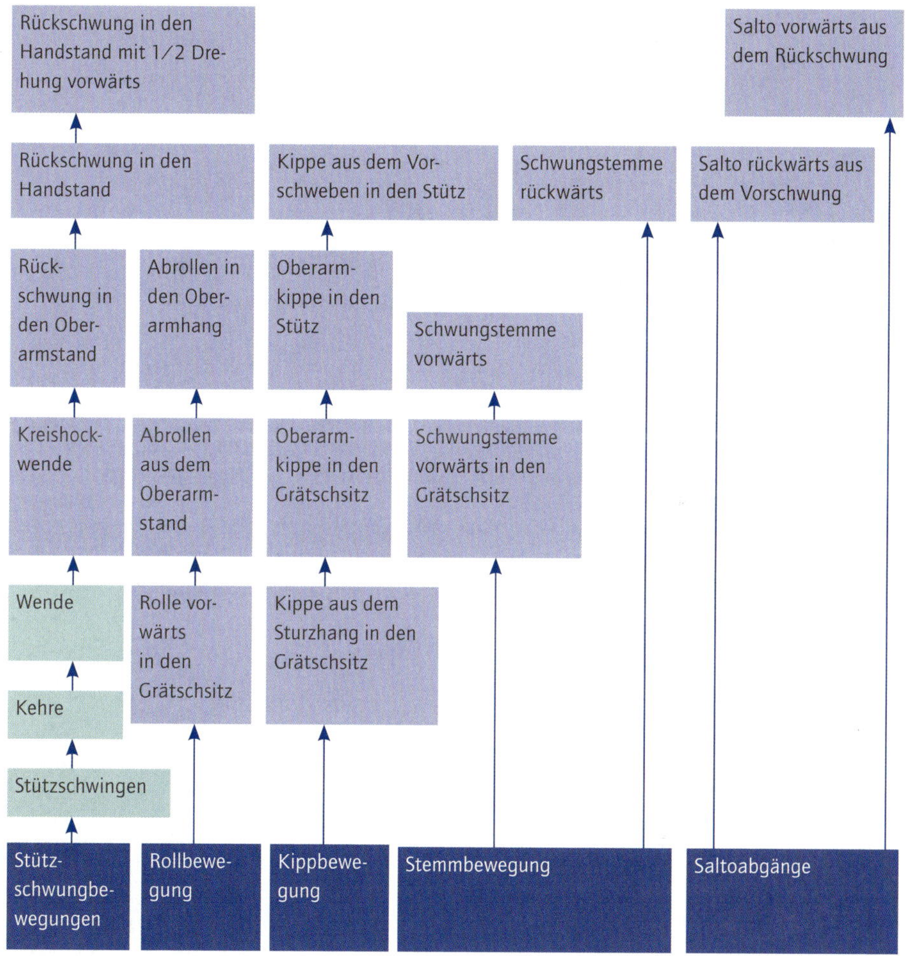

Abb. 74: Niveaustufen der Fertigkeiten am Hang- und Stützgerät Parallelbarren (die Pfeile weisen auf den Voraussetzungscharakter hin, die horizontale Ebene drückt die Zuordnung der Fertigkeiten zueinander über das Könnensniveau aus). Hellviolett unterlegte Fertigkeiten = im „Basisbuch Gerätturnen" (2014) abgehandelt).

B II

Im Rahmen dieses Buches kann nicht ausführlich auf die zahlreichen Fertigkeiten des Wettkampfturnens eingegangen werden, sondern nur auf „Klassiker", wie Kreishocke, Oberarmrolle, Schwungstemmen, Kippen und Rückschwung in den Handstand, die auch in den Leistungskursen der Schulen und in den oberen Pflichtwettkampfklassen (vgl. Anhang V 1.3, Seite 360ff.) geturnt werden. Abbildung 74 ist zu entnehmen, wie die Fertigkeiten am Parallelbarren aufeinander aufbauen bzw. in der Schwierigkeit zueinander zu bewerten sind.

2.1 Kreishockwende (Drehhocke)

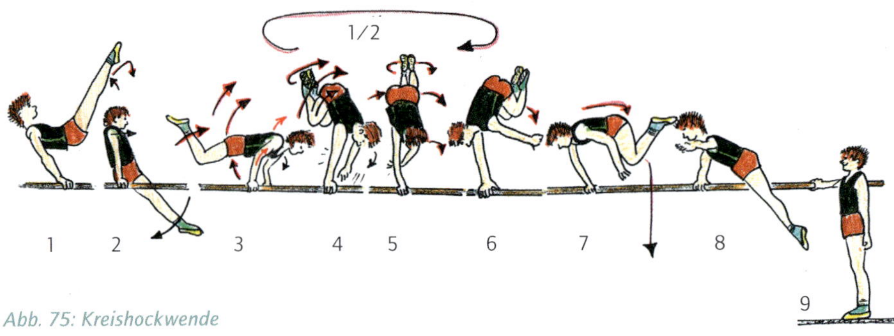

Abb. 75: Kreishockwende

Bewegungsmerkmale

Grundsätzlich: Bei einer Drehung nach rechts um den rechten Stützarm erfolgt der Abdruck von der linken Hand und eine Gewichtsverlagerung nach rechts über den rechten Holm (... aus Sicht des Turners).

Abwärtsschwung rückwärts (Antriebsphase)

1 Aus einem hohen Vorschwung, kurz vor dem Umkehrpunkt zum Rückschwung, Beginn der Hüftstreckung (hohe Lageenergie).

2 Mit gestrecktem Abwärtsschwingen (hohes Drehmoment) dreht der Körper um die Schulterachse und um die Griffstelle.

Aufwärtsschwung und Drehphase (Realisierungsphase)

3 Nach Passieren der Stützsenkrechten Rückhochschwingen des Körpers – die Füße gehen dem Körper voraus – bis fast zur Waagerechten. Der Schultergürtel ist vorverlagert, deutliches Anheben des Körperschwerpunkts und zeitgleich die Beine anhocken (Füße werden zum Gesäß hochgezogen, Foto 57).

4 Der Körper schwingt – mit kraftvollem exzentrischen Drehabstoß/Abdruck

von der nun nicht mehr stützenden Hand – über den gestreckten Stützarm, der Kopf wird in Drehrichtung genommen.

5 Die Füße der gehockten Beine überqueren den Holm der Abdruckhand.

6 Nach einer knappen halben Drehung wird der Holm des Stützarms überquert.

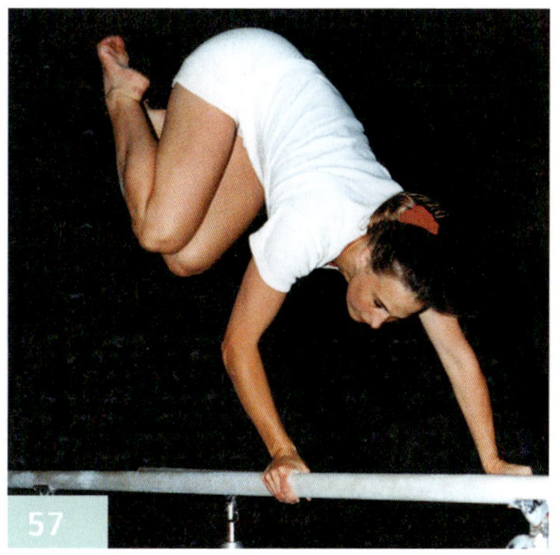

Hoher Rückschwung mit Dreheinleitung

Landephase

7 Der Stützarm stemmt gegen den Holm den Körper zum Querverhalten.

8 Mit Aufrichten des Rumpfs und mit der Streckung in der Hüfte strecken sich die Beine zur Landung.

9 Die Fußspitzen berühren den Boden und die Fersen senken sich zur haltend-nachgebenden Landung im Außenquerstand seitlings, die Stützarmhand hat zum Ristgriff umgegriffen und bietet Gleichgewichtshilfe.

Lern- und Leistungsvoraussetzungen

Konditionelle Voraussetzungen:

- *Haltekraft der gestreckten Arme:* dreiköpfiger Armstrecker (M. triceps brachii).
- *Haltekraft* der Muskelschlinge des Rautenmuskels und des vorderen Sägemuskels (M. serratus anterior und Mm. rhomboidei) *zur Haltung des Arm-Rumpf-Winkels.*
- Sehr gut ausgeprägte Muskelkraft zur *Öffnung und Verkleinerung des Arm-Rumpf-Winkels* (breiter Rückenmuskel/M. latissimus dorsi, großer Rundmuskel/M. teres major und großer Brustmuskel/M. pectoralis major).
- *Schnellkraft der Hüftstrecker* (großer Gesäßmuskel/M. glutaeus maximus) und der Hüftbeuger (gerade Bauchmuskulatur/M. rectus abdominis, Lenden-Darmbein-Muskulatur/M. iliopsoas und der vierköpfige Schenkelstrecker/M. quadriceps femoris).
- *Ganzkörperspannung.*

Technische Voraussetzungen:

- Hohes Schwingen im Stütz.
- Abgang: Hohe Hockwende aus dem Rückschwung.
- Sprunghockwende.

Grundsätzliche Hilfegebung

Ein Helfer steht im Außenquerstand vorlings zum im Stütz befindlichen Turner. Die holmnahe Hand umfasst den nahen stützenden Arm des Turners (Abb. 76 a/b). Mit diesem „Stützgriff" kann durch Zug während des Bewegungsablaufs der Körper von den Holmen weggetragen/-zogen werden. Gleichzeitig bietet dieser Griffpunkt für die zweite Hand ein Widerlager zum Drehen des Körpers: Diese hebt (Abb. 76a) und/oder dreht (Abb. 76b) den Körper an bzw. in der Hüfte über und um den Stützarm.

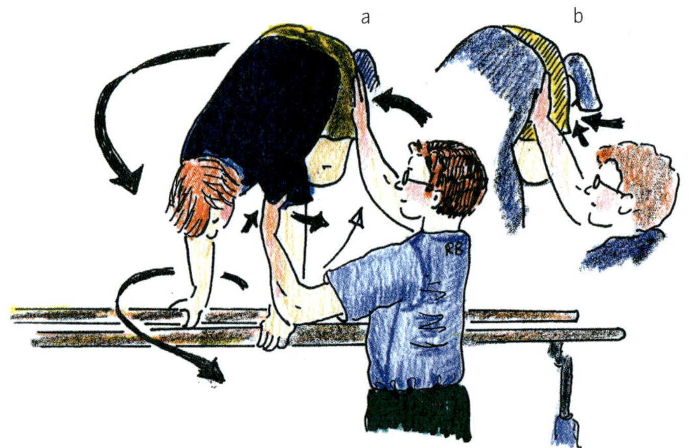

Abb. 76: Hilfegebung bei der Kreishockwende

1. Grundübung: Erweiterte Sprunghockwende auf den Längskasten

Ziel: Bewusstmachung der Schwerpunktverlagerung, des Drehabstoßes und der Drehung um den Stützarm aus dem Absprung zum Stützsprung. Vom Bekannten (Sprunghockwende) zum Unbekannten.

Aufgaben (Absprung vom Boden, Sprungbrett oder Minitrampolin auf den Kasten, das Pferd oder den Bock):

a) Aus dem Seitstand vorlings vor einem hüfthohen (z. B.) Kasten: mit ein, zwei Auftaktschritten Absprung z. B. vom Sprungbrett, Aufsetzen der Hände zum Querstütz (1) auf dem Kasten und Sprunghockwende mit Vierteldrehung zum Querhockstand auf dem Kasten (Abb. 77). Dann seitwärts abhocken zum Querstand seitlings. Bei der Drehung nach rechts: Abdruck von der linken Hand und umgekehrt.

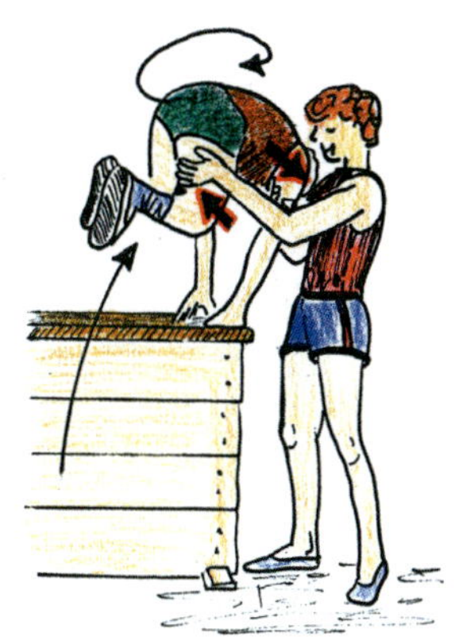

Abb. 77: Vierteldrehhocke aus dem Seitstand auf den Kasten

b) Aus dem *Querstand* vorlings vor einem hüfthohen (z. B.) Kasten: mit ein, zwei Auftaktschritten Absprung z. B. vom Sprungbrett, Aufsetzen *der Hände zum Querstütz* (1) auf dem Kasten und Sprunghockwende mit halber Drehung zum Querhockstand auf dem Kasten. Dann seitwärts abhocken zum Querstand seitlings. Bei der Drehung nach rechts: Abdruck von der linken Hand und umgekehrt.

c) Aufgabe s. o., jedoch in der Luft deutlicher, mit zunehmenden Versuchen, die technischen Merkmale des Hochbringens des Gesäßes über den Stützarm und das Hochschwingen der Füße an das Gesäß zum Anhocken zu festigen.

Hilfegebung: siehe „Grundsätzliche Hilfegebung" und Abbildung 77.

2. Grundübung: Erweiterte Sprunghockwende über den Längskasten

Ziel: Bewusstmachung der Schwerpunktverlagerung, dem Drehabstoß durch Abdruck einer Hand und Drehung um den Stützarm unter erleichterten Bedingungen (Absprung zum Stützsprung).

Aufgaben (Absprung vom Boden, Sprungbrett oder Minitrampolin über den Kasten, das Pferd oder den Bock):

Siehe erste Grundübung, jedoch den Kasten mit der Sprunghockwende in den Querstand seitlings überturnen. Dabei deutlich von der Abdruckhand in Rotationsrichtung wegdrücken und vom Stützarm zum Schluss zum aufrechten Stand wegstemmen (Abb. 78).

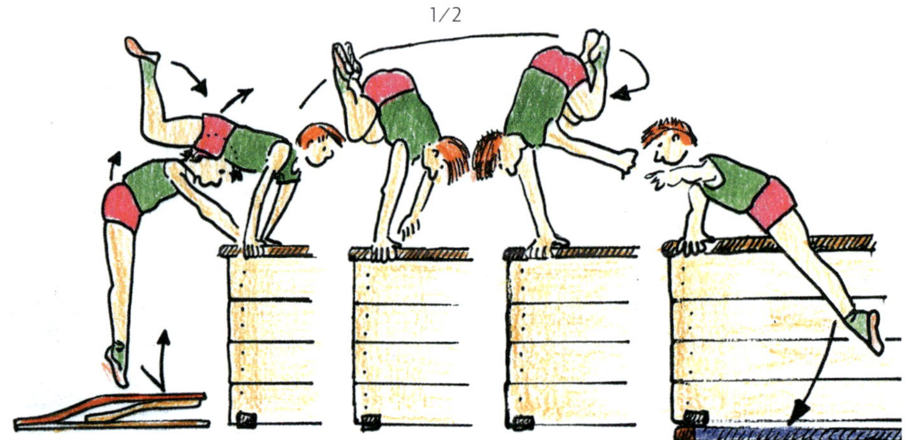

Abb. 78: Hockwende aus dem Querstand über den Kasten

Hilfegebung: siehe „Grundsätzliche Hilfegebung".

3. Grundübung: Erweiterte Sprunghockwende über die Holme

Ziel: Übertrag der 2. Grundübung auf den Parallelbarren mit Absprunghilfe Minitrampolin.

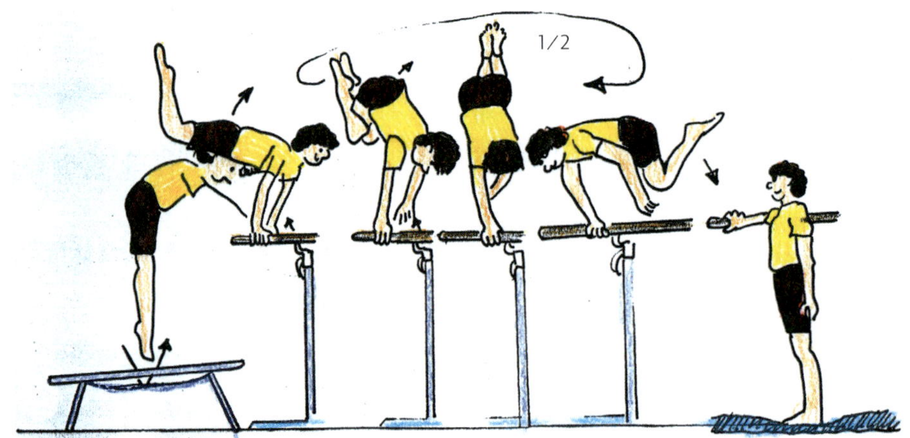

Abb. 79: Kreishockwende aus dem Absprung vom Minitrampolin

Aufgabe: Je nach Können aus dem Anlauf von einer Erhöhung oder aus dem Wippen im Tuch an einem niedrigen Parallelbarren Absprung zum flüchtigen „Außen-" Querstütz und die Holme mit der Sprunghockwende in den Querstand seitlings überturnen. Dabei deutlich von der Abdruckhand in Rotationsrichtung wegdrücken und vom Stützarm zum Schluss zum aufrechten Stand wegstemmen (Abb. 79).

Hilfegebung: siehe „Grundsätzliche Hilfegebung".

4. Grundübung: Kleine Drehhockwende am Parallelbarren

Ziel: Bewusstmachung der Schwerpunktverlagerung über den Stützarm, Abdruck vom Holm und Drehung um den Stützarm aus dem Rückschwung am Barren.

Aufgaben: Stütz am Ende des Barrens, Blick aus der Holmengasse.

a) Schwingen im Stütz mit hohem Rückschwung und verzögertem Anhocken der Beine, wobei die Füße hoch zum Gesäß ziehen.

b) S. o., jedoch beim zweiten hohen, verzögert angehockten Rückschwung hohe Drehwende über den Holm der Abdruckhand und *über ein, in Verlängerung des erstzuüberturnenden Holmes, gehaltenes Seil* zum Außenquerstand vorlings vor der Holmengasse turnen.

Hilfegebung: siehe „Grundsätzliche Hilfegebung".

5. Grundübung: Kreishocke/Drehhockwende am Parallelbarren

Ziel: Zielübung mit (psychischer) Orientierungshilfe: Formungshilfe Seil/Zauberschnur o. Ä.

B II

Aufgabe: *Zwei Seile* werden in *Verlängerung der Holme* gespannt. Aus dem Innenquerstütz am Barrenende mit Blick aus der Holmengasse hoher Rückschwung mit Anhocken der Beine, Abdruck von der Hand des erstzuüberquerenden Holmes und nach einer Vierteldrehung folgt das Überturnen der beiden, als Holmverlängerung, gehaltenen Seile. Landung im Außenquerverhalten seitlings zur Seilgasse (Abb. 80).

Hilfegebung: siehe „Grundsätzliche Hilfegebung".

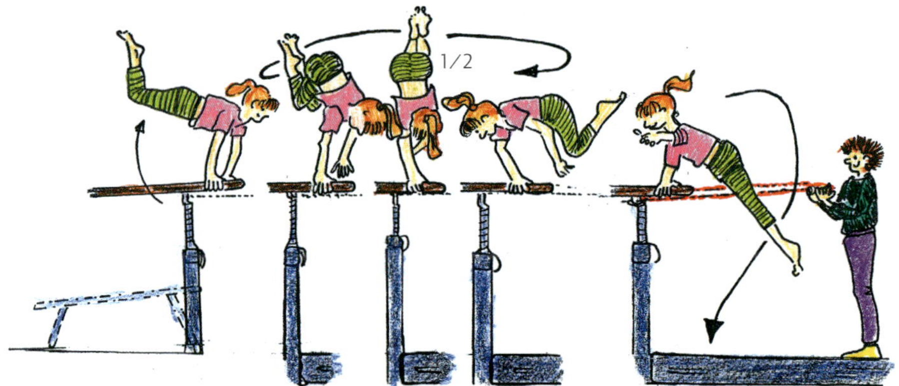

Abb. 80: Kreishockwende mit Absprung aus dem Minitrampolin

Tipp: Die Grundübungen 3-5 können zunächst auch mit Absprung vom Minitrampolin aus bzw. vor der Holmengasse geübt werden, bevor die Kreishocke aus dem hohen Rückschwung erarbeitet wird (Abb. 80, Foto 58a). Dies ist zudem für ein Stationsturnen zur Kreishocke eine Bereicherung.

6. Grundübung: Kreishockwende/Drehhockwende am Parallelbarren aus der Holmengasse über einen abgepolsterten Holm

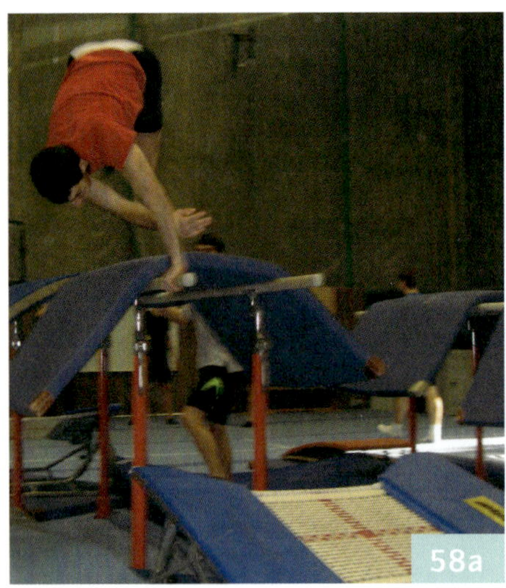

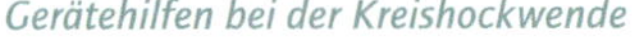
Gerätehilfen bei der Kreishockwende

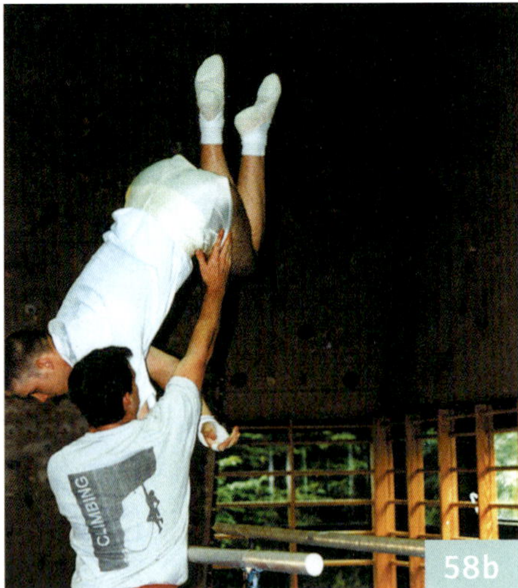

Partnerhilfe (Drehschubhilfe)

Ziel: Turnen der Zielübung mit abgepolstertem Holm: angstfreies Turnen.

Aufgabe: Aus dem Innenquerstütz in der Holmengasse die 4. Grundübung turnen, wobei der Holm des Stützarms im Teil der Überquerung abgepolstert wird (Gummimuffe, Rohrummantelung vom Baumarkt, schlappe (Filz-)Matte o.Ä.

Hilfegebung: siehe „Grundsätzliche Hilfegebung" und Foto 57b.

Zielübung: Kreishockwende/Drehhocke aus einer Übungsverbindung

Eine kleine Beispielübung: Die DTB-P7-Übung der breitensportlichen Variante A:

- Sprung in den Oberarmstütz, *Stemmaufschwung vorwärts* in den Stütz,
- Rückschwung, Vorschwung in den *Winkelstütz,*
  - Rückschwung in den *Oberarmstand, Abrollen zum Oberarmstütz, Rückschwung*
  - *Vor- und Rückschwung in den Handstand*
- Vor- und Rückschwung zur *Kreishockwende* (Drehhocke) in den Außenquerstand.

2.2 Oberarmrolle und Oberarmstand

2.2.1 Oberarmrolle

Wenn in der Schule die Vielfalt des Rollens erlebt werden soll und das Auf- und Abwärtsrollen geübt wurde, so ist es auch für Schüler spannend, eine Rolle auf dem Barren auszuprobieren. Es ist schon ein Erlebnis, eine Rolle vorwärts auf einer Matte zu machen, die auf einem Parallelbarren liegt. Schnell kommen die Kinder selbst auf die Idee, von der Matte – mit Stütz der Hände auf dem Parallelbarren – eine „Oberarmrolle" – mit gegenseitiger Hilfegebung oder des Lehrers – auszuprobieren. Die ersten Versuche der Kinder, eine Rolle vorwärts auf dem Parallelbarren zu machen, beginnen, wie sie es vom Boden kennen: aus dem Hockstand. Nachfolgend wird jedoch eine Methodik aufgezeigt, wie technisch gezielt an die Oberarmrolle aus dem Grätschsitz herangeführt werden kann.

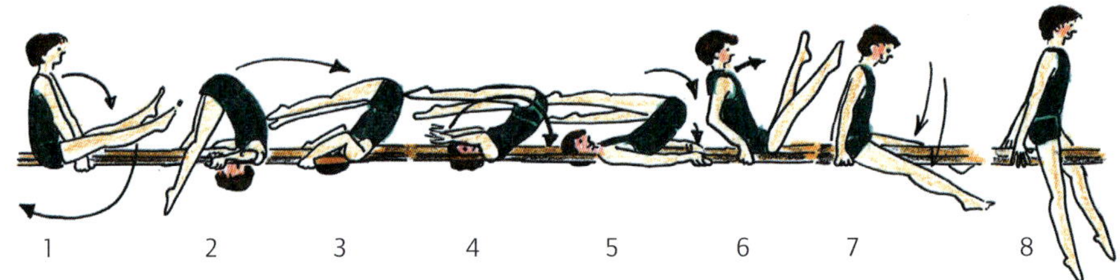

Abb. 81: Oberarmrolle aus dem Grätschsitz in den Grätschsitz

Bewegungsmerkmale

1 Aus dem Quergrätschsitz auf beiden Holmen, mit Speichengriff dicht vor dem „Schritt", d. h. hoch an den Oberschenkeln, schwungvorbereitend leichtes Anheben der Beine mit zeitgleichem leichten Zurückneigen des Rumpfs.

2 Abschwingen der Beine mit Herunterziehen des Kopfs, zeitgleichem schwungvollen Absenken vorwärts des Oberkörpers zur Rollbewegung und Einnehmen eines flüchtigen Beugestützes. Weiterrollen und Ablegen der Oberarme/Schultern kurz hinter den Händen auf die Holme, die Ellbogen der gebeugten Arme gehen dabei zur Seite und drücken abwärts.

3 Flüchtige Kipplage mit gegrätschten Beinen, Hände halten den Körper durch Zug auf den Holmen und abwärts gedrückten Ellbogen zwischen den Holmen.

4 Lösen des Griffs bei minimalem Weiterrollen in der Kipplage.

5 Die Arme schwingen über oben, nahezu gestreckt, am Körper vorbei und greifen wieder den Holm, der Körper befindet sich noch immer in Kipplage.

6 Mit Druck der Hände auf die Holme bzw. einer Stemmbewegung der Arme Aufrichten des Oberkörpers.

7 Relativ schnelles Absenken und Auflegen der gegrätschten Beine auf die Holme.

8 Aufrichten des Oberkörpers zum Grätschsitz.

Lern- und Leistungsvoraussetzungen

Konditionelle Voraussetzung:

- Spreizfähigkeit der seitgegrätschten Beine: Dehnfähigkeit der Schenkelanzieher an der Oberschenkelinnenseite (Adduktorengruppe).

Technisch-koordinative Voraussetzung:

- Rolle vorwärts am Boden aus dem Grätschsitz/-stand in den Grätschsitz.

Grundsätzliche Hilfegebung

Zwei Helfer stehen rechts und links im Außenseitstand vorlings am Barren und gehen mit den helfenden Händen unter die Holme an den Oberkörper des Turners: Mit der nahe Hand stützen sie die Rolle am Schultergürtel (Foto 59, kleine Kinder können auch aus dem Vierfüßlerstand beginnen), richten damit den Rumpf auch auf, die fernen Hände fangen im Bereich „Oberkante-Unterhose" den Körperschwerpunkt auf Holmebene ab (Fotos 60a/b). Sie halten den Turner, bis er seine gegrätschten Beine auf die Holme abgelegt hat.

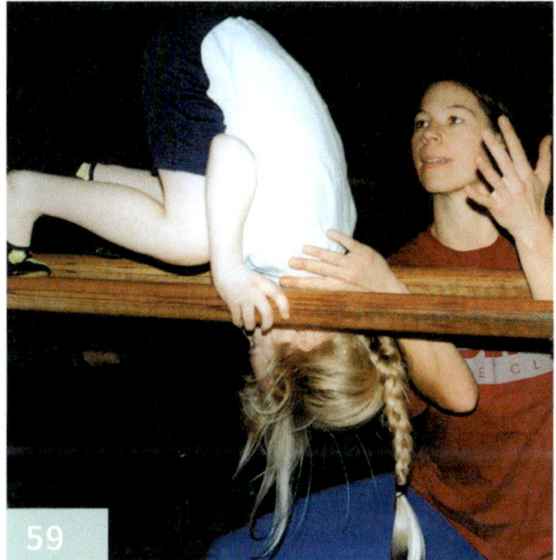

Hilfegebung bei Kindern

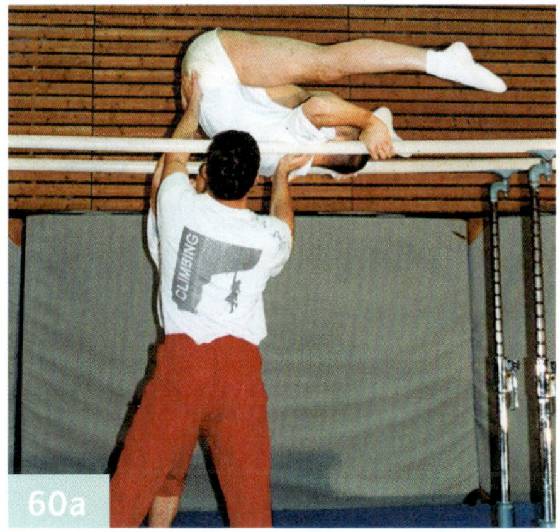

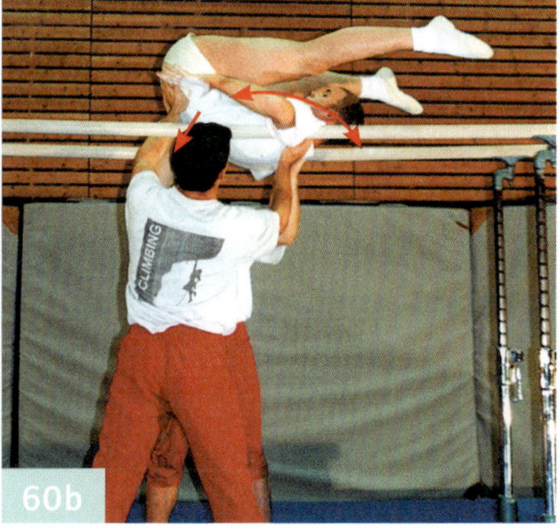

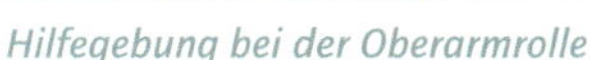

Hilfegebung bei der Oberarmrolle

B II

Lernschritte

1. Grundschritt: Rolle vorwärts aus dem Grätschsitz in die Kipplage auf dem Kasten

Ziele: Kennenlernen des Hineinschwingens und -hebens in die Rollbewegung; Bewusstes Einnehmen und Halten der Kipplage.

Aufgaben:

a) Einstieg mit bewusstem Liegenbleiben in der Kipplage: Aus dem Quergrätsch*stand* zu Beginn eines Kastendeckels oder zweiteiligen Kastens: Aufrollen in die Kipplage, kurz verharren (Partner geben Rückmeldung über Beinhaltung), dann weiterrollen zum Quergrätschsitz.

b) Erhöhter Quergrätschsitz vor einem Kastenbarren (zwei parallel gestellte Kästen mit knapp rumpfbreiter Gasse): Zurückneigen des Rumpfs und Anheben der Beine über Kastengassenhöhe, Rückschwung mit Stütz auf den Kästen, Vorverlagern der Schultern und Hineintragen in die Rollbewegung in die flüchtige Kipplage. Die Ellbogen werden bewusst nach außen unten gedrückt (Abb. 82).

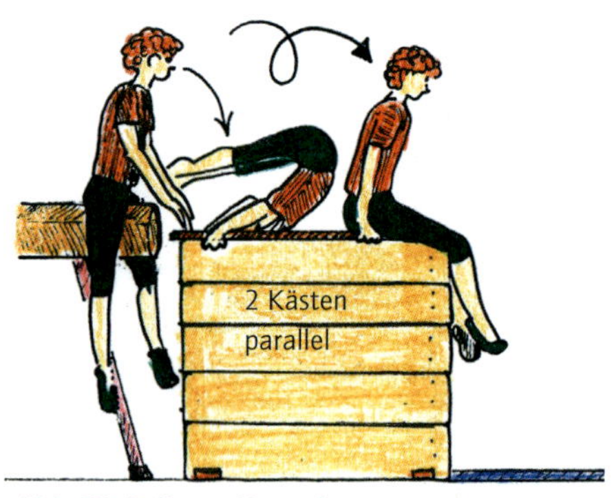

Abb. 82: Rolle am Kastenbarren

Hilfegebung: Zwei Helfer gehen (leicht vor der Kastengasse stehend) – nach dem Abwärtsschwung der Beine und dem Beginnen des Absenkens des Oberkörpers – schnell mit beiden Händen in die Hüfte unter den Körperschwerpunkt und heben den Körper, um das Einrollen zu erleichtern.

2. Grundübung: Oberarmrolle mit Sitz vom Kasten/Pferd/Bock am Barren auf eine Matte

Ziel: Übertragen der Gesamtbewegung mit Speichengriff am Parallelbarren unter erleichterten Ausgangs- und Durchführungsbedingungen.

Aufgabe: Aus dem Grätschsitz auf einem Pferd/Bock/Kasten und Speichengriff an etwas tiefer gelegten Holmen: Ausholbewegung mit Anheben der Beine und Absenken des Kopfs zwischen den Holmen, Rollbewegung mit dem Rumpf auf eine auf den Holmen aufgelegte Matte und kurz in der Kipplage verharren, Ellbogen bewusst nach außen drücken (Abb. 83).

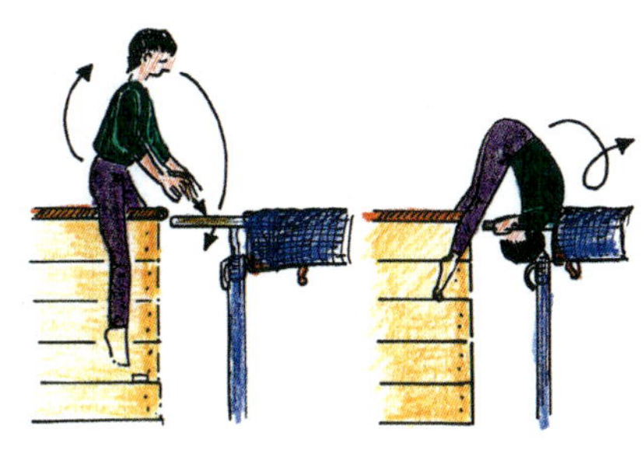

Abb. 83: Rolle auf aufgelegte Matte vom Kasten

3. Grundübung: Oberarmrolle mit Quergrätschsitz am Barren auf eine Matte

Ziel: Übertragen der Gesamtbewegung, mit Speichengriff am Parallelbarren, mit Ausgangsbewegung der Zielübung und Gerätehilfe bei der Rollbewegung/gesicherte Endlage.

Aufgabe: Aus dem Grätschsitz auf den Holmen und Speichengriff: Ausholbewegung mit Anheben der Beine und Absenken des Kopfs zwischen den Holmen, Rollbewegung mit dem Rumpf auf eine auf den Holmen aufgelegte Matte und kurz in der Kipplage verharren, Ellbogen bewusst nach außen drücken (Abb. 84).

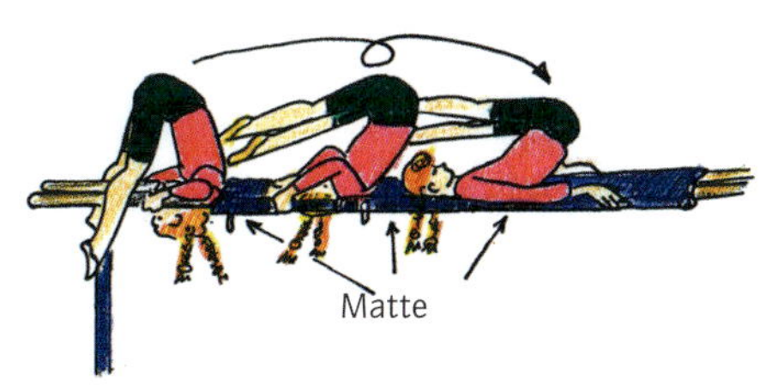

Abb. 84: Oberarmrolle auf Matte

B II

4. Grundübung: Oberarmrolle mit Quergrätschsitz am Barren mit Griffwechsel zum Aufstützen

Ziel: Übertragen der Gesamtbewegung, mit Speichengriff am Parallelbarren, mit sichernder Gerätehilfe (Kasten mit aufgelegter Matte in der Holmengasse) und bewusstem Umgreifen nach der Rollbewegung zum Aufrichten.

Aufgabe: Aus dem *Grätschsitz* auf den Holmen und Speichengriff: Ausholbewegung mit Anheben der Beine und Absenken des Kopfs zwischen den Holmen (ggf. in die Holmengasse einen fast holmhohen Kasten mit aufgelegter Matte stellen, den Kopf davor absenken). Rollbewegung und kurz in der Kipplage verharren, Ellbogen bewusst nach außen drücken, der Griff wird gelöst und die Arme schwingen nach vorne zum erneuten Griff. Mit fast gestreckten Armen aufstemmen zum Sitz.

5. Grundübung: Oberarmrolle mit Quergrätschsitz am Barren mit Partnerhilfe

Ziel: Übertragen der Gesamtbewegung, mit Speichengriff am Parallelbarren, mit sichernder *Partnerhilfe* und bewusstem Umgreifen nach der Rollbewegung zum Aufrichten.

Aufgabe: Aus dem Grätschsitz auf den Holmen und Speichengriff: Ausholbewegung mit Anheben der Beine, Stütz und Absenken des Kopfs zwischen den Holmen, Rollbewegung, kurz in der Kipplage verharren, Ellbogen bewusst nach außen drücken, der Griff wird gelöst und die Arme schwingen nach vorne zum erneuten Griff. Mit fast gestreckten Armen in den Sitz aufstemmen.

Hilfegebung: Siehe „Grundsätzliche Hilfegebung".

Zielübung: Oberarmrolle aus dem Quergrätschsitz in den Quergrätschsitz

Variationen:

- Aus dem Grätschsitz, Oberarmrolle mit Schließen der Beine in der Kipplage. Mit Griffwechsel die Ellbogen wieder nach außen unten drücken und Oberarmhang(-stütz), und Schwingen im Oberarmhang.

- Aus dem Grätschsitz, Oberarmrolle mit Schließen der Beine in der Kipplage, energischer Stemmbewegung der gestreckten Arme und Absenken/-schwingen zum Stütz.

Hilfegebung: Zwei Helfer drücken mit der nahen Hand unter dem Rumpf den Oberkörper hoch, zeitgleich fangen sie unter den Oberschenkeln mit der fernen Hand das Abwärtsschwingen auf.

- Aus dem Rückschwung im Querstütz Absenken über den flüchtigen Beugestütz und Ablegen der Oberarme zur Oberarmrolle in den Grätschsitz oder zum Stütz (s. o.).
- Heben in den Oberarmstand und Abrollen in den Oberarmhang (s. u.).

2.2.2 Heben in den Oberarmstand

Kopfstand und Kerze mögen alle Kinder gerne vorzeigen. Die jüngeren Schüler haben viel Spaß, dies auch auf dem niedrigen Kastenbarren, einer Kastengasse aus zwei eng parallel gestellten, zweiteiligen Kästen, zu üben – und als Kunststück vorzuzeigen. Damit haben sie schon den Einstieg für das Heben in den Oberarmstand erlernt. Auch die Senioren der Wahlwettkämpfe und die Frauen bei den Seniorenmeisterschaften zeigen sehr gerne dieses Element. Es ist einfacher, als man glaubt!

Bewegungsmerkmale

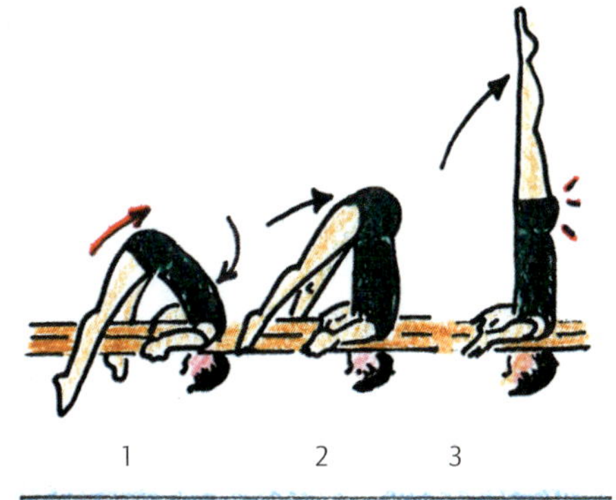

Abb. 85: Heben in den Oberarmstand

1 Aus dem Quergrätschsitz auf beiden Holmen, mit Speichengriff dicht vor dem „Schritt", d. h. hoch an den Oberschenkeln, schwungvorbereitend leichtes Anheben der Beine mit zeitgleichem leichten Zurückneigen des Rumpfs.

2 Speichengriff, Abschwingen der Beine mit Herunterziehen des

B II

Kopfs. Zeitgleiches Absenken vorwärts des Oberkörpers und Einnehmen eines flüchtigen Beugestützes. Ablegen der Oberarme/Schultern kurz hinter den Händen auf die Holme, die Ellbogen der gebeugten Arme gehen dabei zur Seite und drücken abwärts. Der Kopf ist leicht zurückgenommen und der Rumpf ist noch leicht gerundet.

3 Der Körperschwerpunkt wird bei gewinkelter Hüfte und gestreckten Beinen über die Schultern gezogen und angehoben. Dabei richtet sich der Rumpf auf, der Kopf ist leicht in Verlängerung des Rumpfs gehalten, der Blick zum Boden gerichtet (Orientierungshilfe: Oberarmstand (Abb. 85)).

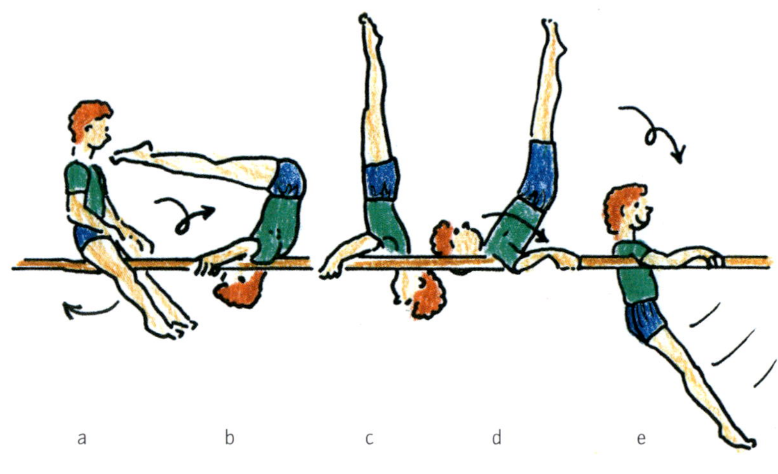

Abb. 86a-e: Aus dem Grätschsitz in den Oberarmstand und Abrollen in den Oberarmhang

Die Übung kann mit Absenken *zurück in den Grätschsitz* oder durch ein *Abrollen vorwärts* in den Oberarmhang (-stütz) (Abb. 86d) beendet werden. Im Idealfall werden die Beine aus dem Oberarmstand beim Abrollen fast senkrecht gehalten und kippen erst zum Rückschwung, wenn der Griffwechsel erfolgte (Abb. 86d/e).

Lern- und Leistungsvoraussetzungen

Konditionelle Voraussetzung:

- Gesamtkörperspannung

Technisch-koordinative Voraussetzungen:

- Heben in den Kopfstand mit Gleichgewichtshilfe.
- Orientierungsfähigkeit über Kopf.
- Oberarmrolle für die Bewegungsverbindung mit Abrollen vorwärts.

Grundsätzliche Hilfegebung

1-2 Helfer stehen erhöht und umfassen mit beiden Händen einen Oberschenkel, lenken den Körperschwerpunkt damit über die Stützstelle (Schulter/Oberarme) und geben anschließend im Oberarmstand Gleichgewichtshilfe (Abb. 88a).

1. Grundübung: Oberarmstand an der Kastengasse mit Partnerhilfe

Ziel: Kennenlernen des Oberarmstandes unter (psychisch) erleichterten Bedingungen.

Aufgabe: Grätschstand vor einer Kastengasse (zwei zweiteilige Kästen parallel gestellt). Stütz, der Kopf wird zwischen den Kästen abgesenkt und die Schultern werden auf die Kästen gelegt. Die Hände halten sich am Kastenwulst fest. Absprung mit Hochheben des Körperschwerpunkts und zunächst noch die gestreckten, gegrätschten Beine hängen lassen. Wenn der Rumpf in der Senkrechten ist, werden die Beine über außen in die Senkrechte geführt und geschlossen.

Hilfegebung: Eine Hilfe steht/sitzt hinter dem Turner und umfasst die Hüfte, zieht ihn in die Senkrechte und sichert das Gleichgewicht.

2. Grundübung: Aus dem Grätschsitz an der Kastengasse Heben in den Oberarm-/Schulterstand

Ziel: Turnen des Bewegungsansatzes der Zielübung.

Aufgabe: Aus dem Grätschsitz am Kasten in den Oberarm-/Schulterstand heben. Es kann eine Hilfegebung wie bei Grundübung 1 unterstützen. Mit zunehmendem Können kann die Kastengasse vor eine Wand gestellt werden und der Oberarmstand kann ohne Partnerhilfe gegen die Wand geturnt werden (Wand = Gleichgewichtshilfe).

3. Grundübung: Heben in den Oberarmstand mit Partnerhilfe und zurück in den Grätschsitz absenken

Ziel: Zielübung mit Partnerhilfe.

Aufgabe: Heben in den Oberarmstand mit Partnerhilfe und zurück in den Grätschsitz absenken. Als *methodische Variationen* oder als *Ergänzungen* für ein Stationsturnen bzw. für eine *Übungslandschaft* können erleichterte Bedingungen für den Bewegungsansatz oder psychische Hilfen (Matte hinter dem Turner auf die Holme gelegt), wie bei der Oberarmrolle, (vgl. Grundübungen 2-4) hinzugenommen werden. Wenn das Auflegen der Oberarme auf die Holme zu schmerzhaft sein sollte, dann können zwei Rohrummantelungen (in jedem Baumarkt zu bekommen) um die Holme abpolsternd gelegt werden. Gleiches gilt für die Oberschenkel im Grätschsitz.

Hilfegebung: Siehe „Grundsätzliche Hilfegebung".

Zielübung: Heben in den Oberarmstand

Aus dem Grätschsitz auf den Holmen Absenken vorwärts mit Stütz der Hände und in den Oberarmstand heben, gestreckt in den Oberarmstütz/-hang abrollen (Abb. 86).

Die Hilfegebung erfolgt nur noch, seitlich stehend, durch Umfassen des Rumpfs das Gleichgewicht im Oberarmstand.

Bewegungsverbindungen

- Heben in den Oberarmstand, Absenken in die *flüchtige Kipplage* mit schnellem Griffwechsel (Abb. 86a/b, wie bei der Oberarmrolle) und Absenken und Hochstützen zum Grätschsitz oder Abschwingen zum Oberarmhang (-stütz).

- Heben in den Oberarmstand, nahezu gestrecktes „Abrollen" bzw. Fallen vorwärts mit Abschwingen in den Oberarmhang/-stütz (zwei Helfer bremsen am Oberschenkel und am Rumpf bei den ersten Versuchen den Schwung ab). Die Beine bleiben dabei beim Fallen bis zum Griffwechsel senkrecht.

2.2.3 Bewegungserweiterung: Rückschwung in den Oberarmstand

Aus dem Schwingen im Stütz und aus dem Rückschwung in den flüchtigen Beugestütz kann man sich zunächst auch gewinkelt in den Oberarmstand absenken und dann die Beine anheben. Eine erheblich höhere Anforderung an Haltekraft, Körperspannung, Koordination einschließlich erhöhter Gleichgewichtsfähigkeit ist das gestreckte Schwingen in den Oberarmstand, das nachfolgend erarbeitet werden soll (Abb. 87).

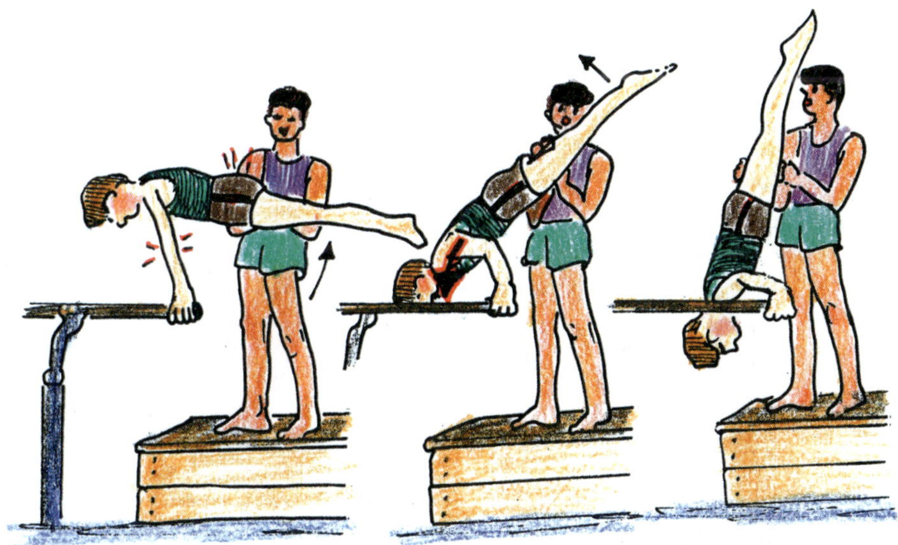

Abb. 87: Rückschwung in den Oberarmstand

1. Grundübung: Heben aus dem Liegestütz in den Oberarmstand

Ziel: Verlangsamtes Einnehmen der Oberamstützposition aus dem Stütz.

Aufgabe: Aus dem Liegestütz heben 1-2 erhöht stehende Partner (seitlich stehend) an den Oberschenkeln den gestreckten Körper in den Oberarmstand. Bei einem Schüler kann auch der Trainer alleine den gestreckten Körper anheben (vgl. Abb. 87). Der Turnende muss, wenn die Beine über die Waagerechte gehen, die Ellbogen beugen und beim Absenken die Schultern relativ „weit" nach vorne schieben.

2. Grundübung: Rückschwung in den Oberarmstand mit Partnerhilfe

Ziel: Abgestopptes Einnehmen der Oberarmstützposition aus dem Rück- schwung.

Aufgabe: Aus dem Schwingen im Stütz hoher Rückschwung und unter dem Oberschenkel mit der einen Hand über die gestreckten Beine den in der Hüfte (!) gestreckten Körper in die Senkrechte lenken. Mit Umfassen des Oberschenkels (mit der zweiten Hand) die Absenkbewegung abstoppen und eine Gleichgewichtshilfe geben (Abb. 88a). Danach kann ein Abrollen in die Kipplage erfolgen (Abb. 88b).

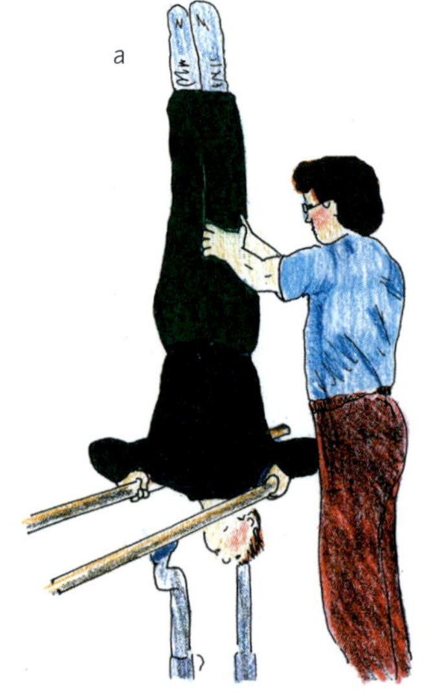

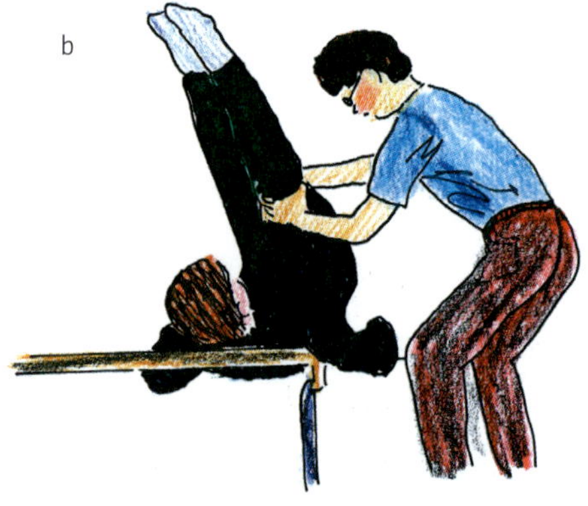

Abb. 88a/b: Rückschwung und Absenken in den Oberarmstand

Zielübung: Mit Sicherheitsstellung gestreckt in den Oberarmstand schwingen

2.3 Rückschwung in den Handstand

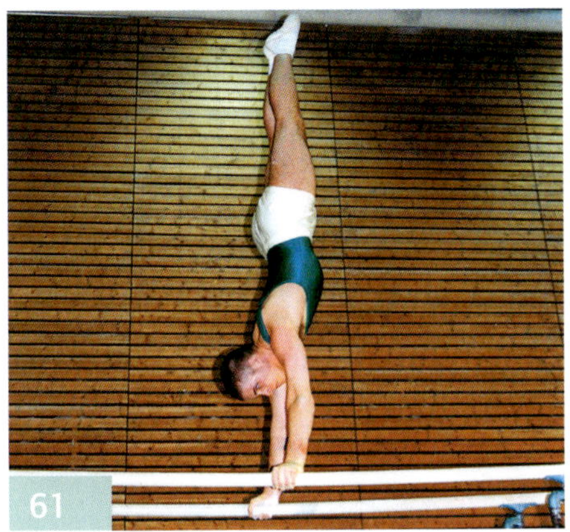

61

Handstand am Parallelbarren

Jeder Turner kann bestätigen, dass es einfach Spaß bringt, ein tolles Gefühl ist, in den Handstand am Barren hochzuschwingen und dort zu stehen (Foto 61). Und so möchte jeder, der Gefallen am Turnen gefunden hat, dies auch erlernen. Mit Hilfe kann jeder dieses Gefühl erleben! Es ist auch in der Schule in der Sekundarstufe II in den Leistungskursen – natürlich auch für die Schülerinnen – ein lohnenswertes Element für den Turnunterricht, vorausgesetzt, man kann sicher im Stütz schwingen und beherrscht den Handstand.

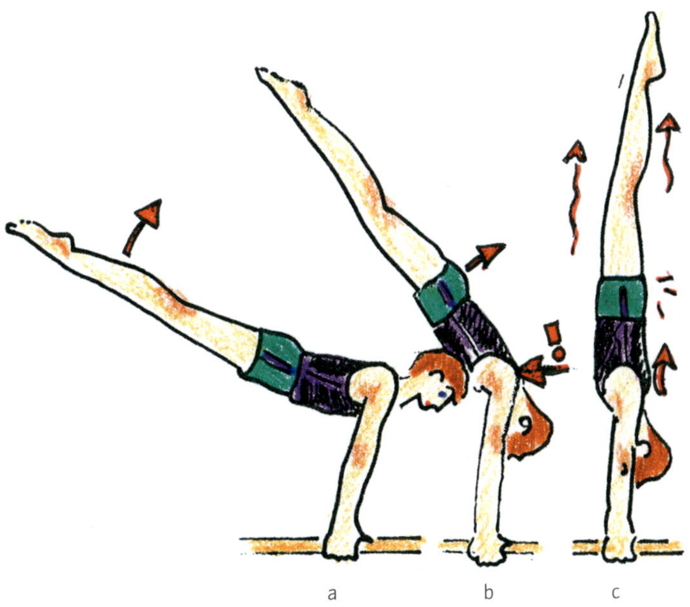

Abb. 89a-c: Rückschwung in den Handstand

Auf eine ausführliche Bewegungsbeschreibung wird nachfolgend verzichtet, da das Schwingen eine logische Erweiterung des hohen Rückschwungs ist. Es ist einzig zu beachten, dass – *der vorverlagerte Schultergürtel* (Abb. 89a) mit Hochschwingen der Beine zum Handstand zurückverlagert (Abb. 89b) und in eine *Arm-Rumpf-Winkelstreckung* (Abb. 89c) gebracht werden muss.

Lern- und Leistungsvoraussetzungen

Konditionelle Voraussetzungen:

- Haltekraft im Schultergürtel.
- Körperspannung.

Technisch-koordinative Voraussetzungen:

- Hohes, kontrolliertes Vor- und Rückschwingen im Stütz.
- Aufschwingen den Handstand und Handstand- stehen (möglichst auf Handstandbarren am Boden mit (Foto 62) und ohne (Foto 63) Gleichgewichtshilfe.

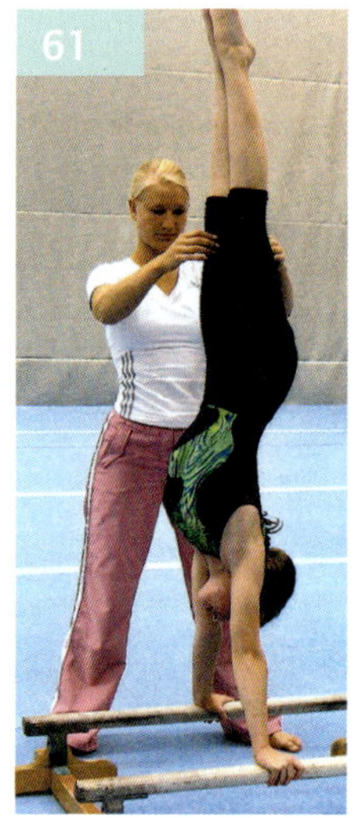

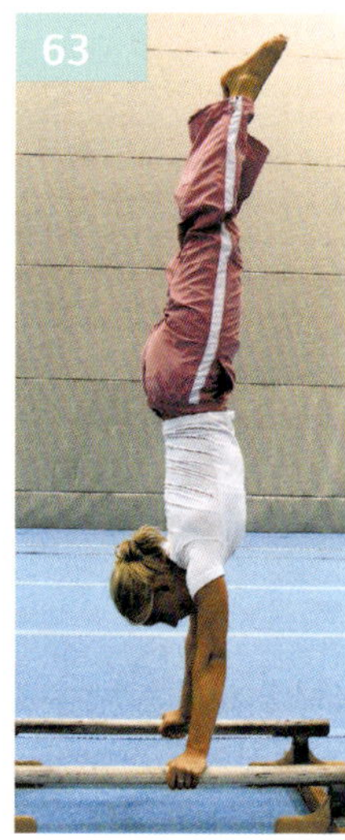

Handstände am Übungsbarren

Grundsätzliche Hilfegebung

Zwei Helfer stehen erhöht und haken sich mit der einen Hand zwischen Oberarm und Hals („Oha-Griff") in die Schulter ein, um mit dem Hochschwingen in den Handstand so- wohl den gestreckten Stütz zu sichern, die Schultern in die Arm-Rumpf-Winkelstreckung zu drücken als auch ein Wider- lager für die Hilfegebung mit der zweiten Hand zu bilden: Diese hebt während des Rückschwungs unter dem Oberschenkel den Körper in

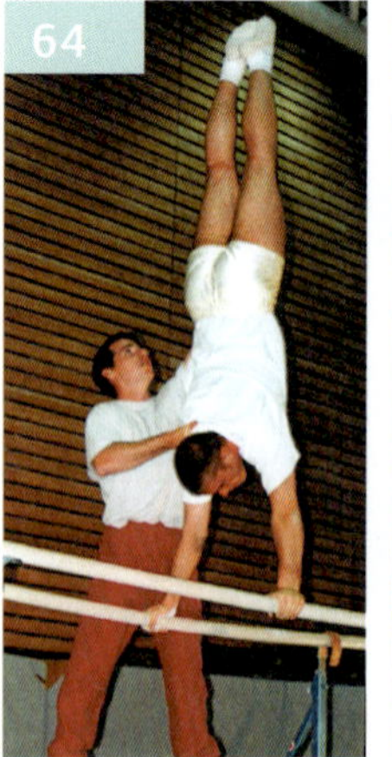

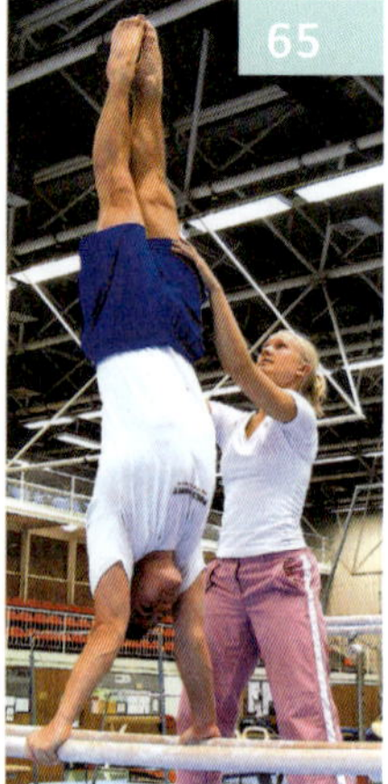

Rückschwung im Handstand mit Hilfegebung

die Höhe (Foto 64). Im Handstand kann die helfende Schulter- hand zum Oberschenkel wechseln, um Gleichgewichtshilfe zu geben (Foto 65).

1. Grundübung: Aufschwingen und Stehen im Handstand auf Holmen am Boden

Ziel: Unter erleichterten Bedingungen in den Handstand mit Griff an den Holmen aufschwingen.

Aufgabe: Aus dem Stand aufschwingen in den Handstand mit *Stütz auf zwei niedrigen Holmen* (vgl. Fotos 62 und 63). Die Schultern werden dabei im Ansatz etwas weiter als gewöhnlich vorgeschoben, um mit dem Handstand diese wieder zur Arm-Rumpf-Streckung zurückzuholen. Dies imitiert das Vorverlagern des Schultergürtels beim hohen Rückschwung am Barren. Im Handstand gut aus den Schultern bis zur Fußspitze durchstrecken.

Geräte: „Handstandbarren", Handstandklötzchen oder zwei Holme, die links und rechts auf jeweils einer Matte als Holmengasse aufgelegt wurden. Eine jeweils weitere aufgelegte Matte kann die Stabilität des Konstrukts verbessern. Ggf. können auch Reckstangen hierzu genommen werden. Angenehm ist es, wenn diese mit einer Rohrummantelung (so breit wie ein Holm) für den Handstütz gepolstert sind.

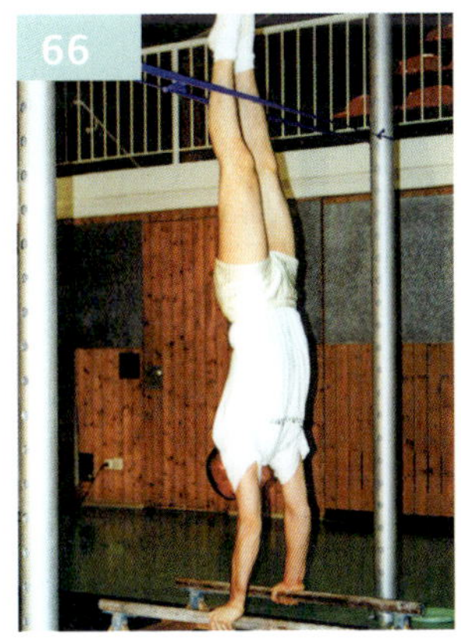

Handstand auf Übungsbarren mit Gleichgewichtshilfe Thera®-Band

Als *Gleichgewichtshilfe* kann *gegen eine Wand* geturnt werden, gegenseitig *Hilfe am Oberschenkel* (ggf. schon an der Schulter, s. o.) gegeben werden *oder gegen/zwischen starken Gummibändern* (z. B. „Thera®"- oder „Reha"-Bändern), die zwischen Holme oder Reckpfosten gespannt wurden (Foto 66). Letztgenanntes ist eine ausgezeichnete Trainingsform zum Handstandstehen!

2. Grundübung: Aufschwingen in den Handstand am Parallelbarren mit Partner- und Gerätehilfe

Ziel: Übertragen der 1. Grundübung auf eine höhere Turnsituation (psychischer Faktor).

Aufgabe: Stand auf einem Kasten, der vor oder in der Holmengasse längs steht. Aufschwingen in den Handstand mit Griff der Parallelbarrenholme und leicht vorgeschobenen Schultern im Ansatz (s. o.).

Hilfen: Zwei Helfer stehen rechts und links auf Höhe der Griffstelle und geben Hilfe mit Umfassen des jeweils nahen Oberschenkels. Bei Bedarf kann hinter der Griffstelle zusätzlich eine Matte auf die Holme gelegt werden. Dies ist vor allem für den schulischen Bereich zu empfehlen. Alternativ kann ein Barren auch vor eine Wand gestellt werden, sodass die *Wand als Gleichgewichtshilfe* und im Sinne eines angstfreien Turnens genutzt werden kann.

3. Grundübung: Aufschwingen in den Handstand mit Partnerhilfe

Ziel: Zielübung mit Partnerhilfe.

Aufgabe: Ausgehend von der Lernvoraussetzung des hohen, kontrollierten Schwingens, erfolgt ein hoher Rückschwung in den Handstand mit zwei Helfern (vgl. „Grundsätzliche Hilfegebung" und Foto 64).

Zielübung: Rückschwung in den Handstand

Bewegungserweiterung: Rückschwung in den Handstand mit halber Drehung

Rückschwung in den Handstand, bei ca. 45° vor der Senkrechten Abdruck von einer Hand mit Griffwechsel in den Seitstütz und Gewichtsverlagerung auf den Stützarm zur Vierteldrehung. Die Beine schwingen weiter in die Senkrechte und Abdruck, nun von der zweiten (vormals Stützarm) Hand, zur restlichen Vierteldrehung in der Handstandposition in den erneuten Querstütz. Die methodische Heranführung lehnt sich an den Grundübungen 1-3 an. 1-2 Helfer stehen (erhöht) auf der Rückenseite des Turners, wenn dieser sich nach einer Vierteldrehung im Seithandstand befindet, und drehen diesen an der Hüfte.

2.4 „Schwungstemme": Oberarm-Stemmaufschwung

Aus dem *Oberarmstütz*, auch als *Oberarmhang* bezeichnet, werden mit Beinschwung und Stemmbewegung der Arme rückwärts und vorwärts die Oberarm-Stemmaufschwünge ab der P7 im Breitensport bzw. Ü7 der Bundesjugendspiele und des Gerätturnabzeichens geturnt. Vorwärts geturnt sind sie leichter. Der Oberarm-Stemmaufschwung vorwärts wird nachfolgend turnhallensprachlich auch als *Schwungstemme* bezeichnet. In der P7/Ü7 und P8 wird sie vorwärts in den Stütz geturnt. Ab der P8 wird die Schwungstemme rückwärts verlangt.

Schwingen im Oberarmstütz-(Hang) und im hohen, kontrollierten Stütz sowie Vorkenntnisse zur Stemmbewegung mit gestreckten Armen (z. B. vom Reckturnen) sind Voraussetzungen, um die Schwungstemmen zu erlernen. Auch das Einspringen in den Oberarmstütz-(Hang) sollte bekannt und verfügbar sein, um einen „energiereichen" Ansatz für die Schwungstemmen zu haben.

2.4.1 Schwungstemme vorwärts: Oberarm-Stemmaufschwung vorwärts

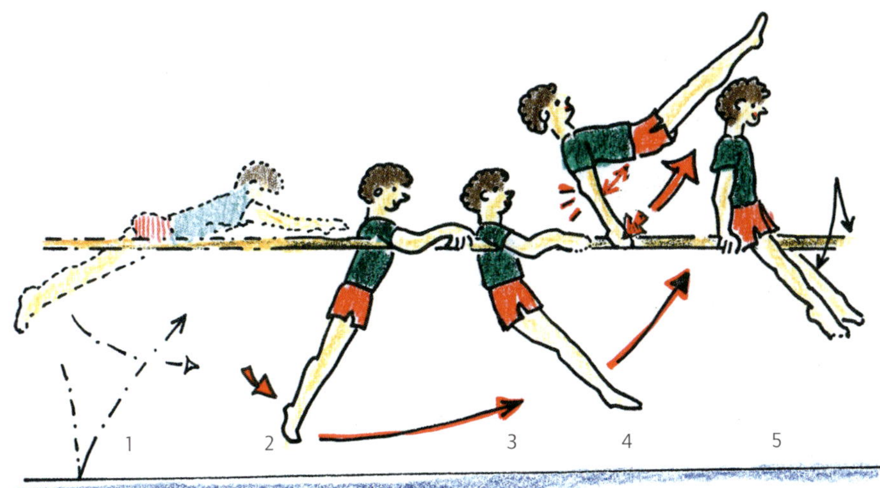

Abb. 90: Stemmaufschwung vorwärts

B II

Bewegungsmerkmale

1 Aus dem Außenseitstand vorlings, Anlauf, Absprung und Sprung mit weitem Vorgreifen zum flüchtigen Stütz im Speichengriff, Beine und annähernd gestreckte Hüfte kommen (möglichst über) waagerecht in Holmhöhe (hohe Lageenergie).

2 Mit Abwärtsbewegung Ablegen der Arme – bei geringer Beugung im Ellbogengelenk – auf den Holmen. Die Hüfte führt die Abwärtsschwungbewegung an und ist leicht überstreckt.

3 Mit Passieren der Senkrechten erfolgt ein schnellkräftiger Beinvorschwung, die Hüfte winkelt sich leicht und in Holmhöhe wird der Beinschwung mit Hüftfixierung abgebremst, die Hüfte ist dabei nur mäßig gewinkelt („gebunden").

4 Mit Druck der Hände auf den Holmen und Stemmbewegung der gestreckten Arme wird der Körper – den Aufwärtsschwung unterstützend – aufwärts gestemmt. Der Arm-Rumpf-Winkel öffnet sich dabei zum hohen, freien Stütz, bis die Beine und die Hüfte sich annähernd in Schulterhöhe befinden.

5 Absenken in den Grätschsitz bzw. gestrecktes Abwärtsschwingen zum Stütz (P7/Ü7).

Lern- und Leistungsvoraussetzungen

Konditionelle Voraussetzungen:

- Haltekraft der Armstrecker (M. triceps).
- Haltekraft im Schultergürtel.

Koordinativ-technische Voraussetzungen:

- Einspringen und Schwingen im Oberarmstütz-(Hang).
- Schwingen im Stütz mit hohem Vorschwung (Foto 67).
- Stemmbewegung aus dem Absprung am schulterhohen Barren.

Grundsätzliche Hilfegebung

Wird die Schwungstemme aus der Barrengasse geturnt, halten zwei Helfer zunächst schwungunterstützend mit der fernen Hand unter den Knien und mit der nahen

Hand heben sie unter dem Körperschwerpunkt den Turner in den waagerechten Stütz.

1. Grundübung: Schwingen im Oberarmstütz und freien Stütz mit Betonung einer energiebringenden Technik

Ziel: Schaffung von Leistungsvoraussetzungen durch Optimierung bereits bekannter Elemente zur Energiegewinnung.

Aufgaben:

a) Schwingen im Oberarmstütz-(Hang) mit Herausarbeiten der Techniken des Beinschwungs aus der Hüftüberstreckung, der Hüftfixierung in Holmenhöhe und des festen, druckgebenden Griffs am Ende des Vorschwungs.

b) Schwingen im Stütz mit Betonung eines hohen Vorschwungs, wobei im vorderen Umkehrpunkt der gestreckte Körper in „Schiffchenhaltung" die Waagerechte erreichen sollte (Foto 67).

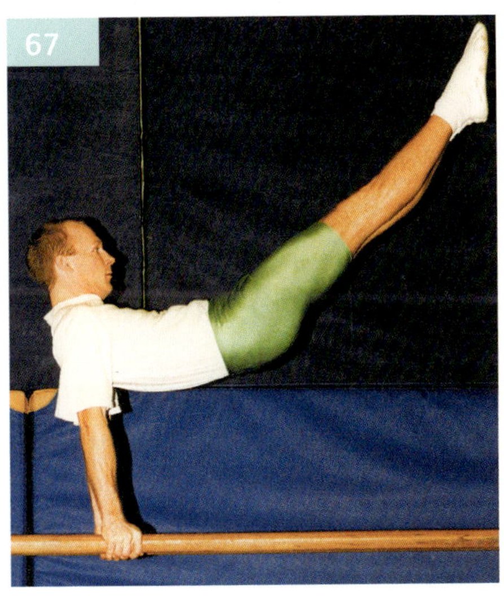

Hoher, kontrollierter Vorschwung

2. Grundübung: Aufstemmen aus dem Absprung in der Barrengasse

B II

Ziel: Isoliertes Festigen der Stemmbewegung.

Aufgabe: Außenquerstand vorlings vor der Barrengasse, weites Vorgreifen mit Auflegen der Arme (Ellbogen leicht gebeugt und nach außen abwärts gedrückt) auf die unter Schulterhöhe befindlichen Holme, Absprung (ggf. vom Sprungbrett) und Aufstemmen in den Stütz (Abb. 91). Zwei Helfer können mit Umfassen der Oberschenkel den Körperschwerpunkt anheben.

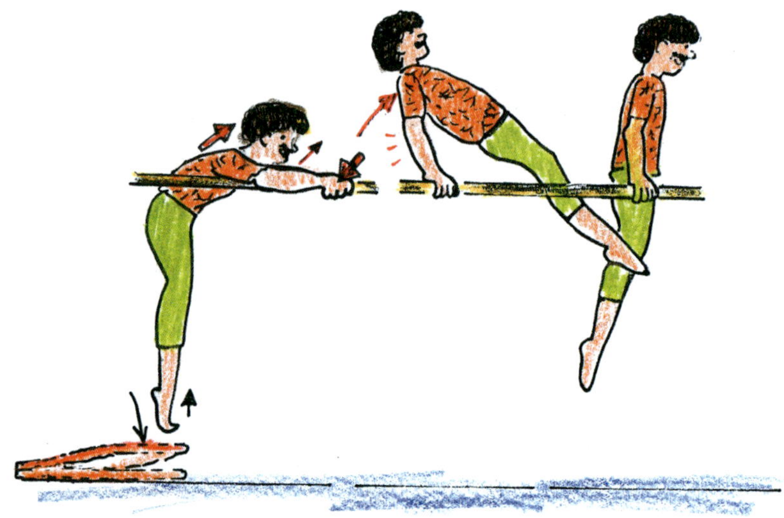

Abb. 91: Stemmaufschwung aus dem Absprung

Vertiefung: Aufstemmen in Serie: Aus dem Stütz mit annähernd gestreckten Armen Niedersprung und sofortiges Abprellen zum erneuten Aufstemmen.

3. Grundübung: Heben mit gestreckten Armen aus dem Oberarmstütz- (Hang) vorwärts in den Stütz mittels Partnerhilfe

Ziel: Kennenlernen der verlangsamten Stemmbewegung, wobei der Körper schon wie bei der Zielbewegung hochgeführt wird.

Aufgaben:

a) Am Kastenbarren legt der Turner seine Arme auf die Kästen, die Hände gehen an den vorderen Kastenwulst, die Beine sind gestreckt voraufgesetzt. Zwei Helfer tragen unter den Knien und unter dem Schwerpunkt den Körper aufwärts, der Übende unterstützt durch eine Stemmbewegung das Hochkommen in den Stütz.

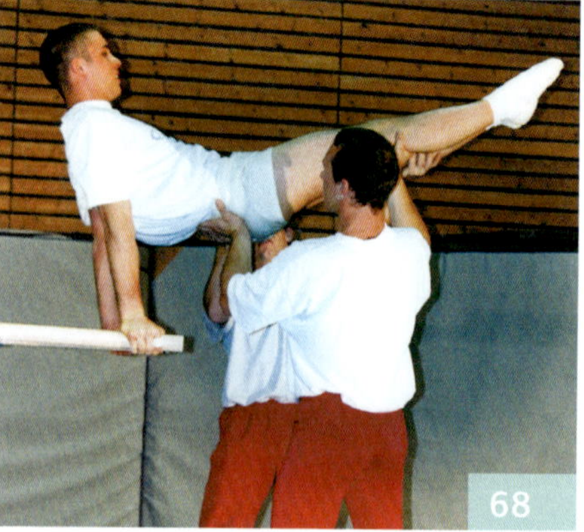

Hilfegebung bei der Schwungstemme vorwärts

b) Gleiche Übung am kopfhohen Parallelbarren am Ende der Holmengasse (Foto 68), Blick nach außen gerichtet (so ist eine optimale Unterstützung durch die Helfer gegeben). Bei Anfängern empfiehlt es sich, unter den Oberarmen die Holme, z. B. mit einer Rohrummantelung, abzupolstern. Auch das Tragen eines dickeren Sweatshirts oder einer Trainingsjacke ist hilfreich.

4. Grundübung: Schwingen im Oberarmstütz-(Hang) und Schwungstemme vorwärts mit Partnerhilfe

Ziel: Verknüpfung der Grundübungen 1-3.

Aufgabe: Am Barrenende mit Blick nach außen, Schwingen im Oberarmstütz-(Hang) mit schwungverstärkender Technik (s. o.). Mit dem zweiten bzw. dritten Vorschwung Aufstemmen mit zwei Helfern (Hilfegebung s. o.).

Zielübung: Anlauf, Absprung in den hohen Oberarmstütz-(Hang), Vorschwung und Schwungstemme vorwärts in der Holmengasse mit Absenken zum Grätschsitz

Bewegungsverbindungen

Schwungstemme vorwärts und Rückschwung in den Oberarmstand (vgl. S. 250ff.), zum Abgang Hockwende oder hohe Wende oder Kreishocke oder in den Handstand.

2.4.2 Schwungstemme rückwärts

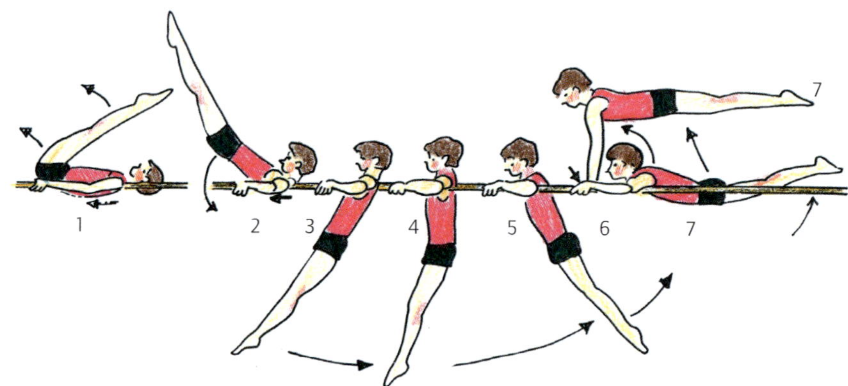

Abb. 92: Schwungstemme rückwärts aus der Kipplage und Rückschwung

Bewegungsmerkmale

1 Aus dem Außenquerstand vorlings kurzer Anlauf und Sprung in den Oberarmstütz mit waagerechtem, gestreckten Körper. Vorschwung und Überkopfschwingen der gestreckten Beine zur Oberarmkipplage.

2 Vorhochschwingen der gestreckten Beine bis nahezu die Hüfte gestreckt ist, zeitgleich auf den Holmen Vorschieben („Vorrutschen") der Schultern zu den Händen (der Griffstellen). Dabei beugen sich die Arme nach außen, die Ellbogen werden abwärts gedrückt.

3-5 Rückschwung mit schnellkräftigem Beinrückschwung nach unten in die leichte Hüftüberstreckung.

6 Mit waagerechtem Erreichen der Holmhöhe Abbremsen der Beinschwungbewegung und Hüftfixierung.

7 Druck der Hände und der sich streckenden Arme auf die Holme und Aufstemmbewegung zur Unterstützung der Aufschwungbewegung des Körpers in den Stütz. Körper befindet sich gestreckt in der Waagerechten über Holmhöhe.

Lern- und Leistungsvoraussetzungen

- Siehe Schwungstemme vorwärts, nur den Rückschwung betonend.
- Zudem für die Zielübung: Vorschwung aus dem Oberarmstütz in die Oberarmkipplage.

Grundsätzliche Hilfegebung

Wird die Schwungstemme rückwärts *aus* der Barrengasse heraus geturnt, halten zwei Helfer zunächst schwungunterstützend mit der fernen Hand unter den Knien und mit der nahen Hand heben sie unter dem Körperschwerpunkt den Turner in den waagerechten Stütz („Luftliegestütz") (Abb. 93).

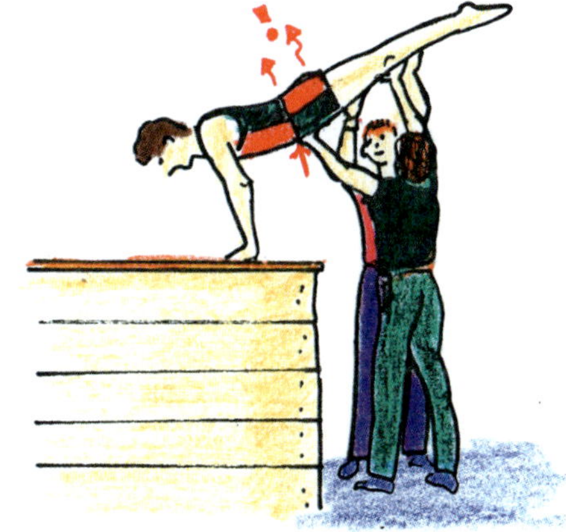

Abb. 93: „Luftliegestütz": Hoher Rückschwung in den freien Stütz über 90° mit Hilfegebung

1. Grundübung: Siehe Grundübung 1 der Schwungstemme vorwärts, nur den Rückschwung optimierend (S. 267)

2. Grundübung: Schwingen im Oberarmstütz-(Hang) und Schwungstemme rückwärts mit Partnerhilfe

Ziel: Schwungstemme rückwärts unter erleichterten Bedingungen.

Aufgabe: Am Barrenende weites Vorgreifen der Hände, Absprung mit Auflegen der leicht gebeugten Arme zum Oberarmstütz auf die etwas über kopfhohen Barrenholme, Vorschwung, Rückschwung und Aufstemmen mit Hebenlassen durch zwei Helfer an den Knien und unter dem Schwerpunkt in den Stütz.

Vertiefung: Aus dem kurzen Anlauf und Absprung in den Oberarmstütz mit anschließendem hohen Beinschwung aufwärts die Übung turnen.

3. Grundübung: Aus der Oberarmkipplage, Rückschwung in die Schwungstemme rückwärts

Ziel: Erhöhung des Komplexitätsgrades durch ein vorgeschaltetes Element.

Aufgabe: Aus dem Oberarmstütz am Barrenende vorlings zur Holmengasse, Vorschwung in die Oberarmkipplage, zwei Helfer können unter dem Rumpf (Schulter- und Gesäßbereich) die Kipplage kurz stabilisieren, Beinschwung rückwärts mit Hüftstreckung und Zurückziehen/-rutschen der Schultern zu den Händen, Rückschwung mit leichter Hüftüberstreckung zur Schwungstemme rückwärts. Zwei Helfer unterstützen wie in Grundübung 2.

Zielübung: Absprung und Vorschwung in die Oberarmkipplage, Rückschwung zur Schwungstemme rückwärts in der Holmengasse

Bewegungserweiterung
Schwungstemme rückwärts in den Handstand.

2.5 Kippen aus der Ruhelage und aus dem Schwung

Die Kippen am Parallelbarren werden in

a) Kippen aus der Ruheposition und
b) aus vorgeschalteten Schwungbewegungen

unterschieden.

Bewegungstechnisch unterscheiden sich diese in der räumlichen Positionierung vor dem „Kippstoß" und der Energiegewinnung. Die erste Form ist die der Oberarmkippe aus dem Oberarmstütz. Sie wird in den DTB-Pflichtübungen P5 der breitensportlichen Variante A verlangt. Erst in der P8 werden sowohl für den Breiten- als auch Leistungssport in der Variante A und B die „Schwungkippe" aus dem Ellhang als Übungsbeginn ausgeschrieben.

2.5.1 Oberarmkippe in den Grätschsitz/Stütz (einschließlich Speichengriffkippe)

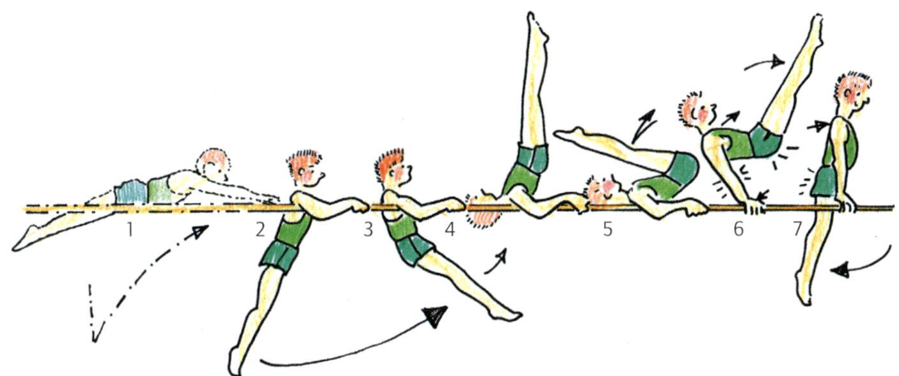

Abb. 94: Oberarmkippe in den Stütz

Bewegungsmerkmale

Vorbereitungsphase

1 Aus dem Außenseitstand vorlings, Anlauf, Absprung und Sprung mit weitem Vorgreifen zum flüchtigen Stütz im Speichengriff, Beine und annähernd gestreckte Hüfte kommen waagerecht über Holmhöhe (hohe Lageenergie).

2 Mit der Abwärtsbewegung Ablegen der Arme – bei geringer Beugung im Ellbogengelenk – auf den Holmen. Die Hüfte führt die Abwärtsschwungbewegung an und ist leicht überstreckt.

3 Mit Passieren der Senkrechten erfolgt ein schnellkräftiger Beinvorschwung, die Hüfte winkelt sich leicht und in Holmhöhe wird der Beinschwung mit Hüftfixierung abgebremst, die Hüfte ist dabei nur mäßig gewinkelt („gebunden").

4 Der Körper rotiert nahezu gestreckt um die Schulterachse bis fast in eine flüchtige „Kerzenposition" („Oberarmstütz-Kerze"). B II

5 Absenken der gestreckten Beine über den Rumpf zur engen Kipplage mit gleichzeitig mäßigem Absenken des Körperschwerpunkts zu den Händen (Gesäß bleibt aber über Holmhöhe).

Hauptphase: Oberarmkippe

6 Schnellkräftige Öffnung des Bein-Rumpf-Winkels mit steilem Aufwärtsschwingen der Beine nach vorne oben. Wenn die Senkrechte passiert wird, erfolgt das

Abbremsen der Beinschwungbewegung bei leicht geöffneter Hüfte (ca. 145°). Diese Hüftfixierung bewirkt eine Drehimpulsübertragung auf den Rumpf.

- Mit der Hüftfixierung erfolgt die Stemmbewegung der Arme durch Druckgebung auf die Holme. Der Arm-Rumpf-Winkel öffnet sich, die Arme strecken sich (Reststreckung) und stemmen den leicht gewinkelten Körper weiter aufwärts, der Oberkörper dreht mit Absenken der Beine in die Senkrechte.

Bewegungsende

7 Die Beine schwingen abwärts und werden auf die Holme zum Grätschsitz abgesenkt oder schwingen zum Rückschwung in der Holmengasse.

Lern- und Leistungsvoraussetzungen

Konditionelle Voraussetzungen:

- Mindestbeweglichkeit im Hüftbereich/Dehnfähigkeit der Oberschenkelrückseite (ischiocrurale Muskelgruppe, einschl. des M. biceps femoris).
- Schnellkraft der Hüftstrecker (großer Gesäßmuskel/M. glutaeus maximus) und Haltekraft der Hüftbeuger (gerade Bauchmuskulatur/M. rectus abdominis, Lenden-Darmbein-Muskulatur/M. iliopsoas und der vierköpfige Schenkelstrecker/M. quadriceps femoris).
- Sehr gute Stützkraft zum Einnehmen und Halten der gestreckten Arme (dreiköpfiger Armstrecker/M. triceps brachii).

Technisch-koordinative Voraussetzungen:

- Vorschwung im Oberarmstütz-(Hang) über die flüchtige „Oberamstütz-Kerze" in die Kipplage.
- Stemmbewegung mit gestreckten Armen.

Grundsätzliche Hilfegebung

Zwei Helfer stehen seitlich und fassen unter den Holmen mit der nahen Hand unter den Schultergürtel und richten ihn auf. Diese Hand wechselt mit Absenken der Beine schnell an den Körperschwerpunkt, die ferne Hand stützt unter dem Körperschwerpunkt (Bereich „Oberkante Unterhose"), wechselt mit dem Abwärtsschwingen der Beine zum Oberschenkel und verhindert damit das Absinken und später das Fallen der Beine.

1. Grundübung: Kipplage am Boden/Kipphang am Parallelbarren/ an den Ringen und Streckung zur Kerze/in den Strecksturzhang

Ziel: Bewusstmachung der Körperpositionierung im Raum und der schnellkräftigen Hüftstreckung in die „Kerzenposition".

Aufgaben:

a) Aus dem Langsitz Zurückrollen in die Kipplage und Ablegen der Arme neben dem Körper, schnellkräftiger, steiler Beinschwung nach oben zur leicht gewinkelten Kerze und sofortige Hüftfixierung. Nach einigen Übungsversuchen kann der unmittelbar darauf folgende Stemmabdruck mit den Händen vom Boden angedeutet werden.

b) Aus dem gewinkelten Sturzhang/Kipphang am Barren/an den Ringen/an den Tauen in den Strecksturzhang aufkippen: Die Hüfte nicht überstrecken und Hüftfixierung bewusst durchführen!

2. Grundübung: Ellgriffkippe in den Grätschsitz

Ziel: Kennenlernen des Aufkippens zum Grätschsitz in Verknüpfung mit der Kernbewegung der 1. Grundübung.

Aufgabe: Aus dem Außenseitstand vorlings vor der Barrengasse Ellgriff, Aufschwingen oder Heben rückwärts in den gewinkelten Sturzhang/Kipphang, Aufkippen. Nach Hüftfixierung im Strecksturzhang schnellkräftiger Armzug mit Abwärtsbewegung und Grätschen der Beine und Aufrichten des Oberkörpers über Holmhöhe. Mit Bein-Holm-Kontakt wird der Rumpf mit dieser neu gewonnenen Drehachse hochgestützt, die Hände setzen hierzu in den Speichengriff um. Aufrichten zum Grätschsitz.

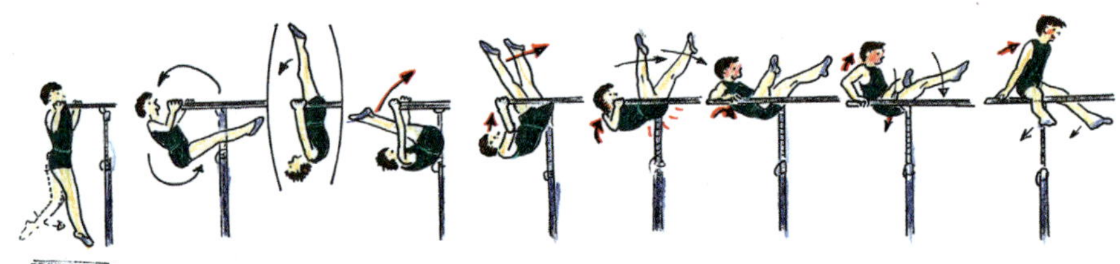

Abb. 95: Ellgriffkippe in den Grätschsitz

Hilfegebung: 1-2 Helfer unterstützen das Aufkippen zum Grätschsitz stützend unter dem Körperschwerpunkt und aufrichtend unter dem Schultergürtel (Abb. 96).

3. Grundübung: Aus dem Oberarmstütz-(Hang), Rückschwung in die Kipplage, zur „Oberarmstütz-Kerze“ mit Partnerhilfe hochstrecken

Ziel: Erlernen der kippvorbereitenden Bewegungsphase „Oberarm-Kipplage“ mit anschließender Hüftstreckung.

Aufgabe: Aus dem Oberarmstütz-(Hang), Vorschwung, Rückschwung, Vorschwung in die Oberarmkipplage, in dieser Lage kurz verharren und Körperlage ggf. korrigieren lassen. Bewusst das Stützen mit den annähernd gestreckten Armen durchführen. Dann schnellkräftig in die Oberarmstütz-Kerze hochschnellen und Rückschwung in den Oberarmstütz- (Hang) (die Helfer bremsen den Rückschwung ggf. etwas an den Oberschenkeln ab).

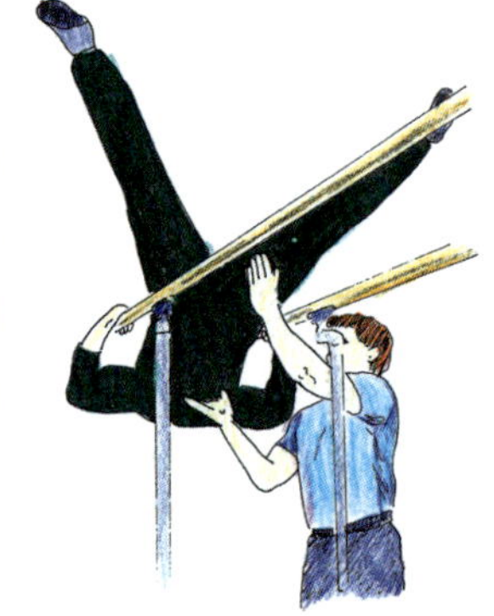

Abb. 96: Hilfegebung bei der Oberarmkippe

Hilfegebung: Zwei Helfer stützen die Oberarmkipplage unter dem Rumpf an den Schultern und unter dem Gesäß (Abb. 96).

4. Grundübung: Oberarmkippe am Kastenbarren mit Partnerhilfe

Ziel: Turnen der Oberarmkippe unter erleichterten Bedingungen mit Kennenlernen der Armaktion.

Aufgabe: Stand rücklings vor einer knapp rumpfbreiten Kastengasse („Kastenbarren"). Fassen des Kastenwulsts an der kurzen Kastenseite. Aufschwingen der Beine und mit Auflegen der leicht gebeugten Arme auf den Kästen, in die Kipplage zurückverlagern (Knie angucken!). Strecken zur Kerze, Hüftfixierung und mit Stemmbewegung der Arme vom Kasten hochdrücken nach vorne oben, Niedersprung.

Verbale Hilfe: „Strecken, Wegstemmen!"

Hilfegebung: Zwei Helfer fassen mit der fernen Hand unter den jeweiligen Oberschenkel und ziehen den Turner nach vorne oben, die zweite Hand kommt verzögert unter den Körperschwerpunkt (Bereich: „Oberkante-Unterhose") nach und drückt den Schwerpunkt zur Erleichterung der Stemmbewegung hoch. Landungssicherung an Bauch und Rücken.

5. Grundübung: Oberarmkippe am Barrenende mit zwei Helfern

Ziel: Turnen der Zielübung mit kraftvoller Partnerunterstützung/Hilfegebung.

Aufgabe: Aus dem Oberarmstütz Griff an die Holmenden, Vorschwung in die Oberarmstütz-Kipplage und Oberarmkippe. Die Oberarmkippe sollte zunächst am Barrenende (im Oberarmstütz: Blick nach außen) geturnt werden, um eine gute Hilfegebung an den Oberschenkeln und unter dem Schwerpunkt zu ermöglichen.

Hilfegebung: Siehe oben bei der 4. Grundübung.

Tipp: Bei den ersten Versuchen kann für den Schultergürtel noch eine Matte als Unterstützung/Widerlager für die Kippbewegung über die Holme gelegt werden.

Zielübung: Oberarmkippe mit Absprung zum Oberarmstütz-(Hang) und Bewegungsbegleitung in den Grätschsitz/Stütz

Mit zunehmender Bewegungssicherheit den energiebringenden Bewegungsablauf „Sprung in den Oberarmstütz mit Vorschwung in die Oberarmstütz-Kipplage" für die Oberarmkippe vorschalten.

Bewegungsverbindungen

Turnen der Oberarmkippe aus dem Schwingen im Oberarmstütz, dem Rücksenken aus dem Stütz oder aus dem Oberarmstand mit Abrollen.

Übungsbeispiel

- Anlauf, Absprung in den Oberarmstütz-(Hang) und Schwungstemme vorwärts in den Stütz.
- Rückschwung in den *Oberarmstand, Abrollen vorwärts* in den Oberarmstütz-(Hang).
- Rückschwung, *Vorschwung in die Oberarmkipplage, Oberarmkippe in den Stütz.*
- Rückschwung und *Kreishockwende* in den Außenquerstand.

2.5.2 „Schwebekippe" (Ellhangkippe) in den Grätschsitz/Stütz (Schwungkippe)

Die Schwungkippe am Parallelbarren ähnelt im Ansatz der Schwebekippe (S. 242ff.) und in der Beinführung dem „Durchschub" an der Reckstange (vgl. S. 261, Abb. 55). Vorerfahrungen mit Kippen am Reck sind für das Erlernen der Schwungkippe am Parallelbarren sinnvoll. Zum einen ist die Reckstange als Orientierungshilfe für Positionierungen der Beine im Raum günstig, zum anderen ist die vereinfachte Griffsituation gegeben. Erleichternd kommt am Barren jedoch hinzu, dass eine nicht optimal gelungene Schwungkippe über den Grätschsitz „hochgedrückt" werden kann, damit der Schwerpunkt und die Beine bei mangelhafter Technik oder fehlender Stemmkraft nicht wegfallen können. An der Reckstange wird daher notwendigerweise – mit Hilfe – eine sauberere Technik erlernt. Nachfolgend wird die Schwungkippe aus dem Vorschweben methodisch aufgezeigt, die Laufkippe ist daraus ableitbar und nur bei fehlender Haltekraft im gewinkelten Hang zu turnen.

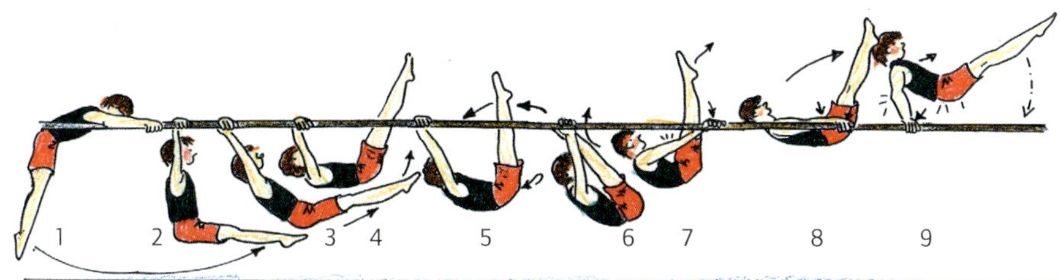

Abb. 97: Schwebekippe: Kippe aus dem Vorschwingen im gewinkelten Hang

Bewegungsmerkmale

Ausgangsposition

Außen- oder Innenquerstand vor/in der Holmengasse.

Bewegungsansatz

1 Absprung nach hinten oben mit Vorschwingen der gestreckten Arme, Öffnen des Arm-Rumpf-Winkels und Greifen der Holme mit Ellgriff zum gewinkelten (Ell-)Hang.

2 Vorschwingen im gewinkelten (Ell-)Hang. Die Füße gehen ca. 10 cm gleitend über den Boden nach vorne.

3-4 Der Körper schwingt unter der Griffstellensenkrechten nach vorne vor und der Bein-Rumpf-Winkel öffnet sich bis ca. 175° (bei Leistungsturnern auch weiter), der Arm-Rumpf-Winkel ist nahezu gestreckt.

5-6 Schnelles Winkeln in der Hüfte zum Führen der Füße in Holmhöhe, der Körperschwerpunkt pendelt zurück, tiefe Hüftbeuge.

Hauptphase

7 Wenn der Körperschwerpunkt den tiefsten Punkt erreicht hat und sich die Beine fast senkrecht befinden: Beginn der Hüftstreckung bei gleichzeitiger „Schubbewegung" der Beine nach schräg oben vorne, sowie der aktiven Verkleinerung des Arm-Rumpf-Winkel durch Zug- und Druckbewegung der Arme (= Stemmbewegung). B II

8 ... dabei Rückhochpendeln des Körperschwerpunkts, bis der Körperschwerpunkt auf Holmenhöhe ist und der Schultergürtel sich über Holmenhöhe befindet, Nachgreifen der Hände aus dem Ellhang zum Stütz mit Speichengriff.

9 Der Oberkörper gelangt in die Senkrechte und schwingt/hebt sich leicht vor die gestreckten Arme, die Beine werden mit einem Hüftwinkel gehalten.

Endposition

Gewinkelter (flüchtiger) Stütz, Absenken der Beine zum Grätschsitz oder Strecken der Hüfte zum Rückschwung im Stütz.

Lern- und Leistungsvoraussetzungen

Konditionelle Voraussetzungen:

- Sehr gute Stützkraft zum Halten der gestreckten Arme (dreiköpfiger Armstrecker/M. triceps brachii).
- Sehr gute Muskelkraft zur Verkleinerung des Arm-Rumpf-Winkels (breiter Rückenmuskel/M. latissimus dorsi, großer Rundmuskel/M. teres major und großer Brustmuskel/M. pectoralis major).
- Schnellkraft der Hüftstrecker (großer Gesäßmuskel/M. glutaeus maximus) und Haltekraft der Hüftbeuger (gerade Bauchmuskulatur/M. rectus abdominis, Lenden-Darmbein-Muskulatur/M. iliopsoas und der vierköpfige Schenkelstrecker/M. quadriceps femoris).
- Mindestbeweglichkeit im Hüftbereich/Dehnfähigkeit der Oberschenkelrückseite (M. biceps femoris/Mm. ischiocrurales).
- Zudem insbesondere Haltekraft der Hände.

Technisch-koordinative Voraussetzungen:

- Ellgriffkippe aus dem Kipphang.
- Aufstemmen aus dem Ellgriff-Hockhangstand in den Stütz mit Speichengriff.
- Schwungstemme vorwärts.

Grundsätzliche Hilfegebung

Zwei Helfer stehen vor dem Turner und tragen mit den *fernen Händen* beim Anschweben unter den Knien die gestreckten Beine und führen sie in die Senkrechte, danach rutschen diese Hände unter das Gesäß, tragen zum Stütz hoch und bremsen das Fallen der Beine im Stütz ab. Die *nahen Hände* gehen an den Bereich „Oberkante-Unterhose". Sie unterstützen das Vorschwingen des Körperschwerpunkts und halten diesen, beim Hochführen der Beine in die Senkrechte, etwas zurück. Beide Hände tragen schließlich den Körper im Stütz (Fotos 68a-c und 69a-c).

1. Grundübung: Aufstemmen am Parallelbarren aus dem Ellgriff-Hangstand

Ziel: Isoliertes Festigen der Stemmbewegung aus einer tiefen Körperschwerpunktlage mit erleichterten Bedingungen (Absprung).

Aufgabe: Außenquerstand vorlings vor der Barrengasse, weites Vorgreifen mit Ellgriff, Absenken in den Hockhangstand und Absprung (ggf. vom Sprungbrett) mit Aufstemmen in den Stütz, schnelles Nachstützen zum Speichengriff. Zwei Helfer können mit Umfassen der Oberschenkel den Körperschwerpunkt anheben.

Vertiefung: Aufstemmen in Serie. Aus dem Stütz mit annähernd gestreckten Armen Niedersprung und sofortiges Abprellen zum erneuten Aufstemmen.

2. Grundübung: Sprung in den Ellhang und Vorschweben

Ziel: Kennenlernen des Bewegungsansatzes.

Aufgabe: Aus dem Innenquerstand auf einer Erhöhung Absprung mit Ellgriff am Barrenende und Vorschwingen aus der Holmengasse heraus im gewinkelten Hang (vgl. hierzu aus- führlicher unter Schwebekippe die 4. Grundübung, S. 249/250).

Hilfegebung: Die fernen Hände tragen die Beine unter den Knien (ggf. Unterschenkel), die nahen Hände stützen unter dem Gesäß (vgl. Fotos 69 a/b).

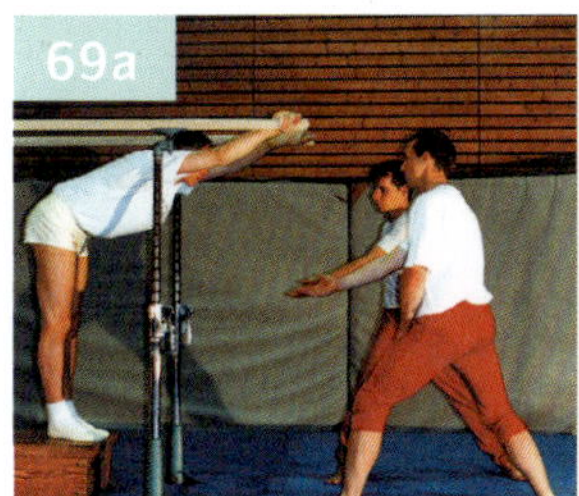

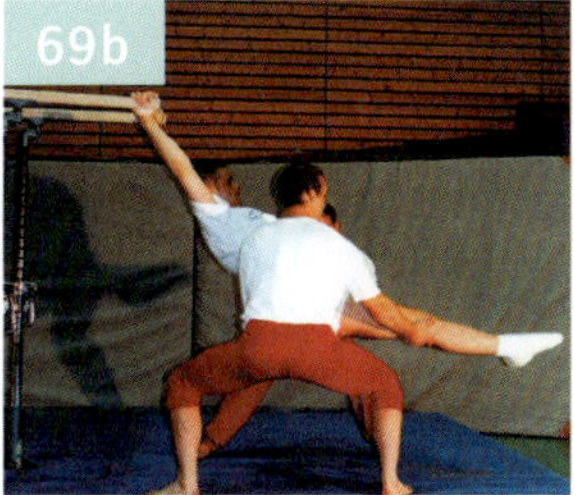

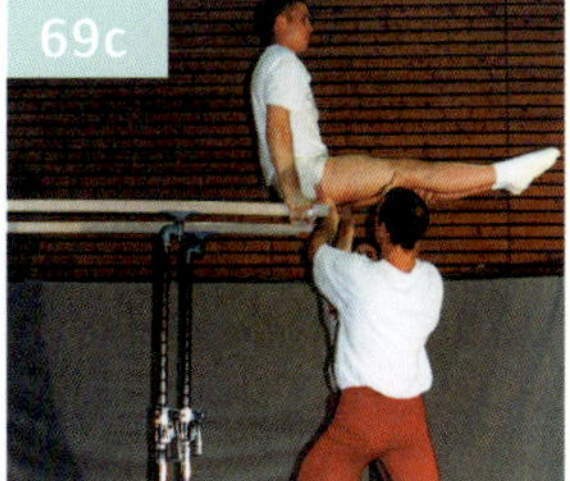

Hilfegebung bei der Ellhangkippe aus dem Innenquerstand

3. Grundübung: Schwebekippe (Ellhangkippe) mit erhöhtem Absprung und aus der Holmengasse heraus

Ziel: Zielübung unter erleichterten Bedingungen mit Geräten und Partnerhilfe.

Aufgabe: Mit Absprung von einer Erhöhung (Kastendeckel, Sprungbrett) im gewinkelten Hang vorschwingen, Winkeln der Hüfte und Aufkippen in den gewinkelten Stütz mit Partnerhilfe (siehe „Grundsätzliche Hilfegebung"). Das Turnen aus der Holmengasse ermöglicht eine optimalere Hilfegebung (vgl. Fotos 69 a-c).

4. Grundübung: S. o., nur aus dem Außenquerstand vorlings mit Absprunghilfe

Ziel: Zielübung mit Absprunghilfe und Bewegungsbegleitung.

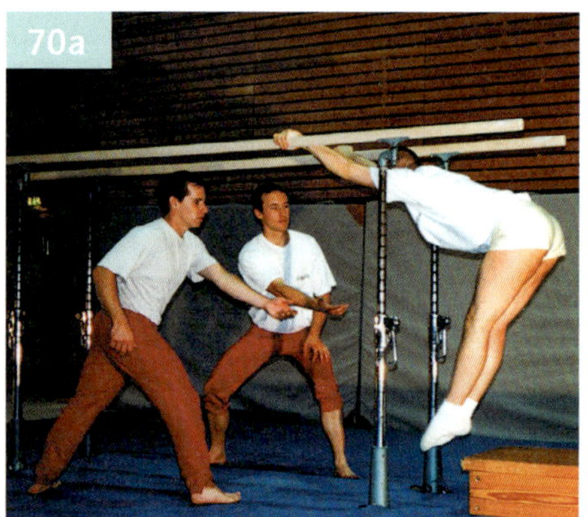

Aufgabe: Aus dem Außenquerstand in die Holmengasse vorschweben und Ellhangkippe (Fotos 70a-c). Die Hilfe gibt nur noch eine Bewegungsbegleitung nach dem Prinzip „so viel wie nötig, so wenig wie möglich".

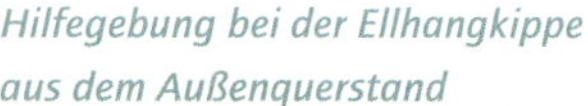

Hilfegebung bei der Ellhangkippe aus dem Außenquerstand

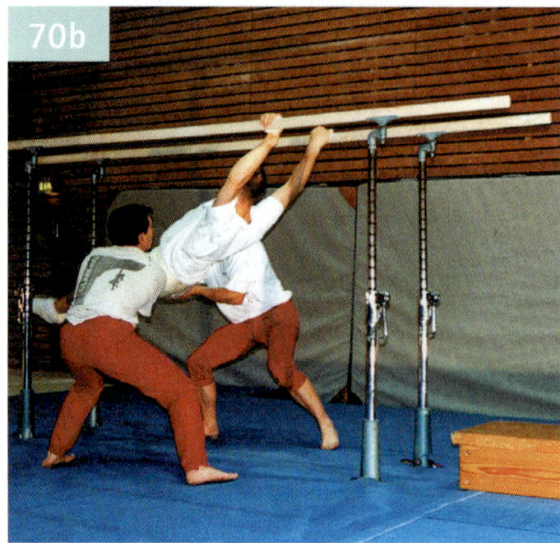

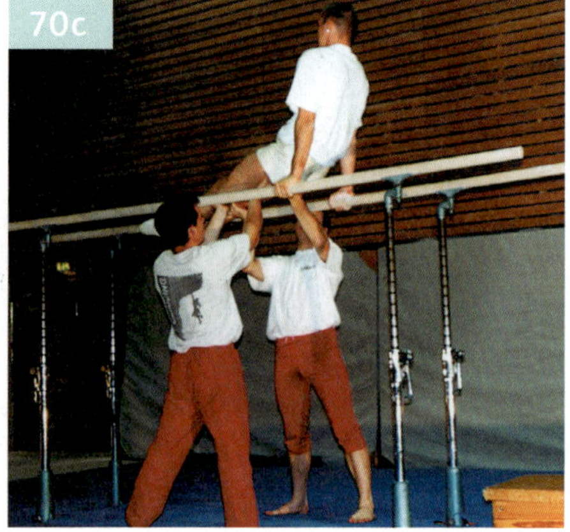

Zielübung: Schwebekippe (Ellhangkippe) in den Grätschsitz/Stütz

Übungsbeispiel:

- Aus dem Außenquerstand vorlings, Absprung, *Vorschweben und Kippaufschwung in den Stütz.*
- Rückschwung in den *Oberarmstand.*
- *Abrollen* vorwärts in den Oberarmstütz-(Hang).
- Rückschwung in die Oberarmkipplage, *Oberarmkippe* in den Stütz.
- Rückschwung in den *Handstand*, Abschwingen, Vorschwung und *Salto rückwärts* gehockt in den Außenquerstand seitlings.

71

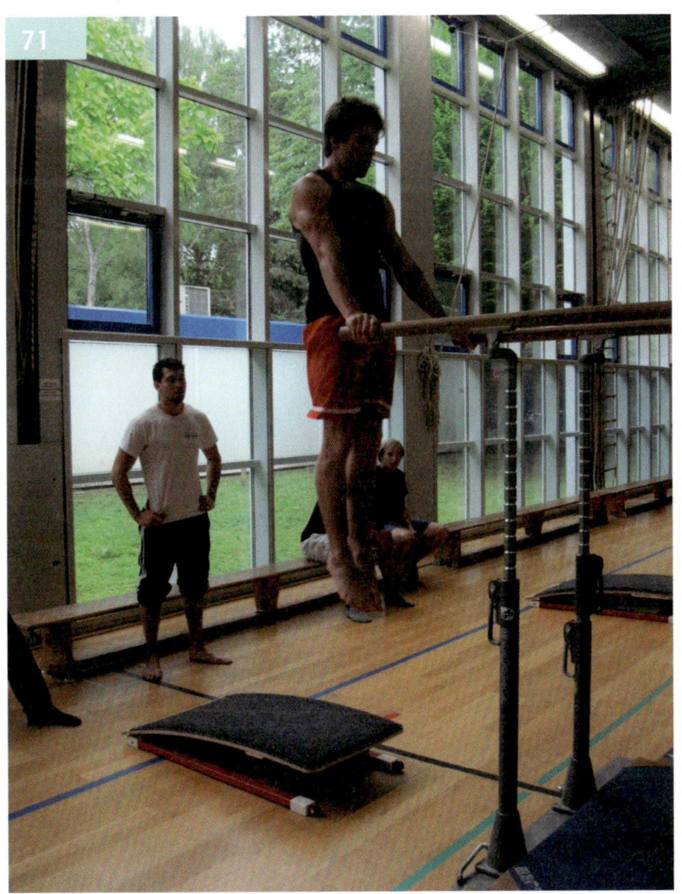

Die Stemmbewegung kann als Ergänzungsübung auch aus dem Abprellen vom Brett geübt werden

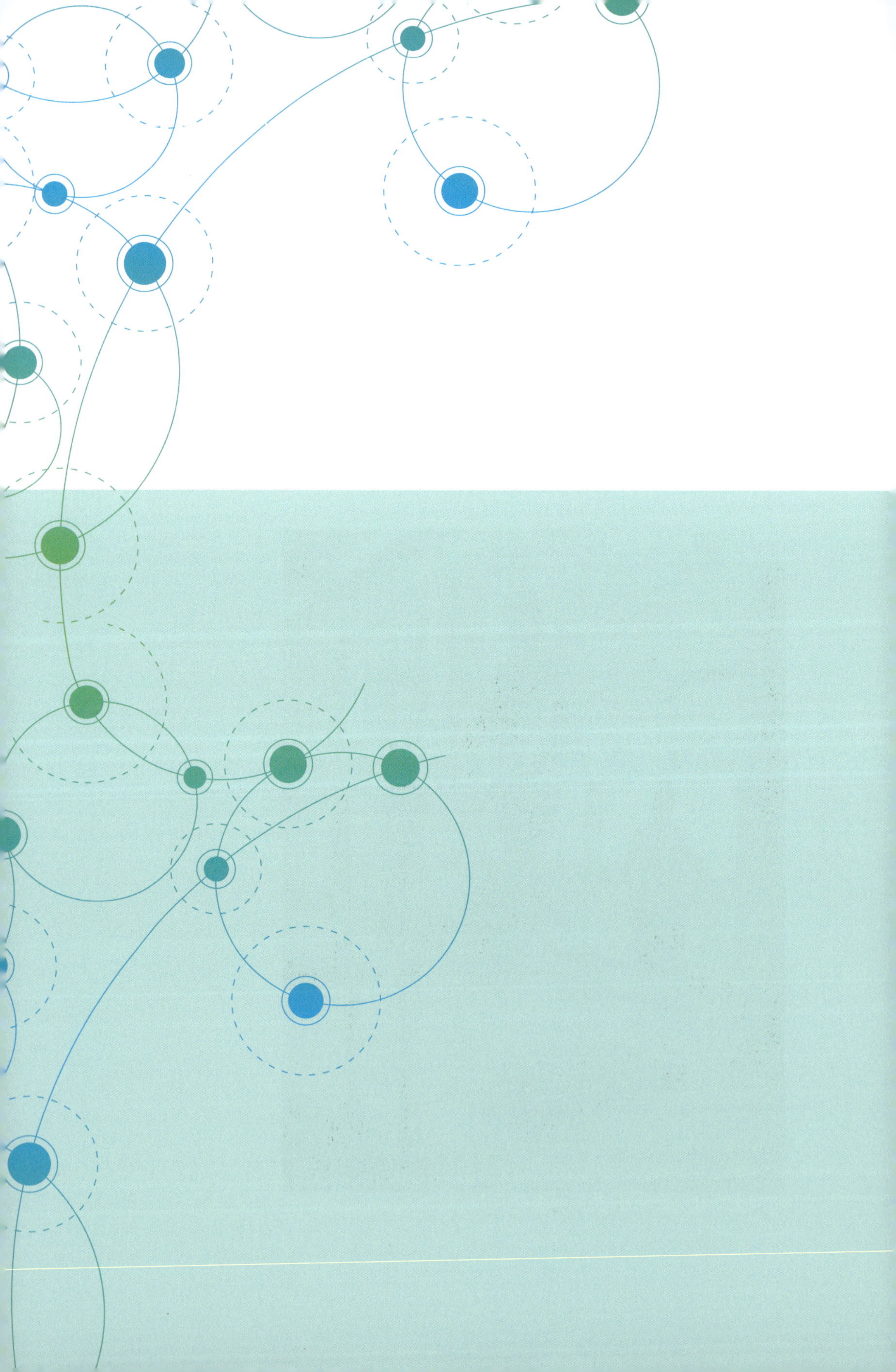

TEIL B

METHODIK ZU FERTIGKEITEN AN DEN GERÄTEN

Teil B

III KLEINE GERÄTTURNANATOMIE

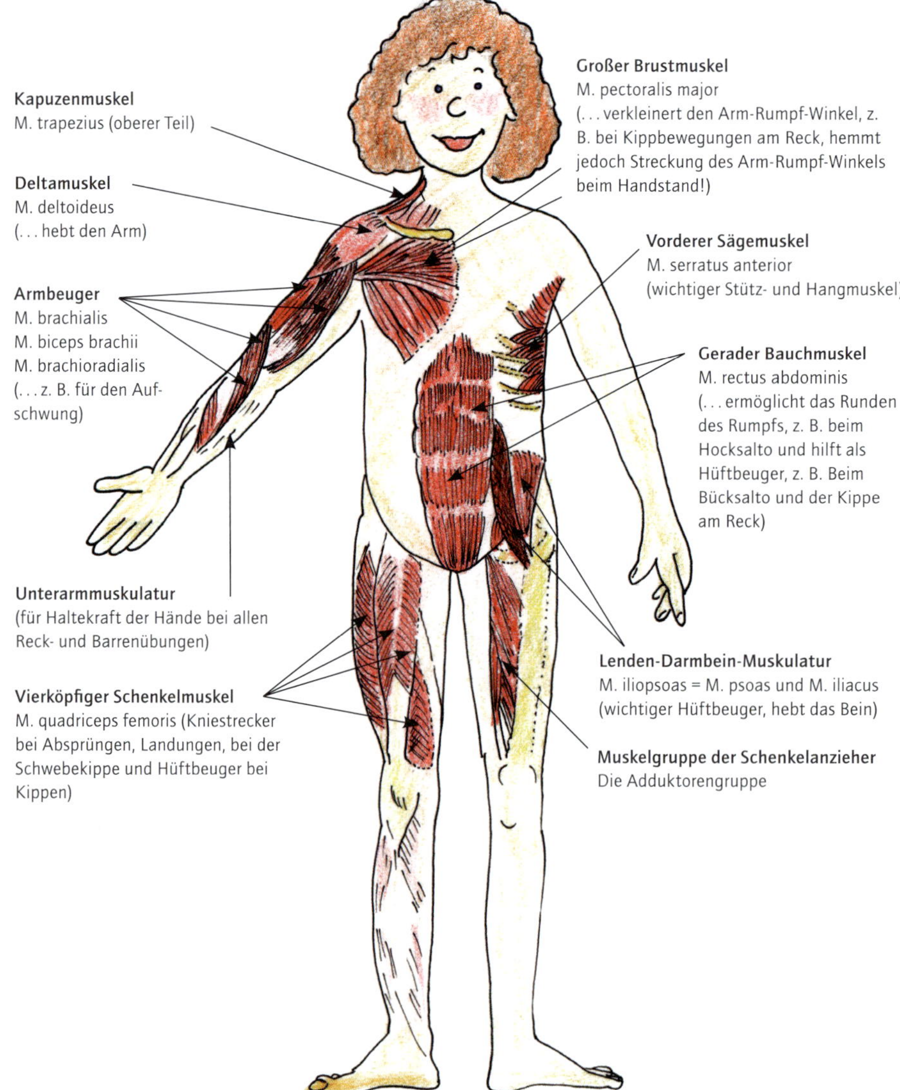

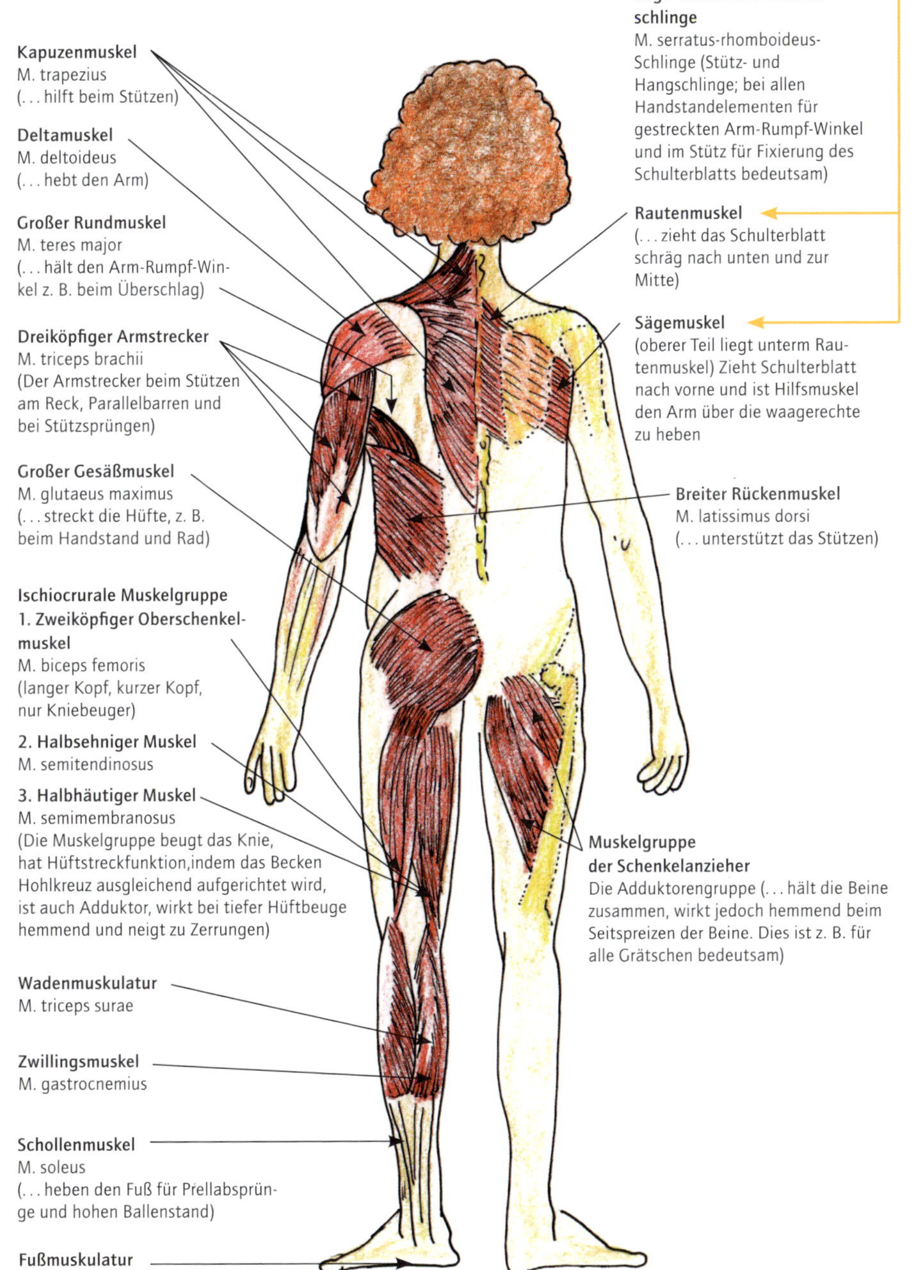
Kapuzenmuskel
M. trapezius
(... hilft beim Stützen)
Deltamuskel
M. deltoideus
(... hebt den Arm)
Großer Rundmuskel
M. teres major
(... hält den Arm-Rumpf-Winkel z. B. beim Überschlag)
Dreiköpfiger Armstrecker
M. triceps brachii
(Der Armstrecker beim Stützen am Reck, Parallelbarren und bei Stützsprüngen)
Großer Gesäßmuskel
M. glutaeus maximus
(... streckt die Hüfte, z. B. beim Handstand und Rad)
Ischiocrurale Muskelgruppe
1. Zweiköpfiger Oberschenkelmuskel
M. biceps femoris
(langer Kopf, kurzer Kopf, nur Kniebeuger)
2. Halbsehniger Muskel
M. semitendinosus
3. Halbhäutiger Muskel
M. semimembranosus
(Die Muskelgruppe beugt das Knie, hat Hüftstreckfunktion,indem das Becken Hohlkreuz ausgleichend aufgerichtet wird, ist auch Adduktor, wirkt bei tiefer Hüftbeuge hemmend und neigt zu Zerrungen)
Wadenmuskulatur
M. triceps surae
Zwillingsmuskel
M. gastrocnemius
Schollenmuskel
M. soleus
(... heben den Fuß für Prellabsprünge und hohen Ballenstand)
Fußmuskulatur
Säge- und Rautenmuskelschlinge
M. serratus-rhomboideus-Schlinge (Stütz- und Hangschlinge; bei allen Handstandelementen für gestreckten Arm-Rumpf-Winkel und im Stütz für Fixierung des Schulterblatts bedeutsam)
Rautenmuskel
(... zieht das Schulterblatt schräg nach unten und zur Mitte)
Sägemuskel
(oberer Teil liegt unterm Rautenmuskel) Zieht Schulterblatt nach vorne und ist Hilfsmuskel den Arm über die waagerechte zu heben
Breiter Rückenmuskel
M. latissimus dorsi
(... unterstützt das Stützen)
Muskelgruppe der Schenkelanzieher
Die Adduktorengruppe (... hält die Beine zusammen, wirkt jedoch hemmend beim Seitspreizen der Beine. Dies ist z. B. für alle Grätschen bedeutsam)

B III

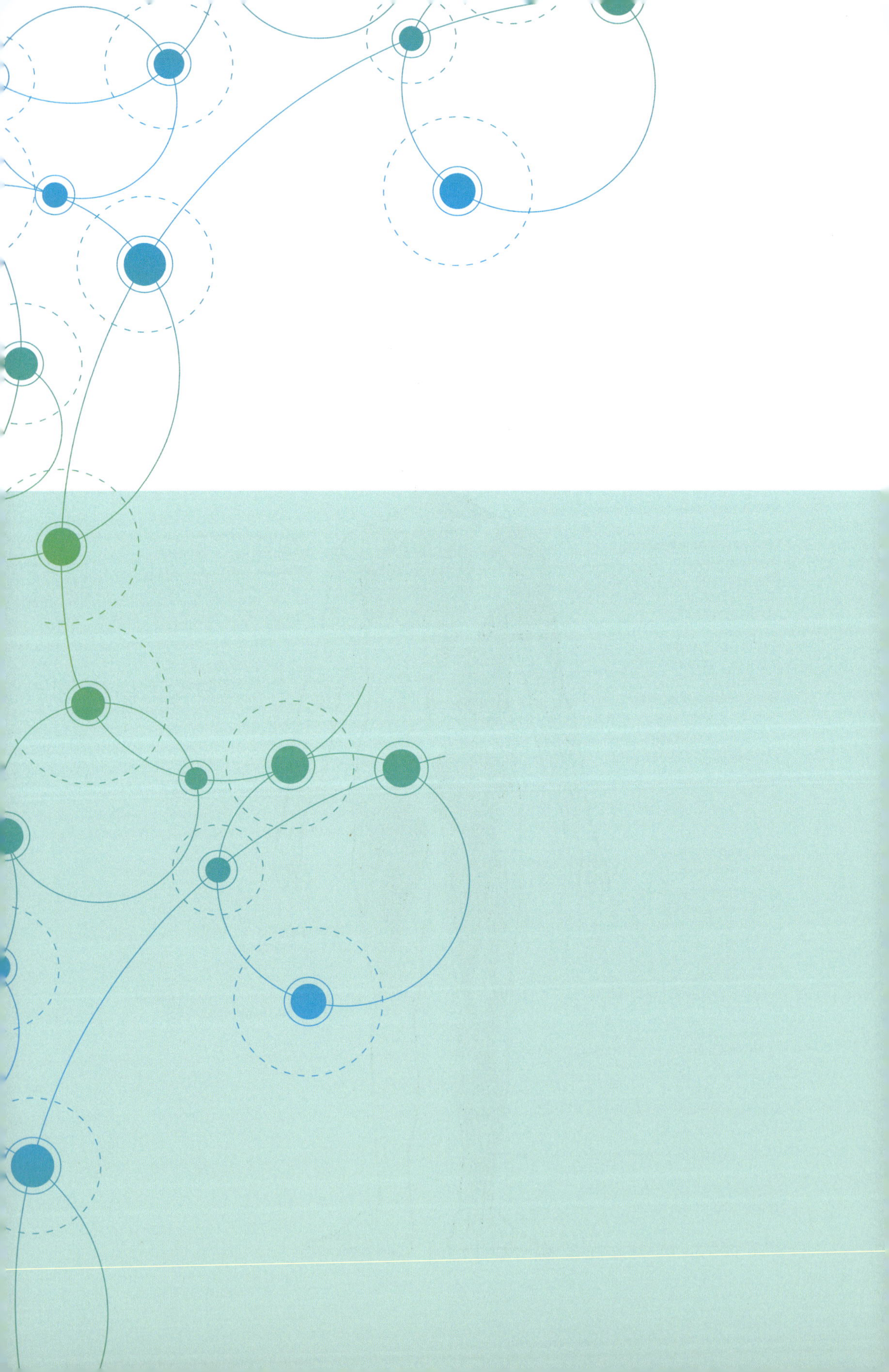

TEIL B

METHODIK ZU FERTIGKEITEN AN DEN GERÄTEN

Teil B

IV DIE TURNBIBLIOTHEK

- Adatte, M. & Günthard, J. (1976). *Kunstturnen – Technik + Methodik.* Eidgenössischer Turnverein (Schweiz).
- Australian Gymnastic Federation. (1994). *Women's Artistic Gymnastics: SUB – Junior Development Programm/Stage 1-4 Manual,* Australian Gymnastic Fed. (Southbank, Victoria 30006. Australien).
- Baumann, H. & Diener, H. (1999): Turnen. Band 1: *Turnen spielend erleben.* Frankfurt/M, Verlag Diesterweg.
- Baumann, H. (1980). *Turnen in Freizeit, Schule und Verein.* München-Wien-Zürich, BLV Verlagsgesellschaft.
- Berg, van den, Tj. (1996). *Turnen in Beeld. 4. überarb. Auflage,* Haarlem/NL, De Vrieseborch.
- Berg, van den, Tj. (1998). *Acrogym in Beeld.* Haarlem/NL, De Vrieseborch.
- Bessi, F. (1998). *Athletische Testbatterie zur Erfassung der konditionellen Leistungsfähigkeit von Nachwuchsturnern.* Freiburg, Eigenverlag.
- Bessi, F. (2009). *Materialien für die Ausbildung der 1. Lizenzstufe Gerätturnen.* Badischer Turner-Bund e. V.
- Bessi, F. & Autorenteam. (2010). *Materialien für die Ausbildung der 2. Lizenzstufe Gerätturnen.* Badischer Turner-Bund e. V.

- Bronstein, D. (1997). *Australian Gymnastic Levels Program – Women's Level 1-10.* Australian Gymnastic Federation (Southbank, Victoria 30006).
- Brüggemann, G.-P. & Krahl, H. (2000). *Belastungen und Risiken im weiblichen Kunstturnen. Teil 1: Aus Sicht von Biomechanik und Sportmedizin.* Schriftenreihe der BISP, Bd. 101, Schorndorf, Verlag Karl Hofmann.
- Bührle, M. (1989). Maximalkraft – Schnellkraft – Reaktivkraft, *Sportwissenschaft, 19* (3), 311-325.
- Carrasco, R. (1979). *Essai de systématique dénseignement de la gymnastique aux agrés,* Paris (France). Editions Vigot.
- Carrasco, R. (1982). *Ginástica de Aparelhos. Preparacao Fisica.* Editora Manale, Sao Paulo/Brazil (Übersetzung der Orginalausgabe: *Gymnastique aux Agrés – Preparation Physique,* Paris/France, Editions Vigot).
- Decker, W. (1987). *Sport und Spiel im Alten Ägypten.* München, Verlag C. H. Beck.
- Deutscher Turner-Bund (Hrsg.) (2015a). *Aufgabenbuch 2015 Gerätturnen weiblich. Wettkampfprogramm Pflicht (P-Stufen) und Kür modifiziert (KM).* Frankfurt am Main. Verlag und Vertrieb DTB-Shop GmbH.
- Deutscher Turner-Bund (Hrsg.) (2015b). *Aufgabenbuch 2015 Gerätturnen männlich. Wettkampfprogramm Pflicht (P-Stufen) und Kür modifiziert (KM).* Frankfurt am Main. Verlag und Vertrieb DTB-Shop GmbH.
- Diem, C. (1971). *Weltgeschichte des Sports. Band I, 3. Auflage.* Cotta Verlag, Stuttgart.
- Dörrer, H.-J. & Kohl, M. (Red.). (1999). *Weibliches Kunstturnen – Rahmenkonzeption für Kinder und Jugendliche im Leistungssport.* Wiebelsheim, Limpert-Verlag.
- Euler, G. (Hrsg.). (1894-1896). *Enzyklopädisches Handbuch des gesamten Turnwesens und der verwandten Gebiete.* 3 Bände, Wien/Leipzig.

- FIG (Hrsg.). (1994). *Handbuch Ausbildung zum Übungsleiter/zur Übungsleiterin/Allgemeines Turnen mit FIG-Zertifikat.* Moutier, Fédération Internationale de Gymnastique (FIG).
- FIG - Féderation Internationale de Gymnastique (Hrsg.). (2013). *Wertungsvorschriften im Gerätturnen 2013-2016 des internationalen Turnerbundes.* Download des „Code de Pointage 2013-2016" Stand August 2013 (in Deutsch) unter www.fig-gymnastique.com → Rules → WAG CoP 2013-2016 → DE
- Funke-Wieneke, J. (1998). Die Bedeutung des Turnens für die Entwicklung von Kindern und Jugendlichen. In Bruckmann, M. (Red.), *Gerätturnen in der Sportlehrerausbildung.* Münster.
- Gajados, A. (1983). *Lehrbuch des Kunstturnens.* Schorndorf, Verlag Hofmann.
- Gantois, J., Schroven, W. & Esser, van, M. (1984/1996). *Van kopstand tot kasamatsu – Handboek voor toestelturnen.* Leuven/Amersfoort, België, Uitgeverij Acco.
- Gasch, R. (Hrsg.). (1920/1928). *Handbuch des gesamten Turnwesens und der verwandten Leibesübungen.* Band I und Band II. Wien/Leipzig.
- Gerling, I. E. (2014). *Basisbuch Gerätturnen . . . für alle.* 8. Auflage. Aachen, Meyer & Meyer Verlag.
- Gerling, I. (2005). *Gerätturnen für Fortgeschrittene.* Band 1: *Boden und Schwebebalken.* 2. Auflage, Aachen, Meyer & Meyer Verlag.
- Gerling, I. (2007). *Kinder turnen – Helfen und Sichern.* 3. Auflage. Aachen, Meyer & Meyer Verlag.
- Gerling, I., Becker, M. & Mönnikes, L. (2014). *Das Airtrackbuch. Spielen, Springen, Turnen – für Schule, Freizeit und Verein.* Aachen, Meyer & Meyer
- Gerling, I., Gruhl, M., Heinlein, Fr. & Knirsch, K. (1999). *Bewegungslernen im Gerätturnen. DTB-Handbuch „Teil 7 – Gerätturnen".* Frankfurt/M., Fördergesellschaft des DTB.

- Gerling, I. & Steuri, R. (1994). Fundamentale Bewegungsformen im Gerätturnen, In Fédération Internationale de Gymnastique (Hrsg.), *Handbuch Ausbildung zum Übungsleiter/zur Übungsleiterin/Allgemeines Turnen mit FIG-Zertifikat.* FIG/Schweiz S. 23ff.
- Göhler, J. & Spieth, R. (Hrsg.). (1981). *Geschichte der Turngeräte.* Eßlingen/Neckar: Spieth.
- Härtig, R. & Buchmann, G. (2004). *Gerätturnen – Trainingsmethodik.* Aachen, Meyer & Meyer Verlag.
- Kassat, G. (1993). *Biomechanik für Nichtbiomechaniker.* Bünde: Fitness Contur-Verlag.
- Knirsch, K. & Minnich, M. (1996). *Gerätturnen mit Mädchen und Frauen.* Kirchtellingsfurt, Knirsch-Verlag.
- Knirsch, K. (1983). *Lehrbuch des Gerät- und Kunstturnens.* Bd.1 u. Bd. 2. Kirchtellingsfurt, Knirsch-Verlag.
- Knirsch, K. (1991). *Fundamentum des Gerätturnens.* 1. Aufl. Kirchtellingsfurt, Knirsch-Verlag.
- Laging, R. (1990). Stundenblätter Turnen: *Bewegungsgelegenheiten zum Erkunden-Lernen-Gestalten.* Stuttgart, E. Klett Verlag für Wissen und Bildung.
- Laube, B. (1999). *Langfristige Planung von Training und Leistung im weiblichen Kunstturnen – die Vision eines Trainingsmodells.* Diplomarbeit, Deutsche Sporthochschule Köln.
- Manoni, A. (1988). *La Ginnastica da campione, Tecnica-methodica-didattica.* Gremese Editore, Roma (Italia).
- Martin, D. (Red.). (1991). *Handbuch Trainingslehre.* Schorndorf, Verlag Hofmann.

- Martin, D. u.a. (2000). *Handbuch Kinder- und Jugendtraining*. Schorndorf, Verlag Hofmann.
- MSWWF. (1999). *Sekundarstufe II. Gymnasium/Gesamtschule, Richtlinien und Lehrpläne Sport.* Schriftenreihe Schule in NRW Nr. 4734, Ritterbach Verlag, Frechen 1999, S. XL.
- Mulvihill, D. & Day, D. (1990). *Skill Progressions: The „Show me Gymnastics" series.* Book Numbers 1, 2, 3 and 4, Linton Day Publishing Company Atlanta, Georgia (USA).
- Nickel, U. (1990). *Kinder brauchen ihren Sport.* Celle, Pohl-Verlag.
- Nolte, G. (1980). *Gerätturnen – Handbuch der Grundfertigkeiten.* Bad Homburg, Limpert-Verlag.
- Paneke, W. (1967). *Geschichte der Körperkultur – Eine Auswahlbibliographie der Bibliothek der deutschen Hochschule für Körperkultur – Sportbibliographien.* Leipzig.
- Rieling, K. (Ltg.). (1973). *Gerätübungen. Volk und Wissen,* Berlin, Volkseigener Verlag.
- Schembri, G. (1983). *Instructory gymnastics – a guide for coaches and teachers.* Sydney/Melbourne (Australien), Australien Gymnastic Federation Inc.
- Schembri, G. (1984/91). *AUSSIE GYM FUN – a resource for schools and clubs.* Sydney/Melbourne (Australien), Australien Gymnastic Federation Inc.
- Schmidt, D. (Ltg). (1987). *Gerätturnen.* Berlin, Sportverlag.
- Schmidt, M. & Klümper, A. (1989). *Basisgymnastik für Jedermann – Ein Weg vom geraden Stand zum geraden Handstand.* Darmstadt, Reba-Verlag.
- Schnabel, G., Harre, D. & Borde, A. (Hrsg.). (1994). *Trainingswissenschaft: Leistung-Training-Wettkampf.* Berlin, Sportverlag.

- Still, C. (1990). *BAGA Women's Gymnastics Manual. The official manual of the British Amateur Gymnastics Associtation.* West Yorksire, England, Springfield Books Limited.
- Thiess, G. & Tschiene, P. (1999). *Handbuch zur Wettkampflehre.* Aachen, Meyer & Meyer Verlag.
- Tuccarro, A. (1599/1987). *Trois Dialogues.* A Reproduction of the Copy in the British Library, Archival Facsimiles Limited, Alburgh (Erstausgabe in Paris 1599).
- Uhlmann, Kl. (1991). *Lehrbuch der Anatomie des Bewegungsapparates.* Heidelberg/Wiesbaden, Quelle: Meyer & Meyer Verlag.
- Weber, R., Gruhl, M. & Kotzurek, P. (1992). *Turnen I: Training der Leistungsvoraussetzungen (Video), Turnen II: Training der Grundlagenelemente von Stütz- und Hangelemente am Stufenbarren. (Video).* Frankfurt/M., „Sport-Box".
- Weinek, J. (1990). *Optimales Training.* 7. Auflage. Erlangen, perimed.
- Wiemann, Kl. & Klee, A. (2000). „Die Bedeutung von Dehnen und Stretching in der Aufwärmphase vor Höchstleistungen." In *Leistungssport, 4,* 5-9.
- Witfeld, J., Gerling, I. & Pach, A. (2013). *Parkour & Freerunning. Entdecke deine Möglichkeiten.* (2. Auflage). Aachen, Meyer & Meyer (auch in Englisch).
- Witter, J. (1999). *Trainingslehre und Periodisierung im Jahn-9-Kampf der Frauen unter besonderer Berücksichtigung konditioneller Aspekte.* Diplomarbeit, Deutsche Sporthochschule Köln.
- Wulff, Helge, E. & Trangbæk, E. (1998). *Redskabs-Gymnastik – leg og akrobatisk udfordring.* Institut for Idræt, Københavns Universitet (Danmark), ISBN 87 8936 155 5.

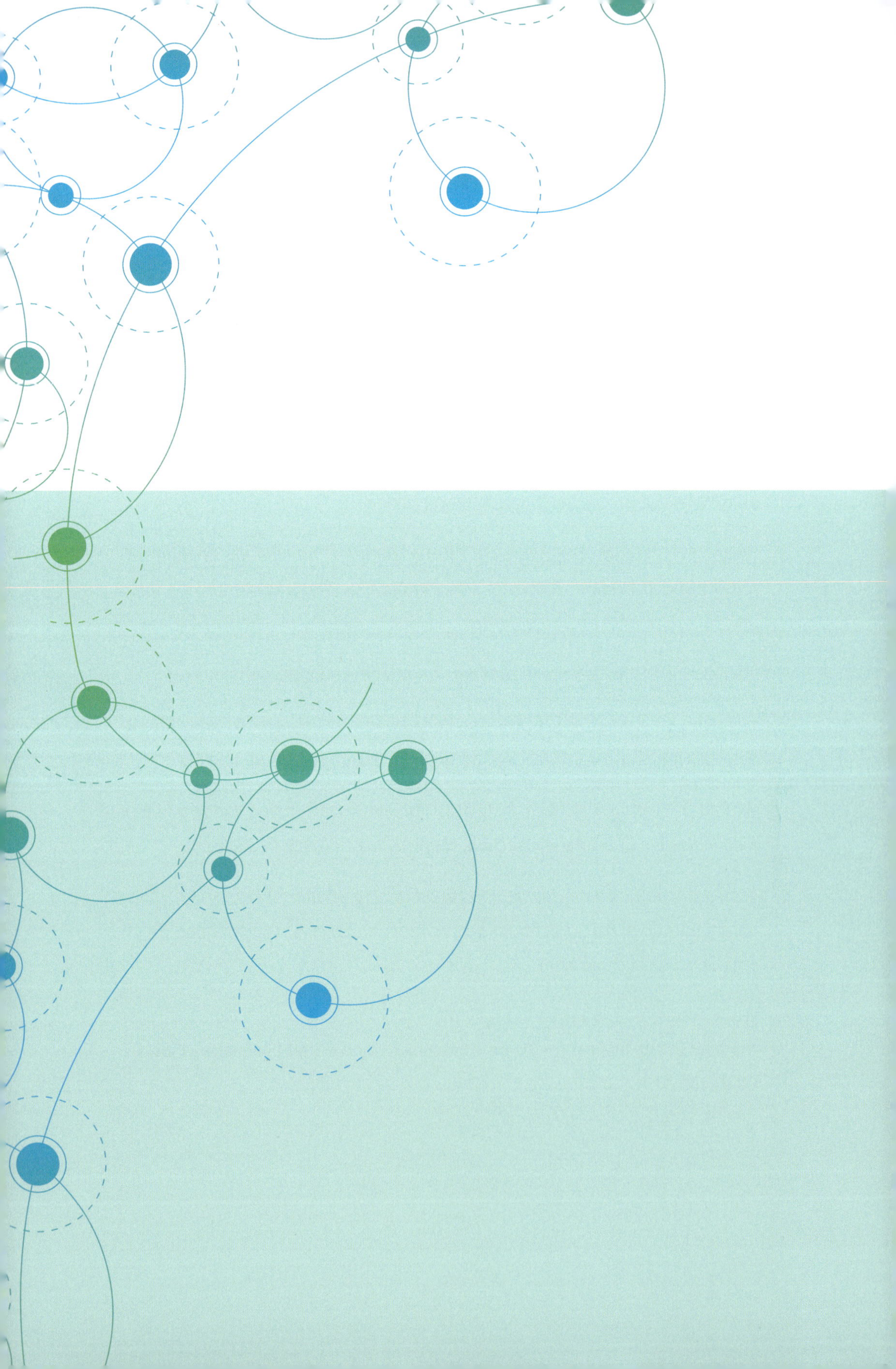

TEIL B

METHODIK ZU FERTIGKEITEN AN DEN GERÄTEN

Teil B

V ÜBERSICHTEN

1 Wettkampfprogramm der Pflichtübungen des Deutschen Turnerbundes ab 2015 für das allgemeine Gerätturnen. Die Ausschreibung der Schwierigkeitsstufen 1 bis 9 in Stichworten

Die nachfolgenden Pflichtübungen gelten für das *allgemeine Gerätturnen* als Basisangebot des Wettkampfwesens im Deutschen Turnerbund *für alle Altersgruppen.* Der Veranstalter eines Wettkampfes kann die Alterszuordnung vorgeben. Diese Pflichtübungen gelten auch für das Turnfest 2017. Hierfür wird eine Zuordnung der Pflichtübungen zu Altersklassen z. B. für die DTB-Wahlwettkämpfe im DTB-Aufgabenbuch 2015 auf Seite 10 aufgelistet. Danach müssen zum Beispiel die Zwölf- und Dreizehnjährigen ihre Übungen aus den Schwierigkeitsstufen P3 bis P 7 auswählen, die 16- bis 29-Jährigen hingegen dürfen sich nur aus den Schwierigkeitsstufen 5 bis 9 Übungen aussuchen.

Es werden Geräte, Landungsmatten und Geräthöhen nachstehend vom DTB empfohlen. Die Ausschreibung eines Wettkampfveranstalters kann davon abweichen, soweit *„oder laut Ausschreibung"* (Kurzbezeichnung „o. lt. A.") in der nachfolgenden Übersicht steht.

Soweit sich die Ausschreibungen für das weibliche und das männliche Wettkampfturnen unterscheiden, ist dies durch (w) für weiblichen und (m) für männlich gekennzeichnet oder eine gesonderte Übersicht erstellt worden.

Tipp: Die nachfolgenden Übungen können auch für die Schule als Anregung dienen, wie auf einer bestimmten Schwierigkeitsstufe eine Übung aussehen könnte. Das Turnen einer Bewegungsverbindung ist auch laut Lehrplänen (o. ä.) der Länder in der Schule ein Ziel des Turnunterrichts.

1.1 Sprung (weiblich und männlich)

Stufen der Pflichtübung (P)	Geräte	Ausschreibung in Stichworten *(Den Sprüngen ist immer ein Anlauf und Absprung vom Sprungbrett zugewiesen, die Landung ist immer beidbeinig)*	Seite, Abb. oder Foto des Elements im vorliegenden Buch
P 1	• **Sprungbrett** • 20-30 cm Mattenlage (o. lt. A.)	Zwei bis drei Schritte Anlauf, Absprung vom Sprungbrett zum **Strecksprung** und beidbeinige Landung.	Seite 100, Ü100
P2	• Sprungbrett • **Kasten seitgestellt** • Kastenhöhe: 0,70 m – 0,90 m (o. lt. A.)	Stützsprung-**Aufhocken auf das Gerät mit sofortigem Strecksprung** zur Landung.	Siehe Gerling (2014): Basisbuch Gerätturnen
P 3	• Sprungbrett • **Kasten seitgestellt** • Kastenhöhe: 0,90 – 1,10 m (o. lt. A.)	Stützsprung-**Aufhocken** auf das Gerät mit **sofortigem Hocksprung (w) oder mit Grätschen und Schließen der Beine (m)** zur Landung.	Siehe Gerling (2014): Basisbuch Gerätturnen
P 4	• Sprungbrett • **Pferd seitgestellt oder Bock** (o. Gerät lt. A.) • Geräthöhe: 1,00 m oder 1,10 m (o. lt. A.)	Stützsprung**grätsche** über das Gerät.	Siehe Gerling (2014): Basisbuch Gerätturnen
P 5	• Sprungbrett • **Sprungtisch oder -pferd seitgestellt** (o. Gerät lt. A.) • Geräthöhe: 1,10 m	Stützsprung**hocke über das Gerät**.	Siehe Gerling (2014): Basisbuch Gerätturnen

Stufen der Pflichtübung (P)	Geräte	Ausschreibung in Stichworten *(Den Sprüngen ist immer ein Anlauf und Absprung vom Sprungbrett zugewiesen, die Landung ist immer beidbeinig)*	Seite, Abb. oder Foto des Elements im vorliegenden Buch
P 5 Alternative (wird nicht beim Turnfest 2017 angeboten!)	• Sprungbrett • **Sprungtisch oder -pferd seitgestellt mit gleich hohem Mattenberg** (o. Gerät lt. A.) • Geräthöhe: 0,90 – 1,10 m (o. lt. A.)	Handstütz-**Sprungüberschlag** mit Abdruck und **Landung in der Rückenlage** auf dem **Mattenberg**.	Seite 154-156
P 6	• Sprungbrett • **Sprungtisch oder -pferd seitgestellt** (o. Gerät lt. A.) • Geräthöhe: 1,10 m	Handstütz-**Sprungüberschlag** (männlich: *alternativ* auch Stützsprung**brücke**)	Seite 134ff. Seite 146f. Seite 161
P 7	• Sprungbrett • **Sprungtisch oder -pferd seitgestellt** (o. Gerät lt. A.) • Geräthöhe: 1,20 m oder 1,25 m (o. lt. A.)	Handstütz-**Sprungüberschlag** Männlich: *Alternativ* auch *Radwende/Rondat als Stützsprung* (Handstützsprungüberschlag mit ¼ Längsachsendrehung in der ersten und ¼ Längsachsendrehung in der zweiten Flugphase, Landung vorlings zum Sprunggerät)	Seite 134ff. Seite 146f. Seite 161
P 8	• Sprungbrett • **Sprungtisch oder -pferd seitgestellt** (o. Gerät lt. A.) • Geräthöhe: 1,20 m oder 1,25 m (o. lt. A.)	**Yamashita** (Handstütz-Sprungüberschlag mit Beugen und Strecken der Hüfte in der zweiten Flugphase)	Seite 163ff. Abb. Seite 163 und Abb. Seite 165
P 8 Alternative (wird *nicht* beim Turnfest 2017 angeboten!)	• Sprungbrett • **Sprungtisch oder -pferd seitgestellt** (o. Gerät lt. A.) • Geräthöhe: 1,20 m oder 1,25 m (o. lt. A.)	Handstütz-**Sprungüberschlag mit ½ Längsachsendrehung** in der zweiten Flugphase (*Landung vorlings zum Sprunggerät!*)	

Stufen der Pflichtübung (P)	Geräte	Ausschreibung in Stichworten *(Den Sprüngen ist immer ein Anlauf und Absprung vom Sprungbrett zugewiesen, die Landung ist immer beidbeinig)*	Seite, Abb. oder Foto des Elements im vorliegenden Buch
P 9 (w)	• Sprungbrett • **Sprungtisch oder -pferd seitgestellt** (o. Gerät lt. A.) • Geräthöhe: 1,20 m oder 1,25 m (o. lt. A.)	Handstütz-**Sprungüberschlag mit ½ Längsachsendrehung** in der ersten und ½ **Längsachsendrehung** in der zweiten Flugphase („*½ rein – ½ raus*")	*Seite 172ff. Abb. 26 und 27*
P 9 (w) Alternative (wird *nicht* beim Turnfest 2017 angeboten!)	• Sprungbrett • **Sprungtisch oder -pferd seitgestellt** (o. Gerät lt. A.) • Geräthöhe: 1,20 m oder 1,25 m (o. lt. A.)	**Yamashita mit ½ Längsachsendrehung** in der zweiten Flugphase (Handstütz-Sprungüberschlag mit Beugen und Strecken der Hüfte und anschließender ½ Längsachsendrehung in der zweiten Flugphase)	
P 9 (m)	• Sprungbrett • **Sprungtisch** • Geräthöhe: 1,35 m	Handstütz-**Sprungüberschlag gestreckt mit ganzer Längsachsendrehung** in der zweiten Flugphase.	
P 9 (m) Alternative	• Sprungbrett • **Sprungtisch** • Geräthöhe: 1,35 m	**Yamashita mit ½ Längsachsendrehung** in der zweiten Flugphase (Handstütz-Sprungüberschlag mit Beugen und Strecken der Hüfte und anschließender ½ Längsachsendrehung in der zweiten Flugphase)	

1.2 Reck/Stufenbarren

1.2.1 Pflichtübungen Stufen 1-5 (weiblich und männlich) am Reck/Holm:

Geräteangaben: Schulterhohes Reck (w/m) oder unterer Stufenbarrenholm (w)

Stufen der Pflichtübung (P)	Ausschreibung in Stichworten *(In blauer Schrift sind die neu hinzugekommenen, anspruchsvolleren Turnelemente in der neuen Schwierigkeitsstufe gekennzeichnet)*
P 1	• Sprung in den **Stütz**, • **Hüftabzug**, • Schritt rückwärts, beidbeiniger erneuter Absprung in den Stütz, • **Rückschwung**, Niedersprung.
P2	• Sprung in den **Stütz**, • **Hüftabzug**, • beidbeiniger erneuter Absprung in den Stütz, • **Rückschwung**, Niedersprung und • **Felgunterschwung** (mit oder ohne Schwungbeineinsatz).
P3	• Sprung in den **Stütz**, • **Hüftabzug**, • Hüft**aufschwung** oder Hüft**aufzug**, • **Rückschwung**, Niedersprung und • **Felgunterschwung** (mit oder ohne Schwungbeineinsatz).
P4	• Hüft**aufschwung** oder Hüft**aufzug**, • Hüft**umschwung rückwärts**, • **Felgunterschwung** aus dem Stütz.
P5	• Vor- und Rückschwung im **Winkelhang** („Schwebehang"). *Alternativer Übungsbeginn (m):* Sprung in den Spitzwinkelhang („Kipphang" mit Fußrist an der Stange), Vor- und Rückpendeln, Landung und Schritt rückwärts. • **Hüftaufzug**, • **Hüftumschwung rückwärts**, • **Felgunterschwung aus dem Stütz.**

1.2.2 Pflichtübungen Stufen 6-9 (weiblich) am Reck/Holm und Stufenbarren

Geräteangaben:

P6: Schulterhohes Reck oder unterer Stufenbarrenholm.

P7 bis P9: **Stufenbarren** (unterer Holm: 1,70 m, oberer Holm: 2,50, Niedersprungmatten: 20 cm hoch).

Stufen der Pflichtübung (P)	Ausschreibung in Stichworten *(In blauer Schrift sind die neu hinzugekommenen, anspruchsvolleren Turnelemente in der neuen Schwierigkeitsstufe gekennzeichnet)*
P6	• Vor- und Rückschwung im **Winkelhang** („Schwebehang"), • **Hüftaufzug,** • **Hüftumschwung vorwärts,** • **Hüftumschwung rückwärts,** • a) **Felgunterschwung** aus dem Stütz oder b) Rückschwung, **Aufgrätschen, Grätsch-Sohlenwellunterschwung (Grätsch-Felgunterschwung).**
P7	• **Schwebekippe** in den Stütz, • **Hüftumschwung rückwärts,** • Rückschwung und **Aufhocken** auf den unteren Holm, Griffwechsel zum oberen Holm, • Über den flüchtigen gewinkelten Hang Vorschwung und **Riesenaufschwung** zum Stütz am oberen Holm, • **Hüftumschwung rückwärts,** • a) **Felgunterschwung** aus dem Stütz oder b) Rückschwung, **Aufgrätschen, Grätsch-Sohlenwellunterschwung (Grätsch-Felgunterschwung).**

Stufen der Pflichtübung (P)	Ausschreibung in Stichworten *(In blauer Schrift sind die neu hinzugekommenen, anspruchsvolleren Turnelemente in der neuen Schwierigkeitsstufe gekennzeichnet)*
P8	• **Schwebekippe** in den Stütz, • **Hüftumschwung vorwärts,** • **Hüftumschwung rückwärts** • Rückschwung und **Aufhocken** auf den unteren Holm, Griffwechsel zum oberen Holm, • über den flüchtigen gewinkelten Hang Vorschwung **Langhangkippe** zum Stütz am oberen Holm, • Rückschwung zum Abschwung in den Hang und **Riesenaufschwung**, • Rückschwung • a) zum Abschwung, Vorschwung und **Salto rückwärts gehockt** zum Stand oder b) zum **Aufgrätschen, Grätsch-Sohlenwellunterschwung (Grätsch-Felgunterschwung) mit halber Längsachsendrehung**.
P9	• **„Schwebekippe** mit Durchbücken" (angedeuteter „Durchschub") zum **Ausgrätschen** in den Hang, erneut vorschweben und Kippe in den Stütz. • *Alternativer Aufgang*: Innenseitstand zum unteren Holm, Vorschweben **halbe Drehung** in den erneuten gewinkelten Hang, **Schwebekippe** in den Außenseitstütz. • **Hoher Rückschwung und Hüftumschwung rückwärts,** • Rückschwung und **Aufhocken** auf den unteren Holm, • **Sohlwellumschwung rückwärts** und Griffwechsel zum oberen Holm, • **Langhangkippe** zum Stütz am oberen Holm, • **Hüftumschwung vorwärts,** • **Hüftumschwung rückwärts,** • Rückschwung zum Abschwung, Vorschwung und **Salto rückwärts gehockt, gebückt oder gestreckt** zum Stand.

1.2.3 Pflichtübungen Stufen 6-9 (männlich) am Hochreck:

Geräteangaben:

P6 bis P9: Hochreck (Reckstangenhöhe: 2,60 m ab Mattenoberkante)

Stufen der Pflicht-übung (P)	Ausschreibung in Stichworten *(In blauer Schrift sind die neu hinzugekommenen, anspruchsvolleren Turnelemente in der neuen Schwierigkeitsstufe gekennzeichnet)*
P6	• Aus dem Hang, **Unterschwung aus dem Kontern**, Rückschwung, Vorschwung, Rückschwung, • Vorschwung zur **Langhangkippe** in den Stütz, • **Hüftumschwung rückwärts,** • **Felgunterschwung aus dem Stütz.**
P7	• Aus dem Hang im Kammgriff, **Unterschwung aus dem Kontern**, Rückschwung, Umspringen in den Ristgriff, Vor- und Rückschwung in die Waagerechte, • Vorschwung und **Langhangkippe**, • Rückschwung (Abstemmen) in den Hang und Riesenaufschwung in den Stütz, • Senken in den Spitzwinkelhang und zurück aufwärts kippen in den Stütz (**„Rückfallkippe"**), • **Hüftumschwung rückwärts,** • **Felgunterschwung** aus dem Stütz mit halber Längsachsendrehung in den Stand vorlings zum Reck.
P8	• Aus dem Hang im Kammgriff, **Unterschwung aus dem Kontern**, Rückschwung, Umspringen in den Ristgriff, Vor- und Rückschwung in die Waagerechte, • Vorschwung mit halber Längsachsendrehung in den Ristgriff, • Vor- und Rückschwung und Vorschwung zum **Riesenaufschwung** in den Stütz. • Senken in den Spitzwinkelhang und zurück aufwärts kippen in den Stütz **(„Rückfallkippe")**, • Unterschwung in den Hang und **Stemmaufschwung rückwärts** in den Stütz, • **Hüftumschwung rückwärts**, • **Felgunterschwung** aus dem Stütz, Rückschwung, a) und **Salto vorwärts** gehockt oder gebückt in den Stand oder b) Vorschwung, **Salto rückwärts** gehockt, gebückt oder gestreckt.

B V

Stufen der Pflicht-übung (P)	Ausschreibung in Stichworten *(In blauer Schrift sind die neu hinzugekommenen, anspruchsvolleren Turnelemente in der neuen Schwierigkeitsstufe gekennzeichnet)*
P9	• Aus dem Hang im Kammgriff, **Unterschwung aus dem Kontern**, Rückschwung, Stemmaufschwung rückwärts in den freien Stütz, • Freie Felge (hier Felgüberschwung) in den freien Stütz über 45° zum Hang, • Vorschwung mit halber Längsachsendrehung in den Ristgriff, • Vorschwung und Riesenaufschwung den Stütz, • Senken in den Spitzwinkelhang und zurück aufwärts kippen in den Stütz **(„Rückfallkippe") zum Rückschwung über 45°**, • Abschwingen zum Hang und zwei Riesenumschwünge rückwärts (Riesenfelgen). a) Vorschwung, **Salto rückwärts** gehockt, gebückt oder gestreckt, oder b) Anlegen zum Unterschwung, Rückschwung und **Salto vorwärts gebückt** oder c) Riesenumschwung rückwärts mit halber Längsachsendrehung, Riesenstemmumschwung und Salto vorwärts gebückt.

1.3 Parallelbarren: Pflichtübungen Stufen 1-9 (männlich)

Holmenhöhe von der Mattenoberkante gemessen:

P1-P5: etwa brusthoch, P6: 1,70 m, P7-P9: 1,80 m

Stufen der Pflichtübung (P)	Ausschreibung in Stichworten *(In blauer Schrift sind die neu hinzugekommenen, anspruchsvolleren Turnelemente in der neuen Schwierigkeitsstufe gekennzeichnet)*
P1	Aus dem Innenquerstand, • **Vorschwung** über Holmhöhe in den **Grätschsitz** (2 Sekunden halten), • Einschwingen vorwärts.
P2	Aus dem Stand am Barrenende • Absprung in den Stütz und **stützeln** bis zur Barrenmitte. • Heben der Beine in den **Grätschsitz**, • Einschwingen vorwärts und Rückschwung, • Vorschwung in den **Außenquersitz**, • Niedersprung in den Außenquerstand seitlings.

Stufen der Pflichtübung (P)	Ausschreibung in Stichworten *(In blauer Schrift sind die neu hinzugekommenen, anspruchsvolleren Turnelemente in der neuen Schwierigkeitsstufe gekennzeichnet)*
P3	Aus dem Innenquerstand • Absprung in den Stütz, Vorschwung über Holmhöhe, Rückschwung über Holmhöhe, • Vorschwung mit Grätschen der Beine und langsames Senken in den **freien Grätschsitz** *(Arme in Seithalte und Körper strecken)*, • Heben und schließen der Beine durch den **Winkelstütz** *(2 Sekunden halten)*, • Rückschwung über Holmhöhe, Vor- und Rückschwung, • Vorschwung und **Kehre** in den Außenquerstand.
P4	Aus dem Innenquerstand • Absprung in den Stütz, Vorschwung über Holmhöhe, Rückschwung, • Vorschwung mit Grätschen der Beine und langsames Senken in den **freien Grätschsitz** *(2 Sekunden halten)*, • Heben und schließen der Beine durch den **Winkelstütz,** • Rückschwung über Holmhöhe, 2x Vor- und Rückschwung • und **Wende** in den Außenquerstand.
P5	• Sprung in den Stütz, Vorschwung über Holmhöhe, Rückschwung, • Vorschwung mit Grätschen der Beine, **Abfedern auf die Holme** und sofortiges (Zurück-)Einschwingen zum Rückschwung, • Vorschwung und langsames Senken in den **Grätschsitz**, • **Rolle vorwärts in den Grätschsitz**, • Heben und Schließen der Beine in den **Winkelstütz** *(2 Sekunden halten)*, • 2x hoher Rück- und Vorschwung (*Rückschwung immer über 45° der Waagerechten*), • Hoher Rückschwung und **Wende** in den Außenquerstand seitlings.
P6	• Sprung in den Oberarmstütz und a) **Stemmaufschwung vorwärts** in den Stütz oder b) Oberarmkippe in den Stütz, • Rückschwung, Vorschwung mit Grätschen der Beine und langsames Senken in den **freien Grätschsitz.** • **Heben in den Oberarmstand** *(2 Sekunden halten)*, • **Abrollen in den Grätschsitz**, • Heben und Schließen der Beine in den Winkelstütz, • 2x hoher Rück- und Vorschwung *(Rückschwung immer über 45° der Waagerechten)*, • Hoher Rückschwung und **Wende** in den Außenquerstand seitlings.

Stufen der Pflichtübung (P)	Ausschreibung in Stichworten *(In blauer Schrift sind die neu hinzugekommenen, anspruchsvolleren Turnelemente in der neuen Schwierigkeitsstufe gekennzeichnet)*
P7	• Sprung in den Oberarmstütz und **Stemmaufschwung vorwärts** in den Stütz , • Vorschwung in den **Winkelstütz** *(2 Sekunden halten)*, • Anheben der Beine, Rück- und Vorschwung, • **Rückschwung in den Oberarmstand** *(2 Sekunden halten)*, • **Abrollen zum Rückschwung in den Oberarmstütz,** • **Stemmaufschwung rückwärts,** • **Vorschwung und Rücksenken auf die Oberarme zur Oberarmkippe,** • 2x hoher Rück- und Vorschwung *(zweiter Rückschwung fast bis in den Handstand)*, • **Wende** *(mit beidhändigem Stütz auf einem Holm)* in den Außenquerstand.
P8	• Sprung in den Oberarmstütz und **Stemmaufschwung vorwärts** in den Stütz, • Rückschwung in den **Oberarmstand** (2 Sekunden halten), • **Abrollen** in den Oberarmstütz, • **Rückschwung in, Ablegen in den Ellhang**, • Vorschweben zur **Schwebekippe** *(Ellhangkippe/Schwungkippe)* in den Winkelstütz, • Heben der Beine in den **Spitzwinkelstütz**. • Hoher Rückschwung, Vorschwung und **Rückschwung in den Handstand**, • Vorschwung und Senken in den Oberarmstütz zur **Oberarmkippe**. • Hoher Rückschwung und **Kreishocke (Dreh-Wende) gehockt, gebückt oder gestreckt** in den Außenquerstand.
P9	• Sprung in den **Ellhang**: Vorschweben zur **Schwebekippe** *(Ellhangkippe/ Schwungkippe)* in den Stütz. • Hoher Rückschwung, Vorschwung und **Rückschwung in den Handstand**, • Senken und **Unterschwung** (Felgabschwung) **in den Oberarmstütz** zum **Stemmaufschwung rückwärts** in den Stütz. • Vorschwung in den Winkelstütz *(2 Sekunden halten)* und **Heben mit gestreckten Armen** über den gewinkelten Stütz *(gebeugter Hüfte)* mit Seitgrätschen und Schließen der Beine **in den Handstand** *(2 Sekunden halten)*. • Abschwingen zum Vorschwung und a) **Salto** ***rückwärts*** gehockt, gebückt oder gestreckt oder b) **Rückschwung zum Salto** ***vorwärts*** gehockt, gebückt oder gestreckt in den Außenseitstand.

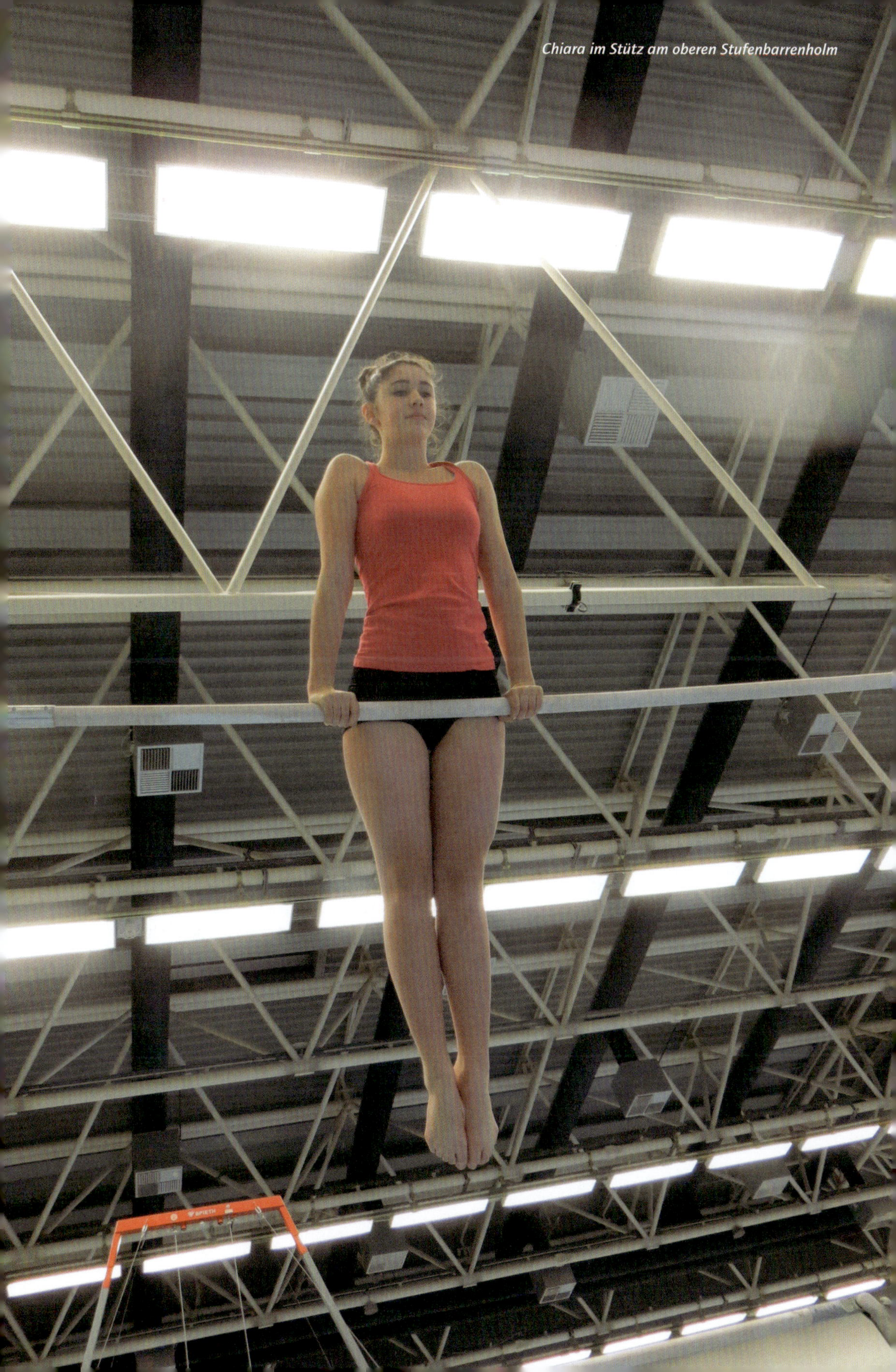

Chiara im Stütz am oberen Stufenbarrenholm

2 Gerätturnwettkampf der Bundesjugendspiele der Schulen und des Gerätturnabzeichens des DTB

2.1 Übersicht zum inhaltlichen Wahlangebot der Bundesjugendspiele

Übergangsstufe Altersgruppe Klassenstufen	Boden	Reck	Barren
Ü1 ab 7 Jahre ab 1. Klasse	Schlusssprünge, **Rückenschauckel**, Strecksprung	Sprung in den **Stütz, Abzug** in Beugehaltung gehockt	Sprung in den Stütz **Vorschwung in den Vierfüßler rücklings**, Rückschwung, Landung
Ü2 ab 8 Jahre ab 2. Klasse	**Scherhandstand,** **Rolle vorwärts,** Zurückrollen in die **Kerze**	Stütz, **Abzug, Überdrehen rückwärts,** Abdruck und **Überdrehen vorwärts**	Sprung in den Stütz, Vorschwung, Rückschwung, **Vorschwung zum Außenquersitz,** Niedersprung
Ü3 ab 9 Jahre ab 3. Klasse	**Scherhandstand,** **Rolle rückwärts** in den Grätschstand, **Rolle vorwärts**	**Aufschwung** mit Abdruckhilfe, Rückschwung in den Stand, **Unterschwung**	Sprung in den Stütz, Vorschwung, **Rückschwung mit Aufstellen der Füße,** Vorschwung, Rückschwung zur **Kehre**
Ü4 ab 10 Jahre ab 4. Klasse	**Handstand,** **Rad,** **Rolle vorwärts**	**Aufschwung,** **Umschwung,** **Unterschwung**	Stütz, Vorschwung in den **Grätschsitz**, Rückschwung, Vorschwung, Rückschwung und **Hockwende**
Ü5 ab 13 Jahre ab 5. Klasse	**Handstand,** **Abrollen,** **Radwende,** **Sprungrolle**	**Aufschwung, Umschwung rückwärts,** **Unterschwung aus dem Stütz**	**Kippe** in den Grätschsitz, Schwingen im Stütz, **Hohe Wende**
Ü6 ab 16 Jahre ab 8. Klasse	**Handstand, Abrollen,** **Rolle rückwärts durch den Handstand,** **Radwende**	**Aufzug, Umschwung rückwärts, Unterschwung aus dem Stütz** mit **halber Drehung**	**Oberarmstand** und **Abrollen vorwärts, Schwungstemme** in den Grätschsitz, **Wende (-kehre) mit halber Drehung**
Ü7 ab 18 Jahre ab 11. Klasse	**Handstütz-Überschlag,** **Radwende** und **Grätschsprung, Felgrolle**	Spreizkippaufschwung, **Unterschwung rückwärts,** **Saltoabgang** aus dem **Langhang** ODER **Aufgrätschen zum Unterschwung**	**Oberarmkippe, Schwungstemme vorwärts in den Stütz Kreishockwende oder Wende(-kehre) (Drehwende)**

Hinweise:

- Elemente aus dem vorliegenden Buch sind blau gekennzeichnet.
- Als Wahlwettkampf durchgeführt, muss in Schule und Verein eine individuelle Übungszusammenstellung der jeweils pro Gerät aufgelisteten drei Kernelemente gezeigt werden.
- In der Schule kommen drei (+ die Miteinanderübung), in den Vereinen vier Geräte (ohne Miteinanderübung) in die Wertung.

Balancieren	Sprung	Miteinander
Bank breit: Gehen vorwärts, **halbe Drehung**, Gehen rückwärts, halbe Drehung, Strecksprung	Kasten lang: **Aufhocken, 2-3 Schritte, Strecksprung,** Landen	Schattenhockwende auf die Bank
Bank schmal: Elemente s. o., jedoch Abgang: **Grätschsprung**	Kasten quer: (ca. 0,90 m) **Aufhocken, Strecksprung** zur Landung	Schattenhockwende über die Bank
Balken oder höhere, schmale Bank: **Stütz und Überspreizen,** **Strecksprung,** **Abgang: Hocksprung**	Bock: (1,00 m) **Sprunggrätsche**	Pyramide
Balken oder hohe, schmale Bank: **Strecksprung mit Fußwechsel, Pferdchensprung, Aufgang: Hockwende** oder **Abgang: Grätschwinkelsprung**	Bock/Pferd/Kasten: (1,00 m) **Sprunghocke**	Schattenrollen
Aufgang: Aufhocken (ein- oder beidbeinig), **Standwaage** **Abgang: Radwende**	Bock/Pferd/Kasten: (1,00 m) **Sprunghocke oder -grätsche**	Synchronräder
Aufgang: Durchhocken (ein- oder beidbeinig), **Scherhandstand,** **Abgang: Radwende**	Bock/Pferd/Kasten: (1,20 m) **Sprunghocke oder -grätsche**	Gruppenübung an frei gewähltem Gerät
Aufgang: **Auflaufen** von der Seite, flüchtiger **Handstand,** **Abgang:** **Handstand-Überschlag**	Pferd/Kasten: (1,20 m) **Handstütz-Sprungüberschlag** (gestreckt oder gewinkelt)	Fließendes Minitrampolinspringen

- Die Kernelemente der Ü-Stufen entsprechen einer Auswahl aus den Kernelementen der entsprechenden P-Stufen der Pflichtübungen (Variante A) des Deutschen Turner-Bundes (z. B. Ü3 entspricht P3).
- Die Angabe von Alter und Klassen geben Auskunft, ab wann diese Ü-Stufe als höchstzuwählendes Übungsangebot in der Schule gewählt werden darf, im Gerätturnwettkampf des DTB ist dies freigestellt.

2.2 Das Gerätturnabzeichen des Deutschen Turner-Bundes[2]

Das Gerätturnabzeichen wendet sich an alle Alters- und Leistungsgruppen, die Freude daran haben, sich ihre Leistung und Fortschritte im Gerätturnen dokumentieren lassen. Das Gerätturnabzeichen ist sowohl innerhalb einer Doppelstunde, über mehrer Übungstunden als auch anlässlich von Kinder- oder allgemeinen Turnfesten durchführbar.

Pflichtelemente

DTB- und Schulübungen sind aufeinander abgestimmt: Die Pflichtelemente des Gerätturnabzeichens entsprechen pro Übungsstufe und Gerät denen des Wettkampfprogramms P3 bis P7 (Stufe 1 entspricht den Pflichtelementen der P3 sowie der Ü3 der neuen *Bundesjugendspiele* und der L3 von *Jugend trainiert für Olympia*). Für das *Sportabzeichen* wird seit 2013 das Gerätturnabzeichen für den Bereich Koordination auf der Leistungsebene Gold anerkannt, wenn es im gleichen Jahr abgeleistet wurde.

Die Pflichtelemente werden in den Turnstunden an den Geräten Boden, Reck, Barren, Schwebebalken und Sprung erarbeitet und für das Gerätturnabzeichen zu einer kleinen Übung – in frei gewählter Reihenfolge und durch weitere Wunschelemente ergänzt – verbunden.

Geräte

- Anstelle des Schwebebalkens kann u. U. eine umgedrehte, erhöhte Turnbank eingesetzt werden.
- Als Sprunggeräte können, je nach Stufe und Gerätausstattung, Bock, zwei Böcke als „T-Bock", Kasten, Pferd (längs- oder seitgestellt) oder der neue Sprungtisch angeboten werden.
- Es wurden bewusst keine Geräthöhen angegeben (Ausnahme: Sprung). Die Fest-

2 Grerätturn-Abzeichen Basispaket: 10 Urkunden mit integrierter Aufgaben-Wettkampfkarte, 10 Pins (Anstecker) sowie ein Aufgabenplakat DIN A1 können unter der Art.-Nr. 371590000 bei der DTB-Service GmbH, unter www.dtb-shop.de für 21,90 € bestellt werden.

legung liegt im Ermessen des Übungsleiters und sollte ein Gelingen der Pflichtelemente bei vielen Turnenden ermöglichen. Bei größeren Veranstaltungen werden die Geräthöhen vom Ausrichter festgesetzt und vorher bekannt gegeben.

- Beim Sprung darf eine Sicherheitsstellung am Gerät stehen.

Erläuterung zu Punktevergabe

Vier Geräte kommen in die Wertung. Die Teilnehmer können alle angebotenen fünf Geräte turnen. Das Gerät mit der geringsten Punktzahl bildet die Streich- note.

- **Grundpunktzahl**
  Die Grundpunktzahl entspricht der Zahl der Ü-Stufe (z. B.: Ü3 = Stufe 1 = 3 Grundpunkte). Der Turnende erhält die Grundpunktzahl, wenn die drei Pflichtelemente als „gelungen" bewertbar sind.

- **Minuspunkte**
  Wird ein Pflichtelement ausgewählten Übungsstufe nicht gekonnt, d. h. nicht zum Gelingen gebracht, so erfolgt pro nicht gekonntes Element in den Stufen 1 und 2 ein Abzug von einem Punkt, in den Stufen 3 bis 5 der Abzug von zwei Punkten.

- **Gutpunkte**
  Es können bis zu zwei Gutpunkte je Übung zusätzlich vergeben werden, wenn die Pflichtelemente in einer kleinen Übung mit weiteren Elementen freier Wahl „gut" bzw. „sehr gut" (fehlerlos) geturnt wurden.

  1 Gutpunkt: Die Übung wurde gut vorgeturnt (kleine Mängel).
  2 Gutpunkte: Die Übung wurde sehr gut und fehlerlos vorgeturnt.

Der Übungsleiter bzw. der Ausrichter kann auf Grund der erreichten Punktzahlen der Teilnehmer die Rangfolge innerhalb der Altersgruppe und/oder der gesamten Turngruppe ermitteln. In den Folgeabnahmen sollte der Teilnehmer motiviert werden, die zuletzt erreichte Punktzahl zu überbieten.

Muster einer Wettkampfkarte für das DTB-Gerätturnabzeichen

	Geräte		
Übung	Boden	Reck Stufenbarren	Parallelbarren
Stufe 1 **Ü3** 3 Grundpunkte	**Rolle rückwärts** in den Grätschstand **Rolle vorwärts Scherhandstand oder flüchtiger Handstand**	**Aufschwung** mit Abdruckhilfe hoher **Rückschwung** in den Stand **Unterschwung** aus dem Stand	Sprung in den Stütz Vorschwung in den **Liegestütz rücklings** **Kehre mit Viertel-Drehung** einwärts zum Gerät
Punkte:			
Stufe 2 **Ü4** 4 Grundpunkte	**Rolle vorwärts** **Handstand** **Rad**	**Aufschwung** **Umschwung** **Unterschwung** aus dem Stand	**Schwingen im Stütz** Vorschwung in den **Grätschsitz** **Hockwende** in den Außenquerstand
Punkte:			
Stufe 3 **Ü5** 5 Grundpunkte	**Handstand-Abrollen** **Radwende** **Strecksprung mit ganzer Drehung**	**Aufschwung** **Hüftumschwung aus hohem Rückschwung mindestens Waagerechte** **Unterschwung** aus dem Stand **mit halber Drehung**	**Kippe** in den Grätschsitz **Schwingen in den Stütz** **Hohe Wende**
Punkte:			
Stufe 4 **Ü6** 6 Grundpunkte	**Handstand-Abrollen** **Rolle rückwärts durch den Handstand** **Radwende**	**Aufzug** **Hüftumschwung** **Unterschwung *aus dem Stütz***	**Oberarmstand** **Abrollen vorwärts** in den Grätschsitz **Wende mit halber Drehung** in den Außenquerstand
Punkte:			
Stufe 5 **Ü7** 7 Grundpunkte	**Radwende –Strecksprung mit Seitengrätschen der Beine** (Hüfte gestreckt) **Handstützüberschlag** (gestreckt oder gespreizt) **Rolle rückwärts in den Handstand/Felgrolle**	**Hochreck/Stufenbarren: (Spreiz-) Kippaufschwung** **Hüftumschwung** **Unterschwung aus dem Stütz oder Aufgrätschen zum Unterschwung**	**Sprung in den Oberarmhang** **Stemmaufschwung vorwärts in den Stütz** **Kreishockwende (Drehhocke)**
Punkte:			

Schwebebalken	Sprung	Punkte
Aufgang: Hockwende beidbeinige **halbe Drehung** **Abgang: Hocksprung**	**Bock** (0,90-1,00 m): **Sprunggrätsche**	
Aufgang: Seitstütz: **Überspreizen des Beins mit Viertel-Drehung in den Grätschsitz** **Spitzwinkelsitz** **Pferdchensprung**	Bock/Pferd/Kasten/Tisch (1,00 m): **Sprunghocke**	
Aufgang: Aufhocken (ein- oder beidbeinig) **Standwaage** **Abgang: Radwende**	T-Bock/Pferd/Kasten/Tisch (1,10 m): **Sprunghocke oder -grätsche**	
Aufgang: Durchhocken (ein- oder beidbeinig) **Scherhandstand** **Abgang: Radwende**	Mattenberg (0,90-1,10 m): **Handstütz-Sprungüberschlag in die Rückenlage**	
Aufgang: Auflaufen von der Seite flüchtiger **Handstand** **Abgang: Handstützüberschlag**	Pferd/Kasten/Tisch (1,20 m): **Handstützüberschlag** gestreckt	
	Endpunktzahl	

Name:

____

____

Verein:

____

____

Tag der Abnahme:

____

B V

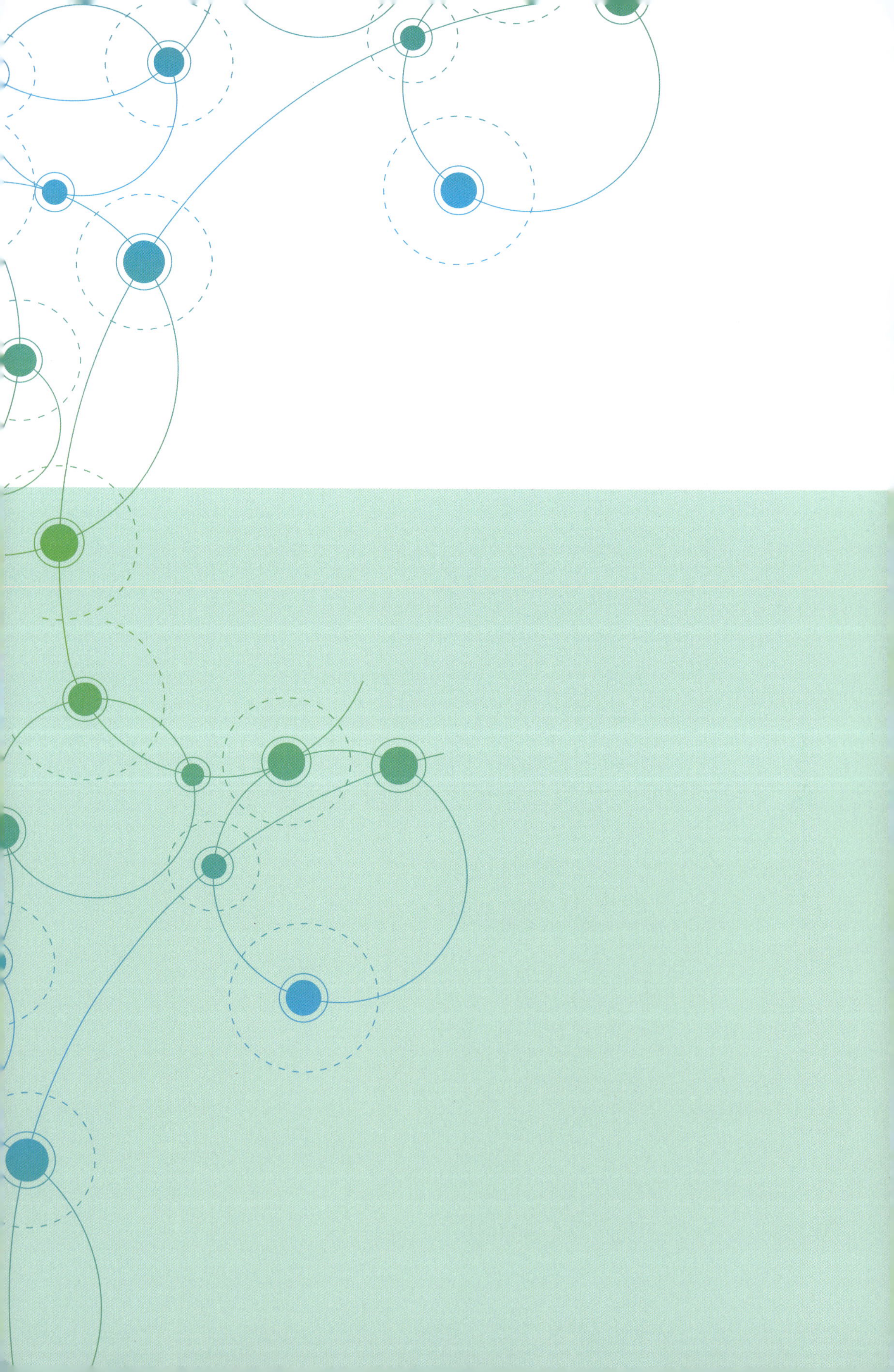

TEIL B

METHODIK ZU FERTIGKEITEN AN DEN GERÄTEN

Teil B

VI HANDHABUNG VON RECKSCHUTZRIEMCHEN, SCHLAUFEN UND PVC-RÖLLCHEN

Alle, die etwas intensiver am Reck oder Barren geübt und trainiert haben, kennen es: Blasen an den Händen und Hornhaut, die bei einem Element plötzlich die Haut aufreißt. So gibt es seit Jahrzehnten Zubehör, das die Hände schützen soll, von Reckschutzriemchen als einfaches Leder mit zwei Löchern für die Finger (Foto A1) bis hin zu modernen Schutzriemchen mit „Röllchen für besseren Halt" (Foto A2).

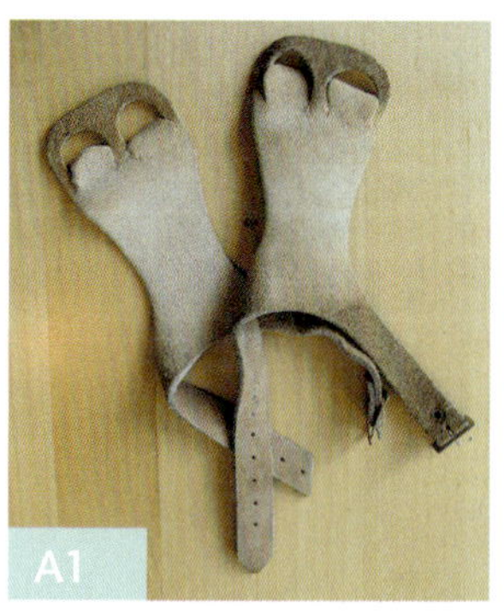
A1

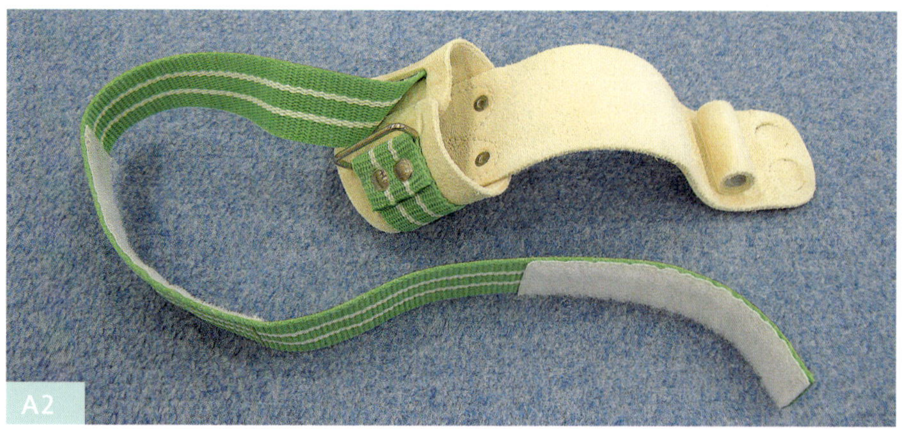
A2

Es gibt einfache Reckriemen ab ca. 13,- Euro, Reckriemen mit eingearbeiteten Röllchen für leistungsorientierte Turner kosten schon über 40,- Euro. Dazu gibt es noch Spezialriemen für das Ringe – und Stufenbarrenturnen (siehe auch www.jaegers-sport-shop.de).

In den letzten Jahren sind weitere Hilfsmittel hinzugekommen, die nicht nur die Hände vor der Reibung an der Reckstange schützen sollen – wie auch die PVC-Röllchen als Grifffläche (Foto D), sondern auch Befestigungen, die die Hände an der Stange halten sollen. Dazu zählen die Schlaufen, die es mit Schnalle (Foto B, Abb. C) und als geschlossenen Lederriemen in drei verschiedenen Größen (Foto C) gibt. Einfache Stoffhandschuhe (als Fäustlinge Foto B, Abb. B oder Fingerhandschuhe) schützen die Hände, Frottee- (Foto C1) oder Schaumstoffbänder schützen die Handgelenke vor dem Druck der Schlaufen.

Eine Zusammenstellung zeigt Foto B.

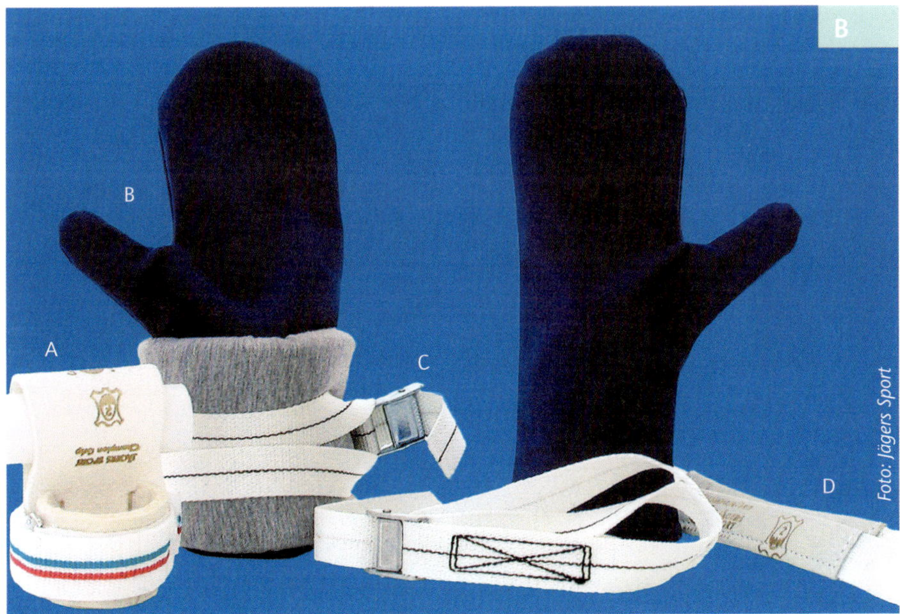

Abb. A: Reckröllchen mit lederner Handgelenksicherung
Abb. B: Handschuhe (Fäustlinge) mit Schlaufen und Handgelenkpolster
Abb. C: Schlaufen mit Schnallen (diese nach außen auf die Reckstange legen, damit sie nicht drücken)
Abb. D: Schlaufe in Größe 2

Turnen mit Reckschlaufen

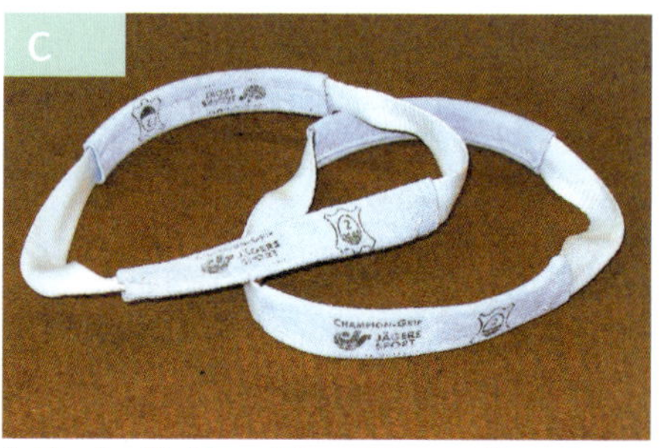
Schlaufen für Riesenfelgen (hier von Jägers Sport, Größe 2)

Das Training der langen Schwünge und des Riesenfelgumschwungs sollte möglichst mit Reckschlaufen (Foto C) absolviert werden. Diese – kurz als „Schlaufen" – bezeichneten Befestigungshilfen der Hände an der Stange gibt es in verschiedenen Größen, sie werden mit Handschuhen, die die Reibung an den Händen reduzieren, benutzt. Die Schlaufen dürfen weder zu klein noch zu groß sein. Für kleine Turnerinnen gilt die Größe 1 (z. B. bei Reckschlaufen von Jägers Sport: **www.jaegerssport-shop.de**), für erwachsene Turner Größe 3.

Zum Anlegen der Reckschlaufen: Der Turner zieht sich zu Beginn Stoffhandschuhe (Finger- oder Fausthandschuhe) über. Ein Handgelenkschutz (Foto B, Abb. B) oder Frotteehandgelenkbänder (Foto C1) können zusätzlich vor Druckbelastungen schützen.

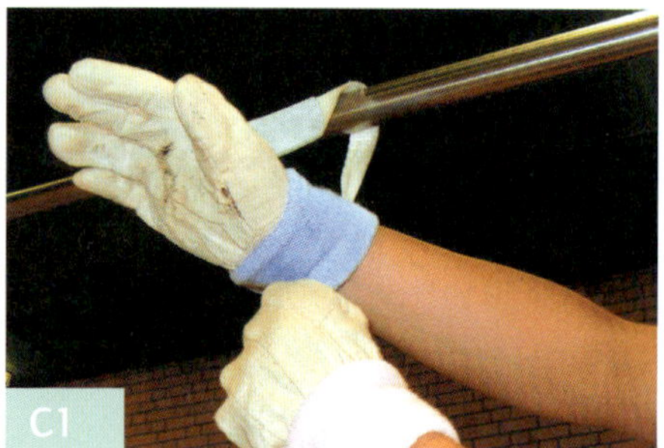
Handschuhe mit „Frotteebändern"

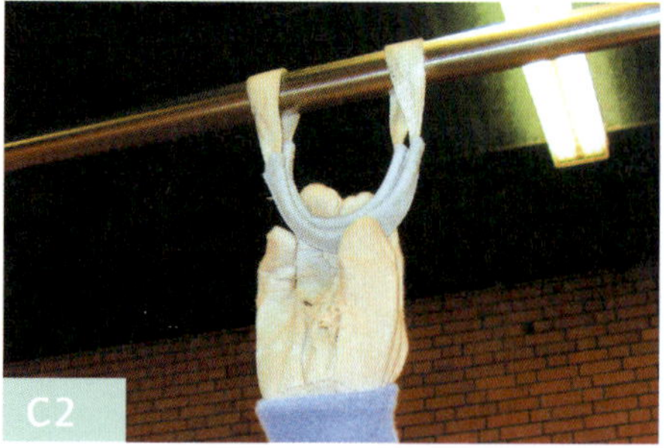
Schlaufen über die Stange legen und die dicken Seiten aufeinanderlegen

Die Reckschlaufen werden über die Stange gelegt und die breiteren Seiten der Schlaufe, unter der Reckstange hängend, aufeinandergelegt (Foto C2). Die Hände gehen in die Schlaufen (Foto C3), werden nach innen gedreht (Foto C4) und greifen nun zwischen den beiden Schlaufen die Reckstange (Fotos C5, C6 und C7).

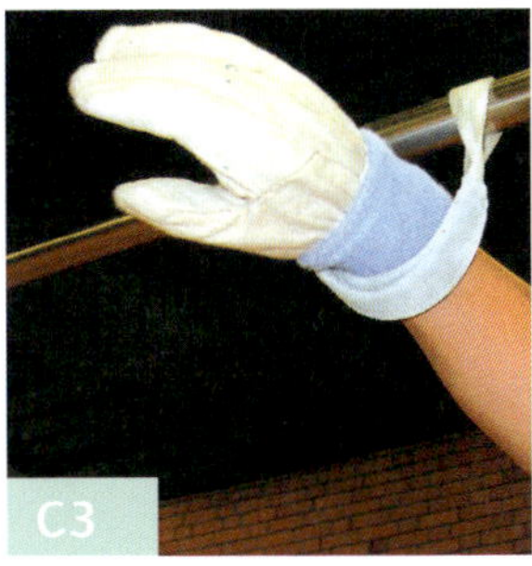

Mit der Hand in die Schlaufen gehen und das Handgelenk hineinlegen

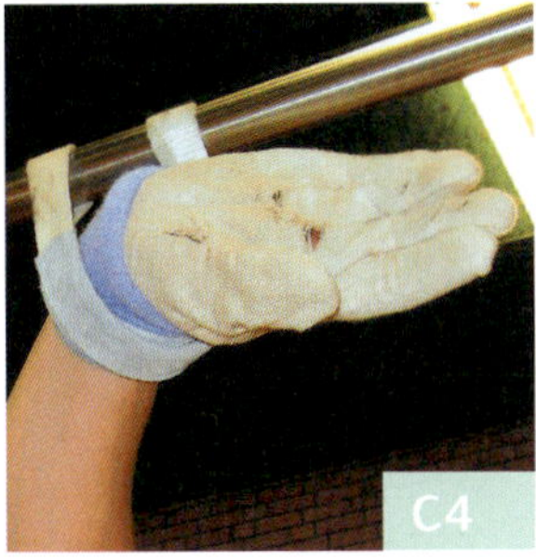

Die Hand nach innen drehen

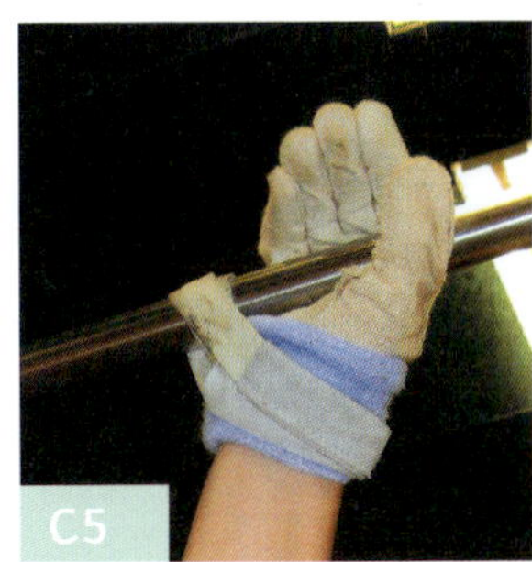

Mit Hand und Daumen Reckstange fassen

Die Hand muss bequem die Stange greifen können. Geht der Daumen zum Beispiel nur schwer um die Stange, dann muss eine größere Schlaufe, manchmal müssen aber auch nur kleinere Handschuhe gewählt werden (Foto C5). Als Test, ob die Schlaufen den Körper gut halten, kann der Turner ohne Griffhalte, nur durch das Hängen in den Schlaufen an den Handgelenken, den guten „Sitz" an den Handgelenken überprüfen (Foto C8).

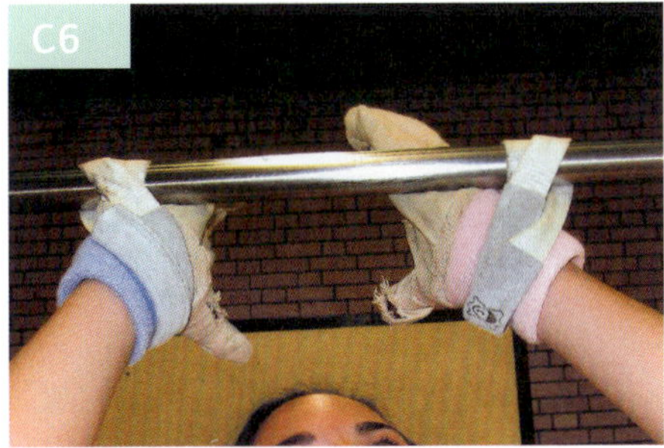

Beide Hände haben zum Fassen nach innen und hinten gedreht

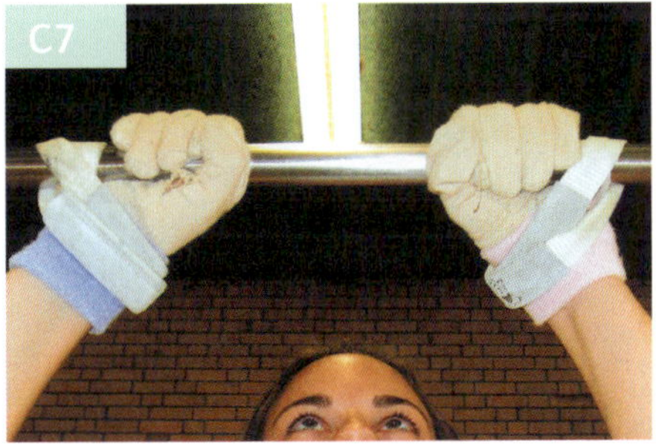

... und umfassen, auf einer Erhöhung stehend, die Stange.

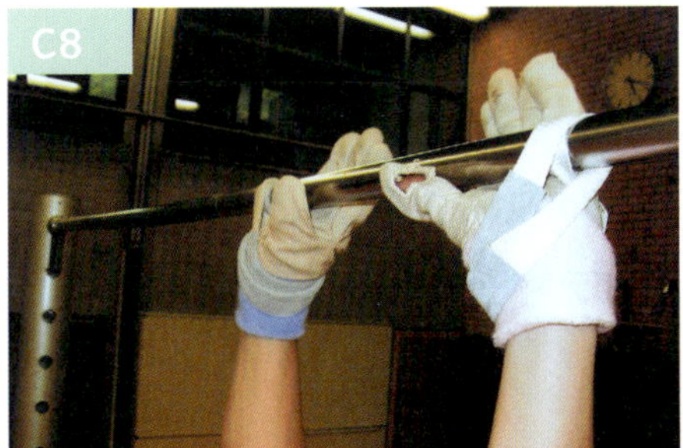

Im Hängen kann mit Lösen des Griffs das gute Hängen in den Schlaufen an den Handgelenken überprüft werden.

Bei Schlaufen mit Schnallen muss darauf geachtet werden, dass die Schnalle außen auf die Stange gelegt wird (Foto D1), die Hand wird dann nach innen von der Schlaufe weggedreht (Foto D2 und D3).

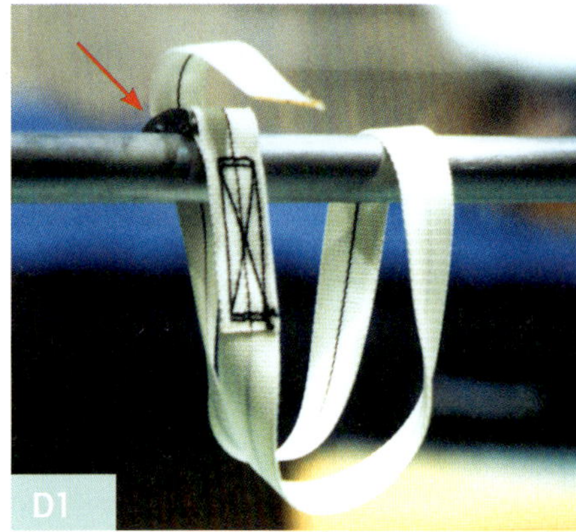

Bei Schlaufen mit Schnallen diese außen auf die Stange legen, damit sie nicht beim Griff am Handgelenk drücken.

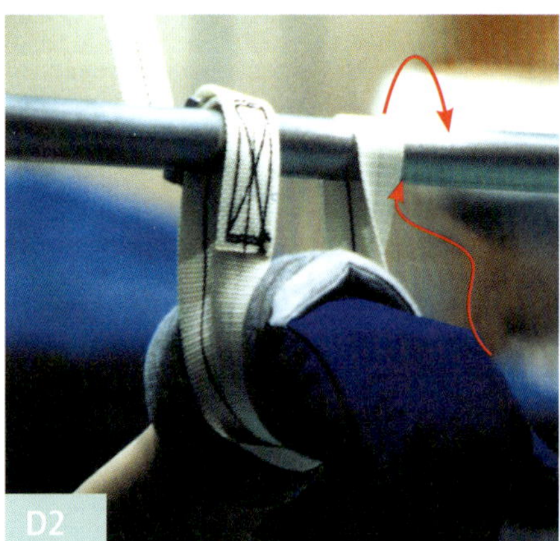

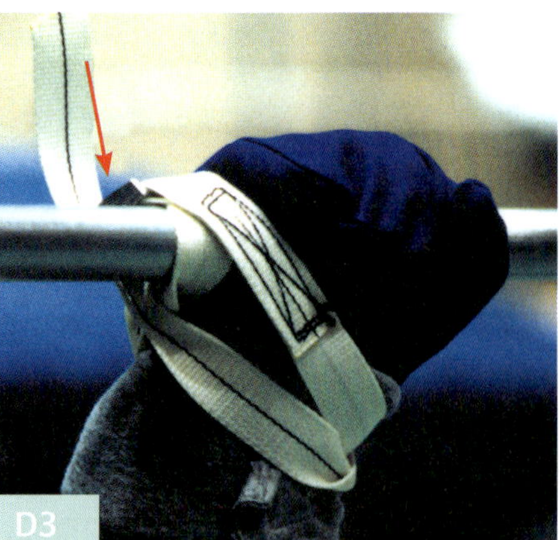

PVC-Röllchen

Um den Reibungswiderstand weiter beim Schwungtraining am Reck und bei mehreren Riesenumschwünge zu verringern, kann mit Griff auf Plastikröllchen (wenn diese selbst hergestellt sind, diese bei Bedarf mit Stoffklebeband optimieren) geturnt werden. Die Reckröllchen gibt es auch in Kombination mit einer ledernen Handgelenksicherung: Foto E1 (**www.jaegerssport-shop.de**)

Die PVC-Röllchen müssen um die Reckstange gelegt werden und durch Umkleben mit einem Textilklebeband geschlossen werden (Fotos E2 und E3). Danach wird ein vorgefertigter Lederriemen drübergelegt (Foto E4) und die Hand umgreift das Röllchen (Foto E5). Schließlich wird die Hand mit einem Band um das Handgelenk an diesem Röllchen festgebunden (Foto E5). Auch hier kann abschließend der Test gemacht werden, ob der Turner gut von der Befestigung gehalten wird, indem er die Finger öffnet und darin hängt (Foto E6).

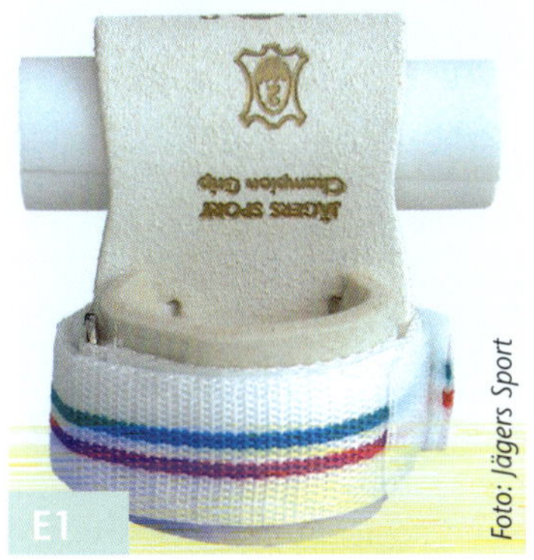

PVC-Rolle mit Handgelenksicherung

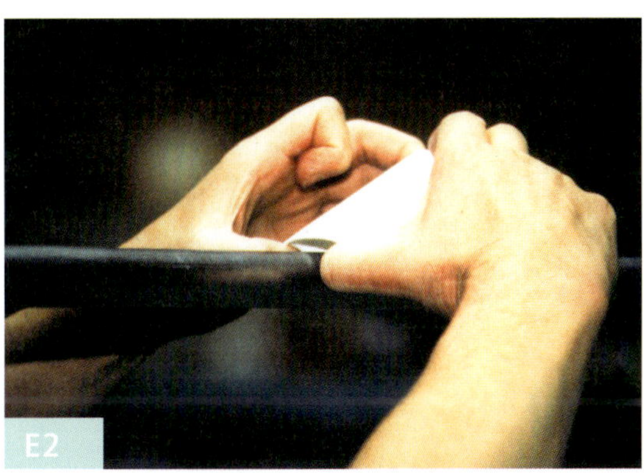

PVC-Röllchen längs aufgeschnitten überstülpen

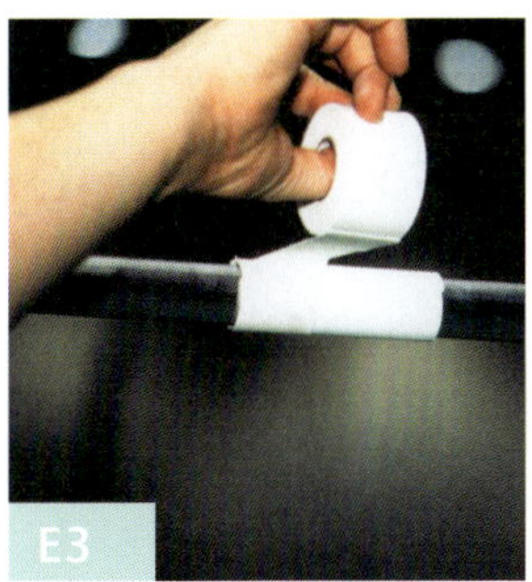

Mit einem Gewebeklebeband (Tape) umkleben

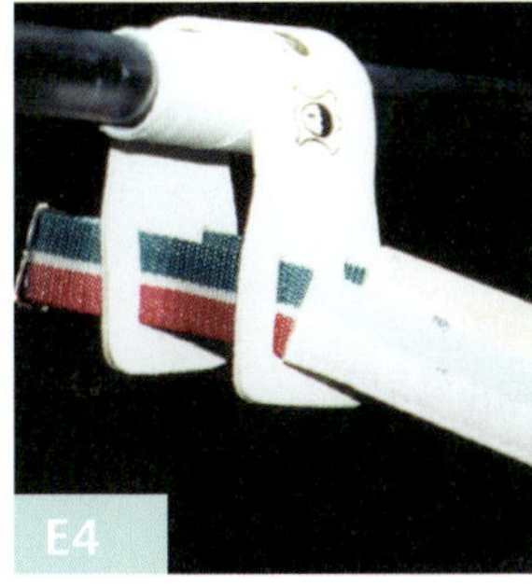

Handgelenkriemchen über PVC-Röllchen legen

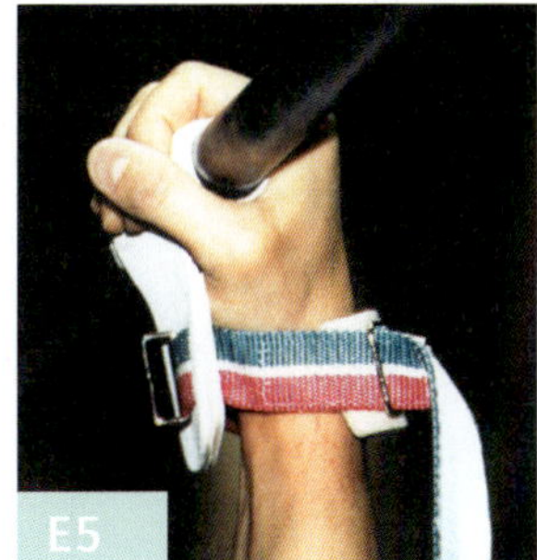

Die Hand umfasst das Röllchen und fixiert die Handgelenksicherung

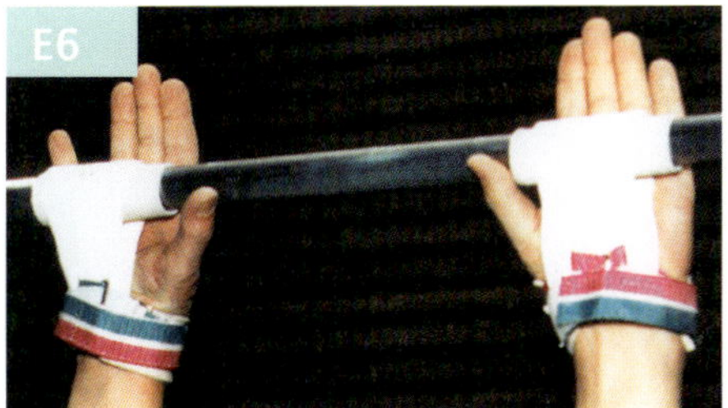

Test: Mit gelöstem Griff ist ein Hängen in den Riemchen möglich.

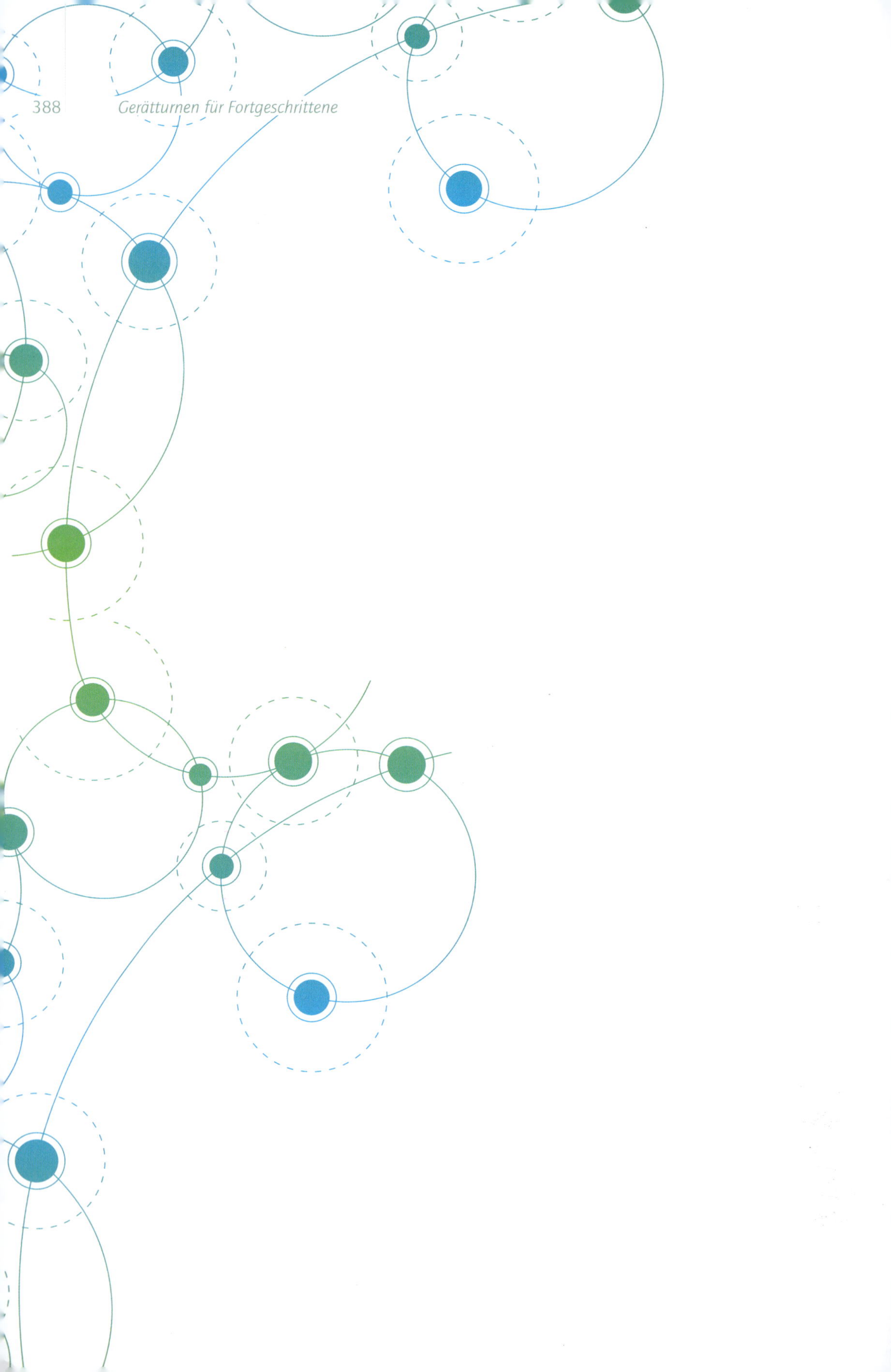

Für Reinhard Dietze

(statt einer Widmung)

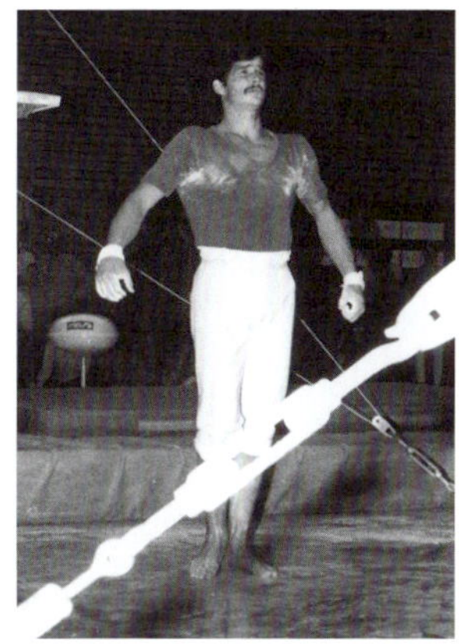

Ich möchte diese letzte Seite einem gleichaltrigen Turnbruder in stillem Gedenken schenken, der kurz vor Vollendung dieses Buches nach schwerer Krankheit am 9. Juni 2007 im Alter von nur 52 Jahren verstarb.

Reinhard Dietze gehörte zur deutschen Turnspitze. Er vertrat den Deutschen Turner-Bund bei zahlreichen internationalen Wettkämpfen: bei den Europameisterschaft in Vilnius 1977, 1978 in Straßburg und 1979 war er in Fort Worth dabei. Er war Mitglied der Olympiamannschaft 1976 in Montreal, wo er mit der Mannschaft den fünften Platz erturnte.

Reinhard Dietze war deutscher Meister 1976 am Barren und deutscher Mannschaftsmeister. Der Vollblutturner blieb auch nach seiner Turnkarriere dem Turnen treu. Mit seinen Freunden aus der Nationalmannschaft trat er viele Jahre in der Gruppe „Los Barros" auf. Als Freizeitturner erturnte er sich jahrelang auf Deutschen Turnfesten die ersten Plätze wie auch bei den deutschen Seniorenmeisterschaften, wo er sich noch als deutscher Seniorenmeister feiern ließ.

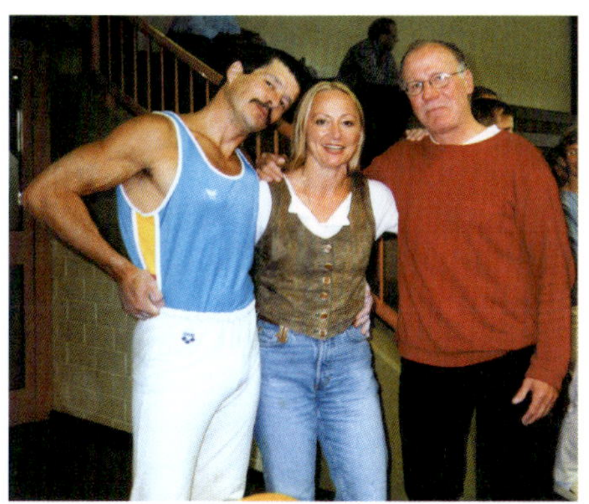

Der Diplomsportlehrer Reinhard Dietze war beim Bundesausschuss für Leistungssport beim Deutschen Olympischen Sportbund (DOSB) tätig. Er hinterlässt auch bei seinen Turnfreunden eine große Lücke.

Reinhard, niemals geht man so ganz, du hast Spuren hinterlassen.

Index

Bildnachweis

Fotos und Umrisszeichnungen,
wenn nicht anders gekennzeichnet: Ilona E. Gerling

Covergestaltung: Kristina Ehrhardt, Aachen

Innenlayout & Satz: Eva Feldmann, Aachen

Lektorat: Dr. Irmgard Jaeger, Alexa Deutz

Coverfoto und
Foto S. 73 (Ü65), 123, 183, 253,
303 (Fotos 58 b/c): Michael Siegmund
www.foto-siegmund.de